WESTEND

PHILIPP MÜLLER (HG.)

DENKEN WISSEN HANDELN

Wirtschaft

WESTEND

Mehr über unsere Autoren und Bücher:
www.westendverlag.de

Die Deutsche Nationalbibliothek verzeichnet diese Publikation in der Deutschen Nationalbibliografie; detaillierte bibliografische Daten sind im Internet über http://dnb.d-nb.de abrufbar.

FSC
www.fsc.org
MIX
Papier aus verantwortungsvollen Quellen
FSC® C083411

ISBN: 978-3-86489-279-0

Umschlaggestaltung: Nele Thörner, mxd Westend Verlag
Satz: Publikations Atelier, Dreieich
Druck und Bindung: CPI – Clausen & Bosse, Leck
Printed in Germany

Inhalt

Vorwort des Herausgebers

Wenn im öffentlichen Diskurs von »der Wirtschaft« die Rede ist, regt sich in den Köpfen vieler Bürgerinnen und Bürgern die Assoziation eines urtümlichen und mysteriösen Wesens, das nur einige wenige Eingeweihte – die Ökonomen – zu verstehen und zu beherrschen wissen. Gewandet in eindrucksvollem Vokabular und geschmückt mit komplexer Zahlendreherei gerät die Ökonomie dadurch zu einer wahrhaftigen Bestie, deren Wohlwollen sich in Konjunktur, ihr Zorn hingegen in Krisen, manifestiert. Doch dabei handelt es sich um einen Irrglauben: Die Ökonomie ist menschengemacht und Ökonomen – insbesondere die Anhänger des neoliberalen Mainstreams – können sich irren. Um den Leserinnen und Lesern des vorliegenden Bandes diese Botschaft zu vermitteln, ist es von zentraler Bedeutung, die Hintergründe, Mechanismen und Konsequenzen der Strukturen, die globale und regionale Märkte bestimmen, aufzudecken und kontextualisiert zu untersuchen.

Entsprechend behandelt das erste Kapitel das dominante wirtschaftliche System der westlichen Industriestaaten, den Kapitalismus. Zu Beginn erläutert **Arno Gahrmann** vermittelst der begrifflichen Distinktion zwischen Ökonomie und Wirtschaften die Essenz profit- und wachstumsorientierten Denkens. Im darauffolgenden Abschnitt entkräftet **Ulrike Herrmann** das neoliberale Märchen von der diametralen Gegensätzlichkeit von Kapitalismus und Staat aus einer historischen Perspektive, die im Auszug von **Stefan Bach** um eine systematische Komponente ergänzt wird. Im Weiteren absolut zentral für ein Verständnis dieser Beziehung ist **Ulrike Herrmanns** Analyse und Kritik der neoliberalen Schule, worin sie demonstriert, dass die neoklassische Theorie – im Gegensatz zu der Keynesianischen – in Sphären fernab der Wirtschafts- und Lebensrealität operiert. Das Kapitel endet mit einem Dialog zwischen **Sahra Wagenknecht** und **Florian Rötzer** über Möglichkeiten und Anreize zur Überwindung des Kapitalismus.

Im zweiten Kapitel rückt Geld, das basale Element kapitalistischer Wirtschaftssysteme, in den Mittelpunkt der Betrachtung. **Paul Schreyer** erzählt die Geschichte des Geldes vom ebenso rosigen, wie fehlerhaften Bild des Universaltauschmittels in grauer Vorzeit bis hin zum Katalysator des modernen Finanzkapitalismus. In der Gegenwart angekommen, illustriert **Arno Gahrmann** die Zusammenhänge zwischen Geld, Schulden und Zinsen und deckt den Zaubertrick, wie die Banken Geld in Form von Krediten aus dem Nichts herbeiwünschen können, auf. **Ulrike Herrmann** ergänzt seine Ausführungen mit einer Lobrede auf die Inflation. Den Abschluss des Kapitels bilden **Paul Schreyers** Ausführungen zum bizarren Geschäft mit den Staatsschulden.

Doch Geld haust nicht nur in den Elfenbeintürmen von Zentralbanken, Aktienmärkten und Staatskassen: Den meisten Menschen ist das Geld am nächsten, das sie sich durch Arbeit selbst verdient haben. Aber Arbeit erlaubt nicht nur, Bedürfnisse durch Erwerb von Waren und Dienstleistungen zu stillen, sondern stiftet auch eine klare soziale Identität. In der ersten Hälfte des dritten Kapitels unterzieht **Ulrike Herrmann** diese einer genaueren Prüfung: Wer sind die Armen? Wer sind die Reichen? Wer ist die Mittelschicht? Und wichtiger noch: Wen finanziert die Mittelschicht mit ihrer Arbeit? Die zweite Hälfte richtet den Blick in die Zukunft und fragt, ob und wann Digitalisierung und Automatisierung der breiten Masse der Bevölkerung ihre Arbeitsplätze nehmen. **Heiner Flassbeck** bietet in seiner Untersuchung eine überzeugende und wissenschaftlich fundierte Antwort auf diese Frage, deren Ergebnis direkt vorweggenommen werden darf: Unsere Jobs sind sicher!

Ungeachtet dieser einstweilig beruhigenden Botschaft dürfte dem Leser aber bereits aufgefallen sein, dass der wiederholte Sprech von Arm und Reich in diesem Band eine zunehmend bedrohliche Entwicklung unserer Gesellschaft suggeriert, die Gegenstand des vierten Kapitels ist: die soziale Ungleichheit. Nach einer breiten Übersicht über die unterschiedlichen Teilaspekte dieses Phänomens von **Friedhelm Hengsbach**, widmet sich **Chrystia Freeland** der Geschichte der Ungleichheit oder – etwas pathetisch gesprochen – dem Ursprung allen Übels. Die darauffolgenden Beiträge besprechen Möglichkeiten der Umverteilung: **Stefan Bach** diskutiert unterschiedliche steuerpolitische Modelle als Werkzeuge zur Redistribution gesellschaftlichen Reichtums. **Ulrike Herrmann** verlagert in ihrem Beitrag das Hauptaugenmerk hingegen von der makroskopischen »Arm-Reich-Ebene« auf die Mittelschicht. Ihr zufolge gehen die derzeit praktizierten Strategien der Umverteilung maßgeblich auf Kosten des Mittelstandes. **Per Molander** bespricht auf einer abstrakteren Ebene die Notwendigkeit breit angelegter staatlicher Maßnahmen gegen gesellschaftliche Ungleichheit vor dem Hintergrund sozialdemokratischer Strukturen. **Friedhelm Hengsbach SJ** beendet das Kapitel schließlich mit einer konkreten Auflistung möglicher Maßnahmen der Umverteilung.

Die Kapitel fünf und sechs teilen sich das übergreifende Thema der sprichwörtlichen Schattenseiten unserer gegenwärtigen sozioökonomischen Ordnung. Auf der einen Seite stehen die unmittelbaren und systemimmanenten Konsequenzen des ungebremsten, neoklassizistisch geprägten Kapitalismus: Finanzkrisen und -kriminalität. Im ersten Beitrag des Kapitels stellt **Ulrike Herrmann** dar, wie der Handel mit Derivaten im »Finanzkasino« zur Krise im Jahre 2008 führte – und die neoliberalen Ökonomen in beschämtes Staunen versetzte. Auf die äußerst realen Schäden dieses unwirklichen Spiels geht **Giorgios Chondros** anhand des Beispiels Griechenland ein. Nüchtern schildert er, wie die eindeutige Folge einer Systemkrise des Kapitalismus zu einem »griechischen Problem« umgemünzt und als Vorwand benutzt wurde, die Menschen dieses Landes ihrer Freiheit und Würde zu berauben. Und während eine brachiale Sparpolitik die Bevölkerung von Staaten, die unvorbereitet von der Krise getroffen und geschädigt wurden, in die Knie zwingt, verdient eine kleine, rücksichtslose Elite in Nadelstreifenanzügen mit der Spekulation, welche die Krise überhaupt erst ausgelöst hat, ein Vermögen. Motivation und Praktiken dieser »Nimmersatts« untersucht **Wolfgang Hetzer** im letzten Abschnitt des Kapitels.

Die andere Schattenseite des Kapitalismus sind die zahlreichen sekundären, weil mittelbaren, Folgen der modernen Wirtschaftsordnung. So bilden sich über den freien und unkomplizierten Handel im Internet gigantische Monopole heraus, die lokale Geschäfte zunehmend zu zerstören drohen. **Johannes Bröckers** bietet eine Fallstudie zum wohl notorischsten Vertreter dieser Riege: Amazon. Und während sich die Verbraucher in den reichen Industriestaaten allmählich sogar Brot, Käse und Schokolade vor die Haustür liefern lassen, verhungern in ärmeren Ländern unverändert Menschen. **Jean Feyder** zeigt auf, wie die Krisen des Kapitalismus, die hierzulande bereits bedrohlich wirken, in anderen Breitengraden, dem Auge der Öffentlichkeit gänzlich entrückt, Leben kosten. Abschließend behandelt ein Beitrag von **Peter Grassmann** die wohl weitreichendsten Auswirkungen ungezügelten Wirtschaftens: die Schäden an unserer Umwelt.

Philipp N. Müller, Jahrgang 1994, studierte Philosophie und Germanistik in Heidelberg und an der Humboldt-Universität zu Berlin. Seit 2016 arbeitet er als freischaffender Lektor unter anderem für den Westend Verlag.

Der Kapitalismus:
Über Markt & Staat

Ökonomie oder Wirtschaften?

von Arno Gahrmann

Wesen oder Un-Wesen? Die Ökonomie

Im wörtlichen und ursprünglichen Sinne steht das altgriechische »oikonomie« für eine gute Hausführung; und noch bis ins 19. Jahrhundert hinein war der »Ökonom« der Vertreter des Gutsherrn, der das Anwesen umsichtig und erfolgreich zu führen hatte. Erst dann übertrug sich dieser Begriff allmählich vom einzelnen Betrieb auf die Wirtschaft eines ganzen Staates, auf die Nationalökonomie. Als Maßstab für deren Leistungsfähigkeit zählt dabei die Menge der von den Unternehmen geschaffenen Güter und Leistungen (zum Beispiel das BIP = Bruttoinlandsprodukt). Diese werden dann entweder von den privaten oder öffentlichen Haushalten konsumiert oder dienen den Unternehmen zur Ausweitung und/oder Verbesserung ihrer Kapazitäten (Investitionen).

Kennzeichnend für die heutige Ökonomie ist die einheitliche Verfassung aller in ihr dominierenden Unternehmen wie AGs und GmbHs und deren Zielsetzung: Sie definieren sich als Gesellschaften von Eigentümern, die mittels eigener (Geld-)Mittel und Kredite, dem *Kapital*, in Sachvermögen investieren und erwarten, dass ihr Reinvermögen, das sogenannte Eigenkapital, einen Zuwachs (Gewinn) erfährt. Damit das eintritt, müssen augenscheinlich die Erträge höher als die Aufwendungen sein, andernfalls würde das Reinvermögen sinken. In früheren Zeiten gab es selbstverständlich auch schon ein Reichtumsstreben, wovon schon die griechische Sage des Königs Midas erzählt, dem alles, dummerweise auch sein Essen, zu Gold wurde, doch bezog es sich wie selbstverständlich auf das eigene Besitztum, sei es Handel, Gewerbe oder ein Landgut. *Die mo-*

derne Ökonomie hingegen löst sich vom einzelnen Unternehmen ab; es ist nur noch ein Mittel zum Zweck der Kapitalmehrung und wird beliebig fallen gelassen, wenn anderwärts höhere Renditen erzielt werden können. Den modernen Kapitalisten geht es nämlich nicht um den dauerhaften Bestand eines Unternehmens, in das man gerade mehr oder weniger zufällig investiert hat; dieses ist für ihn vielmehr nur ein austauschbares Investitionsobjekt neben vielen.[1]

Marx prägte für diese kapitalorientierte Ausprägung daher den lange Zeit verpönten Begriff des Kapitalismus. Der romanische Begriff der »Anonymen Sozietät« (vgl. die Abkürzung S.A. für »Société Anonyme« beziehungsweise »Sociedad Anónima«) für Kapitalgesellschaften macht es deutlich: Die Eigentümer werden als persönlich irrelevante Kapitalgeber gesehen, die vorrangig am Gewinn interessiert sind, nicht notwendig am Unternehmen selbst, seinen Mitarbeitern und seinen Erzeugnissen. Bestes Beispiel sind private oder institutionelle Anleger wie Lebensversicherungen, die Aktienfonds erwerben, in denen alle DAX-Unternehmen vertreten sind, also Mercedes genauso wie sein Konkurrent BMW oder der Pharmakonzern Bayer. Und wenn der Fonds nicht ihren Renditeerwartungen entspricht, transferieren sie ihr Kapital um, zum Beispiel auf einen weltweiten Fonds von Goldproduzenten.

Die dieser Ökonomie inhärente Kapitalmehrung führt zwangsläufig zur Suche nach immer mehr und immer neuen Anlagemöglichkeiten. Da vorhandene Produktionen mangels realer Restriktionen wie Absatz, Rohstoffe, Personal oder Fläche nicht beliebig erweitert werden können, bedarf es neuer »Felder«. Diese schafft sich die Ökonomie durch Entwicklung völlig neuer Märkte, wie höchst erfolgreich mit den neuen Medien praktiziert, oder sie kauft bis dahin kapitalfreie »Brachen« wie kommunale Stadtwerke, historische Stadionnamen oder das Rentensystem auf, um hieraus sichere Rendite zu beziehen. Die »neue Landnahme« nennt dies der Soziologe Klaus Dörre.[2]

Die Maximierung der Rendite verlangt eine maximale Auswahl von Kapitalanlagemöglichkeiten; daraus entstand der Druck, das Kapital *weltweit und ohne Beschränkung* fließen zu lassen. Umgekehrt geraten hiermit nicht nur die einzelnen Unternehmen unter den beschriebenen Renditedruck, sondern ganze Volkswirtschaften in einen Standortwettbewerb: Nur wer den Unternehmen das beste Umfeld zur Erzielung von Spitzenrenditen bietet, erhält vom Kapital einen Zuschlag in Form von Investitionen. Erhofft werden hiervon insbesondere Arbeitsplätze und die Ansiedlung weiterer Unternehmen wie Zulieferer, in Schwellenländern auch ein Know-how-Transfer. Als Gegenleistung winken geringe Steuern, niedrige Löhne, laxe Umwelt- und Sozialstandards, aber auch – wie in Deutschland – hervorragende äußere Bedingungen an Bildung, Sicherheit und Infrastruktur.

Handel und Wandel gab es schon immer in den jeweils bekannten Welten. Doch erst diese permanente, unbeschränkte und globale Interaktion zwischen Unternehmen, Kapitaleignern und Staaten ist es, die der Ökonomie ihre historisch einmalige Dynamik verleiht. Ermöglicht wurde sie durch die Expansion der Verkehrsmittel und die dank der Container ermöglichte Beschleunigung der Warentransporte, auf eine vorläufige (?) Spitze getrieben durch den simultanen Informationsfluss.

Dieser katapultierte auch in ungeahntem Umfang nach oben, was vor der Globalisierung nur in Ansätzen, zum Beispiel in Form von Forderungsaufkäufen oder Devisentermingeschäften, praktiziert wurde: den *Finanzkapitalismus*, die weitgehende Abkopplung des Kapitals von der Realwirtschaft. So wie in der klassischen kapitalistischen Ökonomie die Unternehmen als Mittel zur Kapitalmehrung genutzt werden, ist es nun das Kapital selbst, aus dem heraus selbständige virtuelle »Produkte« wie Wetten auf Aktien- oder Wechselkurse gebildet werden und mit denen man ohne reale Wertschöpfung handeln und gewinnen (aber auch schnell verlieren) kann. Da an keine materiellen und regulatorischen Engpässe gebunden, konnte sich diese jüngste und – wie viele Wissenschaftler meinen[3] – reinste Form der kapitalistischen Marktwirtschaft innerhalb kürzester Zeit zu Billionensummen aufblähen, die heute als unkontrollierbare Finanzkrise Staaten und Wirtschaft in den Abgrund zu ziehen droht.

Was erwarten wir vom Wirtschaften?

Verbleibt die Ökonomie für uns ein diffuses System der Reichtumsmehrung, verbinden wir mit der Wirtschaft lebensnahe, praktische Vorstellungen. Bezeichnenderweise gibt es kein Verb zur Ökonomie, wohl aber zur Wirtschaft. Man kann wirtschaften, jedoch nicht ökonomen. Das Wirtschaften ist ein ureigen menschliches *Tun* mit Dingen und anderen Menschen. Als zwischenmenschlicher Prozess zur Existenzsicherung und Lebensentfaltung erhebt sich das Wirtschaften weit über die klassische Definition der Wirtschaftswissenschaft hinaus, die hierunter bloß den Inbegriff aller Einrichtungen zur Befriedigung der menschlichen Bedürfnisse versteht. Diese Aufgabe könnten zur Not nämlich auch Lastenabwürfe von Flugzeugen oder vom Himmel herabgesandtes Manna erfüllen. Erst in der Verschmelzung mit dem sinn- und zweckreichen Umgang der Menschen miteinander und mit den Dingen wird aus der puren Bedarfsdeckung das Wirtschaften. Sehr lebendig umreißt ein Grundsatzpapier der Lausitzer Regionalwährung das Wesen des Wirtschaftens:

> »Wir haben uns mit dem Grund des Wirtschaftens zu beschäftigen. Die Frage lautet: Warum wirtschaften wir überhaupt?
>
> Wirtschaften wir, um das Wirtschaftswachstum anzukurbeln? Wirtschaften wir, um auf dem Weltmarkt zu bestehen? Oder wirtschaften wir, um die Aktienkurse steigen zu lassen? Für manche Menschen mögen die genannten Gründe ihr persönlicher Sinn des Wirtschaftens sein, für die Vielzahl der Menschen ist die Wirtschaft jedoch der gesellschaftliche Raum, in dem sie ihren Lebensunterhalt bestreiten.
>
> Menschen wirtschaften, weil sie Bedürfnisse haben, die sie (sich) erfüllen wollen. Essen, Wohnen, Bildung, Kultur, Vergnügen und Reisen – dies und vieles mehr ist nicht einfach so vorhanden und nutzbar. Diese Güter und Leistungen sind für uns nur nutzbar, weil andere Menschen sie für uns ermöglichen: indem sie wirtschaften. Weil wir wirtschaften!

Wir wirtschaften also aus Notwendigkeit, denn ohne Wirtschaft gibt es keine Versorgung. All die Produkte und Annehmlichkeiten des (modernen) Lebens wären ohne unser Wirtschaften nicht vorhanden und nicht nutzbar.

Darüber hinaus ist es ein menschlicher Wunsch, kreativ und produktiv tätig zu sein. Die Befriedigung durch erfolgreiche Ergebnisse im Arbeitsprozess sind für die meisten Menschen genauso wichtig wie die Zusammenarbeit mit anderen Menschen. ›Wirtschaften‹ ist der Sammelbegriff für diese Tätigkeiten.

Wir wirtschaften also aus zwei Gründen:

- aus Notwendigkeit, denn ohne Wirtschaft keine Versorgung,
- aus dem menschlichen Wunsch, kreativ und produktiv tätig zu sein und dem eigenen Leben einen Sinn zu geben.«[4]

Kurz und prägnant drückte es der ehemalige Bundespräsident und vormalige Chef des Internationalen Währungsfonds (IWF) Horst Köhler in seiner Weihnachtsansprache 2006 aus: »Arbeit (…) vermittelt Lebenssinn.« Offensichtlich waren ihm die leidvollen Erfahrungen zu Herzen gegangen, die die Bevölkerung Argentiniens und vieler Entwicklungsländer, denen der IWF harte Sparmaßnahmen mit der Folge starker Arbeitslosigkeit aufzwang, durchmachen musste.

Tief in uns eingeprägt hat sich diese Vorstellung von Wirtschaften in ihren Urformen, wie wir sie auch heute noch anfinden können, so in der familiären Land- und Hauswirtschaft, im Handwerksbetrieb oder im Kloster; grundsätzlich also dort, wo *Menschen gemeinsam und geschickt*, d.h. in sinnvoller Arbeitsteilung, für ein materielles Wohl, die Sicherung ihrer Zukunft – und auch zur Selbstverwirklichung – agieren. […]

Doch ein reines Paradies unerschöpflicher Quellen war das Wirtschaften nie; Knappheit und sparsamer Umgang mit den Ressourcen gehörten stets dazu. So hat es auch in der heutigen Geldwirtschaft einem ehernen Gesetz zu gehorchen: Auf Dauer dürfen die Ausgaben nicht höher als die Einnahmen sein. Und selbstverständlich wird jeder Betrieb und jeder Inhaber kaum etwas gegen Überschüsse einwenden, können diese doch für Modernisierungen, Erweiterungen oder höheres privates Einkommen verwendet werden.

Symbiose oder Koexistenz?

Verglichen mit der klassisch-formalen Sicht von Wirtschaft als Bedarfsdeckung, erst recht mit der Vorstellung eines vielfältigen und lebensintensiven »Wirtschaftens«, stellt sich die moderne kapitalistische Ökonomie als ein System dar, das einem einzigen und eindimensionalen Ziel unterworfen ist: dem der Kapital- beziehungsweise *Vermögensmehrung*. Dieses Prinzip der »Gewinnmaximierung« wird in den betriebswirtschaftlichen Lehrbüchern als bare Selbstverständlichkeit postuliert und ist darüber hinaus gemeinhin akzeptiert. Dennoch werden im allgemeinen Sprachgebrauch »Wirtschaft« und »Ökonomie« meist synonym verwendet, soweit mit der Ökonomie nicht ihre zweite Bedeutung als Lehre der Wirtschaftswissenschaften gemeint ist.

Seit Jahren etwa beklagen die Gegner eines höheren Spitzensteuersatzes, er schade »der Wirtschaft«, wiewohl er zunächst nur die Vermögensmehrung bremsen und die Verwendung der zusätzlichen Steuern etwa für den Netzausbau die Wirtschaft im doppelten Sinne unter Strom setzen würde, was von der tatsächlich stark praktizierten Anlage der Gewinne in Steuerparadiesen nicht behauptet werden kann. Können sich also die Ziele von Wirtschaft und Ökonomie kaum decken, geht es bei ersterer doch um vielfältige und dynamische Aufgaben und bei zweiter um eine statische Größe?

Es war Adam Smith, der den Zusammenhang zwischen beiden als Erster formulierte: Indem der Einzelne mittels wirtschaftlicher Tätigkeit seinen privaten Reichtum mehrt, befördert er gleichzeitig die Wohlfahrt des Gemeinwesens. Dieses war sicher schon den frühen Handels- und Gewerbevölkern selbstverständlich und auch Thema des griechischen Philosophen Platon, der allerdings den erarbeiteten Gewinn des Produzenten und den leistungslosen Gewinn des Händlers moralisch deutlich schied (wobei wir dem Händler durchaus seine Mittler-, Lager- und Verteilungsarbeit gerne honorieren wollen). Doch Smith zielte auf weitere, seinerzeit durchaus nicht selbstverständliche Faktoren, die nicht nur den privaten, sondern auch den gesellschaftlichen Reichtum voranbringen, nämlich 1. die *Arbeitsteilung* auf einem 2. *freien Markt*.

Ist also die eingangs erfolgte Unterscheidung zwischen Ökonomie und Wirtschaft nur künstlich überhöht, gehören beide nicht zusammen wie die zwei Seiten einer Münze? Sind es nicht triviale Erkenntnisse und Erfahrungen, dass der Nutzen der Käufer, ihren Bedarf an Gütern gedeckt zu bekommen, mit dem Vorteil der Verkäufer, die in arbeitsteiliger Wirtschaft diese Güter hergestellt und mit Gewinn verkauft haben, zusammenfallen kann? Und ist der Unterschied zwischen der Gewinnmaximierung der Ökonomie und der Kostendeckung des Wirtschaftens nicht ein nur gradueller?

Wir kennen die offensichtliche Erfolgsgeschichte der sozialen, aber eben auch kapitalistischen Marktwirtschaft nach dem Zweiten Weltkrieg, die im »freien Spiel der Kräfte« das Wirtschaften mobilisierte. Dass hierbei einzelne Unternehmer und Unternehmen reich und reicher als die Arbeitnehmer wurden, störte Letztere nicht ernsthaft, nahmen doch auch für sie Wohlstand und persönliches Vermögen in bislang ungekanntem Ausmaß zu. Fraglich ist allerdings, ob es wirklich nur das Reichtumsstreben war, das die Unternehmer und Manager antrieb, oder nicht ebenso die Freude am Schaffen, Tüfteln und Organisieren, also genau das »Wirtschaften«. Denn das war auch das Belebende an der sozialen Marktwirtschaft der Nachkriegszeit: die Aufbruchsstimmung, verbunden mit einer seit der Gründerzeit der 1870er Jahren nicht mehr gekannten Gewerbefreiheit und einem Neustart der Märkte, die den Unternehmern ungekannte Entfaltungsmöglichkeiten bot.

Schauen wir uns dagegen die mächtigen Kapitalgesellschaften an, deren Anteilseigner tatsächlich vorrangig oder gar einzig am Gewinn interessiert sind und die das heutige Bild der Ökonomie bestimmen. Diese geben den einzelnen Geschäftsbereichen jährliche Renditeziele vor, die dann häufig bis auf Abteilungsebene heruntergebrochen werden. Als »Wertbeitrag« gilt dort nicht der schlichte Überschuss der Erlöse über die Kosten, sondern nur, was über die (hohen) Anforderungen der Aktionäre hinausgeht. So schloss oder verkaufte die Arzneimittelfirma Schering vor einigen Jahren die Hälfte seiner deutschen Betriebsstätten nicht etwa deshalb, weil sie Verluste bereitet hätten, sondern weil sie die Vorgabe von 18 Prozent pro anno nicht erreichten. Dermaßen auf hochrentable Betriebsstätten zurückgeschnitten, wurde dann Schering im Jahr 2006 für einen sicher stolzen Preis an Bayer verkauft. Bekannt und berüchtigt ist auch die Schließung des Nokia-Werkes in Bochum 2008: Auch dieses erwirtschaftete durchaus einen Gewinn, doch versprach die Verlagerung nach Rumänien halt noch höhere Gewinne. Und selbst der stolze Flugzeugbauer Airbus musste nach seinem letzten Geschäftsjahr 2011 mit einem Rekord an Auslieferungen und Neubestellungen von der Konzernleitung EADS erfahren, dass seine Rendite bis zum Ende des Jahrzehnts auf zehn Prozent zu steigern sei.

In diesen Unternehmen stehen die Angestellten und Arbeiter ständig im »Überlebenskampf«, das hoch gesetzte Renditeziel beziehungsweise auf sie persönlich zugeschnittene Marken zu erreichen. Gleichzeitig drückt die »knallharte« Konkurrenz auf die Preise, so dass das Heil meist nur in der Senkung der Stückkosten liegt, sowohl durch höhere Produktionsmengen als auch durch weitere Rationalisierungen. Dann werden in unserem christlichen Abendland mittels eines »gnadenlosen« Wettbewerbs Märkte »erobert«, neue Waffen, sprich: Produkte entwickelt, Kunden »gefangen« und der Betrieb auf versteckte Kostenverursacher hin durchkämmt und diese eliminiert beziehungsweise »outgesourct«. Dass hierdurch die Daumenschrauben auf das Management und die Mitarbeiter angezogen und gleichzeitig ihr persönlicher und fachlicher Freiraum stark eingeschränkt werden, ist offensichtlich und hinreichend bekannt. Andererseits muss man nicht extra Vergleiche mit der sozialistischen Planwirtschaft ziehen, um den Gewinn an Produktivität und Innovationskraft für die gesamte Wirtschaft zu erkennen, von dem in der Regel auch die Bürger in ihrer Eigenschaft als Konsumenten profitieren beziehungsweise zu profitieren glauben.

Gemäß der herrschenden (neoliberalen) Lehre und der sich auf sie berufenden Parteien sollten sich die beiden Kernelemente der modernen Ökonomie – Kapitalrendite und freier Wettbewerb – von Staats wegen möglichst unbeschränkt entfalten können. Der Renditedruck treibt die Produktivität immer weiter nach oben, der Konkurrenzdruck andererseits die Preise immer weiter nach unten. In einem theoretischen Gleichgewichtszustand würden dann nur die produktivsten Unternehmen überleben, die in diesem »mörderischen« Preiskampf gerade noch Gewinn machen. Damit wäre das Konsumentenparadies niedrigstmöglicher Preise erreicht, wie es die konsequenten Wettbewerbsförderer der EU erwarten, wenn sie selbst auf kommunaler Ebene EU-weite Ausschreibungen verlangen. Tatsächlich herrscht bei weitem nicht überall der totale Wettbewerb, sondern gibt es eher Oligopole, Preis- und Marktabsprachen und Korruption, womit Produktivität und Preise nicht bis zum Letzten ausgereizt werden müssen. Die globalen Energiemonopolisten schließlich demonstrieren ganz unbekümmert, dass sie König sind und nicht die Kunden.

Selbst wenn einerseits für viele Produkte heute weniger bezahlt werden muss, sehen sich die Konsumenten aufgrund schlechterer Qualität, häufiger aber wegen technischer Neuerungen zu einem teuren Ersatz verlockt (Handys und Autos) oder gezwungen (PCs). Dass man von der Werbung häufig zu überflüssigen Käufen verleitet wird, die sich dann bald im Müll, in Abstellräumen oder in Altkleidersäcken wiederfinden, nimmt man als Kehrseite der Ökonomie hin. Auch die Verbilligung für internetbasierte Dienstleistungen wird erkauft – nämlich von den älteren Mitbürgern, die zum Beispiel für Bahnfahrten und Fahrkarten entweder eine teure Servicenummer anrufen und/oder weite Wege zu den wenigen verbliebenen Schaltern antreten müssen. Und zu gerne wird der Beitrag der armen Länder zur Verbilligung der Produkte übersehen: Sie haben kaum Marktmacht gegenüber den Konzernen, um ausreichende Löhne durchzusetzen. Ganz ins Hintertreffen gerät in dieser Ökonomie, die ihr Heil überwiegend über ein Mengenwachstum sucht, der letztlich wichtigste Stakeholder: Natur und Umwelt. Da mag der Verlust an Biodiversität und Fläche beklagt und vor Klimaerwärmung und dem Erschöpfen der (Energie-)Rohstoffe gewarnt werden, und dennoch werden Autobahnen zu Pistenmonstern erweitert und Flüsse zu standortaffinen Verkehrswegen ausgebaggert, um einer weiteren Verdoppelung des Frachtverkehrs zu genügen; nicht weil ein Versorgungsnotstand für die Bevölkerung droht, sondern weil die Ökonomie um ihrer selbst willen wachsen und die billigsten Quellen weltweit nutzen muss.

Doch während gegen solche Missbräuche, Auswüchse und Umweltzerstörungen vorgegangen werden kann und je nach politischem Wollen auch wird, verbleibt die grundsätzliche Frage, ob ein solches Konsumentenparadies das ist, was die Menschen wollen. Es reduziert sie auf nichts als simple Verbraucher, die alle anderen Aspekte, insbesondere das eigene Arbeiten, ausblenden und ökonomisch durch eine Sperrmüllpresse ersetzt werden können. Eine Kapitelüberschrift des Buches *Wir steigern das Bruttosozialglück* von Annette Jensen lautet: »Viele wollen ein ganzes Leben«. Die Autorin stellt der Reduzierung des Menschen auf den nichts als Wohlstand optimierenden *Homo oeconomicus* das Tun, die Vielfalt und Ausgewogenheit des menschlichen Wirtschaftens entgegen.

Böse Erfahrungen mit dem reinen Konsumentenparadies mussten nicht nur die Bewohner der ehemaligen DDR machen, als sie im Besitz frisch eingetauschter DM endlich die begehrten Westprodukte anstelle der grauen Konsumwaren kaufen konnten – und sich damit gleichzeitig um ihre Arbeit brachten. Mittlerweile kennen die Arbeitnehmer der ganzen Welt den gleichen Vorgang, und wir können es fast täglich lesen: Notwendige Rationalisierungen und Kostensenkungen gehen zu Lasten von Arbeitnehmern, die entweder für den gleichen Lohn mehr und stressiger arbeiten müssen, in den Niedriglohnsektor abgedrängt oder auch ganz entlassen werden. Kaum einer der Betroffenen wird sich dann mit den niedrigen Discounter- und Handypreisen trösten, der glänzenden Seite dieser ökonomischen Medaille.

Und wem kommt diese Spirale von Preis- und Lohnsenkungen eigentlich zugute? Bislang haben nur die Arbeitnehmer Not gelitten, indem ihr Anteil am Volkseinkommen geschrumpft ist, während das Kapital eine nie gekannte Zunahme erfuhr. Bedeuten die 18 Prozent Zunahme der Arbeitnehmerentgelte im Deutschland der vergangenen zehn Jahre nicht einmal eine reale Aufrechterhaltung ihrer Einkommen, lassen sich bei einer 50-prozentigen Zunahme der Unternehmens- und Vermögenseinkommen im selben Zeitraum und einer durchschnittlichen Eigenkapitalrendite von 25 Prozent pro anno die von den Arbeitnehmern verlangten Opfer kaum als notwendig rechtfertigen.

Wir stellen fest: Wenn ein Aufbau wie in Nachkriegszeiten oder in Entwicklungsländern angesagt ist, treiben die Chancen auf mehr oder weniger Reichtum das ureigene menschliche Bedürfnis des Wirtschaftens zweckmäßig und zum Wohl des Landes an. Genauso wichtig erscheint jedoch auch die Freiheit der Unternehmer, damit sie im Sinne des Wirtschaftens Ideen und Innovationen entwickeln und voranbringen können, wie es eindrücklich der Ökonom Joseph Schumpeter beschrieb. Der weltweite Wettbewerb in Verbindung mit hoch angesetzten Rendite- und Gewinnzielen steigert zweifellos die Produktivität und senkt die Preise, ignoriert aber die Vielfalt des menschlichen Wollens und reduziert die Menschen auf Renditemacher und Konsumenten; er übersieht Hungerlöhne und blendet die Übernutzung von Natur und Umwelt aus. Die faktische Macht des Kapitals hat überdies nicht einmal die einzig erkennbare positive Komponente der ökonomischen Theorie für die Menschen Wirklichkeit werden lassen – das Konsumentenparadies niedrigster Preise und (!) niedrigster Unternehmensgewinne. Vielmehr eignete sich das Kapital einen immer weiter wachsenden Anteil am Volkseinkommen an.

Eine scharfe Grenzlinie zwischen Ökonomie und Wirtschaften ist freilich nicht zu ziehen. Offensichtlich gilt es, ein ausgewogenes Maß zwischen ökonomisch bedingtem Rationalisierungs- und Innovationsdruck und der Kreativität des vielfältigen Wirtschaftens zu finden. Anzutreffen ist dieses Maß zum Beispiel bei ländlichen Genossenschaften: Ihre Eigentümer sind gleichzeitig häufig ihre eigenen Lieferanten (landwirtschaftliche Produkte, Spareinlagen) und/oder Kunden (Maschinenpark, Bedarfsartikel, Kredite), die Mitarbeiter und Mitarbeiterinnen stammen aus ihrem persönlichen Umfeld. Somit entsteht ein schöpferisches und stabilisierendes Spannungsfeld, in dem sich die Interessen der verschiedenen Stakeholder durchaus artikulieren, aber keine Seite dominieren wird. Auch die Produktivität und Effizienz des Genossenschaftsbetriebs muss im Interesse der Eigentümer und der Wettbewerbsfähigkeit gegenüber Dritten beachtet werden, darf jedoch nicht zu einem Kahlschlag an Personal und Leistungsumfang führen. Die Mitarbeiter und Unternehmer in der »harten« Ökonomie hingegen haben keine andere Wahl, als sich deren unerbittlichen Gesetzen von maximaler Leistung und Effizienz zu unterwerfen.

Die folgende Tabelle fasst die wesentlichen Merkmale der kapitalistischen Ökonomie einerseits und der Wirtschaft zusammen. Auf den Punkt gebracht: In der Ökonomie dominiert die Quantität, in der Wirtschaft der Mensch.

	Ökonomie	Wirtschaft
Ziel	Vermögens-(Kapital-)mehrung	Bedarfsdeckung, Existenzsicherung, Tun
Mittel	Optimierung, Effizienz- und Umsatzsteigerung, Globalisierung	planvolles, zweckgerichtetes Handeln in Arbeitsteilung
Restriktionen	Renditevorgabe, Kapitalangebot, globaler Wettbewerb	Kostendeckung
Gesamtwirtschaft	hohe Produktivität, Dominanz der Konzerne	Kleinteiligkeit, Regionalbezug, Personalintensität
Mitarbeiter	Renditedruck, hohe Einkommensspannen, Arbeitsplatzrisiko	stabile Positionen, begrenzte finanzielle Attraktivität, Service-Intensität
Kunden	niedrige Preise, schicke Produkte, Auswahlstress, geringe Verlässlichkeit	feste Preise, personeller Kontakt, Service
Gesellschaft	Ökonomisierung der Zeit und des Lebens, ökonomische Spaltung	unmittelbar erlebbare Wirtschaft, sozioökonomisches Miteinander
Dritte Welt	billiger Lieferanten und Resteabnehmer, Arbeitsbeschaffung	geringe Wirkung (sowohl positiver als auch negativer Art)
Natur/ Umwelt	kostenloser Lieferant, sofern nicht gesetzlich reguliert; globale Beanspruchung	mangels Größe und dank Transparenz geringere Schäden, begrenzter Verkehrsbedarf
Maß	quantitativ	qualitativ

Auszug aus Gahrmann, Arno (2013): *Wir arbeiten und nicht das Geld. Wie wir unsere Wirtschaft wieder lebenswert machen*, S. 23–43.

Kapitalismus ist nicht das Gegenteil von Staat

von Ulrike Herrmann

Neoliberale erwecken stets den Eindruck, als ob die Wirtschaft vom Staat geknebelt würde und sich von dieser politischen Diktatur mühsamst befreien müsste. Historisch ist dies ein völlig schiefes Bild: Wo immer es Frühformen des Kapitalismus gab – da hatten diese frühen Kapitalisten auch politisch das Sagen.

Sehr typisch sind die mittelalterlichen Hansestädte Hamburg, Lübeck oder Bremen, deren prächtige Rathäuser noch heute davon zeugen, dass dort einst mächtige Senatoren tagten. Diese Patrizier waren natürlich nicht durchs breite Volk gewählt, sondern stammten aus dem erlauchten Kreis der großen Kaufleute, die die Politik der unabhängigen Stadtstaaten danach ausrichteten, was dem Fernhandel und damit ihrer Schatulle förderlich war.

Dieses Muster war in allen großen Handelsmetropolen zu beobachten. Auch in den italienischen Stadtstaaten Venedig, Florenz und Genua regierte die Geldaristokratie. Besonders berühmt wurde die Florentiner Bankiersfamilie Medici, der es sogar gelang, sich zu Großherzögen der Toskana aufzuschwingen. Nach der Entdeckung Amerikas 1492 verlagerte sich der Handel zwar gen Westen, aber auch in Antwerpen und später Amsterdam galt, dass die Kaufleute ihre Städte regierten. »Der Kapitalismus triumphierte nur dann, wenn er mit dem Staat identifiziert wurde, wenn er der Staat war«, fasst der französische Historiker Fernand Braudel dieses Phänomen zusammen.[5]

Die Handelsstädte waren der Fläche nach zwar klein, aber sie waren regionale und manchmal sogar globale Großmächte. Sowohl Venedig wie Genua besaßen zahlreiche Kolonien im Mittelmeerraum, und die Amsterdamer Kaufleute dehnten ihren Einfluss bis nach Indonesien aus, indem 1602 die Niederländische Ostindien-Kompanie gegründet und mit staatlicher Herrschaftsgewalt ausgestattet wurde. Politische Macht und wirtschaftliche Interessen waren nicht zu trennen.

Bis ins 17. Jahrhundert dominierten die großen Handelsstädte den weltweiten Handel, doch sie lagen wie kleine kapitalistische Inseln in einem weiten Meer von Feudalstaaten. Im 18. Jahrhundert ändert sich dies. Erstmals wurde ein ganzer Nationalstaat von Kapitalinteressen regiert: England. Die schon erwähnte »Glorious Revolution« von 1688/89 war das Symbol für diesen Wandel; die »Bill of Rights« sicherte dem Parlament umfassende Rechte zu, die die Macht des Königs beschnitten. Formal wurde England damit zur konstitutionellen Monarchie, doch war das Stimmrecht daran gekoppelt, dass man ein Mindestvermögen besaß.

Eine kleine Elite, die vor allem aus dem Landadel, aber auch aus Kaufleuten bestand, dominierte das englische Parlament und sorgte dafür, dass die britische Politik ihre wirtschaftlichen Interessen bediente. Nicht zufällig hatten sie sich dafür auch den richtigen König ausgesucht: Nachdem die Briten 1688 ihren katholischen König Jakob II. gestürzt hatten, trugen sie die Krone Wilhelm III. von Oranien-Nassau an, der gleichzeitig der Statthalter der Niederlande war.

Allerdings wäre es falsch zu behaupten, dass die englischen Kaufleute bis dahin unter ihren Monarchen gelitten hätten. Spätestens seit dem 16. Jahrhundert gehörte es zum Programm der englischen Könige, die Wirtschaft zu fördern, wie Adam Smith 1776 bezeugt: »Seit der Herrschaft von Elisabeth hat sich die englische Gesetzgebung besonders um die Interessen des Handels und der Manufakturen bemüht, und in Wirklichkeit gibt es kein Land in Europa, Holland nicht ausgenommen, wo das Recht dieser Art von Industrie so gewogen ist.«[6]

Das englische Beispiel machte bald Schule, denn auch anderen europäischen Monarchen war deutlich, dass sie ihre Wirtschaft fördern mussten, wenn sie die permanenten Kriege in Europa überstehen wollten. Armeen waren teuer und ließen sich nur durch eine prosperierende Ökonomie finanzieren. Ab dem 17. Jahrhundert kam daher europaweit der sogenannte »Merkantilismus« in Mode, der zwar nie ein geschlossenes theoretisches Konzept darstellte, aber in fast allen Ländern dazu führte, dass die Herrscher bemüht waren, Manufakturen zu gründen und die Exporte ihres Landes zu steigern. Wieder war die Kooperation zwischen Staat und Wirtschaft eng: Die meisten Könige hatten bürgerliche Berater, die ihnen erklärten, wie das Handelsleben funktionierte. Legendär wurde der russische Zar Peter der Große, der 1697 sogar unter falschem Namen nach Holland reiste, um in Zaandam auf einer Werft zu arbeiten und die Wirtschaft dieser reichen Handelsnation zu studieren.

Diese kurze historische Skizze zeigt bereits, dass der Kapitalismus nicht gegen den Staat entstanden ist, sondern immer Staatshilfe genossen hat. Allerdings wandelte sich die Rolle des Staates im 19. Jahrhundert fundamental, als mit der Industrialisierung der moderne Kapitalismus einsetzte. Der Merkantilismus hatte sich abgemüht, in einer weitgehend stagnierenden Wirtschaft Wachstum zu erzeugen. Mit der Industrialisierung stellte sich das Problem genau umgekehrt: Nun gab es zwar Wachstum, aber die rasante technische Entwicklung hatte ungeahnte gesellschaftliche Folgen, die nur der Staat bewältigen konnte.[7]

Damit sich der Kapitalismus entfalten konnte, war es notwendig, die Bevölkerung besser auszubilden, Universitäten zu gründen und die Forschung zu finanzieren. Die explodierenden Städte mussten geplant und verwaltet, Straßen und Eisenbahnen gebaut werden. Potentiell gefährliche Produkte wie neue Medikamente mussten überwacht, die Sicherheit der Fabriken kontrolliert und Umweltschäden vermieden werden. Der Staat war plötzlich überall gefragt.

Zudem hätten zentrale technische Entwicklungen gar nicht stattfinden können, wenn der Staat nicht mitgezogen hätte. Ein Beispiel: Für die Deutsche Edison-Gesellschaft (später AEG) lohnte es sich nur, ins Elektrizitätsgeschäft einzusteigen, weil die Stadt Berlin als sicherer Kunde zur Verfügung stand und 1884 einen Konzessionsvertrag mit der Firma abschloss.

Vor allem aber musste der Staat dafür sorgen, dass die Bevölkerung den technischen Wandel aushalten konnte. »Wohlstand für alle« klingt zwar gut, aber der ständige Produktivitätsfortschritt ist auch eine Zumutung. Wissen veraltet, einst sichere Arbeitsplätze verschwinden, und im Wettstreit um die besten Jobs kann nicht jeder siegen. Der Soziologe Karl Otto Hondrich hat die Dialektik des Fortschritts sehr schön beschrieben: »Wettbewerb erzeugt Ungleichheit. Sogar wenn alle ihre Leistung steigern, sind einige zum Scheitern verdammt. Der Erfolg des einen ist der Misserfolg des anderen. Leistungssteigerung führt – später oder früher, dort oder hier – zu Leistungsversagen. Dieses Leistungsversagungsgesetz ist das fundamentale Paradox der Wettbewerbsgesellschaft, eine Fortschrittsfalle, aus der es kein Entrinnen gibt. (…) Jede individuelle Leistungssteigerung im Wettbewerb beruht auf einer kollektiven Vorleistung: Die Gesellschaft muss ja sagen zum Leistungsversagen!«[8] Das Ergebnis ist bekannt: Alle westlichen Länder haben eine staatliche Arbeitslosenversicherung und Sozialhilfe eingeführt, um wenigstens die größten Härten des Kapitalismus abzufedern.

Die wachsende Bedeutung des Staates spiegelt sich in der sogenannten Staatsquote wider, die den Anteil öffentlicher Ausgaben an der jährlichen Wirtschaftsleistung misst, und diese Staatsquote ist rasant gestiegen. Lag sie im Kaiserreich noch bei fünf bis sieben Prozent, hatte sie in der Weimarer Republik schon 15 bis 20 Prozent erreicht – und 2011 betrug sie in Deutschland 45,3 Prozent.[9]

Auf den ersten Blick könnte dies nahelegen, dass die Staatsausgaben ständig steil nach oben klettern würden. Tatsächlich jedoch verharren sie seit fast 40 Jahren auf einem fast unveränderten Niveau. In Deutschland belief sich die Staatsquote 1975 auch schon auf 48,8 Prozent – und seither musste sogar noch eine Wiedervereinigung finanziert werden. Die Sorge ist also gänzlich unbegründet, dass ein Moloch namens Staat das angeblich zarte Pflänzchen namens Kapitalismus restlos zermalmen könnte.

Vor allem aber ist die neoliberale Grundannahme falsch, dass Wachstum nur möglich sei, wenn sich der Staat möglichst aus der

Wirtschaft heraushält. Obwohl Österreich die stattliche Staatsquote von 50,5 Prozent aufweist, ist es in den vergangenen Jahren stärker gewachsen als Deutschland. Zwischen 2001 und 2010 legte die österreichische Wirtschaft jährlich im Durchschnitt um 1,6 Prozent zu, während es die Bundesrepublik nur auf 0,9 Prozent brachte. Die Schweiz wiederum scheint zunächst den gegenteiligen Fall darzustellen, weil sie ein durchschnittliches Wachstum von 1,7 Prozent erzielte, obwohl ihre Staatsquote nur bei 34,5 Prozent liegt.[10]

Allerdings führt es etwas in die Irre, nur die absoluten Wachstumsraten zu vergleichen. Denn es bleibt ja die Frage, auf wie viele Köpfe die Wirtschaftsleistung zu verteilen ist – und da zeigen sich bemerkenswerte Unterschiede zwischen den drei Staaten. In Deutschland nahm die Zahl der Bürger leicht ab und liegt jetzt bei 80,2 Millionen, während die Schweiz im vergangenen Jahrzehnt rund 800 000 Menschen hinzugewonnen hat und nun auf etwa acht Millionen Einwohner kommt, was einem Zuwachs von über zehn Prozent entspricht. Nach Österreich sind in der gleichen Zeit 400 000 Menschen eingewandert, so dass dort die Zahl der Bürger um fünf Prozent auf 8,4 Millionen angestiegen ist. Mehr Menschen bedeuten jedoch mehr Konsum. Es ist völlig logisch, dass eine Wirtschaft wächst, wenn zusätzliche Einwanderer zu versorgen sind.

Um dies genauer vorzurechnen: Seit 2000 betrug das Schweizer Wirtschaftswachstum kumuliert etwa 21 Prozent. Da gleichzeitig die Bevölkerung um über zehn Prozent zunahm, handelte es sich zur Hälfte um ein »Breitenwachstum«.[11] Pro Kopf war das Plus also nur halb so hoch und betrug etwa 0,85 Prozent. Diese Ziffer erinnert genau an den Durchschnittswert von Deutschland, das bei leicht sinkender Bevölkerung auf 0,9 Prozent kam. Am besten schnitt pro Kopf Österreich ab, obwohl es von den drei Ländern die höchste Staatsquote besitzt.

Zudem stellt sich die Frage, wie es den Schweizern überhaupt gelungen ist, ihre Staatsquote auf erstaunliche 34,5 Prozent zu drücken. Schließlich schwankt diese in fast allen anderen westeuropäischen Ländern in einem Korridor von 45 bis 55 Prozent. Die Antwort heißt »Privatisierung«. Die Schweizer Krankenversicherung und ein Teil der Altersvorsorge werden durch private Unternehmen abgedeckt – und damit bei der Staatsquote nicht erfasst. Aus der Sicht eines Schweizer Angestellten ist dies nicht viel mehr als ein Taschenspielertrick, denn er muss ja trotzdem Zwangsabgaben an die Versicherungen leisten. Der Schweizer Unternehmerverband hat bereits ausgerechnet, wie hoch die Schweizer Staatsquote wäre, wenn man die privatisierten Sozialversicherungen berücksichtigen würde: Sie läge sogar noch weit über dem deutschen Niveau.[12]

Europaweit war es in den vergangenen Jahren ein neoliberaler Volkssport, sich auf die Staatsquote zu fixieren und diese möglichst weit nach unten zu drücken. Doch dies gelingt nur mit statistischen Tricks. Die »echte« Staatsquote liegt in allen westlichen Ländern ähnlich hoch – egal ob dort Sozialdemokraten oder Konservative regieren. Dieser Befund ist nicht erstaunlich: Der Staat muss ein sehr wesentlicher Teil des Kapitalismus sein, sonst bricht dieser Kapitalismus sofort zusammen.

Vor allem die »Finanzmärkte« würde es gar nicht geben, wenn der Staat nicht stützend und regulierend eingreifen würde. Dies macht schon die Geschichte der ersten Banken deutlich. Sie entstanden in Italien im 14. Jahrhundert nicht etwa, um private Einlagen entgegenzunehmen, sondern um die öffentlichen Schulden zu verwalten.[13] Aus der Sicht der italienischen Kaufleute war diese enge Kooperation sehr naheliegend: Da sie die Städte regierten, gab es für sie sowieso keine Trennung zwischen Staat und privat.

Auch Aktiengesellschaften waren ursprünglich keine rein privatwirtschaftlichen Unternehmen. Die weltweit erste Aktiengesellschaft war die schon erwähnte Niederländische Ostindien-Kompanie von 1602, die ihre Profite damit machte, dass sie ein staatlich garantiertes Monopol für den Fernhandel mit Asien besaß. Die Börsen hatten zunächst ebenfalls wenig mit der Privatwirtschaft zu tun, obwohl sie als die Inkarnation des freien Marktes gelten: 1611 entstand die weltweit erste Wertpapierbörse in Amsterdam –

und sie hatte zunächst nur den Zweck, die »Liquidität«, also den Umsatz, von staatsnahen Papieren zu erhöhen. Gehandelt wurden vor allem öffentliche Schuldverschreibungen und eben Aktien der Niederländischen Ostindien-Kompanie.[14] In London wiederholte sich dieses Phänomen gegen Ende des 17. Jahrhunderts, als sich die dortige Börse für Wertpapiere öffnete. Erneut waren vor allem zwei Papiere begehrt: nämlich die Aktien der Britischen Ostindien-Kompanie und die Anleihen der Bank von England[15] – beides staatlich geschützte Monopolgesellschaften.

Seither hat sich das Geschehen auf den Finanzmärkten zwar stark diversifiziert, aber auch heute noch wären viele Investoren ratlos, wenn sie nicht mit Staatspapieren spekulieren könnten. Der Umsatz mit öffentlichen Anleihen ist geradezu astronomisch, wie das Beispiel der deutschen Bundespapiere zeigt. 2011 zirkulierten Bundesanleihen im Wert von etwa 1,1 Billionen Euro, doch das weltweite Handelsvolumen mit diesen Papieren betrug sechs Billionen Euro. In einem Jahr wurde also jede Anleihe mehr als fünfmal gekauft und verkauft.[16]

Noch beliebter ist der Devisenhandel, der auf ein weltweites Volumen von mindestens vier Billionen Euro kommt – täglich. Ökonomisch ist dieses Großkasino sowieso völlig überflüssig, aber vor allem wird gern vergessen, dass Währungen keinen Wert »an sich« haben. Geld behält seine Kaufkraft nur, weil es staatlich überwacht wird. In allen Ländern sorgen Notenbanken dafür, dass die Geldmenge nicht explodiert, indem sie das Zinsniveau vorgeben. Der Zins ist aber nichts anderes als ein Preis – nämlich für Kredite, die immer noch das Kerngeschäft der Finanzmärkte ausmachen. Die angeblich so freien Finanzmärkte sind also Märkte, auf denen der Staat den Preis zentral bestimmt. Ein Marsmensch würde wahrscheinlich denken, dass Finanzmärkte knapp vor einem Sozialismus einzuordnen wären.

Dieser Marsmensch läge auch deswegen nicht falsch, weil die großen Banken und Fonds ein einzigartiges Privileg genießen: Fast immer rettet sie der Staat, wenn die Pleite droht. Denn beim Bankrott einer wichtigen Bank kollabieren nicht nur die Finanzmärkte – auch die Realwirtschaft leidet sofort. Also muss der Staat eingreifen, um den Crash zu vermeiden. Für die Investmentbanken ist diese implizite Staatsgarantie ungeheuer lukrativ, denn sie leben in einer Welt, die sich als eine perverse Mischung von Sozialismus und Kapitalismus beschreiben ließe: Die Verluste werden sozialisiert und die Gewinne privatisiert.

Kein Wirtschaftszweig ist vom Staat so abhängig wie die Finanzbranche, und insofern war es geniales Marketing, dass es ihr gelungen ist, sich als besonders staatsfern darzustellen. Die Deregulierung seit den frühen 1980ern basierte auf dem Trick, die staatlichen Regeln als Zwangsjacke zu diffamieren, die die freie Entfaltung des »Finanzmarktes« und der Wirtschaft abwürgen würde. In ihrer ersten großen Rede nach dem »Big Bang« kondensierte die britische Premierministerin Margaret Thatcher diese neoliberale Weltsicht zu einem einzigen Satz: »Verschwunden sind die Kontrollen, die den Erfolg behindert haben.«[17]

Wie das Wort »Erfolg« schon sagt: Misserfolge waren gar nicht erst vorgesehen, was erstaunlich realitätsblind war. Der Kapitalismus ist ein extrem volatiles System, das zu periodischen Krisen neigt. Oft sind es nur normale Konjunkturdellen, aber nicht selten kommt es auch zu schweren Depressionen, die durch das Herdenverhalten der Finanzinvestoren ausgelöst werden. Sobald aber das Wachstum stockt, ist wieder der Staat gefragt. Dann nehmen auch neoliberale Unternehmer sehr gern Regierungshilfe in Anspruch. Ein gutes Beispiel war die »Abwrackprämie«, die 2009 die Automobilindustrie durch die Finanzkrise lotsen sollte und die den deutschen Steuerzahler fünf Milliarden Euro gekostet hat.

Neben solchen direkten Subventionen profitieren die Firmen aber auch indirekt: Obwohl Marktwirtschaftler gern die angeblich zu hohe Staatsquote beklagen, sind es genau diese öffentlichen Ausgaben, die die Wirtschaft in Krisenzeiten stabilisieren. Denn die Renten laufen weiter, Arbeitslose werden unterstützt, und auch die Krankenkassen schränken ihre Leistungen nicht ein. Diese »automatischen Stabilisatoren« garantieren einen Basissockel an Einkommen, was wiederum für Konsum, Umsatz und Arbeitsplätze sorgt, während die Firmen ihre Investitionen und Kapazitäten nach unten fahren. Würde die deutsche Wirtschaft nur aus privaten Unternehmen bestehen – sie würde in jeder Krise weitgehend kollabieren. Das 19. Jahrhundert ist dafür ein abschreckendes Beispiel, als es noch keine Sozialversicherungen gab und der Staat nicht intervenierte: Nach dem Gründerkrach 1873 wurden in der deutschen Eisenindustrie 40 Prozent aller Arbeiter entlassen. Dies wäre heute undenkbar.

Der Staat ist im Kapitalismus allgegenwärtig, weil es ohne seine permanente Intervention gar keinen funktionierenden Kapitalismus geben würde. Dieser Zusammenhang ist so offensichtlich, dass sich die Frage stellt, warum Marktliberale dies hartnäckig ignorieren. Eine Antwort dürfte sein: Es ist keine angenehme Vorstellung, zum Staat verdammt zu sein. Es ist anstrengend, dass man sich ständig mit Millionen von Mitbürgern arrangieren muss und es keine ökonomische Insel gibt, auf die man flüchten kann. Die Idee des Marktes hingegen ist unendlich tröstlich: Dort zählt nur das Individuum, das ganz auf seine eigene Leistung bauen kann und sich nicht ständig um das große Ganze kümmern muss. Dort ist jeder seines Glückes Schmied und übernimmt Verantwortung nur für sich selbst und seine Familie. Dieses Märchen ist einfach zu schön, um es aufzugeben.

Zudem schmeichelt es dem Selbstwertgefühl der Privilegierten ungemein, wenn sie sich zu Leistungsträgern adeln dürfen, anstatt sich nach den sozialen Bedingungen ihres Reichtums fragen zu müssen.

Wer heute Videos mit Margaret Thatcher sieht, staunt ein wenig, wie steif sie war. Ihre Reden wirken, als wären sie auswendig gelernt. Trotzdem entfalteten sie einen Sog, weil die britische Premierministerin das Märchen vom freien Markt und vom freien Individuum perfekt erzählen konnte. Den Ausverkauf der öffentlichen Wasserversorgung, Bahnen und Elektrizitätswerke rechtfertigte sie zum Beispiel 1986 mit diesen Worten: »Wir Politiker haben alle Träume. Zu meinem gehört, dass ich Macht und Verantwortung an das Volk zurückgeben will, um den Menschen und ihren Familien wieder das Gefühl der Unabhängigkeit zu vermitteln. Die große Reform des vergangenen Jahrhunderts war es, mehr und mehr Bürger zu Wählern zu machen. Die große Reform unserer Zeit ist es, mehr und mehr Bürger zu Eigentümern zu machen. Volkskapitalismus ist ein Glaubensfeldzug: ein Kreuzzug, der die vielen befreit und befähigt, am wirtschaftlichen Leben Großbritanniens teilzunehmen. (…) Menschen brauche Anreize; sie brauchen Verantwortung; sie brauchen die Freiheit und die Würde, die daher rührt, dass sie etwas ihr Eigen nennen können (…) Die Stärke unserer Politik ist, dass sie auf dem gesunden Instinkt unseres Volkes beruht – einem Instinkt für Eigentum, Sparsamkeit, ehrliche Arbeit und faire Belohnung.«[18]

Jeder würde gern in dieser Welt des ehrlichen Eigentums leben, aber leider ist es eben nur eine schöne Mär. In der Realität strichen wenige Finanzinvestoren Monopolgewinne ein, während die britischen Eisenbahnen und Wasserwerke verfielen.

Auszug aus Herrmann, Ulrike (2013): *Der Sieg des Kapitals. Wie der Reichtum in die Welt kam: Die Geschichte von Wachstum, Geld und Krisen,* S. 87–96.

Marktversagen? Nein, danke!

von Stefan Bach

Die Begründung für Staat und Steuern in der privatkapitalistischen Marktwirtschaft ist das Marktversagen, wenn öffentliche Güter nicht oder in nicht ausreichendem Umfang angeboten werden. Das Gleiche gilt für staatliche Regulierungen, wenn der Staat Unternehmen und Bürgern ein bestimmtes Verhalten vorschreibt, ohne gleich selbst tätig zu werden. Aber wie gut sind Politik und Verwaltung dabei, wie weit soll der Staat gehen bei seinen wirtschaftlichen Aktivitäten? Angesichts vieler Beispiele für Politik- und Staatsversagen gibt es hier offensichtlich Restriktionen.

Die sozialwissenschaftlichen und ökonomischen Theorien bieten viel Stoff für dieses Thema. Anders als Privathaushalte oder Unternehmen mit wenigen Personen und relativ homogenen Interessen muss der Staat das Gemeinwohl organisieren und damit breiteste Interessen abstimmen, die häufig in starkem Widerspruch zueinander stehen. Das bedeutet, dass immer wieder Minderheiten überstimmt werden, wenn Mehrheitsentscheidungen stattfinden. Durch differenzierte Abstimmungsregeln und Minderheitenrechte kann man aber versuchen, das auszugleichen.

Die »Public-Choice-Theorien« berücksichtigen darüber hinaus, dass die beteiligten Akteure – Politiker, Verwaltungsbeamte, Verbände und Lobbyisten – eigene Interessen verfolgen und nicht allein die ihrer Mitglieder oder Wähler. Größe, Finanzkraft, wirtschaftliche und gesellschaftliche Macht spielen hierbei eine wichtige Rolle: So haben vermögende Personen und Gruppierungen, große Unternehmen und Wirtschaftsverbände, Kirchen oder Gewerkschaften einen starken Einfluss auf die Politik, während beispielsweise kleine Selbstständige, Arbeitslose oder Migranten durch die Politik eher schlecht repräsentiert werden. Das gehobene Bürgertum engagiert sich in Vereinen, Bürgerinitiativen, Verbänden oder Politik und setzt seine Interessen durch; das gilt gleichermaßen für linksliberale Bildungsbürger und wirtschaftsliberale Besitzbürger. Arme und sozial benachteiligte Bürger engagieren sich gesellschaftlich kaum und gehen immer weniger zur Wahl.

Hinzu kommen kurz- und langfristige Wirkungen und Interessen. Politiker denken primär in Wahlzyklen und bevorzugen oftmals kurzfristige Lösungen, die langfristige Nachteile haben können – Zeitinkonsistenz nennen das die Ökonomen. Steuervergünstigungen oder Subventionen mildern manche Härte des Strukturwandels, behindern ihn aber langfristig. Oder wenn die Infrastruktur nicht vernünftig erhalten wird, kostet deren Sanierung später mehr. Aber natürlich ist es politisch einfacher, beim Unterhalt zu sparen als Personalkosten und Sozialleistungen zu kürzen oder Steuern zu erhöhen. Hinzu kommt, dass die Wirkung von Reformen unsicher ist: Politiker und Lobbyisten stellen die Ergebnisse in den Vordergrund, die ihnen in den Kram passen. Wenn dann noch die Datenlage unsicher ist und Prognosemodelle wenig zuverlässig sind, wie es in der Steuerpolitik häufig der Fall ist, dominieren schnell Ideologien und Mythen die Diskussion.

»Der Staat, die Beamten, die Politiker oder auch »die Sozis« können nicht mit Geld umgehen, daher haben sie in der Wirtschaft nichts zu suchen« – so lautet eine klassische Stammtischparole. Darin äußert sich das Unbehagen vieler Wirtschaftsbürger an der Wirtschafts-, Steuer- und Sozialpolitik. Wohlfeile Empfehlungen zum schlanken Staat und niedrigen Steuern knüpfen daran an. Dabei wird gerne vergessen, dass Staat und Wirtschaft in einer engen Symbiose leben. Kernaufgabe des Staats ist, »Marktversagen« zu korrigieren, also öffentliche Güter und Leistungen bereitzustellen, die es auf dem Markt nicht oder in keinem ausreichenden Maß zu kaufen gibt: Rechtsordnung, soziale Sicherung, Umverteilung, Polizei, Militär und viele Gesundheits-, Bildungs- und Kulturangelegenheiten.

Ferner geht es heute nicht nur darum, auf privaten Märkten den Wettbewerb mithilfe von Kartellbehörden und Verbraucherpolitik zu sichern – zunehmend muss man Märkte überhaupt erst in Gang bringen. Viele Innovationen müssen vom Staat angeschoben und dabei Risiken übernommen werden. Ohne eine aktive staatliche Energiepolitik wäre beispielsweise nie ein Atomkraftwerk ans Netz gegangen. Heute werden die erneuerbaren Energien exzessiv gefördert, damit sie wettbewerbsfähig werden. Viele aktuelle Herausforderungen der künftigen »Industriepolitik 4.0« hängen mit komplexen Technologien, Telekommunikationsnetzwerken und Innovationen zusammen. Diese sind ohne intensive Kooperation zwischen staatlichen, privatwirtschaftlichen und gesellschaftlichen Akteuren nicht denkbar.

Das Pendant zum Marktversagen ist das Politikversagen, das die Neoliberalen gerne betonen, und das nicht ganz zu Unrecht. Politiker, Verwaltungsbeamte, Verbände und Lobbyisten verfolgen eigene Interessen und sind eher am kurzfristigen Erfolg interessiert. Die komplexen Verantwortlichkeiten in Politik und öffentlicher Verwaltung erschweren häufig eine effiziente Organisation; auffallend viele Großprojekte im Infrastrukturbereich gehen schief. Zugleich wird am Unterhalt der öffentlichen Einrichtungen gespart, wenn kein Geld da ist, denn Reparaturen kann man eine gewisse Zeit auf die lange Bank schieben. Wenn politische Entscheidungsträger, Verwaltungsbeamte, Lobbyisten und Wirtschaft zu eng zusammenarbeiten, kommt es leicht zu heikler Kungelei. Beispiele sind der undurchdringliche militärisch-industrielle Komplex oder die Energiewirtschaft. Besonders fatal gelaufen ist die Entwicklung der Finanzmärkte bis zur Finanzkrise, bei der sich Deregulierung und Marktversagen zu Kreditblasen aufgeschaukelt haben. Das hat nicht nur das Finanzsystem an den Abgrund geführt, sondern auch erhebliche wirtschaftliche Fehllenkungen ausgelöst.

Klar, unsere Berufsbeamten sind nicht gerade dynamische Heißdüsen: Die Bürokratie mahlt langsam, aber bei uns zumeist zuverlässig und unbestechlich. Zu den Hochzeiten des Neoliberalismus glaubten viele, man könne durch Privatisierung oder private Bereitstellung von öffentlichen Leistungen große Effizienzgewinne realisieren und Kosten sparen. Das ist auch in vielen Fällen möglich, wenn man Leistungen im echten Wettbewerb vergibt und die laufenden Steuerungsanforderungen bei der Leistungsabwicklung nicht sehr hoch sind. Die Staatsverwaltung muss nicht alles selbst machen, in einem Unternehmen werden ja auch viele Leistungen nach außen vergeben.

Aber auch in der Privatwirtschaft ist nicht alles Gold, was glänzt. Der Wettbewerb ist häufig nicht so groß. Viele Effizienzgewinne in der Produktion streichen Führungskräfte und Aktionäre durch exzessive Gehälter und hohe Gewinne ein. Außerdem werden »Effizienzgewinne« mitunter schlicht durch Ausbeutung einfacher Malocher aus dem Niedriglohnsektor erwirtschaftet oder durch Beschiss am Kunden erzielt.

Fazit: Markt versus Staat sind keine Gegensätze, sondern ergänzen sich wie unterschiedliche Geschwister. Da sich die Zeiten ständig ändern, muss das Verhältnis immer wieder neu austariert werden. Intensive Regulierungen, Privatisierung oder Partnerschaften mit Unternehmen bei der Erfüllung von öffentlichen Aufgaben sollten kein Tabu, aber auch kein Dogma sein.

Auszug aus Bach, Stefan (2016): *Unsere Steuern. Wer zahlt? Wie viel? Wofür?*, S. 126–132.

Keynes und die Neoklassiker

von Ulrike Herrmann

Im ausklingenden 19. Jahrhundert kam es in den Wirtschaftswissenschaften zu einer »marginalistischen Revolution«, wie sie später genannt wurde. Man verabschiedete sich von der Arbeitswertlehre, die die klassische Ökonomie geprägt hatte – und rückte stattdessen den Konsumenten ins Zentrum. Die Kalkulationen des rationalen *Homo oeconomicus* sollten jetzt erklären, wie Preise entstehen.

Nur der subjektive Nutzen zählt

Auch dieser neue Ansatz setzte beim »klassischen Wertparadox« an, das schon Adam Smith gequält hatte: Warum ist lebenswichtiges Wasser so viel billiger als ein unnützer Diamant? Die Antwort der »Marginalisten« lautete: Entscheidend ist der subjektive Nutzen. Wenn jemand Durst hat, ist der erste Schluck Wasser sehr viel wert. Doch je mehr Wasser man trinkt, desto geringer wird der Durst – und am Ende würde man keinen weiteren Penny ausgeben, um noch mehr Wasser zu erwerben.

Der Nutzen dieser letzten Einheit, der sogenannte Grenznutzen, bestimmt den Preis eines Guts: Ist Wasser im Überfluss vorhanden, so dass jeder seinen Durst stillen kann – dann kostet Wasser nichts. Wird in der Wüste hingegen jeder Tropfen zum Überleben benötigt, ist Wasser extrem teuer, weil der Grenznutzen auch des letzten verfügbaren Tropfens noch immens hoch ist.

Neu an dieser Idee war nicht, dass der Nutzen eines Guts wichtig ist. [...] Auch Adam Smith und David Ricardo war bewusst, dass

Nützlichkeit und Knappheit eine Rolle spielen. Im *Wohlstand der Nationen* kommt der Begriff »Nachfrage« 269-mal vor, während das Wort »Angebot« nur 144-mal erwähnt wird.[1] Aber die klassischen Ökonomen nahmen noch an, dass es einen objektiven, unveränderlichen Gebrauchswert gäbe: Birnen waren nützlich – und hatten deswegen einen Tauschwert.

Die Neoklassik verabschiedete sich von der tradierten Idee, dass ein Gut einen objektiven Nutzen haben könnte. Stattdessen wurde der Nutzen nun als subjektiv definiert – und als abnehmend. Wer schon zwei Orangen gegessen hat, ist auf eine dritte nicht mehr erpicht. Nur der Grenznutzen zählt, auf Englisch »margin«, weswegen die Neoklassiker auch »Marginalisten« heißen. Dieser Ansatz wurde von verschiedenen Ökonomen parallel entwickelt und setzte sich ab 1871 durch.

Aus diesem Ansatz folgte logisch schlüssig, wie ein Individuum mit seinem Geld umgehen sollte, damit es den eigenen Nutzen maximiert. Mathematisch ausgedrückt: Das Verhältnis von Grenznutzen zu Preis muss bei allen Gütern gleich sein. [...]

Ziel war also die optimale Ausnutzung des eigenen Budgets. Gerechtigkeit spielte dabei keine Rolle: Für die Marginalisten war es zunächst unerheblich, ob einige Haushalte arm und andere reich sind. Die Neoklassik nahm einfach an, dass die »Grundausstattung« eines jeden Einzelnen bereits vorhanden sei. Die Frage war nur noch, wie das Individuum seinen Nutzen maximiert – mit den Mitteln, die es hat. Oder um es technisch auszudrücken: Es ging um die optimale Allokation knapper Ressourcen. Solange jeder Einzelne das Maximum herausholte, war es egal, »dass der wohlhabende Haushalt seine Katzen nach Belieben mit Milch füttert, während die Kinder des armen Haushalts noch nicht einmal sauberes Wasser zu trinken haben«.[2]

Dieser neue Ansatz hatte immerhin den Vorteil, dass sich die doppelten Begriffe erübrigten, die seit Adam Smith so gestört hatten. Es gab jetzt keinen getrennten Gebrauchs- und Tauschwert mehr, sondern der subjektive Grenznutzen bestimmte gleichzeitig den Tauschwert.

Trotzdem wurde es auch für die Neoklassiker dornig. Bis heute haben sie viele Widersprüche nicht lösen können, in denen sich ihre Theorie verhedderte. Denn es reicht ja nicht, dass jedes Individuum subjektive Präferenzen besitzt – um seinen Nutzen zu optimieren, muss es mit den anderen Haushalten so lange in einen Austausch treten, bis es die gewünschten Güter auch erhalten hat. Wenn alle Bedürfnisse optimal befriedigt werden sollen, muss es auf den Märkten zu einem Gleichgewicht kommen: Jeder Verkäufer muss auch einen Käufer finden und umgekehrt.

Ein Rätsel, das ein Rätsel bleibt: Wo kommen die Preise her?

Aber kann tatsächlich ein allgemeines Gleichgewicht entstehen, wenn sich jeder Haushalt nur für den eigenen Nutzen interessiert? Diese Frage trieb den französischen Ökonomen Léon Walras um, der 1874 tatsächlich mathematisch nachweisen konnte, dass ein allgemeines Gleichgewicht möglich ist. Die Betonung liegt auf »möglich«. Denn es war keineswegs garantiert, dass die mathematische Lösung ökonomisch sinnvoll ist. Beispielsweise könnten negative Preise oder auch negative Mengen herauskommen; zudem war nicht ausgeschlossen, dass es mehr als eine Lösung für das Gleichungssystem gibt.

Noch schlimmer: Es war völlig unklar, wie der Marktprozess aussehen sollte, der zum Gleichgewicht führt. Die Neoklassiker stellten sich vor, dass alle Individuen miteinander in vollkommener Konkurrenz stehen. Insofern hätte jeder Einzelne nicht die Macht, die Preise selbst zu setzen oder auch nur zu beeinflussen. Wenn aber jeder Marktteilnehmer die Preise bereits vorfindet – wo kommen sie dann her? Es ergab sich eine Art Henne-Ei-Problem: Es werden Preise benötigt, damit man seinen Nutzen sinnvoll optimieren kann. Aber genau dieser Optimierungsprozess sollte überhaupt erst zu Preisen führen. Walras drehte sich im Kreis. Bis heute hat die Neoklassik dieses fundamentale Problem nicht lösen können, was liberale Ökonomen aber nicht davon abhält, allgemeine Gleichgewichtstheorien vorauszusetzen.

Der Begriff »Neoklassik« ist eigentlich irreführend, denn die Vorsilbe »Neo-« suggeriert, dass sie die »Klassik« von Adam Smith oder auch Karl Marx nur ergänzt und fortgesetzt hätte. Doch tatsächlich bedeutete die Neoklassik einen kompletten Paradigmenwechsel – oder sogar eine Zeitreise zurück in ein fiktives Mittelalter.

Die Neoklassiker blendeten den real existierenden Kapitalismus aus und beschrieben stattdessen eine reine Tauschwirtschaft. Sie ignorierten den Produktionsprozess und taten so, als ob die Waren bereits vorhanden wären oder vom Himmel fielen. Die zentrale Figur war jetzt der Konsument, nicht mehr der Kapitalist. Investitionen, Technik, Arbeit, Wachstum – nichts davon war wesentlich. Statt die stürmische Dynamik des Kapitalismus zu erfassen, ging es um ein statisches »Gleichgewicht«. Auch die sozialen Spannungen wurden ausgeblendet, die Smith, Ricardo und Marx beschäftigt hatten. Der Verteilungskampf zwischen Arbeitern und Unternehmern kam nicht mehr vor, sondern es interessierte nur noch die optimale Allokation und die individuelle Nutzenmaximierung.

Wie seltsam diese neoklassische Welt war, hat die englische Ökonomin Joan Robinson anschaulich illustriert. Sie stellte fest, dass es nur ein einziges reales Beispiel gibt, das der Vorstellung von Walras entspricht: nämlich das Kriegsgefangenenlager. Dort leben die Insassen »mehr oder weniger von amtlichen Rationen und erhalten jeden Monat ein Paket vom Roten Kreuz. Der Inhalt dieser Pakete ist nicht nach dem Geschmack des einzelnen Empfängers zugeschnitten, so dass jeder gewinnen kann, indem er das, was er weniger wünscht, für das, was er mehr wünscht, tauscht. Es wird so lange gekauft und verkauft, bis für jede Ware Angebot und Nachfrage in Deckung gebracht sind (…) und keiner der Beteiligten das Bedürfnis hat, zu den herrschenden Preisen etwas zu tauschen.«[3]

Obwohl die Neoklassik die reale Welt nicht abbilden konnte, stieg sie zur herrschenden Lehre auf, denn sie hatte einen unschlagbaren Vorteil: Ihre Modelle ließen sich in eleganten mathematischen Formeln ausdrücken, die die Differential- und Integralrechnung nutzten. Zudem lag ein methodischer Fehlschluss nahe, dem Ökonomen bis heute allzu gern verfallen: In der Wirtschaft geht es stets um Mengen und um Preise, also um Zahlen. Da die Mathematik ebenfalls Zahlen nutzt, erscheint es »wissenschaftlich« zwingend, dass die Ökonomie mathematische Formeln verwendet.

Die Beweislast wurde damit umgedreht: Die erstaunlichen Defizite von Walras' Modell fielen zwar auf – aber Kritik wurde nur ernst genommen, wenn sie sich ebenfalls in mathematische Formeln kleiden konnte. Doch die soziale Realität des Kapitalismus ist viel zu dynamisch und komplex, um sie in Gleichungen oder Funktionen zu beschreiben. Also kam der Kapitalismus in der Theorie nicht mehr vor. Am Ende siegten die mathematischen Modelle, nicht die Wirklichkeit.

Die Realität wird ignoriert: Großkonzerne sind angeblich unwirtschaftlich

Wie realitätsfern die Neoklassik sein kann, zeigte sich auch beim Thema Wettbewerb und Unternehmensgrößen. Dabei war der Ausgangspunkt noch unproblematisch und wurde auch von Smith und Marx geteilt: Unternehmer wollen ihre Profite maximieren. Auch der zweite Schritt wirkte noch plausibel: Für die Firmen sind die Grenzkosten entscheidend – also der Aufwand für die letzte produzierte Einheit. Diese Grenzkosten durften nicht höher sein als der Grenzerlös, also die Einnahmen für die letzte produzierte Einheit. Denn für Firmen wäre es wenig sinnvoll, Güter herzustellen, die sie nur mit Verlust verkaufen könnten.

Beim nächsten Schritt wurde es allerdings skurril: Die Neoklassik ging davon aus, dass die Grenzkosten der Firmen steigen! Je mehr Kapital eingesetzt wurde – sei es Arbeit oder Maschinen –, desto teurer sollte die letzte produzierte Einheit werden. Die Marginalisten behaupteten ernsthaft, dass sich große Fabriken nicht lohnen würden. Diese Idee ist so abwegig, dass sie sich nur mit Extrembeispielen illustrieren lässt. Man nehme etwa ein Weizenfeld: Damit die Ernte schnell vorangeht, stellt der Bauer immer mehr Feldarbeiter ein. Jeder einzelne Erntehelfer erhöht zwar den Gesamtertrag – aber irgendwann stehen sich die Arbeiter gegenseitig »auf den Füßen herum«, so dass die Grenzkosten steigen und der Grenzertrag gen null tendiert. Der Bauer verzichtet darauf, noch weitere Erntehelfer anzuheuern.[4]

Dieses Weizenfeld ist aber nicht der Normalfall. Schon Adam Smith wusste, dass sich Technik lohnt. Sein berühmtes Beispiel von der Stecknadelfabrik sollte ja illustrieren, dass große Betriebe eine Produktivität erreichen können, die kleine Unternehmen niemals haben. In der Sprache der Ökonomen: Die Skalenerträge steigen und die Grenzkosten sinken, je größer eine Firma ist.

Von dieser bitteren Logik werden sogar Alternativbetriebe erfasst, die den Kapitalismus eigentlich aushebeln wollten. Beispiel Bioläden: Einst wurde die Szene von kleinen Geschäften dominiert, doch diese idealistischen Krauter gibt es kaum noch. Stattdessen dominieren Bioketten, deren riesige Supermärkte inzwischen oft zweistöckig sind und manchmal sogar Rolltreppen haben. Gegen die Logik steigender Skalenerträge kommt niemand an. Es ist eben billiger, wenn ein Lastwagen 100 Kilo Obst transportiert und nicht nur eine Kiste Äpfel. Es ist billiger, wenn eine Kassiererin permanent zu tun hat und nicht zwei Stunden warten muss, bis der nächste Biokunde erscheint.

Der Kapitalismus neigt zum Großunternehmen. Diese Tatsache ist nicht nur offensichtlich, sondern altbekannt: Ab 1870 setzten sich Trusts, Konzerne und Kartelle in der Wirtschaft durch. Damals entstanden in Deutschland Großkonzerne, die bis heute dominieren, etwa BASF, Bayer, Siemens, Thyssen, Krupp. Doch die Neoklassik erweckt noch immer unbeirrt den Eindruck, als würden sich Großbetriebe nicht lohnen. Warum?

Die neoklassische Theorie – samt ihren mathematischen Modellen – funktioniert nur, solange es einen (fast) perfekten Wettbewerb gibt. Sobald jedoch Großkonzerne die Wirtschaft beherrschen, wird die Konkurrenz ausgehebelt, und es entsteht ein sogenanntes Oligopol: Wichtige Branchen werden von wenigen Firmen kontrolliert, die den »Markt« untereinander aufteilen und die Preise direkt oder indirekt miteinander ausmachen.

Damit nicht genug: Selbst wenn es echten Wettbewerb gäbe, würde die neoklassische Theorie nicht funktionieren. Es ist geradezu ein Glück, dass die unbeschränkte Konkurrenz allein in der Phantasie ihrer Erfinder existiert. Der konservative Ökonom Schumpeter formulierte es etwas höflicher: »Wenn der perfekte Wettbewerb die Regel wäre, gäbe es weit weniger Grund zur Freude, als man meinen könnte.«[5]

Unter anderem würde sich wieder jenes Henne-Ei-Problem ergeben, das sich schon auf der Seite der Kunden zeigte: Wenn alle Firmen im perfekten Wettbewerb stehen, kann keine Firma die Preise beeinflussen. Aber wie entstehen dann die Preise? Jeder einzelne Betrieb kann seine »Grenzkosten« nur berechnen, wenn er bereits die Preise der Rohstoffe und Vorleistungen kennt, die er für die Produktion benötigt. Genau diese Preise sollen sich aber erst im Marktgeschehen bilden. Die Neoklassik steckt in einem amüsanten Dilemma: Zwar kann sie erklären, warum Schuhe billiger sind als Häuser – aber sie kann nicht herleiten, wie Schuhe und Häuser überhaupt zu einem Preis kommen.

Schumpeter spottet über die Neoklassik: nur »Jammergestalten«

In der Neoklassik war jedoch nicht nur unklar, wie Preise entstehen. Sie konnte auch nicht erklären, warum es Profite gibt. Obwohl die Marginalisten postulierten, dass jeder Betrieb seine Gewinne maximieren will, blieb das Konzept »Gewinn« nebulös.

Denn die Neoklassik stellte sich vor, dass der Gewinn eine Art Belohnung sei, weil Unternehmer Risiken eingehen müssen. Doch in einer statischen Tauschwirtschaft kann es gar kein Wagnis geben. Die Kleinstbetriebe sitzen in ihrer Nische und passen sich an die Preise an, die sie bereits vorfinden. Firmenbesitzer wären also »langweilige Gleichgewichtsmenschen«, wie Schumpeter höhnte. »Welche Jammergestalt ist doch unser das Gleichgewicht ängstlich suchende Wirtschaftssubjekt, ohne Ehrgeiz, ohne Unternehmungsgeist, kurz ohne Kraft und Leben!«[6]

Diese Firmenbesitzer wären nur »statische Betriebsleiter«, denn in einer Welt ohne Risiko und ohne technische Innovationen gäbe es für die Unternehmer wenig zu tun; sie müssten ihren Betrieb nur am Laufen halten. Für ihre Waren würden die Firmenbesitzer zwar einen Kaufpreis kassieren, der höher als ihre Kosten ist – dies wäre aber kein Gewinn. Es wäre ein normales Arbeitseinkommen, das sie dafür erhielten, dass sie die Produktion koordinieren. Wahrscheinlich wäre dieses Einkommen deutlich höher als die Löhne der Arbeiter, aber es wäre trotzdem nur ein Lohn.

Gewinne können nur entstehen, wenn es Wachstum gibt, wie Schumpeter schon vor 100 Jahren erkannte. Aber Wachstum war in der Neoklassik nicht vorgesehen, da permanente Expansion das erwünschte Gleichgewicht stören würde. Noch schlimmer: Wachstum beruht stets auf Innovationen, doch das Grenzkosten-Modell ist nicht in der Lage, mit technischen Neuerungen umzugehen. Denn viele Innovationen begnügen sich nicht damit, nur den Kostenrahmen für bestimmte Produkte zu verändern – stattdessen werden ganze Produktklassen vernichtet.

So sind beispielsweise Schreibmaschinen unverkäuflich, seitdem es Computer gibt. Die Schreibmaschinenfirma Olympia ist nicht etwa untergegangen, weil sie ihre Grenzkosten falsch berechnet hätte, sondern weil niemand mehr ihre Produkte haben wollte. Um erneut Schumpeter zu zitieren: »Der Wettbewerb (…) schlägt nicht beim Absatz und beim Grenzertrag der bestehenden Firmen zu, sondern erschüttert ihr Fundament und ihre Existenz.« Schumpeter kritisierte den entscheidenden Irrtum sehr luzide: Die Neoklassik würde glauben, man müsse nur beschreiben, »wie der Kapitalismus die vorhandenen Strukturen verwaltet, stattdessen ist das relevante Problem, wie er diese erzeugt und vernichtet«.[7]

Die Neoklassik kennt kein Wachstum, keine Technik, keine Großkonzerne, keine Gewinne. Trotzdem dominiert diese flache Theorie bis heute, obwohl Schumpeter schon 1914 verächtlich schrieb, dass ihr Anwendungsgebiet so »beschränkt« sei, dass man sich fragen müsse, ob es sich für Nationalökonomen noch lohnen würde, ihren »besonderen Apparat« zu erlernen.[8]

Die Neoklassiker hat es nie gestört, dass Schumpeter so vernichtend über ihre Theorie urteilte. Stattdessen wurde er als Wunderkind der Ökonomie gefeiert und 1932 nach Harvard berufen. Denn trotz aller Kritik war Schumpeter nicht gefährlich. Zwar übernahm er wesentliche Ideen von Marx – blieb aber überzeugter Mikroökonom. Wie die Neoklassiker stellte auch Schumpeter den einzelnen Unternehmer ins Zentrum und prägte dafür einen Begriff, der bis heute vom ökonomischen Mainstream gern benutzt wird: »methodologischer Individualismus«. Diese Sicht betrachtet die Wirtschaft als die Summe ihrer Einzelteile. Was für den Unternehmer gut ist, ist für alle gut.

Krisen? Welche Krisen?

Es kam zu einem gemütlichen, wenn auch widersprüchlichen Arrangement: Schumpeter durfte die Konzentrationsprozesse im Kapitalismus beschreiben, während die anderen Neoklassiker unbeirrt vom perfekten Wettbewerb träumten. Nur die Realität störte. Immer wieder ereigneten sich schwere Wirtschaftskrisen, doch Krisen waren in der Neoklassik ebenfalls nicht vorgesehen.

Da die Neoklassik eine statische Tauschwirtschaft beschrieb, ging sie davon aus, dass alle Fabriken ständig ausgelastet sind. Das sogenannte Say'sche Gesetz sollte gelten, das nach dem französischen Ökonomen Jean-Baptiste Say (1767–1832) benannt ist und das postulierte, dass jedes Angebot seine eigene Nachfrage schafft – und es daher keine Absatzkrisen geben kann.

Ganz falsch ist die Idee nicht, dass ein Angebot immer auch Nachfrage erzeugt. Denn sobald Waren produziert werden, entsteht Einkommen: Die Arbeiter erhalten ihren Lohn, und auch die Manager werden vergütet. Es wäre also genug Geld da, um alle Güter zu kaufen. Daher nahmen die Neoklassiker optimistisch an, dass jedes Produkt automatisch einen Käufer findet.

Absatzschwierigkeiten wurden zwar nicht gänzlich ausgeschlossen, sollten aber nur einzelne Waren betreffen. So könnte es beispielsweise geschehen, dass es zu viele blaue Jeans gibt, die Kunden aber schwarze Stoffhosen präferieren. Wie auf dem Wochenmarkt sollten die Preise dann für einen Ausgleich sorgen: Die schwarzen Stoffhosen würden teurer, weil sie knapp sind, während sich die blauen Jeans so lange verbilligen, bis einige Kunden von den schwarzen Stoffhosen zu den blauen Jeans wechseln. Angebot und Nachfrage wären wieder im Gleichgewicht.

Dieses Modell hatte jedoch eine zentrale Schwäche: Es konnte nur funktionieren, wenn die Kunden ihr Geld ausgaben – und nicht zu viel sparten. Denn jeder Cent, der aufs Konto wandert, fehlt für den Konsum, so dass Absatzkrisen drohen. Die Neoklassiker mussten daher annehmen, dass stets nur genau so viel gespart wird, wie für Investitionen benötigt wird. Es durfte nicht zu einem Überhang an Geld kommen.

Die Neoklassiker selbst glaubten, dass sie eine Lösung für dieses Problem gefunden hätten. Sie stellten sich vor, dass der Zins dafür sorgt, dass Ersparnisse und Investitionen stets übereinstimmen. Die Hydraulik war simpel: Wird zu viel gespart, entsteht ein Überangebot an Geld, und der Zins sinkt. Die Firmen investieren wieder, weil die Kredite billig sind; und die Sparer konsumieren erneut, weil es sich nicht mehr lohnt, ihr Geld auf der Bank zu parken. Prompt herrscht wieder schönstes Gleichgewicht.

Preise und Zinsen sollten also dafür sorgen, dass es nie zu schweren Absatzkrisen kam. Doch obwohl die Theorie plausibel klang, konnte sie nicht stimmen. Krisen waren derart häufig, dass Marx und Engels ja bereits 1848 in ihrem *Kommunistischen Manifest* geschrieben hatten: »In den Krisen bricht eine gesellschaftliche Epidemie aus, welchen allen früheren Epochen als Widersinn erschienen wäre – eine Epidemie der Überproduktion. Die Gesellschaft findet sich plötzlich in einen Zustand momentaner Barbarei zurückversetzt (…) die Industrie, der Handel scheinen vernichtet, und warum? Weil sie zuviel Zivilisation, zuviel Lebensmittel, zuviel Industrie, zuviel Handel besitzt.«

Wie Marx und Engels richtig beobachtet hatten, entstehen Absatzkrisen durch Überfluss. Doch diese simple Tatsache konnten die Neoklassiker nicht in ihr Modell integrieren, weil sie stets die optimale Allokation von knappen Gütern berechneten. Überschuss war definitorisch ausgeschlossen.

Die Neoklassik hatte jedoch nicht nur Mühe, Krisen zu erklären. Genauso unerklärlich war, wieso Menschen ihre Stelle verloren und arbeitslos wurden, sobald die Konjunktur einbrach. Denn die Neoklassiker stellten sich vor, dass der Arbeitsmarkt wie ein Kartoffelmarkt funktioniert: Gibt es zu viele Kartoffeln, sinken die Preise so lange, bis alle Kartoffeln einen Käufer finden. Analog sollten die Löhne fallen, bis jeder Arbeitslose wieder eine Stelle hatte.

Auch diese Theorie konnte nicht richtig sein, wie sich bald herausstellte. In der Weltwirtschaftskrise von 1873 fielen die Löhne um bis zu 50 Prozent – trotzdem blieben in Europa so viele Menschen arbeitslos, dass Millionen in die USA auswanderten. Um ihre Theorie zu retten, warteten die Neoklassiker mit einer erstaunlichen These auf: Die Arbeitslosen wären freiwillig arbeitslos! Statt für niedrigste Löhne zu schuften, würden sie lieber auf eine Stelle verzichten.

Diese Idee war nicht nur zynisch, sondern offensichtlich falsch. Schon Adam Smith wusste, dass die Arbeiter grenzenlos erpressbar waren, weil sie kaum Rücklagen bilden konnten. Im *Wohlstand der Nationen* hatte er geschrieben: »Viele Arbeiter könnten nicht eine Woche existieren (…) ohne Anstellung.« Sie würden daher auch den niedrigsten Lohn akzeptieren, um nicht zu verhungern.

Trotz dieser offensichtlichen Widersprüche konnten sich die Neoklassiker mit ihrer windschiefen Theorie lange behaupten – bis 1929 die Weltwirtschaftskrise ausbrach. Allein in den USA schrumpfte die Wirtschaftsleistung um ein Drittel, die Preise fielen um 25 Prozent, und 85 000 amerikanische Firmen gingen in den

Konkurs. Mehr als ein Fünftel aller US-Banken mussten schließen, so dass acht Millionen Sparer ihr Geld verloren. Jeder vierte Amerikaner wurde arbeitslos.

In Deutschland fiel die Bilanz sogar noch schlimmer aus: Offiziell waren sechs Millionen Menschen arbeitslos, doch tatsächlich dürften es sogar weit mehr als acht Millionen gewesen sein – also jeder Dritte. Die Gewerkschaften führten damals eine eigene Statistik, die noch detaillierter war: Von ihren Mitgliedern waren 46 Prozent arbeitslos, 21 Prozent als Kurzarbeiter tätig und nur noch 33 Prozent vollbeschäftigt. In Österreich hatten 1933 etwa 27 Prozent keine Stelle.

Angesichts einer solchen Katastrophe wirkte die neoklassische Idee absurd, dass Arbeitslose freiwillig arbeitslos sein könnten – oder dass Firmen nur in die Pleite gerutscht waren, weil sie die falschen Produkte im Angebot hatten. Selbst Schumpeter, sonst so klarsichtig, war völlig überfordert. Seinen erstaunten Studenten in Harvard erklärte er in seinem Wienerisch eingefärbten Englisch: »Chentlemen, Sie machen sich Sorgen wegen der Depression. Das sollten Sie nicht tun. Für den Kapitalismus ist eine Depression wie eine gute kalte Douche.«[9]

In der Weltwirtschaftskrise wurde offensichtlich, dass die Neoklassik an einem fundamentalen Denkfehler leiden musste, der weit darüber hinausging, dass diese Theorie kein Wachstum, keine Gewinne, keine technischen Innovationen und keine Großkonzerne kannte. Aber wo lag das Problem? Die Antwort lieferte John Maynard Keynes: Die Neoklassik hatte die Rolle des Geldes nicht verstanden, da sie glaubte, es würde nur »wie ein Schleier« über der Wirtschaft liegen.

Sicher ist nur die Unsicherheit

John Maynard Keynes war ein brillanter Autor, aber ausgerechnet seine *Allgemeine Theorie* ist anstrengend zu lesen. [...] Er selbst wusste, dass sein Text nicht perfekt war. Im Vorwort warnte er seine Leser, dass »das Schreiben dieses Buches für den Autor einen langwierigen Kampf (darstellte), aus alten Denkmustern auszubrechen«.

Der Titel hingegen war genial. Die beiden Wörter *Allgemeine Theorie* klingen zwar nicht besonders aufregend, aber sie sind frech und doppeldeutig und umreißen Keynes' Anliegen präzise. Die erste Lesart ist offensichtlich: Keynes beanspruchte, dass er allein die ökonomischen Prozesse richtig erklärte. Seine Theorie sollte »allgemein« gelten – in Zeiten der Hochkonjunktur genauso wie in Phasen der Krise. Die Neoklassik wurde zu einem »Spezialfall« degradiert, deren Theorie nur zutrifft, wenn zufällig Vollbeschäftigung herrscht.

Aber der Titel *Allgemeine Theorie* hatte noch eine zweite Bedeutung, die vielen Lesern zunächst entging. Keynes erläuterte daher 1939 im Vorwort zur französischen Ausgabe genauer, was er mit dem Adjektiv »allgemein« sagen wollte: »Ich befasse mich vor allem mit dem Verhalten des ökonomischen Systems als Ganzes.« Anders als die Neoklassik setzte Keynes also nicht beim einzelnen Kunden oder der einzelnen Firma an – sondern betrachtete die gesamte Nachfrage und die gesamten Investitionen. Dies war eine Revolution. Im Alleingang begründete Keynes eine neue Disziplin: die sogenannte »Makroökonomie«, die sich mit den »allgemeinen« Gesetzmäßigkeiten der gesamten Wirtschaft befasst.

Auch der Rest des Titels brachte Keynes' Anliegen präzise auf den Punkt. Vollständig lautete er: *Die allgemeine Theorie der Beschäftigung, des Zinses und des Geldes*. Diese Kombination von Themen stellte erneut einen frontalen Angriff auf die Neoklassik dar, denn diese hatte stets behauptet, dass das Geld »neutral« sei. Es sollte wie ein »Schleier« über der Wirtschaft liegen und keinerlei Einfluss darauf haben, wie hoch die Arbeitslosigkeit oder die Auslastung der Fabriken ist. Indem Keynes die Begriffe »Beschäftigung«, »Zins« und »Geld« aneinanderfügte, stellte er klar: Geld ist nicht neutral, sondern hat immense Bedeutung im Kapitalismus.

Die Neoklassik versteht ihre eigene Theorie nicht

Als Keynes seine *Allgemeine Theorie* schrieb, waren Millionen Menschen arbeitslos. Die Neoklassik konnte dieses Massenelend nicht erklären, denn sie stellte sich den Arbeitsmarkt wie einen Gemüsemarkt vor: Wenn es zu viele Kartoffeln gibt, dann sinkt der Preis, bis alle Kartoffeln einen Käufer finden. Genauso sollte der Lohn fallen, bis jeder Arbeitslose wieder einen Job hatte.

Doch diese schöne Theorie funktionierte noch nicht einmal in den USA, wo die Neoklassik gelebte Praxis war: In Amerika gab es kaum Schutzrechte für die Beschäftigten, so dass die Löhne stark fielen, als 1929 die Wirtschaftskrise begann. Trotzdem kam es nicht etwa zur Vollbeschäftigung, wie die Neoklassik prognostizierte – sondern die Arbeitslosigkeit erreichte auch in den USA desaströse 25 Prozent.

Offenbar funktionierte der Arbeitsmarkt doch nicht wie ein Kartoffelmarkt. Aber warum? Keynes' Erklärung ist verheerend für die Neoklassik, denn er musste gar keine neue Theorie entwerfen, um den Denkfehler zu entlarven. Stattdessen konnte er zeigen, dass die Neoklassik ihren eigenen Ansatz nicht konsequent zu Ende gedacht hatte.

Wenn die Löhne sinken, fallen auch die Kosten der Unternehmer – und damit die Preise. So weit, so neoklassisch. Doch die Neoklassiker hatten nicht bedacht, was dies bedeutet: Wenn die Preise fallen, sinken auch die Umsätze der Firmen. Am Ende zahlen die Unternehmer zwar nominal weniger Gehalt, aber sie nehmen auch weniger Geld ein, so dass sich real überhaupt nichts ändert: Das Verhältnis von Lohnkosten und Erträgen ist weiterhin das gleiche. Die Firmenchefs profitieren also gar nicht.

Auch für die Arbeitnehmer bleibt alles wie gehabt: Ihre Gehälter sind zwar gefallen, aber da auch die Preise gesunken sind, ist die reale Kaufkraft der Beschäftigten unverändert. Die Arbeitnehmer haben zwar weniger Lohn, da aber die Waren jetzt billiger sind, können sich die Angestellten genauso viele Güter leisten wie zuvor.

Die theoretische Konsequenz ist absolut zentral: Es bringt überhaupt nichts, am Lohn zu drehen. Arbeitslosigkeit entsteht nicht auf dem »Arbeitsmarkt«, und Vollbeschäftigung lässt sich nicht erreichen, indem man die Gehälter senkt.

Die Neoklassiker hatten einen Fehlschluss begangen, wie er für ihre Theorie typisch ist: Sie dachten nicht makroökonomisch, sondern blieben in der Mikroökonomie stecken und glaubten naiv, dass die gesamte Volkswirtschaft genauso funktioniert wie ein einzelnes Unternehmen.

Für eine einzelne Firma gilt tatsächlich, dass sie expandiert, wenn sie ihre Lohnkosten und damit ihre Preise senken kann. Dann hat sie einen Wettbewerbsvorteil und kann mehr Beschäftigte einstellen. Doch die Neoklassiker hatten übersehen, dass sich dieses Vorgehen eines Einzelunternehmens nicht auf die gesamte Volkswirtschaft übertragen lässt. Wenn in allen Firmen die Löhne fallen, entstehen keine Wettbewerbsvorteile für den einzelnen Betrieb. Es wird genauso viel produziert wie vorher – nur zu niedrigeren Preisen. Die Zahl der Beschäftigten und die Arbeitslosigkeit bleiben gleich.

Auch Keynes staunte, dass dieser neoklassische Denkfehler nicht weitaus früher aufgefallen war. Er vermutete, dass sich die konservative Theorie nur deshalb so hartnäckig hatte halten können, weil sie den Interessen der Eliten diente. Über die Neoklassik schrieb er: »Dass sie zu ganz anderen Schlüssen gelangte, als Laien erwarten würden, steigerte ihr intellektuelles Prestige sogar noch. Dass ihre Lehren, sobald man sie in die Praxis umsetzte, asketisch und unpopulär waren, ließ sie umso tugendhafter erscheinen. Dass sie einen riesigen, in sich logischen Überbau zu tragen vermochte, verlieh ihr Schönheit. Dass sie soziale Ungerechtigkeit und offensichtliche Härten als unvermeidliche Begleiterscheinungen des Fortschritts erklären konnte, (…) machte sie bei staatlichen Stellen beliebt. Dass sie die ungehinderten Geschäfte des einzelnen Kapitalisten mit einer gewissen Rechtfertigung versah, sicherte ihr die Unterstützung der herrschenden Kreise, die hinter der Regierung standen.«[10] […]

Sparen ist keine Tugend – sondern gefährlich

Keynes hatte zwar die Neoklassik demoliert, aber die Frage blieb: Wie ließ sich die Arbeitslosigkeit erklären? Keynes' Antwort war, dass die gesamtgesellschaftliche Nachfrage entscheidet, wie viele Menschen beschäftigt sind. Er fasste damit in eine Theorie, was Laien schon immer gewusst hatten. Berühmt ist der Ausspruch eines anonymen Fließbandarbeiters: »Wenn keiner Autos kauft, ist es sinnlos, welche herzustellen.«[11]

Die Nachfrage wiederum schwankt, weil es Geld gibt – und Menschen sparen können. Sie geben ihr Einkommen nicht vollständig aus, sondern legen Teile beiseite, um für eine unsichere Zukunft vorzusorgen. Sobald aber Geld aufs Girokonto wandert, wird es gefährlich: Es fehlt die Nachfrage, um alle produzierten Güter zu verkaufen. Eine Absatzkrise droht.

Die Neoklassiker wussten natürlich auch, dass Menschen sparen. Aber sie sahen darin keine Gefahr, sondern adelten die Genügsamkeit zur Tugend. Es galt als vorbildlich, möglichst viel Geld auf den Bankkonten zu sammeln. Völlig absurd war diese Position nicht, denn Investitionen sind nur möglich, wenn nicht das gesamte Geld in den Konsum fließt.

Es darf jedoch nicht zu einem Überhang an Geld kommen. Die Neoklassiker mussten daher annehmen, dass stets nur genau so viel gespart wird, wie an Geld für Investitionen benötigt wird. Für diesen Ausgleich sollte der Zins sorgen. Die Vorstellung war: Wird zu viel gespart, sinkt der Zins. Die Firmen investieren wieder, weil Kredite jetzt billig sind. Gleichzeitig konsumieren die Sparer verstärkt, weil es sich nicht mehr lohnt, Geld auf der Bank zu parken. Prompt herrscht wieder schönstes Gleichgewicht.

Die Neoklassiker behandelten das Geld, als ob es eine Ware wie ein Auto wäre. Wenn es zu viele Autos gibt, dann fällt ihr Preis, und es hagelt Rabatte, bis jedes Auto einen Käufer findet. Genauso sollte der Zins sinken, wenn zu viel Geld vorhanden war.

Die Neoklassiker blieben also in ihrem Modell einer Tauschwirtschaft stecken, wie Keynes ihnen vorwarf. Sie behandelten das

Geld, als ob es nur die Transaktionen auf einem Wochenmarkt erleichtern sollte. Damit aber verkannten die Neoklassiker, dass das Geld im Kapitalismus zwei zentrale Funktionen hat: Es ist nicht nur Tauschmittel – sondern auch Vermögensspeicher.

Die Menschen sparen nicht in erster Linie, um einen Zins zu kassieren – sondern Geld hat die einzigartige Fähigkeit, die Gegenwart mit der Zukunft zu verbinden. Wer spart, will heute für das Morgen vorsorgen. Damit aber ergibt sich ein Problem: Wir wissen nichts über die Zukunft. Sie ist völlig unbekannt. Wir sparen also ins Blaue hinein und lassen uns von unseren Gefühlen, Hoffnungen und Erwartungen leiten.

Anders als die Neoklassiker glaubten, ist der Zins also kein Preis, der sich aus der vorhandenen Geldmenge ergibt. Stattdessen misst der Zins, wie verunsichert eine Gesellschaft ist. Wird die Zukunft als düster eingeschätzt, sind die Sparer und Finanzanleger nicht bereit, sich von ihrem Geld zu trennen. Sie stellen es nicht für Investitionen zur Verfügung, sondern horten es lieber, indem sie es beispielsweise auf ihren Girokonten bunkern. Obwohl genug Geld vorhanden wäre, steigt der Zins in exorbitante Höhen, was jede wirtschaftliche Tätigkeit abwürgt. Ist hingegen die Stimmung bestens, sinkt der Zins, und es wird munter investiert. Reine Psychologie kann also ausreichen, um Absatzkrisen auszulösen. Gefühle wie Panik, Zuversicht oder Unsicherheit wirken auf die Wirtschaft zurück.

Den Zins als psychologischen Indikator zu sehen und nicht als Mengenpreis für Geld war für die Neoklassiker so ungewohnt, dass sie die *Allgemeine Theorie* anfangs gründlich missverstanden. Keynes' Werk löste sofort eine weltweite Debatte aus und wurde umgehend von allen wichtigen Ökonomen besprochen. Doch als Keynes diese Rezensionen las, war er schockiert. Ihm wurde klar, dass er seine gesamte Theorie noch einmal von vorn erklären musste. 1937 verfasste er daher einen knappen Aufsatz von nur 14 Seiten, der den Titel *The General Theory of Employment* trug.[12]

Dieser kleine Artikel war so witzig und luzide geschrieben, wie man es von Keynes kannte. Auf ihren Kern reduziert wurde deutlich, was die *Allgemeine Theorie* so revolutionär machte: Keynes rückte die Finanzmärkte ins Zentrum. Er beschrieb den Kapitalismus als ein soziales System, das durch die Börsen, die unkontrollierte Geldschöpfung und die Spekulation getrieben wird. Keynes verstand als Erster, wie Geld und Produktion zusammenhängen.

So klar Keynes in diesem kurzen Aufsatz war: Er schrieb nicht für Laien. Er setzte unter anderem voraus, dass seine Leser bereits wussten, wie die moderne Geldschöpfung funktioniert. […] Geld ist seltsam, weil es Wert besitzt, obwohl es »aus dem Nichts« entsteht. Der Staat druckt Geldscheine, die zwar einen Nennwert von bis zu 500 Euro haben können, faktisch aber Papierfetzen sind, deren Herstellung wenige Cent kostet. Noch erstaunlicher erscheint das Geld, das auf Giro- oder Sparkonten lagert: Es sind nur Zahlen in Bankcomputern. Wieso ist dieses »Giralgeld« wertvoll?

Geld hat Wert, solange Menschen täglich die Erfahrung machen, dass sie damit Waren und Dienstleistungen kaufen können. Sonst bricht das Vertrauen sofort zusammen. Jeder muss erleben, dass er mit seinen Euros die Miete bezahlen oder eine Urlaubsreise buchen kann. Das Geld ist also durch die Wirtschaftsleistung gedeckt.

Aber warum? Wie hängen Geld- und Gütermenge zusammen? An dieser Stelle kommt es oft zu Missverständnissen. Viele Menschen stellen sich nämlich vor, dass die Sparer zunächst ihr Geld zur Bank tragen – und dass die Bank dieses Geld dann wieder an Unternehmer verleiht, die investieren und ihre Produktion ausweiten wollen.

Doch die Realität sieht anders aus: Die Banken benötigen überhaupt keine Sparer, um Kredite gewähren zu können. Wenn eine Bank ein Darlehen vergibt, bucht sie das Geld einfach auf das Konto ihres Kunden. Fertig. Die Ersparnisse entstehen erst hinterher. […] Umgekehrt gilt natürlich: Wenn ein Darlehen zurückgezahlt wird, schrumpft die Geldmenge wieder. In der Summe expandiert das Finanzvermögen nur so schnell, wie die Kredite insgesamt zunehmen.

Die steigende Geldmenge ist ungefährlich, solange die Darlehen genutzt werden, um in die Realwirtschaft zu investieren. Dann nimmt die Menge der produzierten Waren ebenfalls zu, so dass das neue Geld durch die gestiegene Wirtschaftsleistung gedeckt ist.

Das ungelöste Rätsel der Neoklassik: Wie funktioniert der Zins?

Die Geldschöpfung wirft jedoch zwei irritierende Fragen auf, wie einige Ökonomen bereits Ende des 19. Jahrhunderts bemerkten. Erstens: Wenn die Banken das Geld autonom produzieren können – wozu muss dann noch gespart werden? Zweitens: Wie soll die Wirtschaft in ein Gleichgewicht finden, wenn Investoren und Sparer nichts miteinander zu tun haben?

Die Antwort auf die erste Frage war noch leicht zu finden und ist bis heute gültig: Sparen ist nötig, damit Arbeitskräfte freigesetzt werden, die Investitionsgüter herstellen können. Wenn nämlich die Haushalte gar nicht sparen und ihr gesamtes Geld für Konsumgüter wie Autos oder Urlaubsreisen ausgeben würden, dann wären alle verfügbaren Arbeitskräfte damit beschäftigt, genau diese Konsumgüter herzustellen. Die Gesellschaft würde sich zwar bestens amüsieren, würde aber leben, als ob es keine Zukunft gäbe. Sie würde ihre gesamte Substanz verschleißen. Wenn jedoch gespart wird, wird zum Teil auf Konsum verzichtet. Also sind nicht alle Arbeitskräfte damit ausgelastet, Verbrauchsgüter zu produzieren – sondern es bleiben Beschäftigte übrig, die Investitionsgüter wie Maschinen oder Häuser herstellen können.

Die zweite Frage hingegen verursachte schwerstes Kopfzerbrechen. Die Menschen sparten, wie es ihnen gefiel – und völlig unabhängig davon schöpften die Banken Geld, wann immer sie glaubten, dass ein Darlehen lukrativ sein würde. Es war nicht klar, welche Bedeutung der Zins noch hatte, wenn die Banken ihre Kredite »aus dem Nichts« fabrizieren konnten.

Auch Keynes hatte sich mehrfach an diesem Rätsel versucht – bis ihm in der *Allgemeinen Theorie* der Durchbruch gelang. Im Rückblick ist es erstaunlich, wie naheliegend Keynes' wichtigster

Einfall war: Er sah sich einfach an, wie Haushalte, Finanzanleger und Unternehmer tatsächlich mit dem Geld umgehen. Dabei stellte sich heraus, dass der Zins eine völlig andere Rolle spielte, als die Neoklassiker angenommen hatten.

Keynes' erste Erkenntnis lautete: Die meisten Sparer interessieren sich überhaupt nicht für den Zins. Sie sparen, um für die Zukunft vorzusorgen. Sie wollen ein Polster besitzen, falls sie arbeitslos werden oder im Alter die Rente nicht reicht; sie wollen später die Ausbildung ihrer Kinder finanzieren oder schlicht ein Erbe hinterlassen.

Konsum und Sparquote waren also relativ stabil – und zwar unabhängig vom Zins. Stattdessen wurde die Sparquote vor allem durch das Einkommen bestimmt, das den Menschen zur Verfügung stand. Die Einsicht war schlicht: Je mehr jemand verdient, desto mehr kann er sparen.

Dieser Gedanke mag zunächst wenig revolutionär erscheinen, hatte aber revolutionäre Konsequenzen: Wenn die Haushalte relativ stur sparen – dann müssten die Ausgaben für Investitionsgüter ebenfalls sehr regelmäßig fließen, wenn es nicht zu Absatzkrisen kommen soll. Doch wie Keynes zeigen konnte, sind die Investitionen mitnichten stabil, sondern höchst volatil.

Anders als die Neoklassik glaubte, bestimmen nämlich nicht allein die Firmenbesitzer, also die »echten« Unternehmer, ob sich eine Investition für sie lohnt. Es ist viel komplizierter: Die zentralen »Investoren« sind die Anleger und Spekulanten, die sich auf den Finanzmärkten tummeln. An den Börsen entscheidet sich, ob sich eine Kapitalanlage rentiert. Der moderne Kapitalismus wird durch die Spekulation getrieben.

Viele Neoklassiker hatten extreme Mühe, dieses Konzept zu verstehen, weil sie noch nie eine Börse von innen gesehen hatten. Sie glaubten, dass der »Zins« ein fixer nominaler Prozentsatz sei, den man für einen Kredit bezahlen muss, weil es im Darlehensvertrag so festgelegt wird. Doch Keynes war professioneller Spekulant. Er wusste, dass für Finanzanleger nur die reale Rendite zählt, die sich auf den Finanzmärkten bildet und die vom nominalen Zins extrem abweichen kann. In seinem kleinen Aufsatz *The General Theory of Employment* versuchte er daher, seinen Kollegen noch einmal ganz von vorn zu erklären, wie die Kapitalmärkte funktionieren.

Es zählt nicht der Zins – sondern die Spekulation

Die Tücken der Finanzmärkte zeigen sich besonders deutlich, wenn eine Panik ausbricht: Wenn Investoren glauben, dass Unternehmen bald pleite sind, dann versuchen sie, noch schnell ihr Vermögen zu retten, indem sie Aktien und Firmenanleihen abstoßen, um dafür Geld zu erhalten. Da alle Anleger gleichzeitig verkaufen wollen, fallen die Preise der Wertpapiere, was umgekehrt die Rendite der Papiere in astronomische Höhen treibt.

Ein fiktives Rechenbeispiel aus der Gegenwart: Angenommen, eine Firma hat sich Geld für eine neue Fabrikhalle besorgt, indem sie eine Anleihe aufgelegt hat, die auf 100 000 Euro lautet, fünf Jahre läuft und Zinsen von fünf Prozent, also jährlich 5 000 Euro abwirft. Plötzlich, nach zwei Jahren, kommt es zu einer Panik auf den Finanzmärkten, und alle Anleger versuchen gleichzeitig, sich von ihren Wertpapieren zu trennen. Der Preis der Anleihe fällt um die Hälfte – sie ist jetzt für 50 000 Euro zu haben, obwohl sie eigentlich auf 100 000 Euro lautet.

Was bedeutet das für die Rendite? Solange die Anleihe noch läuft, beträgt die Rendite jetzt nicht mehr fünf Prozent, sondern ist auf zehn Prozent hochgeschnellt. Denn der neue Besitzer der Anleihe musste ja nur 50 000 Euro aufbringen, hat aber weiterhin Anspruch auf Zinsen von jährlich 5 000 Euro. Noch besser: Wenn die Anleihe ausläuft und die Firma das Geld zurückzahlt – dann erhält der neue Eigentümer des Wertpapiers 100 000 Euro, obwohl er selbst nur 50 000 Euro gezahlt hat. Macht noch einmal eine Rendite von 50 Prozent.

Natürlich hat diese schöne Rechnung einen Haken: Die Renditen können zwar extrem üppig ausfallen, aber die Unsicherheit ist ebenfalls beträchtlich. Es ist nicht auszuschließen, dass die Firma tatsächlich in die Pleite rutscht – und überhaupt nichts zahlt. Der Käufer der Anleihe hätte dann gar keinen Gewinn, sondern müsste einen Verlust von 50 000 Euro verbuchen. Dieses Risiko wollen viele Anleger nicht eingehen und bunkern lieber ihr Geld.

Renditen sind also ein Maß für die »Liquiditätspräferenz«, wie Keynes es nannte. Sie sind Unsicherheitsprämien, die sich auf den Finanzmärkten bilden und die gleichzeitig bestimmen, wie hoch die Zinsen bei einem neuen Kredit wären. In Zeiten der Panik steigen die Renditen und damit die Zinskosten so dramatisch an, dass kein Firmenchef mehr investieren kann.

Ein ähnlicher Mechanismus zeigt sich auch bei Aktien: Wenn die Anleger ängstlich werden und die Kurse stark fallen, investiert niemand mehr in neue Maschinen – weil es nämlich billiger wäre, die Papiere eines bestehenden Unternehmens zu kaufen, statt neue Kapazitäten aufzubauen.

Angst ist zwar nur ein Gefühl, hat aber reale Konsequenzen: Investitionen lohnen sich nicht mehr. Dies löst wiederum eine Kettenreaktion aus, die sich rasant durch die gesamte Volkswirtschaft frisst. Da Aufträge fehlen, werden als Erstes die Angestellten im Maschinenbau oder in der Bauwirtschaft entlassen. Diese Arbeitslosen können sich viele Konsumgüter nicht mehr leisten, weswegen in diesen Sektoren dann ebenfalls Stellen wegfallen. Die Nachfrage bricht weiter ein, so dass noch mehr Jobs gestrichen werden. Die Wirtschaft befindet sich im freien Fall.

Die Talfahrt endet spätestens, wenn die Gesellschaft so arm ist, dass niemand mehr sparen kann. Dieses neue Gleichgewicht geht aber nicht mit Vollbeschäftigung einher, wie die Neoklassiker so optimistisch dachten – sondern die Massenarbeitslosigkeit verfestigt sich.

Keynes war der erste Ökonom, der jenes Rätsel lösen konnte, das Marx und Engels bereits in ihrem *Kommunistischen Manifest* beschrieben hatten: Er konnte erklären, warum es inmitten von Reichtum zu Armut kommt und warum Fabriken leer stehen, obwohl Arbeitslose arbeiten wollen.

Der Schlüssel ist das Geld: Es kann jederzeit zurückgehalten werden, wenn die Zukunft zu unsicher erscheint. Daher regieren die Erwartungen, der Zufall – und der menschliche Herdentrieb.

Das neoklassische Modell war also obsolet, das den Menschen zu einem *Homo oeconomicus* erklärte, der Kosten und Nutzen mathematisch genau ermittelt – und seinen Besitz strategisch mehrt. Keynes fand dieses Konzept absurd: »Vermögen ist ein besonders ungeeignetes Sujet für die Methoden der klassischen Ökonomie.«

Keynes ging es nicht um das korrekte Menschenbild. Er wollte gar nicht beurteilen, ob Anleger rationale Wesen sind oder nicht. Sein Punkt war vielmehr: Selbst ein perfekter *Homo oeconomicus* könnte nicht wissen, wie er sein Vermögen maximieren soll – ganz einfach weil die Daten fehlen, um das Optimum zu berechnen. Sicher ist nur die Unsicherheit.

Diesen Gedanken haben viele Neoklassiker bis heute nicht verstanden. Sie halten noch immer daran fest, dass rationale Entscheidungen möglich seien und dass man nur das »Risiko« kalkulieren müsse, damit Sparer und Investoren ihre Vermögen richtig anlegen und mehren.

Es ist nicht Keynes' Schuld, dass viele Neoklassiker ihn missverstehen. Denn er hat sich sonnenklar ausgedrückt. Beim Thema »Risiko« hat er nichts dem Zufall überlassen: Seine Texte sind absolut präzise, wenn es um die Fiktion der Kalkulierbarkeit geht. Selbst die *Allgemeine Theorie* ist nicht mehr dröge, sondern extrem witzig, sobald sich Keynes den realen Leiden der Anleger widmet. […]

Die Übermacht der Finanzmärkte

Da Keynes selbst professioneller Spekulant war, warnte er vor der Gefahr, dass die Börsenwetten zum Selbstzweck werden – und dass nicht mehr die erwartete Profitabilität von Firmen zählte, sondern allein das Herdenverhalten der Finanzanleger. […] Um die Spekulation mit Aktien und Derivaten einzudämmen, schlug

Keynes vor, eine Umsatzsteuer auf alle Finanzgeschäfte zu erheben: »Es herrscht gewöhnlich Einigkeit, dass es im öffentlichen Interesse liegt, dass Kasinos schwer zugänglich und teuer sein sollten.« Diese Idee ist nicht nur bei Globalisierungskritikern wie Attac beliebt, sondern wird neuerdings sogar von den EU-Finanzministern diskutiert.

Keynes entwarf also ein völlig anderes Szenario als die Neoklassik. Seine Vorgänger hatten sich den Akt des Investierens ganz simpel vorgestellt: Unternehmer beantragen ein Darlehen bei der Bank, die den Kredit gern gewährt, wenn er nicht zu riskant ist. Doch Keynes zeigte, dass die Existenz der Finanzmärkte das Investieren zu einem hochkomplexen Vorgang gemacht hatte. »Investieren« wird bei ihm zu einem doppeldeutigen Begriff: Zwar gibt es weiterhin die »normalen« Firmen, die ihre Kapazitäten ausbauen, um zusätzliche Gewinne zu erwirtschaften. Aber das nötige Geld erhalten sie meist nicht als Bankkredit – stattdessen werden Aktien oder Unternehmensanleihen emittiert und an Finanzanleger verkauft, die dann in diese Wertpapiere »investieren«. Bei Keynes kamen die Banken nicht mehr explizit vor, sondern wurden zu den Finanzinvestoren gezählt, weil die Banken die größten Händler von Anleihen und Aktien sind. Es gab also zwei Klassen von Investoren, die zudem unterschiedliche Erwartungen hatten: Die Unternehmen wollen ihren Absatz steigern und berechnen ihre langfristigen Erlöse, während sich die Finanzanleger vor allem für die kurzfristigen Kursgewinne an der Börse interessieren.

Keynes schreckte nie vor radikalen Einfällen zurück und erörterte daher in der *Allgemeinen Theorie*, ob man die Börsen nicht einfach abschaffen sollte, um die grassierende Spekulation zu beenden. Aktien und Anleihen könnten doch »wie Ehen« sein: Die Finanzanleger müssten sich dauerhaft an diese Papiere binden und dürften sie nicht mehr abstoßen. »Die Investoren wären gezwungen, sich auf die langfristigen Perspektiven zu konzentrieren.«

Doch obwohl Keynes diese Idee verlockend fand, sah er doch ein »Dilemma«, falls das Börsenkasino komplett schließen würde: Die

Finanzanleger würden allesamt die Flucht ergreifen und gar nicht mehr investieren, wenn sie ihre Wertpapiere nicht jederzeit verkaufen könnten. »Nur weil sich jeder einzelne Anleger einbilden kann, dass sein Engagement ›liquide‹ sei (…), beruhigt dies seine Nerven und macht ihn viel bereitwilliger, ein Risiko einzugehen. Wären Wertpapiere illiquide, könnte dies neue Investitionen deutlich erschweren.«

Keynes war der erste Ökonom, der die Finanzmärkte ins Zentrum seiner Analyse rückte – denn dort wird bestimmt, wie hoch die Investitionen einer Gesellschaft ausfallen. Doch leider gibt es keinerlei Garantie, dass diese Investitionen ausreichen, um die Wirtschaft zu stabilisieren. Es ist jederzeit denkbar, dass die Haushalte weitaus mehr Geld sparen, als die Unternehmen in ihre Anlagen stecken, so dass eine Nachfragelücke entsteht.

Wenn es zu einer Absatzkrise kommt, sind jedoch nicht nur Arbeitsplätze in Gefahr – auch Teile des angesparten Vermögens werden vernichtet. Keynes formulierte ein »Sparparadox«: Je mehr man sparen will, desto weniger hat man am Ende gespart. Dieser Gedanke mag zunächst erstaunlich klingen, ist jedoch im Alltag mühelos zu beobachten: Wenn die Wirtschaft schrumpft, gehen Firmen pleite, Aktien verlieren ihren Wert, Kredite werden nicht bedient, Bürogebäude stehen leer. Das Vermögen, das gestern noch vorhanden war, ist heute wertlos.

Die meisten Neoklassiker hatten sich vorgestellt, dass ordentlich gespart werden muss, damit hinterher investiert werden kann. Keynes drehte diesen Gedanken um: Die Investitionen entscheiden, wie hoch die Ersparnisse sind. Wird nicht investiert, verliert das angesparte Vermögen seinen Wert – und ist wieder verschwunden.

Dieser Gedanke ist für viele Neoklassiker noch heute unfassbar. Sie neigen weiterhin dazu, das Vermögen wie eine Schatztruhe zu betrachten, die stets vorhanden ist und die man nur aufklappen muss, um sich am eigenen Reichtum zu erfreuen. Doch so funktioniert der Kapitalismus nicht. Genau wie Adam Smith und Karl Marx betonte auch Keynes, dass das Vermögen, also das Kapital, im Prozess entsteht. Es lässt sich zwar zum Jahresende bilanzieren, ist aber keine fixe Größe. Beim nächsten Stichtag kann es verschwunden sein.

Keynes hat also nicht bloß eine Krisentheorie geliefert, wie gern kolportiert wird. Seine Theorie war tatsächlich allgemein und nichts weniger als eine Revolution. Um die wesentlichen Unterschiede zur Neoklassik noch einmal zusammenzufassen: Keynes dachte in Prozessen und nicht statisch; Geld war für ihn nicht nur Tauschmittel, sondern auch ein Vermögensspeicher. Er definierte den Zins neu, und zwar als eine Kapitalrendite, die sich auf den Finanzmärkten bildet. Der *Homo oeconomicus* hatte für ihn ausgedient, weil die Zukunft unbekannt ist und sich das Risiko nicht berechnen lässt. Stattdessen wird die Wirtschaft durch die kollektiven Erwartungen gesteuert, die man – weniger vornehm – auch als Herdentrieb bezeichnen könnte. Die Finanzmärkte sind entscheidend, nicht der Arbeitsmarkt. Es ist sinnlos, ja sogar schädlich, in einer Krise die Löhne zu senken, denn es zählt die Gesamtnachfrage. Keynes war zudem der erste echte Makroökonom: Er entdeckte, dass die Volkswirtschaft mehr ist als nur die Summe ihrer Teile. Einzelne Unternehmen oder Haushalte interessierten ihn daher nicht, sondern er konzentrierte sich auf »Gesamtaggregate« wie Investitionen oder Konsumausgaben.

Keynes konnte als Erster erklären, warum der Markt nicht zum Gleichgewicht tendiert und warum Arbeitslosigkeit so häufig vorkommt. Zudem bot er nicht nur eine Analyse, sondern auch eine politische Lösung: Wenn Unternehmer nicht ausreichend investieren, muss der Staat einspringen.

Versagt der Markt, muss der Staat eingreifen

Prinzipiell hat der Staat zwei Möglichkeiten, um die Wirtschaft zu lenken: Es gibt die »Geldpolitik« der Zentralbanken und die »Fiskalpolitik« der Regierungen. Im Normalfall werden nur die Zentralbanken tätig. Zu ihren Standardaufgaben gehört es, den kurzfristigen Zins festzulegen, was oft ausreicht, um die nervöse Herde der Finanzanleger zu dirigieren.

Doch in schweren Finanzkrisen ist die Zentralbank machtlos, weil die Wirtschaft in einer »Liquiditätsfalle« festsitzt: Selbst wenn die Leitzinsen bei null liegen, nimmt niemand Kredite auf. Es rechnet sich einfach nicht zu investieren. Unternehmen leiden an Überkapazitäten; zudem sind viele Firmen überschuldet und bauen lieber alte Darlehen ab, statt neue aufzunehmen.

Die Zinspolitik ist also wirkungslos, wofür der hübsche Ausdruck geprägt wurde, dass die Zentralbank versuchen würde, »eine Schnur zu stemmen« (*pushing on a string*). In dieser Situation kann nur noch die Regierung handeln. Sie muss selbst Kredite aufnehmen und investieren, statt auf die Investitionen der Unternehmer zu hoffen. Heute nennt man diese Strategie »antizyklische Konjunkturpolitik«.

Allerdings wusste Keynes aus leidiger Erfahrung, dass viele Politiker es strikt ablehnten, Kredite aufzunehmen, und fest davon überzeugt waren, dass ein Staatshaushalt »solide« sein müsse. Sarkastisch schrieb Keynes in seiner *Allgemeinen Theorie*, dass nur so sinnlose Maßnahmen wie »Löcher in den Boden zu graben, als Goldgewinnung bekannt«, akzeptiert würden. Bitterböse schlug er daher vor, dass das Finanzministerium doch »alte Flaschen mit Geldscheinen füllen und tief genug in stillgelegten Kohlegruben vergraben« könnte, die »bis zum Rand mit Hausmüll gefüllt« würden. Ganz im Sinne des Laissez-faire könnte die Regierung anschließend die einzelnen Claims an Privatinvestoren versteigern, die dann mit Hilfe der Arbeitslosen die Banknoten wieder ausbuddeln würden. »Natürlich wäre es vernünftiger, Häuser oder ähnliches zu bauen, aber wenn dem politische und praktische Probleme im Wege stehen, wäre dieser Vorschlag besser als nichts.«

Keynes konnte zeigen, dass die staatlichen Konjunkturpakete nicht einmal besonders umfangreich sein mussten, um die Wirtschaft anzukurbeln. Denn es greift der »Multiplikatoreffekt«: Jedes Pfund, das die Regierung investiert, wird wieder ausgegeben und schafft weitere Nachfrage. Keynes hatte also eine frohe Botschaft zu verkünden: Der Kapitalismus würde nicht untergehen. Die Weltwirtschaftskrise war zwar furchtbar, aber leicht zu beheben.

Doch Keynes wollte nicht nur die Rezession bekämpfen: Ihm schien es nötig, den gesamten Kapitalismus umzubauen – und die Macht der Finanzmärkte einzuschränken. Keynes forderte daher, die öffentlichen Unternehmen zu stärken, weil sie die Wirtschaft stabilisierten. Neoklassiker sind bis heute entsetzt, wenn die »Staatsquote« steigt und öffentliche Monopole existieren. Keynes hingegen hielt es für einen Vorteil, dass Eisenbahnen oder Wasserwerke keine Rendite erwirtschaften mussten, sondern ihre Kosten und Einnahmen verlässlich kalkulieren konnten. Wenigstens gab es dann einige Branchen, die nicht vom Herdentrieb der Finanzanleger dominiert wurden.

Allerdings wollte Keynes die Finanzmärkte nicht komplett abschaffen, denn in der Sowjetunion hatte er ja erlebt, wie ineffizient und grausam eine staatliche Kommandowirtschaft sein konnte. Ihm erschien ein Mischsystem am besten, in dem sich Staat und Privatwirtschaft ergänzen. Ironisch schrieb er: »Gefährliche menschliche Neigungen lassen sich in relativ harmlose Kanäle umleiten, wenn die Möglichkeit besteht, Geld und Vermögen anzuhäufen (…) Es ist besser, dass jemand sein Bankkonto tyrannisiert als seine Mitbürger (…) Für die Befriedigung dieser Neigungen ist es jedoch nicht nötig, mit derartig hohen Einsätzen zu spielen wie gegenwärtig.«

Um die Finanzmärkte ein wenig auszutrocknen, wollte Keynes die großen Vermögen besteuern. Vor allem Erben sollten belastet werden, da sie nichts dazu beigetragen hatten, den hinterlassenen Reichtum zu erwirtschaften. Dieser Vorschlag mag revolutionär klingen, aber Keynes selbst hielt seinen Ansatz nicht für links, sondern für »moderat konservativ«. Er wollte den Kapitalismus reparieren, nicht abschaffen. Er war zwar für eine Besteuerung der Reichen, aber nicht aus hasserfüllter Rankünе, sondern um die Vermögenden vor sich selbst zu schützen. Denn sie neigten dazu, zu viel zu sparen – und die Wirtschaft abzuwürgen, weil die Nachfrage fehlte. Am Ende schrumpfte das Gesamtvermögen, weil jeder Vermögen ansammeln wollte.

Aus diesem »Sparparadox« konnten sich die Vermögenden nicht allein befreien – dafür benötigten sie den Staat. Die Regierung musste einen Teil dieser unheilvollen Ersparnisse absaugen, indem die Reichen besteuert wurden. Der Staat hatte, so sah es Keynes, einen Vorteil, der viel zu selten gewürdigt wird: Er spart garantiert nicht. Was an Steuern einläuft, wird umgehend ausgegeben und stimuliert die Wirtschaft.

Für Keynes gab es also keinen Klassenkampf, keinen notwendigen Gegensatz von Arm und Reich. Natürlich wusste er nur zu gut, dass Ausbeutung weit verbreitet war. Aber dies war für ihn keine systemimmanente Eigenschaft des Kapitalismus. Im Gegenteil: Konzentrierter Reichtum war schädlich und verhinderte, dass sich der Kapitalismus in seiner ganzen Pracht entfalten konnte. Keynes hoffte daher auf den »Tod des Rentiers«. [...] Leider ist exakt eingetreten, was Keynes theoretisch beschrieben hatte: Der Kapitalismus wird von den Finanzmärkten dominiert – und verwandelt sich in ein globales Kasino.

Trotzdem wird Keynes an den Universitäten kaum gelehrt. Stattdessen dominiert eine moderne Variante der Neoklassik, die das Thema Geld entweder ignoriert oder verstümmelt.

Auszug aus Herrmann, Ulrike (2016): *Kein Kapitalismus ist auch keine Lösung. Die Krise der heutigen Ökonomie oder Was wir von Smith; Marx und Keynes lernen können,* S. 139–151, 181–204.

Die Überwindung des Kapitalismus

von Sahra Wagenknecht

Rötzer: Was steht denn für Sie hinter der Konkurrenz? Ihr letztes Buch trägt den Titel *Reichtum ohne Gier*. Ist es denn Gier, besonders nach Anerkennung und Macht, die hinter dem Prinzip der Konkurrenz steht?

Wagenknecht: Konkurrenz ist ein ökonomisches Prinzip. Die Unternehmen konkurrieren miteinander um Märkte, und wer nicht mithalten kann, scheidet aus. Konkurrenz kann man auch zwischen Arbeitnehmern beobachten, solange es hohe Arbeitslosigkeit oder – wie heute in Deutschland – viele prekäre Jobs gibt. Natürlich konkurrieren dann die Menschen um die wenigen guten Arbeitsplätze. Manche Formen der Konkurrenz kann und sollte man nicht überwinden. Unternehmen müssen miteinander im Wettbewerb stehen, weil es sonst zu wenig Druck gibt, innovativ und produktiv zu sein und sich an den Bedürfnissen der Kunden zu orientieren. Das sehen wir ja teilweise schon bei sehr großen Unternehmen mit starker Marktmacht: Der Kundenservice ist eine Abteilung, bei der gern gespart wird, am Ende hängt man immer in irgendwelchen Warteschleifen und unterhält sich mit Computern, wenn man eine Reklamation oder ein anderes Anliegen hat.

In vielen Bereichen ist die Auswahl heute extrem eingeschränkt: Wenn ich ein Smartphone kaufen oder in Deutschland einen Festnetzanschluss haben will, muss ich mich letztlich zwischen zwei großen Anbietern entscheiden. Es gibt in vielen Branchen keinen funktionierenden Wettbewerb mehr. Noch schlimmer wird es, wenn Bereiche privatisiert werden, in denen es ohnehin keinen richtigen Wettbewerb geben kann. Krankenhäuser etwa stehen nicht in einem kommerziellen Wettbewerb, denn wie sollen die Leute denn beurteilen, in welchem die Knie-OP besser ist. Oder beim Wohnen. Eine Wohnung ist doch kein Apfel, den ich morgen bei einer anderen Marktfrau kaufe, wenn die bisherige Lieferantin mir zu teuer geworden ist. Es ist sehr mühsam, eine Wohnung zu wechseln. Im Extremfall macht man das, aber garantiert nicht häufig, und damit ist der Mieter in einer ziemlichen Abhängigkeit vom Vermieter. Wenn einfach zu wenige bezahlbare Wohnungen gebaut werden und so die Mieten überall steigen, ist der Mieter erst recht der Verlierer. Es gibt also Bereiche, wo private Profitorientierung als dominierendes Prinzip zu ziemlich fatalen Ergebnissen führt.

Ebenso muss man verhindern, dass Beschäftigte wehrlos den Wünschen der Arbeitgeber ausgesetzt werden, weil es auch da ein Ungleichgewicht gibt: Solange wir keine echte Vollbeschäftigung haben, hat der Unternehmer immer mehr Macht als der Beschäftigte, der ja darauf angewiesen ist, einen Job zu finden. Je weniger sichere, gut bezahlte Arbeitsplätze es gibt, desto größer wird diese Macht. Die früheren Regeln am Arbeitsmarkt in Deutschland hatten die Beschäftigten gestärkt, die Agenda 2010 hat das dann mit den prekären Jobs, der Zeitarbeit oder den vielen befristeten Arbeitsverhältnissen völlig zum Nachteil der Arbeitnehmer gekippt.

Rötzer: Das Prinzip der Konkurrenz geht allerdings tiefer als die Konflikte zwischen Arbeitnehmern und Arbeitgebern. Konkurrenz fängt schon im Kindesalter an: bei den Noten, wer schneller ist, wer dies und jenes besser machen kann, wer größere Aufmerksamkeit erzielt.

Wagenknecht: Aber Kinder müssen ja auch eine Bewertung ihrer Leistung bekommen. Sonst können sie gar nicht einordnen, wo sie stehen. Ich halte wenig von Schulen ohne Noten. Aber die Frage ist, was den Kindern als übergeordneter Wert vermittelt wird. Sollen sie nur danach streben, besser zu sein als andere, oder sollten sie sich auch darum kümmern, wie es den anderen geht? Mit einem Wertesystem, das schon frühkindlich vermittelt, dass man ausschließlich auf sich selbst schauen soll, während das Schicksal der anderen einem möglichst egal zu sein hat, erzieht man die Kinder zu einer anderen Lebenshaltung, als wenn man ihnen schon frühzeitig nahebringt, sich auch um die Schwächeren zu kümmern und ihnen zu helfen.

Klar, als Kind habe ich mich auch immer gefreut, wenn ich Klassenbeste war, obwohl ich mich dafür nicht mal besonders anstrengen musste. Es ist normal, dass sich Kinder an anderen messen, aber es ist eben die Frage, ob sie sich trotzdem auch für die anderen und deren Probleme interessieren.

Rötzer: Im *Kommunistischen Manifest* wird recht anschaulich und drastisch beschrieben, wie alle ständischen Strukturen verdampfen, sodass sich nur noch zwei Klassen gegenüberstehen. In einem finalen Kampf erfolgt schließlich der Übergang zum Kommunismus. Heute haben wir allerdings im Unterschied zum 19. Jahrhundert die Situation, dass man weder von einem Proletariat noch einer anderen gemeinsamen, großen Klasse gegenüber den Kapitalisten reden könnte.

Wagenknecht: Wir haben diese gesellschaftliche Spaltung auch heute noch: Da gibt es einerseits das obere eine Prozent, das nahezu ausnahmslos über großes Betriebsvermögen verfügt. Ihm gegenüber stehen die 99 Prozent, die nur von ihrer eigenen, aber nicht von anderer Leute Arbeit leben können.

Rötzer: Gut, aber die Abhängigen sind ja keine geknechteten Fabrikarbeiter mehr.

Wagenknecht: Heute sind es eben Arbeitnehmer unterschiedlichster Art mit Fest- oder Zeitverträgen und Minijobber. Viele sind auch kleine Selbständige, die oft in einer völligen Abhängigkeitssituation arbeiten, auch wenn sie formal selbständig sind. Sie sind sogar besonders schlimm dran, weil sie noch nicht mal

Anspruch auf Mindestlohn und überhaupt keine soziale Absicherung haben.

Rötzer: Aber sie haben keine kollektive Macht mehr, oder? Viele sind vereinzelt, sitzen vor ihren Computern und arbeiten selbständig.

Wagenknecht: Die Frage ist, wie man sie organisieren kann. Die Gewerkschaften wären ja eigentlich in der Pflicht, über die Kernbelegschaften hinaus zu organisieren, also auch die Leiharbeiter, die Minijobber und die Befristeten einzubeziehen, die großenteils nicht mehr gewerkschaftlich organisiert sind. Aber weil die Gewerkschaften mit den Betriebsräten großer Konzerne zuweilen den Fehler machen, ihre Politik vor allem auf die Verbesserung der Situation der Kernbelegschaften auszurichten, sehen sich die anderen von ihnen teilweise nicht mehr als vertreten an. Und natürlich ist es objektiv schwierig, keine Frage, einen so heterogenen Arbeitsmarkt zu organisieren. Und das ist ein großes Problem, weil beispielsweise die Streikfähigkeit der Gewerkschaften untergraben wird, wenn sie in einem Betrieb nur noch die Stammbelegschaften zum Streik aufrufen können. Wenn dann Leiharbeiter oder Beschäftigte mit Werkverträgen als Streikbrecher eingesetzt werden, dann ist der Streik verpufft.

Das bedeutet, dass die Macht der Gewerkschaften nur dann funktioniert, wenn sie breiter organisiert sind. In anderen europäischen Ländern finden gegen besonders unsägliche politische Entscheidungen immer wieder Generalstreiks statt, bei denen alle streiken, egal in welcher Gewerkschaft sie sind oder welchen Status sie haben. Wenn Generalstreik ist, streikt ein Großteil der Bevölkerung, das kennen wir aus Belgien, aus Griechenland, Spanien oder früher auch aus Italien, da sind die Gewerkschaften aber mittlerweile offenbar nicht mehr so kampfstark. Man sieht also, dass es noch geht, es ist aber schwer.

Rötzer: Möglicherweise fehlt uns heute auch eine Utopie, eine bessere Gesellschaftsordnung, nach der man strebt. Das setzt, um es mit Hegel auszudrücken, eine Negation der herrschenden Verhältnisse voraus. Aber das scheint heute weitgehend verschwunden zu sein, was sich auch im Programm der LINKEN widerspiegelt. Es wird versucht, an einzelnen Punkten zu reparieren, hier die Rente, dort die Vermögenssteuer, aber das ist kein großer Entwurf, sondern gleicht eher dem Versuch, eine Maschine zu reparieren, anstatt das Konstrukt selbst in Frage zu stellen. Ist uns die Zukunftsfähigkeit in den letzten Jahrzehnten abhandengekommen? Trauen sich auch die Linken nicht mehr wirklich, über den Kapitalismus hinauszudenken? Im Programm der Linken ist da eigentlich genau wie bei den anderen Parteien nichts zu finden, wenn man davon absieht, dass etwa die Ungleichheit reduziert werden soll oder Kriegseinsätze abgelehnt werden.

Wagenknecht: Das Grundsatzprogramm der Linken fordert eine andere Wirtschaftsordnung. Ich selbst habe ein ganzes Buch darüber geschrieben, wie eine andere Gesellschaft aussehen kann, inklusive einer anderen Wirtschaftsordnung. Reichtum ohne Gier ist mein Beitrag zur Diskussion über grundsätzliche Alternativen. Ich habe dieses Buch geschrieben, weil ich vorher immer wieder die Rückmeldung bekommen hatte, dass die Leute meine Kritik nachvollziehen können, ihnen aber nicht klar sei, wie denn meine Alternative jenseits des Kapitalismus aussieht, also was ich konkret anders machen würde. Es war für mich eine sehr schöne Erfahrung, wie viel Resonanz, und zwar ausdrücklich positive Resonanz, ich auf dieses Buch bekommen habe. Und zwar aus nahezu allen Schichten der Bevölkerung, von Menschen, die zu schlechten Löhnen arbeiten, von Akademikern, von Selbständigen, Ärzten, Unternehmern. Und der Tenor war immer, dass das ja eigentlich sehr vernünftig klinge, oft verbunden mit dem Zusatz, dass sie sich bisher unter ›links‹ etwas ganz anderes vorgestellt hatten und überrascht waren, wie überzeugend sie die Vorschläge fanden. Wenn man es konkret macht, wenn die Leute nicht das Gefühl haben, dass das versponnene Ideen sind, die gar nicht funktionieren können, weil sie lauter selbstlose Menschen voraussetzen oder grundlegende wirtschaftliche Zusammenhänge ignorieren, dann stößt man auf ein hohes Maß an Aufgeschlossenheit. Aber keine Bundestagsrede und keine Talkshow gibt einem den Raum, ein solches Modell vorzustellen. Dafür muss man dann schon ein Buch schreiben, und damit erreicht man natürlich nur die Leute, die Bücher lesen.

Rötzer: Wir müssten jetzt erst einmal klären, was Kapitalismus eigentlich ist, respektive, was Sie darunter verstehen.

Wagenknecht: Ein Kapitalist ist für mich jemand, da knüpfe ich an die Definition des österreichischen Ökonomen Joseph Schumpeter an, der ein Unternehmen als bloßes Anlageobjekt betrachtet. Ein Unternehmer ist hingegen jemand, von dessen Power ein Unternehmen lebt. Der Kapitalismus ist also eine Wirtschaftsordnung, in der die Unternehmen Mittel zum Zweck der Renditeerzielung ihrer Eigentümer sind. Dann wird Innovation nur verfolgt, wenn sie entsprechende Mindestrenditen erwarten lässt. Es gibt ja Aussagen von Ingenieuren, dass zum Beispiel bei Siemens erfolgversprechende Innovationen nicht weiter erforscht werden, wenn die erwartete Mindestrendite unter 16 Prozent liegt.

Rötzer: Machen wir es ganz plastisch. Nehmen wir einen Handwerksbetrieb mit einigen Angestellten zum Beispiel. Der Besitzer kümmert sich um Aufträge, er arbeitet auch dafür, dass er ein bisschen mehr Geld hat, und hebt bei Gewinnen nicht gleichzeitig die Gehälter der Angestellten an, sondern versucht, seine Gewinne zu steigern, um sie teilweise wieder in den Betrieb zu investieren. Wäre das etwas grundsätzlich anderes als das, was Sie unter Rendite verstehen?

Wagenknecht: Jedes Unternehmen muss Gewinne machen, um zu investieren. Und wenn der Inhaber selbst im Unternehmen arbeitet, ja es selbst gegründet hat, dann lebt das Unternehmen von seinen Ideen und seiner Risikobereitschaft, was natürlich auch ein höheres Einkommen rechtfertigt. Etwas anderes ist es, wenn in einer Aktiengesellschaft langfristige Investitionen unterbleiben, um die kurzfristige Rendite zu steigern, die dann an die Aktionäre ausgeschüttet wird. Bei den großen Unternehmen wird ja seit Jahren ein immer größerer Teil des Gewinns ausgeschüttet und eben nicht reinvestiert. Dieser Druck von Anteilseignern, die mit dem Unternehmen eigentlich gar nichts mehr verbindet – oft sind es Finanzinvestoren, Hedgefonds –, ihr Druck, aus dem investierten Geld immer mehr Geld zu machen, dafür Löhne zu drücken, Steuern zu umgehen, auf langfristige Investitionen zu verzichten, eventuell Raubbau an der Natur zu betreiben, das ist das eigentliche Kennzeichen des Kapitalismus. Oder wenn der Spross einer Unternehmerdynastie ein Riesenvermögen in die Wiege gelegt bekommt und dann Millioneneinkünfte aus den Erträgen eines oder mehrerer Unternehmen bezieht, für die andere hart arbeiten, während er selbst mit dem wirtschaftlichen Erfolg gar nichts mehr zu tun hat.

Rötzer: Würden Sie entsprechend auch für die Herstellung von Chancengleichheit durch eine Erbschaftssteuer plädieren, weil dadurch die Vererbung von großen Vermögen oder von Kapital nicht mehr ohne Weiteres möglich wäre?

Wagenknecht: Der Ordoliberale Alexander Rüstow hat die Ansicht vertreten, dass die Erbschaftssteuer dafür sorgen muss, dass keine Großvermögen, die über das hinausgehen, was sich ein normaler Mensch im Leben erarbeiten kann, vererbt werden können. Hier geht es um Vermögen, die so groß sind, dass man allein aus den Erträgen mehr Einkommen bezieht, als selbst hochqualifizierte Beschäftigte in einem langen Arbeitsleben verdienen. Ein Beispiel ist das Geschwisterpaar Quandt und Klatten, die große Anteile an BMW geerbt haben und im Frühjahr 2017 eine Milliarde Euro an Dividende ausgeschüttet bekamen. Das entspricht einem Einkommen von über drei Millionen Euro am Tag. Und das sind die Größenordnungen, über die wir in der Milliardärsriege reden.

Ich finde es aberwitzig, dass solche Erbschaften möglich sind und heute noch nicht mal ordentlich besteuert werden, aber das kann man nur überwinden, wenn große Unternehmen kein Privateigentum mehr sind.

Es gibt auch heute schon Unternehmen in Stiftungshand, die keine Eigentümer mehr haben, die sich dadurch bereichern können, dass sie ohne eigene Gegenleistung Geld aus dem Unternehmen ziehen. Diese Stiftungsunternehmen gehören sich faktisch selbst, und von ihrem Erfolg profitieren auch nur diejenigen, die zu ihm beitragen, also die im Unternehmen arbeiten. Meines Erachtens ist das das Grundprinzip, das man verallgemeinern sollte. Aber nicht im Sinne einer Gemeinnutzorientierung, es geht schon um kommerzielle Unternehmen, die auch gewinnorientiert arbeiten. Sie brauchen auch gute Unternehmer, also Leute, die die Fähigkeit haben, einen solchen Betrieb ordentlich zu führen. Aber das geschilderte Modell macht Kapitalisten überflüssig. Es braucht dann nur große öffentliche Wagniskapitalfonds, die für Unternehmensgründer bereitstehen, und ein vernünftiges Bankensystem zur Finanzierung des Unternehmenswachstums. Denn ist ein Unternehmen einmal erfolgreich etabliert, kommt der größte Teil der Kapitalbildung ohnehin aus den erwirtschafteten Gewinnen und nicht mehr von außen. Genau das wäre in diesem Modell sogar wesentlich erleichtert, weil es niemanden mehr gibt, der die Ausschüttung eines Teils der Gewinne verlangen kann. Aber, wie gesagt, viel detaillierter habe ich das alles in Reichtum ohne Gier dargelegt.

Also es sind die privaten Riesenvermögen von Hunderten Millionen oder Milliarden, die sich niemand selbst erarbeiten kann, und die daraus resultierenden leistungslosen Einkommen, die den Kapitalismus ausmachen. Nicht Wettbewerb, Marktwirtschaft oder Leistungsanreize, das braucht jede vernünftige Wirtschaft. Und diese Milliardenvermögen machen eine wirklich demokratische Gesellschaft unmöglich. Denn sie begründen unglaubliche Macht, Erpressungsmacht – wer über Milliardeninvestitionen und Zehntausende Arbeitsplätze entscheidet, kann ganzen Staaten die eigenen Interessen aufzwingen. Und er hat auch die Macht, sich die Politik zu kaufen, die er gerne haben will.

Es gab letztens wieder eine Untersuchung, dass in Deutschland auf der einen Seite die Armut wächst, das wissen wir, dass es aber zugleich immer mehr Rentiers gibt, also Leute, die ohne eigene Arbeit luxuriös von ihrem Vermögen leben können. Von wegen Leistungsgesellschaft! Die neoliberale Politik, die immer Leistung und Eigenverantwortung auf ihre Fahnen schreibt, fördert in Wahrheit das genaue Gegenteil.

Rötzer: Könnten wir, um es platt zu sagen, den Kapitalismus abschaffen, indem wir einfach die Erbschaften kappen?

Wagenknecht: Ich würde es umgekehrt sehen. Wenn man den Kapitalismus abschafft, wird es ohnehin niemanden mehr geben, der in der Lage ist, ein Milliardenvermögen anzuhäufen. Solange es den Kapitalismus gibt, befinden sich auch große Unternehmen in privatem Eigentum. Wenn ich lediglich die Erbschaften kappe, kann ich zwar verhindern, dass ein Unternehmen einer bestimmten Familie gehört, aber die Frage ist unter diesen Umständen: Wem soll es stattdessen gehören? Es besteht die Gefahr, dass eine solche Regel lediglich Anreize setzt, dass erfolgreiche Unternehmen vorher an Finanzinvestoren verkauft werden und die früheren Eigentümer das Geld lieber verprassen oder in einem diskreten Trust in Panama anlegen, um die Erbschaftssteuer zu umgehen. Also das spricht nicht gegen Erbschaftssteuern, aber es zeigt, dass sie allein das Problem nicht lösen. Klar, es gibt auch heute Stiftungsunternehmen und auch Inhaber, die ihr Unternehmen sehr bewusst auf eine Stiftung übertragen, um seine Existenz auch für die Zukunft zu sichern. Aber diese Art des Eigentums muss verallgemeinert und entbürokratisiert werden.

Rötzer: Aber wenn man zum Beispiel ein Start-up aufbaut, ist Kapitalbedarf zwingend.

Wagenknecht: Natürlich, man braucht Startkapital. Es ist eine der großen Ungerechtigkeiten des Kapitalismus, dass, wer arm geboren ist, auch keine oder kaum eine Chance hat, Unternehmer zu werden, weil ihm das Kapital dazu fehlt. Das müsste man über eine Demokratisierung des Zugangs zu Kapital regeln. Wenn der Staat freien Zugang zu Wagniskapital bietet, beispielsweise über Wagniskapital-Fonds, eröffnet das den Teilen der Bevölkerung mit unternehmerischem Talent ganz neue Möglichkeiten, egal ob sie aus einer reichen oder aus einer weniger wohlhabenden Familie stammen.

Es gab mal eine Phase, als man zwar nicht vom Tellerwäscher zum Millionär, aber vom Arbeiter zum Oberstudienrat aufsteigen konnte. Das war in der zweiten Hälfte des 20. Jahrhunderts. Es gab damals viele Kinder aus Arbeiterfamilien, die eine Universität besuchten und sich ein besseres Leben aufbauen konnten, als ihre Eltern es hatten. Heute ist es eher umgekehrt. Aber zu keinem Zeitpunkt war der Zugang zu Kapitalbesitz besonders durchlässig, das ist zu großen Teilen vererbtes, altes Geld. Nur wo dank Innovationen völlig neue Branchen entstehen, da sind die Eigentümer dann in der Regel keine Erben, sondern Unternehmensgründer. Das betrifft in den USA etwa die digitale Ökonomie. Aber sobald eine Branche sich etabliert hat, dominieren das alte Geld und die Erben-Generationen.

Auszug aus Wagenknecht, Sahra (2017): *Couragiert gegen den Strom. Über Goethe, die Macht und die Zukunft.* S.81–90.

Das Geheimnis des Geldes: Über Schulden, Zinsen und Inflation

Wie alles begann

von Paul Schreyer

Die Theorien zur Herkunft des Geldes sind widersprüchlich. Nach herkömmlicher Lesart liegen seine Ursprünge im Tauschhandel. Diese Geschichte hat wohl jeder schon einmal gehört, daher soll eine kurze Zusammenfassung genügen. Die Story geht so: In alter Zeit war alles furchtbar kompliziert. Wenn der Fischer etwa zum Schuster gehen wollte, musste er mit der Reparatur seiner Schuhe so lange warten, bis der Schuster Hunger auf Fisch hatte. Denn Geld zum Austausch gab es ja noch keines. Sehr unpraktisch. Auch der Schmied konnte demzufolge nur dann Brot »kaufen«, wenn der Bäcker im Gegenzug gerade etwas Geschmiedetes brauchte, etwa ein neues Messer. Ebenfalls ungünstig. Also verfiel ein kluger Zeitgenosse auf die Idee, irgendein leicht zu handhabendes Tauschmittel zu kreieren, mit dem jedermann zu jeder Zeit Brot, Fische und Messer kaufen konnte. Fertig. Und dieses Tauschmittel waren dann irgendwann die ersten Münzen, die wir heute im Museum bestaunen können. So weit die Geschichte, die zunächst einleuchtend und logisch klingt.

Es gibt nur einen Haken: Altertumsforscher haben bislang wenig Indizien dafür gefunden, dass so eine Tauschgesellschaft tatsächlich einmal irgendwo auf der Welt existierte. Die Story ist eine Konstruktion aus späterer Zeit. Populär wurde sie durch Adam Smith, den Stammvater der heutigen Wirtschaftswissenschaften, der sie in seinem 1776 erschienenen Standardwerk *Der Wohlstand der Nationen* im Detail darlegte. Smith erzählte ebenfalls ausführlich von den Handwerkern, die dummerweise nicht miteinander ins Geschäft kamen, und resümierte, dass in den Anfängen der Arbeitsteilung die Tauschgeschäfte wohl häufig nur schleppend vor sich gegangen sein müssten – bis dann eben ein kluger Mensch das Geld erfand.

Der Anthropologe David Graeber hat die wissenschaftlichen Forschungen zu diesem Thema kürzlich zusammenfassend dargestellt.[1] Es zeigt sich, dass die Lebensrealität in einfachen Gesellschaften ohne Geldmünzen wohl eine andere und weitaus praktischere gewesen ist. Der Fischer musste demzufolge gar nicht lange auf seine Schuhe warten, denn der Schuster gewährte ihm eine Art Kredit. Er erledigte die Arbeit erst einmal ohne direkte Gegenleistung. Verrechnet wurde dann zu gegebener Zeit, sprich, wenn der Schuster wirklich einmal Fische brauchte oder vielleicht anderweitige Hilfe benötigte.

Der Punkt an der Sache ist (und genau das kommt in den herkömmlichen ökonomischen Theorien nicht vor): Der Schuster und der Fischer waren keine Fremden für einander. Sie kannten sich. Sie lebten in einer vertrauten und überschaubaren Gemeinschaft über viele Jahre in Nachbarschaft miteinander. Daher machte es für keinen der beiden Sinn, den anderen zu übervorteilen oder ihm mit Misstrauen zu begegnen – zu wichtig und auch zu selbstverständlich war das friedliche Miteinander in der Gemeinschaft.

Anders stellte sich die Sache zwischen Fremden dar. Da gab es den Tauschhandel und dort wurde auch gefeilscht und versucht, den anderen über den Tisch zu ziehen. Vom hart ausgefochtenen Tauschhandel zum brutalen Raub war es unter Fremden nur ein kleiner Schritt. Wer die Macht, die Mittel und kaum Skrupel hat, der raubt den potenziellen Handelspartner einfach aus. Graeber weist darauf hin, dass vor einigen hundert Jahren die englischen Wörter »barter« und »truck«, die man verwendet, um einen Austausch ohne Geld zu beschreiben, sowie ihre Entsprechungen im Französischen und Spanischen wörtlich so viel wie »beschwindeln, hereinlegen, übers Ohr hauen« bedeuteten.[2] So etwas machen Menschen für gewöhnlich nur mit Leuten, die ihnen gleichgültig sind, weil sie ziemlich sicher sein können, sie niemals wieder zu treffen.

In den Wirtschaftswissenschaften wird diese Realität des Tauschhandels unter Fremden nun aber auf die gesamte Ökonomie übertragen. Es wird unterstellt, dass auch miteinander vertraute Menschen, die in festen Gemeinschaften leben, sich untereinander gleichgültig seien, dass jeder ständig nur nach dem eigenen maximalen Vorteil trachte, egal, ob das Gegenüber nun ein loser Bekannter, ein guter Freund oder ein geschätzter Nachbar ist. Alle Mitglieder der Gemeinschaft würden sich in einem ständigen unerklärten Krieg, jeder gegen jeden, misstrauisch belauern.

Nun könnte man einwenden, dass diese Beschreibung für manche Reihenhaussiedlung, manches Großraumbüro und viele Chefetagen tatsächlich zutrifft. Allerdings ist die Situation heute der vorläufige Endpunkt einer sich über Jahrhunderte herausgebildeten Geldökonomie und somit gerade kein Beispiel für eine frühzeitliche Gesellschaft ohne Geldmünzen – ganz im Gegenteil.

Dazu passt auch, dass sich Beispiele für existierenden Tauschhandel innerhalb von Gemeinschaften zwar tatsächlich finden lassen, allerdings nicht etwa in einer geldlosen Frühzeit oder auf fernen, unberührten Pazifikinseln, sondern, weniger exotisch, in den zusammengebrochenen Geldwirtschaften der Gegenwart. Beispiele sind etwa Russland in den 1990er Jahren oder Argentinien nach dem Finanzkollaps 2002. Das heißt, Menschen, die vertraut im Umgang mit Geld waren, entwickelten aus der Not heraus nach einer Geldentwertung Tauschwirtschaften als Übergangslösung. Ähnliches gab es bekanntlich auch in Deutschland nach dem Zweiten Weltkrieg oder, später und in anderer Art, in der DDR (dort allerdings beschränkt auf eine Reihe von wertvollen Produkten, und nicht beim unmittelbaren Alltagsbedarf). In all diesen Fällen überbrückt der Tauschhandel eine Mangelsituation in einer Ökonomie, die an Geld bereits gewöhnt ist. Tauschhandel ist offenbar ein immer wieder auftauchender Notbehelf, aber nicht der Ursprung des Geldes.

Die These, dass das Feilschen um Tauschobjekte der Beginn von wirtschaftlichen Beziehungen zwischen den Menschen gewesen sei, stützt sich auf eine allgemeinere Überzeugung. Demnach ist der egoistische Kampf aller gegen alle von jeher Kern jeder Wirtschaft und notwendiger Antrieb zum Fortschritt. Doch auch wenn diese Denkweise zunächst einmal das Spiegelbild jener Ordnung ist, die sie hervorgebracht hat – also des Kapitalismus zur Zeit Charles Darwins –, so ist das kaum die ganze Erklärung. Denn selbst der Kapitalismus, ob nun im 19. Jahrhundert oder in der Gegenwart, funktioniert ja nicht so eindimensional. Ganz im Gegenteil gibt es darin starke Elemente der Zusammenarbeit, bis hin zum Ausschluss jeder Form von Konkurrenz. Das Stichwort dafür lautet »Kartelle«. Konzerne, die sich zu Kartellen zusammenschließen, haben erkannt, dass die gegenseitige Kooperation (auf Kosten der Bürger natürlich) ihnen weit mehr nutzt, als das ständige und nervenaufreibende Ringen um den individuellen Vorteil.

Und genau das gleiche Prinzip – eben Zusammenarbeit – liegt nun, kaum überraschend, auch der Organisation des Lebens innerhalb einfacher Gemeinschaften zugrunde – sowohl heute als auch in der Frühzeit der Menschheit. Zum Kampf aller gegen alle gesellte sich immer, ergänzend und ausgleichend, die Zusammenarbeit vieler. Man gewährte sich Kredit, weil man sich vertraute. Das zeigt schon die sprachliche Herkunft des Begriffes: »Kredit« kommt vom lateinischen Verb »credere«, was »glauben« bedeutet. »Credit« heißt wörtlich »er glaubt« – nämlich an die Rückzahlung der gewährten Summe. Im praktischen Zusammenleben war es an einigen Orten der Welt offenbar noch simpler. So schreibt der schon erwähnte Anthropologe David Graeber:

»Mitte des 19. Jahrhunderts wurden unter anderem Lewis Henry Morgans Beschreibungen der sechs Irokesen-Völker veröffentlicht – und ihnen konnte man entnehmen, dass die wichtigste wirtschaftliche Institution bei den Irokesen Langhäuser waren, in denen man die meisten Güter lagerte. Sie wurden dann in einer Beratung der Frauen verteilt, niemand tauschte je Pfeilspitzen gegen Fleischstücke. Die Ökonomen ignorierten diese Information schlichtweg.«[3]

Es gab demnach an einigen Orten eine Art von kollektiven Eigentumsrechten. Und auch wenn man fragen kann, ob diese Art des Teilens möglicherweise nur bei kleinen und überschaubaren Gemeinschaften funktioniert, so ist es von Belang, dass die Forschungen und Veröffentlichungen Lewis Henry Morgans im 19. Jahrhundert zwar von Wirtschaftswissenschaftlern übergangen wurden, zugleich aber großen Eindruck auf berühmte Zeitgenossen wie Karl Marx und Friedrich Engels machten – und diese beiden zum Gegenmythos eines »Urkommunismus« anregten.[4]

Abgesehen von solchem Kollektiveigentum in kleineren Gruppen, das Geld offenbar unnötig machte, deutet vieles darauf hin, dass es andernorts schon lange vor den ersten Münzen bereits eine Vorstellung von Geld gab – und zwar wiederum, ganz ähnlich wie im modernen Bankwesen, immateriell, als Kreditvereinbarung. Da Geld seinem Wesen nach eine Art von Buchhaltung ist, braucht man dafür im Grunde auch nur ein Blatt Papier – oder im Zweifel eine Tontafel. Das wussten auch schon die Sumerer. Wie die Entschlüsselung von Keilschriften zeigt, gab es bereits vor über fünftausend Jahren in Mesopotamien, also dem Gebiet des heutigen Irak, ein einheitliches System finanzieller Buchführung. Die Bankiers der damaligen Zeit waren die Tempelverwalter, die ein Heer von Handwerkern, Bauern und Hirten für sich arbeiten ließen, wobei sie alle Gebühren, Pachten und Schulden genau vermerkten.[5]

Die Ursprünge des Geldes sind dabei eng verknüpft mit der Entwicklung der Schrift und dem ersten Gebrauch von Zahlen. Bei Ausgrabungen in Mesopotamien im 19. und 20. Jahrhundert wurden zum Beispiel große Mengen von kleinen Tonteilchen gefunden, in Form von Kügelchen, Kegeln oder Scheiben. Forscher hielten diese unscheinbaren Tonstückchen zunächst einfach nur für Kinderspielzeug oder Spielsteine. Als die französische Archäologin Denise Schmandt-Besserat allerdings in den 1970er Jahren damit begann, die Teilchen systematisch zu katalogisieren, entdeckte sie, dass es diese in ganz typischen Formen und Größen gab, und zwar verteilt über Fundgebiete von der Türkei bis hin nach Pakistan. Wie sich herausstellte, handelte es sich um Zählsteine, sogenannte »Tokens«, mit denen Warenmengen erfasst wurden.[6] In der Zeit vor der Verwendung von Zahlen registrierte man den Güteraustausch, indem man eine bestimmte Menge von Waren einfach durch eine gleichartige Menge solcher kleiner Zählsteine aus Ton darstellte. Diese hob man dann zur Abrechnung sorgsam auf. Die verschiedenen Formen und Größen standen dabei für unterschiedliche Produkte – eingeritzte Kegel etwa für Brot, eiförmige Kügelchen für Öl.[7]

Der nächste Entwicklungsschritt bestand darin, dass man nicht mehr die Tonteilchen selbst aufbewahrte, sondern ihren Umriss in feuchte Tontafeln einprägte – die Schrift war geboren. Etwas später ging man dazu über, Waren nicht mehr in gleichen Mengen zu erfassen, also etwa zehn Brote durch zehn Abdrücke des entsprechenden Tonteilchens auf einer Tafel darzustellen, sondern fortan ein Symbol für die Zahl 10 in die Buchhaltung einzuführen. Der erste Schritt auf dem Weg zur Mathematik war getan.

Doch nicht nur die Schrift und die Zahlen entstanden in dieser Zeit im Zusammenhang mit dem Beginn ökonomischer Buchhaltung, sondern offenbar auch die erste Form einer frühen Klassengesellschaft. Wie die Ausgrabungen zeigten, gewannen die Tokens gerade in jener Phase an Bedeutung, als die Siedlungen größer wurden und durch ihre gewachsene Einwohnerzahl und Komplexität erstmals unter eine Art von staatlicher Verwaltung gerieten. In den damals bedeutendsten Städten Mesopotamiens, wie Uruk oder Susa, entstand vor etwa fünftausend Jahren die erste Form von Staatlichkeit, die zugleich der Beginn einer Klassengesellschaft war, gelenkt von einer herrschenden Elite. Archäologen fanden die Tokens fast nur in Verwaltungsgebäuden und Tempeln. Darüber hinaus entdeckte man die Zählsteine auch in einigen wenigen Gräbern, aber nur in solchen von mächtigen und prestigeträchtigen Personen. Die Tokens scheinen zum allergrößten Teil im Besitz eines engen Kreises einflussreicher Menschen gewesen zu sein. Die bereits erwähnte Archäologin Denise Schmandt-Besserat schloss daraus, dass die Buchführung mit Zählsteinen in Verbindung stand zum Aufstieg einer gesellschaftlichen Elite, welche die Tokens als Machtinstrument zur Verteilung der Waren in den ersten Stadtstaaten nutzte.[8]

Die Einführung einer Buchhaltung als Vorläufer der Entstehung von Geld ging demnach einher mit dem Beginn von Herrschaft in größer werdenden Städten. Geld im Sinne eines Zahlungsmittels waren die Tokens aber noch nicht. Jedes Tonteilchen symbolisierte bloß ein Produkt.

Der eigentliche Entwicklungsschritt hin zum Geld war also wohl nicht der Sprung von einer fiktiven Tauschwirtschaft hin zum Gebrauch von Münzen oder anderen Geldsymbolen, so wie es die herkömmliche Lehre annimmt. Vielmehr entstand das Geld in dem Moment, als Kreditvereinbarungen zum ersten Mal an andere Personen übertragen werden konnten, oder mit anderen Worten: als die Schulden anonym wurden. Dieser Augenblick, wann auch immer er sich ereignet haben mag, war mit Sicherheit einer der größten und folgenreichsten Evolutionsschritte in der Geschichte der Ökonomie. Wenn eine Vereinbarung über die Rückzahlung von Schulden nicht mehr nur eine Sache zwischen zwei Leuten ist, nämlich zwischen dem Gläubiger und dem Schuldner, sondern wenn das entsprechende Dokument frei gehandelt werden kann, erst dann werden Schulden zu Geld. Anders ausgedrückt: Die meisten Gelder sind zwar Schulden anderer Leute – aber nur übertragbare Schulden sind auch Geld.

Dass Geld heute nichts anderes bedeutet als Schulden von anderen, die man untereinander handeln kann, ist in dieser Direktheit nicht jedem bewusst. Dem ist außerdem hinzuzufügen, dass dieser Wert nicht allein von der Geldmenge abhängt, die im Umlauf ist, sondern selbstverständlich auch von der öffentlichen Meinung darüber, inwieweit die dem Geld zugrundeliegenden Schulden auch beglichen werden können. Denn geht der Schuldner pleite, dann würde eine Giralgeldsumme in gleicher Höhe natürlich ebenso ihren Wert verlieren. Nur heute, und das ist ein wichtiger Punkt, kann man eben kein »bestimmtes« Giralgeld einem speziellen Kredit zuordnen. In einem großen und anonymisierten System von Schuldscheinen verteilt sich der Wertverlust eines einzelnen geplatzten Kredites auf die Gesamtheit alles umlaufenden Geldes. Nicht zuletzt deshalb lässt sich der Zusammenhang zwischen Geld und Kredit heute auch so leicht verschleiern und der Eindruck erwecken, als ob das Geld unabhängig von allem existiert, eben als praktisches Tauschmittel, das ein kluger Mensch einst erfand und das nun im täglichen Umgang uns allen dient.

Viel weniger freundlich und beschaulich stellt sich die Lage dar, wenn das Geld tatsächlich auf einem System der Herrschaft in den ersten Städten beruht, wo eine machtvolle Oberschicht zunächst den Warenhandel protokollierte, um besser die Kontrolle über eine wachsende Bevölkerung zu behalten. Und so richtig sympathisch und beruhigend klingt es auch nicht, dass die Nachfahren dieser Machtelite später das Geld schufen, indem sie die zahlreichen Schulden ihrer Untergebenen zu handelbaren Papieren machten, für deren Erwerb heute nun jeder Bürger arbeiten muss, um überleben zu können. Eine solche Erzählung wirkt verstörend und passt nicht recht zum Bild einer entwickelten Demokratie. Dennoch deuten die historischen Fakten klar in diese Richtung.

Auszug aus Schreyer, Paul (2016): *Wer regiert das Geld? Banken, Demokratie und Täuschung*, S. 88–95.

Alles, was sie schon immer über Geld wissen wollten

von Arno Gahrmann

Erst die Schuld, dann das Geld

Wir kennen es eigentlich nicht anders, als dass das Geld einfach in der Welt ist und funktioniert. Die Hyperinflation der Jahre 1922/23, als der Staat seine Finanznöte dadurch zu beheben versuchte, dass er das Geld in beliebiger Menge druckte, bis man für den Kauf eines Brotes einen Bollerwagen voller Noten ankarren musste, ist zwar längst passé, steckt uns Deutschen aber noch in den Knochen. »Geld ist wie Luft zum Atmen«, war eine Weisheit des ersten Bundesbankpräsidenten, Hermann Josef Abs. Doch macht es uns heute nicht eher beklommen, wie Geld in höchster Verzweiflung billionenfach aus dem Nichts gezaubert und zwischen Staaten, EZB und privaten Banken hin- und herjongliert wird? Konnten wir bislang das Geld als schlicht vorhanden wie die Luft ansehen, werden wir stutzig und fragen uns, woher und wie es auf die Welt kommt.

Zunächst liegt die Vorstellung nahe, das Geld, einmal in die Welt gesetzt – zum Beispiel im Zuge einer Währungsreform wie 1948, als jeder Haushalt 50 DM erhielt –, würde nichts als zirkulieren, so wie der globale Wasserkreislauf ohne Anfang und ohne Ende. Also von den Käufern zu den Unternehmen, von denen zum Personal und zu den Lieferanten. Diese wiederum kaufen den Unternehmen etwas ab und/oder sparen das Geld. Und die Ersparnisse wandern wiederum über die Banken als Kredit zu denjenigen, die mehr Geld benötigen als das, über das sie aktuell verfügen. Doch halt, etwas fehlt in dieser Lehrbuchdarstellung: Kredite werden nicht nur einfach zurückbezahlt, sondern zusätzlich mit Zinsen entgolten, die bei der Bank und bei den Sparern landen. Damit wird der Kreislauf um eine zusätzliche Geldmenge »bereichert«, deren Herkunft nur selten in der klassischen Volkswirtschaftslehre thematisiert wird. So zentral die Rolle des Geldes in unserer Ökonomie geworden ist, so flüssig und beweglich es sich in der Praxis geriert, so sehr fristet es in der Theorie nur eine Statistenrolle, nimmt beispielsweise in dem internationalen Standardwerk *Volkswirtschaftslehre* von Samuelson und Nordhaus gerade einmal 14 der mehr als 1 000 Seiten ein. Spätestens aber mit der Finanzkrise sind die Geldsummen, die ständig über den Globus schwappen, jedem bekannt und unheimlich geworden. Mit rund 5 500 Milliarden Dollar täglich haben sie sich von der weltweiten Wirtschaftsleistung von rund 200 Milliarden Dollar täglich völlig abgekoppelt.

Auch in Deutschland ist die Geldmenge relativ zur volkswirtschaftlichen Jahresleistung stark gestiegen, seit 1950 um das Dreifache auf 50 Prozent der volkswirtschaftlichen Jahresleistung. Wie das, wo der Geldvorrat von Unternehmen wie Privatpersonen selten höher als ein Monatsumsatz beziehungsweise -einkommen ist? Das Geld kann also nicht aus dem Wirtschaftskreislauf heraus geboren sein.

Tatsächlich benötigt das moderne Geld, das weder an Südseemuscheln noch an Gold gekoppelt ist, keinerlei reale Grundlage mehr – es wird schlicht aus dem Nichts heraus »geschöpft« (ein Begriff der Papierherstellung, der sich auf die Banknoten bezog): Die jeweilige Zentralbank (in den Euroländern die EZB) stellt den Banken ihre Banknoten als Kredit (zu gegenwärtig historisch niedrigen Zinsen) zur Verfügung. Diese wiederum leiten es in barer Form an ihre Bankkunden weiter, indem diese es zum Beispiel aus dem Automaten ziehen. Aber auch ohne dieses »echte« Zentralbankgeld können die Geschäftsbanken Geld erzeugen, nämlich indem sie einen unbaren Buchkredit gewähren. Und da mittlerweile die Geldtransaktionen großenteils unbar ablaufen, agiert die Wirtschaft, Unternehmen wie Privatleute, nur nicht der »schwarze« Bereich, großenteils mit diesem Giralgeld.

Was tagtägliche Praxis ist, aber wie ein Bankgeheimnis der Öffentlichkeit kaum kommuniziert wird, erklärt viele Fragen und scheinbare Ungereimtheiten:

1. Solange eine Volkswirtschaft nicht an die Grenzen ihrer Kapazität angelangt ist, ist es weder unmöglich noch schädlich, auch ohne zuvor erfolgtes Sparen Kredite bereitzustellen. Denn Geld kann jederzeit sowohl von der Notenbank als auch von den Geschäftsbanken echt oder virtuell »gedruckt« und als Kredit bereitgestellt werden. Wäre die Finanzierung von Investitionen alleine vom vorherigen Sparvolumen abhängig, könnte die Wirtschaft gar nicht wachsen, das gesamte Leistungsvolumen aus Konsum- und Investitionsgütern bliebe konstant. Sparguthaben werden zwar auch weiterverliehen, dienen aber hauptsächlich nur der Sicherung bestimmter Bilanzrelationen der Banken und werden daher auch nur mit geringen Zinsen vergütet.
2. Der Umfang der Giralgeldschaffung wird in nur geringem Umfang durch Vorschriften hinsichtlich einer Mindestmenge an Eigenmitteln und Zentralbankgeld eingeschränkt.
3. Kredite müssen nicht an die Schaffung realer Güter wie Fabrikanlagen oder Immobilien gekoppelt sein; ihre Verwendung obliegt letztlich allein dem Kreditnehmer. Er kann sie deswegen eben auch für virtuelle Finanzprodukte wie die schon legendären Lehman-Zertifikate oder für Aktien frisch gegründeter Gesellschaften wie weiland der Internetfirmen der im März 2000 geplatzten Dotcom-Blase aufnehmen. Dies und die mangelnde »Bremsfähigkeit« der Notenbanken erklären die ungeheure Zunahme der Geldmenge, die weit über der Entwicklung der realen Produktion liegt. So wuchs die Geldmenge in den USA von 1959 bis 2003 viermal stärker als die Wirtschaftsleistung.
4. Die Geschäftsbanken verdienen relativ »leistungslos« die Zinsen der von ihnen geschaffenen Buchkredite, da sie sich ihrerseits in nur geringem Umfang bei der Zentralbank, anderen

Geschäftsbanken oder Sparern verschulden und dafür Zinsen zahlen müssen.

5. Grundsätzlich wäre auch eine andere Art der Gelderzeugung möglich, nämlich indem der Staat für ihn erbrachte Personal- und Sachleistungen unmittelbar mit eigenem Geld bezahlt. Dies war die gängige Methode in früheren Königreichen und Fürstentümern und wurde in der Weimarer Zeit bekanntlich überstrapaziert, bis die Geldmenge zu der bis heute unvergessenen Hyperinflation führte.
6. Über eine sehr bequeme Art der Finanzierung verfügen Länder mit weltweit anerkannter Währung wie die USA und ansatzweise die Euroländer. Indem Erdöl in US-Dollar gehandelt wird, können so die USA diese Importrechnungen mit selbst gedrucktem Geld begleichen, was ihren Widerstand gegen eine andere Basiswährung im Ölgeschäft erklärt. Der gar nicht mehr güldene Ausstoß dieses amerikanischen Goldesels modert dann in den Tresoren der Exportländer vor sich hin; alleine China stapelt davon über eine Billion, ohne diese realistischerweise jemals wieder in Form von Dienst- und Sachleistungen von den USA eingetauscht bekommen zu können. Oder er überflutet als stinkende Gülle – zu Beginn dieser Entwicklung »Petrodollar« genannt – die globale Finanzwelt und verseucht die weltweite Wirtschaft.

David Graeber hat in seinem weithin beachteten Buch *Schulden. Die ersten 5 000 Jahre* das Augenmerk darauf gelenkt, dass Wirtschafts- und Geldsysteme grundsätzlich mit Schulden einhergehen.[9] Deutlich wird dies an den dramatisch gestiegenen Staatsschulden bei gleichzeitig immens angewachsenen privaten Vermögen, nicht nur im Falle diktatorischer Regime oder Griechenlands, wo allem Anschein nach private Vermögen in Höhe der Staatsschulden außer Landes transferiert worden sind. Dass schon im Moment der Geldschöpfung Kreditschulden generiert werden, habe ich bereits angesprochen, doch verbleibt eine Unbestimmtheit, die David Graeber zu seinem Buch bewogen hat und der hier nachgegangen werden soll: Wie können ökonomische Schulden entstehen, ohne dass im moralischen Sinne eine Schuld vorliegt?

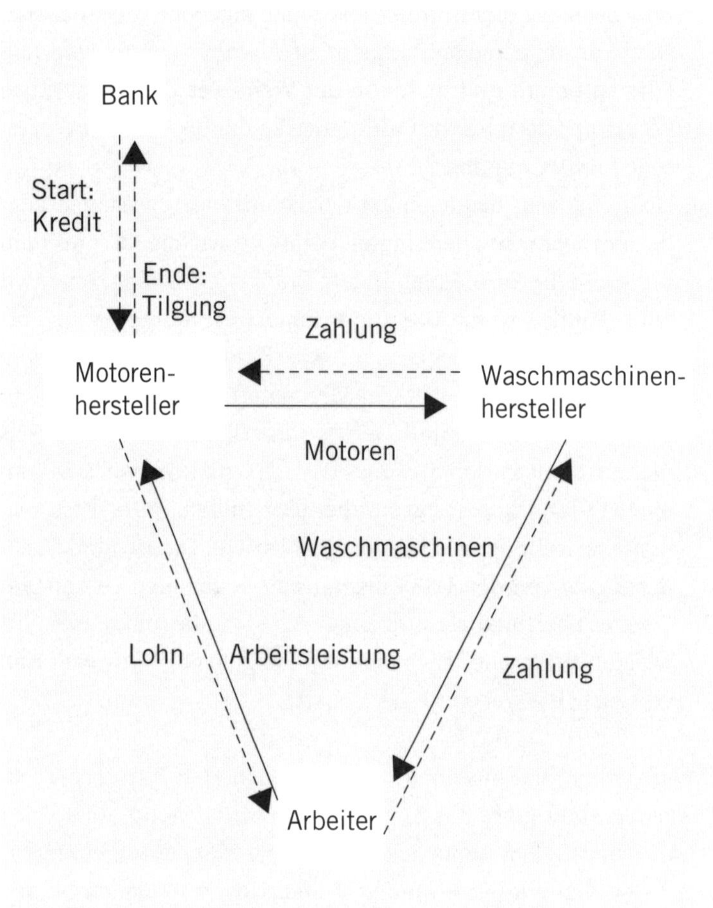

Geld-Leistung-Tausch-Modell: Kreditaufnahme

Betrachten wir zu diesem Zweck eine simple Wirtschaft, bestehend aus einer Elektromotorenfabrik und ihrer Arbeitnehmerschaft sowie einem (ausländischen) Waschmaschinenhersteller, und wir werden erkennen, dass Schulden so natürlich wie unerlässlich sind. Um den Wirtschafts- und Geldkreislauf in Gang zu setzen, stellt die Motorenfabrik Arbeiter ein. Zu deren Bezahlung leiht sie sich Geld von der Bank. Die fabrizierten Motoren liefert sie an den Waschmaschinenhersteller und wartet auf dessen Bezahlung. Derweil kaufen die Mitarbeiter mit ihrem Lohn Waschmaschinen, womit deren Hersteller die Forderung des Motorenlieferanten begleichen kann. Im ideellen Schluss tilgt dieser damit seinen Kredit. Dieser Kredit hat somit eine einmalige Tauschkette »gezündet«, die mit der Tilgung beendet wurde; danach existieren keine unausgeglichenen Vorleistungen und keine unerfüllten Leistungsversprechen mehr. In der Realität wird die Kette beliebig ausgedehnt und der Kredit durch Umschuldungen verlängert.

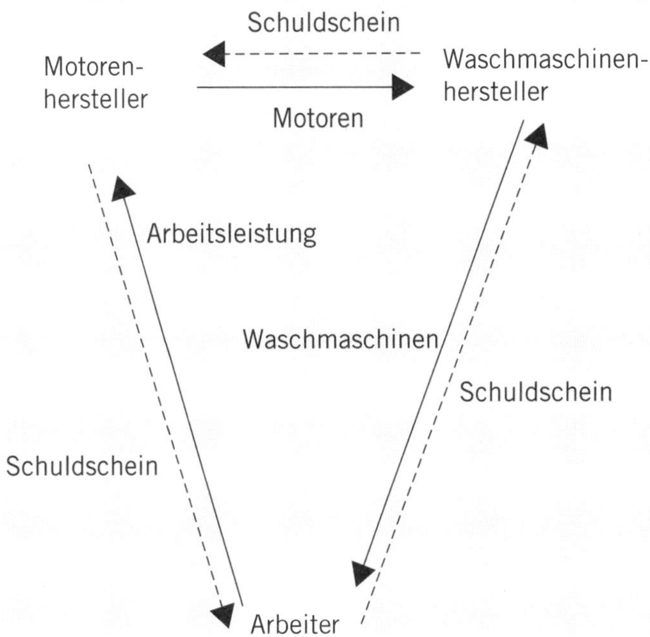

Geld-Leistung-Tausch-Modell: Schuldscheine

Der Geld-Leistung-Tausch könnte auch ohne eine Bank in Gang gesetzt werden, indem der Elektromotorenhersteller für die Vorleistung seiner Mitarbeiter Schuldscheine auf seinen Namen ausstellt. Diese geben sie an den Waschmaschinenhersteller, der damit wiederum seine Schuld beim Motorenlieferanten ausgleicht. Der Kreis ist geschlossen, die verpflichtenden Schuldscheine sind zurück und können zerrissen werden. Hier erfüllen Schuldversprechen die Funktion des Geldes. Das ist seit Jahrhunderten in Form der Wechsel üblich und durch strenge Gesetze werthaltig abgesichert.

Drei Dinge können wir hieraus ableiten:

1. Schuldscheinen geht die Erstellung einer fremden Leistung voraus. Die bankmäßige Geldschöpfung mit einem Kredit dreht die Reihenfolge um, indem der Kreditnehmer sofort mit der Kreditschuld belastet wird und erst anschließend für das Geld Leistungen abrufen kann. Doch wird diese Schuld erst in dem Moment »werthaltig«, in dem dieses Geld als Entgelt fremder Leistungen eingesetzt und weitergegeben wird. Würde das Geld nämlich ungenutzt zurückgegeben, entfiele auch die bis dahin nur latente Schuld. Insofern schafft das kreditgeborene Geld keine anderen oder »ungerechten« Verpflichtungen als bei der Zahlung mit Schuldscheinen oder bei geld- und formlosen Tauschvorgängen wie der gegenseitigen Nachbarschafts- oder Familienhilfe. Wie dort entsteht eigentliche »Schuld« erst in dem Moment, da andere eine Leistung für mich erbringen, die ich in irgendeiner Weise honorieren muss. Das tun die Kinder, indem sie das vierte Gebot beachten, das bewirkt die ausgeprägte Geschenkkultur bei vielen Völkern, und das ist das Wesen der verlässlichen Nachbarschaftshilfe. Schon früh aber wurden solche Verpflichtungen auch quantitativ definiert, wovon laut David Graeber 5000 Jahre alte Schuldscheinscherben aus Mesopotamien zeugen. Dass die Bereitstellung und Nutzung von Geld und Kapital neben den Verwaltungskosten üblicherweise – und ebenfalls schon in Mesopotamien und in der griechischen Antike – auch mit Zins-

kosten behaftet ist, hat mit diesem Prinzip grundsätzlich nichts zu tun. Die Zinsfrage werde ich weiter unten ausführlich besprechen. Da wir in einer arbeitsteiligen Gesellschaft leben, muss die Gegenleistung nicht unmittelbar vom Empfänger unserer Leistung erbracht werden, sondern kann im Rahmen der Tauschwirtschaft ebenso über Dritte erfolgen, wobei das Geld das Dokument über einen Anspruch entsprechenden Wertes symbolisiert. Immer gehen wir davon aus, dass dieser Anspruch erfüllt werden kann, dass also jeder, der (zunächst) mit Geld bezahlt hat, im entsprechenden Gegenwert auch marktfähige Leistungen erbringen kann, die über Tauschvorgänge den gewünschten Kauf ermöglichen.

2. Die bankmäßige Geldschöpfung ist einfach und flexibel: »Harte« Währung wird auf der ganzen Welt akzeptiert – im Beispiel eben auch von einem ausländischen Partner – und kann bei Bedarf in Form von Krediten sofort bereitgestellt werden. Dieses »Starterkit« soll, wie im Beispiel gezeigt, eine Kette von Tauschvorgängen in Gang setzen – und, solange das Kapital nicht zurückgegeben wird, in Gang halten. Dagegen setzen Schuldversprechen solide und allseits anerkannte Schuldner voraus, und sie sind nur in dem Umfang vorhanden, wie solche Wechsel überhaupt ausgestellt werden. Insbesondere haben neu gegründete Unternehmen einfach noch gar nicht genügend Vertrauen aufgebaut, um Schuldscheine einsetzen zu können. Vom Bankgeld hingegen wird ein solches Vertrauen in seine Werthaltigkeit als selbstverständlich unterstellt, weshalb gerade die Deutsche Bundesbank als früher eigenständig agierendes Institut und heute einflussreiches Mitglied der EZB stets größten Wert auf die Wertbeständigkeit der DM legte und sich beim Euro vehement dafür einsetzt.
3. Umgekehrt bedeutet die Entkopplung der Geldschöpfung von vorab erbrachten Leistungen aber auch den Verzicht auf »eingebaute« Bremsen; es kann mehr davon herausgegeben werden, als letztlich wirklich für die reale Tauschwirtschaft benötigt wird. Geld ist dann nicht mehr nur das Starterkit, das mit

der Verwendung in Güter und Dienstleistungen übergeht, und später ein millimeterdünn aufgetragenes Schmiermittel, um die Tauschkette reibungslos in Bewegung zu halten, sondern wird ein eigenständiges ökonomisches Medium, so wenig zum Festhalten, wie es flüssige, »liquide« Mittel eben an sich haben. Wurde diese »Liquidität« früher durch nationale Kapitalverkehrsbeschränkungen und zeitlichen Transaktionsaufwand noch unter dem Deckel gehalten, kann sie nunmehr im Mausklicktempo über den Finanzglobus floaten und ist wegen der faktisch unbegrenzten Kredit- und Buchgeldschöpfung durch die Geschäftsbanken im Volumen beliebig ausdehnbar – eher wie ein Gas als eine Flüssigkeit.

Haben wir das Geheimnis um das Geld ein wenig lüften können? Es hat wie die einzelne Münze zwei Seiten. Es muss »Fremde« bewegen können, in Vorleistung zu treten. Das schafft es nur, wenn es einerseits, auf der attraktiven Seite, von dem Vertrauen geprägt ist, hierfür von jedem und überall eine angemessene Gegenleistung zu erhalten. Damit ruht andererseits auf dem Geld so lange eine permanente latente Schuld, diese Gegenleistung auch ermöglichen zu können, als es im Umlauf ist. Doch diese zweite, spätestens seit David Graebers Buch bekannte Schuldensicht auf das Geld ist ein grundsätzliches Merkmal jeder Gesellschaft; denn eine Gesellschaft ohne gegenseitige Vorleistungen und Verpflichtungen wäre allenfalls eine Ansammlung von Individuen. Sinnvolle Leistungen zu initiieren und abzurufen stellt keine zu sühnende moralische Schuld dar, sondern zieht ganz leidenschaftslos nur die Verpflichtung zu einer irgendwann zu erbringenden Gegenleistung nach sich. Problematisch wird allerdings die Quantifizierung der Schulden, die sie, anders als in der zahlenlosen Nachbarschafts- und Familienhilfe, zu einer absoluten, übertragbaren und unbarmherzigen Größe machen und zu gigantischen Summen anwachsen lassen kann, ohne Berücksichtigung ihrer realen Erfüllbarkeit.

Der Schuldcharakter des Geldes ist uns normalerweise nicht bewusst, besteht aber unverändert und tritt erst im Krisenfall zutage. Soweit der Staat die ihm erbrachten Leistungen mit eigenem Geld bezahlt, schiebt er damit seine eigentliche Verpflichtung zu einer Gegenleistung auf die Allgemeinheit ab – jedes Mitglied des Staates, das Leistungen zum Kauf anbietet und dem der Geldschein unter die Nase gehalten wird, ist stellvertretend für den Staat zur Lieferung verpflichtet. Wie sollte es auch anders sein, schließlich ist »der Staat« kein fremder Dritter, sondern die Gesamtheit der Bevölkerung, wie es für »die Athener« selbstverständlich war, weshalb sie ihren Stadtstaat genau so bezeichneten.[10] Achtet er aber nicht darauf, dass seine »Schuldscheine« in Form von Steuern und Abgaben wenigstens zum Teil an ihn zurückgehen, baut sich ein solch hoher Berg an Schuldscheinen auf, dass die Wirtschaft des Staates gar nicht mehr in der Lage ist, hierfür einen Gegenwert zu erbringen. Die kursierende Geldmenge wird größer als die wirtschaftliche Leistungsfähigkeit; die Folge solchen Handelns hat Deutschland als das Inflationstrauma der 1920er Jahren erlebt.

In Deutschland und in Europa erfolgt heutigentags die staatliche Geldschöpfung indirekt, nämlich indem Geschäftsbanken bei der EZB einen Eurokredit aufnehmen. Dies weist den grundsätzlichen Vorteil auf, dass die Geldschöpfung in der Regel im Zusammenhang mit Investitionen steht, von denen erwartet wird, dass das dafür eingesetzte Geld wieder zurückfließt und somit nicht die Geldmenge auf Dauer aufbläht. Eine sogar förmliche Schuld besteht hier auf zwei Stufen, nämlich beim gewerblichen Kreditnehmer wie bei der Geschäftsbank gegenüber der EZB. Dies sorgt dafür, dass eine Kreditaufnahme und damit eine Geldschöpfung nicht ins Blaue hinein erfolgt. Gleichzeitig kann die EZB entsprechend der wirtschaftlichen Situation und der Preisstabilität die Kreditvergabe mehr oder weniger attraktiv gestalten und damit die Geldschöpfung und Geldmenge steuern. Diese staatliche Steuerung kann nun allerdings von den Geschäftsbanken durch eigene, bargeldlose Kreditvergabe unterlaufen werden. Dadurch entsteht das »Giralgeld« in einem fünf- bis sechsfachen Umfang des offiziellen Eurogelds. Auf diese Weise kommt nun wesentlich mehr bargeldloses Geld in den Wirtschaftskreislauf, als von der EZB herausgegeben. Die Bürger registrieren dies schmerzlich, wenn sie in Krisen ihre Guthaben abheben wollen, die Banken aber nicht annähernd über »echtes« EZB-Geld verfügen. Nur wegen der Schöpfung des virtuellen Giralgeldes durch die Geschäftsbanken entsteht überhaupt erst das Problem der Sicherung der Sparguthaben. Ist dieser Grund den Geschäftsbanken so heikel, dass sie deswegen diese Quelle ihrer Kreditgelder kaum kommunizieren? Doch diese fast unbegrenzte und an keine reale Aktivität und Substanz gebundene Geldvermehrung ist es, die erst den Prozess von exponentiell wachsenden Kreditvergaben an die Staaten und die daraus erwachsenen Turbulenzen in der Finanz- und in der Realökonomie in Gang setzen konnte.

Der Doppelagent Geld

»Lassen Sie das Geld für sich arbeiten« ist ein in vielen Abwandlungen gern verwendeter Werbespruch der Kreditinstitute. Natürlich wissen wir, dass Geld nicht im realen Sinne arbeitet. Doch für uns persönlich hat es einen großen Wert, weil wir uns dafür die ganze Bandbreite der auf den Märkten angebotenen Waren und Dienstleistungen kaufen können. Und diese Auswahl ist umso größer, je »wertvoller« eine Währung eingeschätzt wird. Für malawische Kwacha etwa werden wir allenfalls im Land selber lokale Güter, Gemüse oder geschickt aus alten Autoreifen geschnittene Schlappen kaufen können, für Dollar, Schweizer Franken oder Euro hingegen steht uns das gesamte internationale Angebot zur Verfügung. Geld ist so für uns einzelne Personen oder Unternehmen ein Vermögen (mit dem wir reale Dinge zu erwerben vermögen), und als solches wird es auch in jeder Bilanz geführt.

Gleichzeitig aber betrachtet die Volkswirtschaftslehre das Geld lediglich als ein für sich wertloses Hilfsmittel zum einfachen Tausch realer Güter und Leistungen auf den Märkten. Wenn wir zum Beispiel Arbeit gegen Geld anbieten, dann nicht um seiner selbst willen, sondern um damit unser Leben bestreiten, also letztlich Arbeit gegen Wohnen, Nahrungsmittel, Reisen und so weiter tauschen zu können. In der Wirkung kann man Geld mit Schlüsseln zu Werkstätten vergleichen: Die Schlüssel selbst, egal ob aus Gold, Papier, Plastik oder als virtuelle Buchung auf dem Girokonto, haben nur Materialwert. Doch erst sie ermöglichen, dass beliebig viele Anbieter und Nachfrager sich auf den Märkten finden und damit das Wirtschaften anregen (die Werkstätten mit Leben erfüllen). Gäbe es das Medium Geld nicht, müssten wir mühsamst eine Kette gegenseitiger Leistungen und Gegenleistungen arrangieren – oder in einer Geschenkkultur leben, in der gemäß der anthroposophischen Lebensweise jeder nach seinen Fähigkeiten leistet und nach seinen Bedürfnissen konsumiert.

Doch nun kann ein Konflikt auftreten, der in der konventionellen Theorie seltsamerweise kaum thematisiert wird, obwohl er dazu angetan ist, das Wirtschaftsleben bis hin zum Zusammenbruch zu treiben. Da das Geld für den einzelnen ein praktischer wie universell nutzbarer Vermögensspeicher ist, wird es gerne zurückbehalten, um jederzeit »flüssig« zu sein für geplante, erwartete, denkbare und unerwartete Ausgaben, oder weil schlicht kein materieller Bedarf (mehr) besteht. Wenn das Geld aber nicht mehr in den Wirtschaftskreislauf zurückfließt, sondern bar oder als kurzfristig verfügbares Tagesgeld (ob nun in Deutschland oder in Steuerparadiesen) gehalten oder in Gold eingeschmolzen wird, fehlt es an anderer Stelle als Nachfrage. Im Bild der Schlüssel: Diese sind nicht mehr verfügbar und verhindern damit den Zugang zu den Werkstätten; das Wirtschaften wird eingeschränkt, obwohl Nachfrage und entsprechende Kapazität vorhanden sind. […]

Die Kunst der Geld-, Wirtschafts- und Steuerpolitik besteht also nicht darin, eine bestimmte zulässige Geldmenge auszurechnen und diese strikt einzuhalten, sondern sie hat dafür zu sorgen, dass die Kapazität der Wirtschaft stets optimal ausgelastet ist. Die Möglichkeit, gleichsam Nachschlüssel anzufertigen oder Schlüssel nur für brachliegende Werkstätten (zum Beispiel Branchen oder Regionen) anzufertigen, ist in meinen Augen der einzige Weg zu einer verträglichen Wirtschaft. […]

Warum kostet Geld?

Einsichtig ist, dass ein Bankkredit Verwaltungsarbeit mit sich bringt und mit einem gewissen Ausfallrisiko verbunden ist, dass er daher Kosten verursacht, für die der Schuldner aufkommen muss. Doch darum geht es hier nicht. Auch soll die Inflation als weitere Komponente des Zinses ausgeklammert werden. Die Wirtschaftswissenschaften nennen uns die sogenannte Liquiditätsprämie als den eigentlichen (Ur-)Zins, also den finanziellen Ausgleich für den Verlust an Handlungsfähigkeit während der Zeit der Geldleihe. Denn »flüssig« beziehungsweise liquide an Geldmitteln zu sein bedeutet, sie jederzeit für fast jede Form von Gütern und Dienstleistungen einsetzen zu können. Diese Bandbreite an Verwendungsmöglichkeiten büßt jedoch ein, wer sein Geld in Form von Sparguthaben, Anleihen oder Krediten anderen zur Verfügung stellt, und er will hierfür einen Ausgleich in Form des Zinses. Doch erst die sogenannten »Freiwirtschaftler« – die Anhänger einer von dem Finanztheoretiker Silvio Gesell (1862–1930) begründeten Bewegung zur Abschaffung des Zinses, die erstmals und einzig dieses Konzept 1932/33 in der österreichischen Kleinstadt Wörgl erfolgreich praktizieren konnten – weisen darauf hin, dass diese reiche Verwendungsmöglichkeit von Geld nicht ein Verdienst der Geldbesitzer, sondern der Allgemeinheit geschuldet ist.[11] Diese nämlich hat über Generationen hinweg Unternehmen aufgebaut, Infrastrukturen geschaffen, die Menschen (aus-)gebildet und so erst den »Supermarkt Deutschland« hingestellt. Dafür könnte sie eine Prämie (»Liquiditätskosten«) genauso beanspruchen, wie selbstverständlich jeder Haushalt eine monatliche Grundgebühr dafür bezahlt, dass er dank Kraftwerken und Leitungsnetzen jederzeit auf Strom, Wasser und Gas zugreifen kann. Auch kann man argumentieren, dass die Sicherung von Vermögen üblicherweise einen

Aufwand bedingt, das Frischhalten der Apfelernte genauso wie der Erhalt eines Hauses. Der Geldgeber kann nach dieser Sicht also ohnehin froh sein, wenn der Kreditnehmer so gut mit dem Geld wirtschaftet, dass er den Wert des Geldvermögens erhält; ein Anspruch auf einen Zins gar oberhalb der Inflationsrate bestünde hiernach keinesfalls.

Unter dem Strich würden sich dann Liquiditätsprämie und -kosten in etwa ausgleichen. Wer hingegen sein Geld nur bar oder auf einem Girokonto hält, müsste sogar mit einem negativen Zins, nämlich der Prämie an die Allgemeinheit, rechnen, so dass sie oder er eher geneigt sein wird, das Geld rasch wieder auszugeben. Genau dies sehen die Verfechter eines solchen »Schwundgelds« als vorteilhaft für die Wirtschaft an, wird sie hiermit doch in Schwung gehalten – was übrigens auch für eine Umbenennung des negativ besetzten Wortes »Schwundgeld« in ein motivierendes »Schwunggeld« spräche. Ein Euro wird heute im Schnitt einen Monat gehalten, die nach diesem System konzipierten Regionalwährungen wie der Chiemgauer kommen auf einen etwa dreimal schnelleren Geldumlauf. Hiermit kommt der volkswirtschaftliche Charakter von Geld als aktivierendem Schlüssel zu den Werkstätten wesentlich stärker zur Geltung, während seine einzelwirtschaftliche Eigenschaft als inaktiver, das Wirtschaftsgeschehen eher blockierender Vermögensspeicher zurückgedrängt wird.

Gemeinhin wird der Zins auch aus dem Renditeanspruch abgeleitet. Der Unternehmenseigner erwartet, dass sein investiertes Geld nicht nur seinen Wert behält, sondern darüber hinaus einen Gewinn abwirft, so wie ein Obstbaum jährlich seine Früchte (vgl. »fructus«, lateinisch auch für Gewinn). Und diese Rendite auf die eigenen Mittel, das Eigenkapital, hat schon längst den ominösen Wert von 25 Prozent pro anno erreicht, den Josef Ackermann vor Jahren als Ziel der Deutschen Bank verkündete. An diesem Gewinn möchten selbstverständlich diejenigen, die zum Gewinn beitrugen, beteiligt werden. Der Staat tut es in Form der Steuern, die Mitarbeiterinnen und Mitarbeiter erwarten Boni und die Kreditgeber ordentliche Zinsen, die deutlich über den Sparzinsen liegen.

Nur die Käufer der Waren, die die in den Preisen enthaltenen Zinsen und Gewinne bezahlen, sie werden nicht beteiligt.

Endet der Zinseszins oder endet erst die Welt?

Solange die erhaltenen Zinsen und Gewinne wie die alljährlichen Früchte verbraucht werden, besteht ihre reale Wirkung darin, dass der private Schuldner beziehungsweise die Käufer für diesen Konsum aufkommen, während das Kapital (bei den Römern: der »Stamm« im Gegensatz zu den »fructus«, dem jährlichen Gewinn, daher auch der Begriff des »Stammkapitals«) unverändert bleibt. Einen Treibsatz erhält das Zins-/Gewinnsystem in dem Moment, in dem die »fructus« nicht aufgebraucht, sondern wiederum gegen Zinsen verliehen beziehungsweise »rentabel« im Betrieb eingesetzt werden, womit sich das Kapital unaufhörlich vermehrt. Noch nicht an Saatguthersteller gebundenen Bauern ist die Wirkung geläufig: Indem sie stets mehr von ihrem Korn zurückbehalten, als zur Bestellung des bisherigen Feldes erforderlich, können sie Jahr um Jahr zusätzliche Flächen bestellen, bis … ja, bis alle geeigneten Flächen genutzt sind.

In der Finanzwelt ermöglichen nicht abgehobene Zinsen eine laufende Kapitalvermehrung. So erhielt man zum Beispiel bei den früheren Bundesschatzbriefen Typ B (mit Zinsakkumulation) nach sieben Jahren deutlich mehr, als man ursprünglich eingezahlt hatte. In der Wirtschaft werden die Gewinne in Markt- und Produktionsausweitungen oder in Automatisierungen reinvestiert, womit folglich die Gewinne wieder weiter ansteigen (sollen). Doch auch hier gibt es Grenzen, seien es ebenfalls die Flächen, die Roh- und Energiestoffe, die Fachkräfte … und der Absatz der Produkte, denn auch der Konsum kann nicht ins Unendliche gesteigert werden. Oder doch?

Hiermit stoßen wir auf das wesentliche Merkmal der modernen Ökonomie: die Transformation grundsätzlich aller Lebensbereiche in ökonomische Felder, in die wechselweise Kapital investiert und daraus Gewinne beziehungsweise Zinsen gezogen werden können. Sah Marx in dem von den Großgrundbesitzern Englands erzwungenen Übergang von der Subsistenzwirtschaft in die gewinnorientierte Wollerzeugung die erste »Landnahme« des Kapitalismus, beschäftigte sich gerade Rosa Luxemburg mit seiner geographischen und strukturellen Ausdehnung auf ökonomische Brachen (»äußere Landnahme«). Dies sehen wir heute etwa an der privaten Ausbeutung von Ölschiefersänden, aber auch daran, dass Fernsehshows als rentable »Formate« vermarktet werden oder immaterielle Internetanwendungen wie Google und Facebook zu billionenschweren Aktiengesellschaften gemacht werden. Seit einigen Jahrzehnten weist diese Landnahme eine gefährliche neue Qualität auf, indem sie gerade auf solche Institutionen zielt, die bislang Puffer und Wälle gegenüber der Ökonomie bildeten.[12] Jetzt gehen bis dahin der Allgemeinheit gehörende Stadtwerke teilweise zu Schnäppchenpreisen an private Käufer über, bis dahin nicht einmal von der Natur genutzte elektromagnetische Frequenzen werden vom Staat als Mobilfunkbereich definiert und für 100 Milliarden DM versteigert, längst vorhandene Gene zu lukrativem Eigentum der Entdecker erklärt und Abfall, Energie und – wenn es nach der EU-Kommission ginge – Wasser dem kapitalistischen Markt ausgeliefert.

Weitere »Reserveflächen« zur Anlage der hieraus erhaltenen Gewinne und Zinsen werden schon vorbereitet und angedacht: die schrittweise Umwandlung der auf Gegenseitigkeit beruhenden Renten- und Krankenversicherung in Kapitalgesellschaften, der Verkauf der Deutschen Bahn und der abschnittsweise erfolgende Verkauf des Autobahnnetzes an private Eigner (mit der Lkw-Maut wurden alle technischen Voraussetzungen für dessen Privatisierung und für eine künftige Gewinnerzielung geschaffen), die private Kreditfinanzierung der Ausbildung, in den USA bereits selbstverständlich mit Summen um die 100 000 Dollar.

Als eine spezielle Form der Landnahme kann auch die Staatsverschuldung angesehen werden. Durch die Steuersenkungen auf Vermögen und hohe Einkommen wurden einerseits erhebliche private Mittel frei, andererseits geriet der Staat ins Defizit. Wenn nun auf das Kapital nur noch geringere verlorene Steuern fällig waren – was lag da näher, als in sichere und Zinsen bringende Staatsanleihen zu investieren? Die vermutlich nicht unerwünschte, wenn nicht sogar beabsichtigte Folge der seit den 80er Jahren betriebenen Politik der Steuersenkungen ist nicht nur der defizitbedingte Verkauf staatlicher Unternehmen, sondern eine vermehrte Abhängigkeit des Staates vom Kapital.

Der letzte Akt dieser Landnahme mag analog zum Mobilfunk der Verkauf von Luft- und Sonnennutzungsrechten werden. Doch selbst das müsste kein Ende des Zinseszinses sein. In der Finanzkrise erlebten wir nämlich den genial erscheinenden Prozess, Geld so lange zu beackern und umzupflügen, bis es, in artifizielle »Produkte« wie Wetten auf Aktienkurse, Zinssätze, Wechselkurse oder Rohstoffpreise gesteckt, selbst zu einer Anlage wurde. Und da Geld ohne Beschränkung, rein rechnerisch wie beliebige Zahlen gebildet werden kann, ist hier der Vermehrung keine grundsätzliche Grenze mehr gesetzt; der Josephspfennig könnte beliebig über das Universum hinaus vermehrt werden. Es sei denn, wir kehrten zur römischen Zahlschrift ohne die Nullen zurück, mit der die Computer genauso erhebliche Probleme hätten wie die Menschen, Größenordnungen von mehr als 1 000 (M) überhaupt erfassen zu können. Tatsächlich aber haben in der Vergangenheit kriegerische, wirtschaftliche und politische Katastrophen das Wunder des Josephspfennigs verhindert. Oder ist es gerade dieser, der zu den Katastrophen führte? […]

Is Time Money oder kostet Money uns Zeit und Leben?

[…] Wer nicht gerade selbst unmittelbar unter den Zinslasten zum Beispiel eines Hauskredits ächzt oder sich über die Umverteilung von unten nach oben aufregt, wird sich allenfalls über einige Euro Zinsen auf seinem Sparbuch freuen, ansonsten aber keinen Grund sehen, sich mit diesem Thema zu beschäftigen. Es wäre auch kaum Zeit dafür, wird der Berufsalltag doch ohnehin immer hektischer. Nur: Diese Beschleunigung in der ökonomisierten Wirtschaft ist genau ein Ausfluss des Renditeziels, aus dem Kapital möglichst viel »herauszuholen«. Denn schon lange haben die Betriebswirte erkannt, dass Rendite nicht nur mit hohen Stückgewinnen wie etwa beim Juwelier erzielt werden kann, sondern auch mit hohem Umsatz in kurzer Zeit, selbst wenn die Stückgewinne wie beim Discounter recht gering sind. Dann natürlich werden der Muttertag zum verkaufsoffenen Sonntag erklärt und die Arbeitsschichten auf das Wochenende ausgedehnt, um die vorgegebenen Renditen zu erzielen, Kälber und Ferkel müssen unter unwürdigen Bedingungen im Turbogang hochgemästet werden, um auch bei niedrigstem Abnahmepreis die Kreditzinsen bedienen zu können, und die Arbeit durchdringt mittels Smartphone auch Freizeit und Urlaub.

Im Gleichlauf zur intensivierten Produktion müssen wir mehr und schneller konsumieren. Die Wege zum Flughafengate sind zu Zeit und Geld raubenden Duty-free-Malls ausgedehnt worden; wo ursprünglich einmal neun Bundesligaspiele gleichzeitig über 120 Minuten stattfanden, sollen wir diese nunmehr an fünf Terminen über insgesamt 600 Minuten werbegetränkt zu uns nehmen, nach simplem mobilen Telefonieren uns eine eigene smarte Konsumwelt applizieren. Wo bleibt da, eingequetscht zwischen erhöhten beruflichen Anforderungen und extensivem Shopping und Surfing noch Zeit, über diese Ökonomie nachzudenken? (Immerhin noch bei den Soziologen Hartmut Rosa und Fritz Reheis, die sich intensiv mit der ökonomiebedingten Beschleunigung des Lebens beschäftigen.[13])

Auch der unbarmherzige Zeitdruck bei Bauvorhaben ist eine Folge des Zins- und Renditedrucks. Wenn jeder Tag Verzögerung bei der Elbphilharmonie Hamburg fast 100 000 Euro Zinsen und Gewinnausfall kostet, gerät eine solide Bauplanung und -leitung natürlich leicht aus den Fugen und lässt das Projekt erst recht ins Wanken geraten. Solange das Vorhaben noch nicht genutzt werden kann, sind Zinsen auf die aufgelaufene Kreditsumme zu bezahlen, ohne dass sie aus den eingespielten Einnahmen gedeckt werden. Damit wächst die Kreditsumme – und auch entsprechend die spätere Belastung – um diese zusätzlichen Zinsen weiter an, und die Gesellschafter sind entsetzt, dass der Ertrag aus ihrem Investment erstens später und zweitens in geringerem Umfang als geplant eintritt. Was einer sorgfältigen Fortführung des Vorhabens nicht gerade zuträglich ist …

Als noch gravierender aber muss der Wachstumsdruck angesehen werden, um dem durch den Zinseszinseffekt unaufhörlich zunehmenden Kapital neue Anlagefelder zuzuführen oder bereits genutzte noch intensiver zu bearbeiten. Da mögen konsequente Ökologen ein Herunterfahren des Ressourcen-, Flächen- und Energieverbrauchs anmahnen und »Gut leben statt viel haben« propagieren[14] – die Macht der Ökonomie hat sich immer als stärker erwiesen, sei es mithilfe der Werbung, hoch attraktiven Gütern (Smartphones, SUVs), schnellerem Produktwechsel (Computersysteme) oder der Privatisierung bis dahin öffentlicher Einrichtungen, ja selbst mithilfe politischen Drucks.

Ein Beispiel: Zur Jahrtausendwende hat der Staat die UMTS-Lizenzen für 100 Milliarden DM versteigert. Natürlich wollten die Käufer über die Erlöse nicht nur ihren Kaufpreis zurückerhalten, was bei 20 Jahren Nutzungsdauer 2,5 Milliarden Euro pro Jahr entspräche, sondern auch die zu zahlenden Zinsen auf die aufgenommenen Kredite und die von den Aktionären erwarteten Gewinne. Dann beläuft sich der notwendige Überschuss über die laufenden Kosten aber auf etwa das Doppelte. Um jeglichen Widerstand aus der Bevölkerung gegen diesen faktischen Zwang zum mobilen Kommunizieren zu unterbinden, hat daher der Staat den Telekommunikationsunternehmen in einem Ermächtigungsgesetz praktisch völlige Freiheit beim Aufstellen der Sender gegeben; nicht einmal die Gemeinden haben ein Widerspruchsrecht.

Mindestens so gewichtig wie der Druck, aus dem eingesetzten Kapital über den Rückfluss hinaus möglichst viel Gewinn herauszuholen, ist der eben entdeckte Aderlass von 70 Prozent der Haushalte: Um sie nicht vollends ausbluten und aufmucken zu lassen, muss die Politik entgegen jeglicher Einsicht in die »Grenzen des Wachstums« genau dieses ankurbeln, um so den indirekten Einkommenstransfer an die Vermögen zumindest teilweise durch einen direkten Einkommenszuwachs auszugleichen. Bezeichnend für diese Politik ist die im Dezember 2010 eingesetzte Enquetekommission des Deutschen Bundestags »Wachstum, Wohlstand, Lebensqualität«. Im ursprünglichen Antrag von SPD und Grünen lautete richtigerweise ein Kernsatz: »Die ökologische und soziale Doppelkrise unserer Zeit ist die Krise der kurzfristigen, renditegetriebenen Wachstumsorientierung.«[15] Genau diesen Hebel haben dann CDU und FDP erfolgreich aus der Agenda der Kommission demontiert. Das ökonomische Wachstum bleibt ein Dogma, es soll weiterhin unsere Zukunft mit neuen und breiteren Autobahntrassen blockieren, mit Logistik- und Einkaufscentern zupflastern und mit Öl- und Rohstoffbohrungen unterhöhlen.

Uneins sind sich die konventionellen wie alternativen Wirtschaftswissenschaftler darüber, wieweit das als Ausweg angepriesene »grüne« und »qualitative« Wachstum den ökologischen und ökonomischen Ansprüchen wirklich genügen kann. Niko Paech ist einer der »Hardliner«, die darauf verweisen, dass relative Einsparungen wie beim Treibstoffverbrauch durch höhere Ansprüche konterkariert wurden und dass die ostwärts gerichtete Verlagerung der Schwer- und Grundstoffindustrie die ökologischen Belastungen unseres Wachstums versteckt.[16] Zweifellos kann es nicht schädlich sein, Kapital in »grüne« Technologien wie etwa im Hinblick auf Energieeinsparung zu investieren statt beispielsweise in ein Volumenwachstum. Aber was soll das so gern beschworene »qualitative«, also ressourcenfreie Wachstum sein? Noch mehr der luftigen »Industrien« wie der Finanzsektor und Internetanwendungen à la Facebook oder Google, die von heute auf morgen in sich zusammenbrechen und damit wieder weltweite Krisen auslösen können? Hierauf findet man von deren Protagonisten keine nähere Erklärung.

Die Globalisierung befreit die großen Unternehmen bei ihrem

Wachstum von den Grenzen ihres jeweiligen Inlands, sei es durch starke Exporte, sei es durch Investitionen in die »Emerging Markets« der aufstrebenden ehemaligen Entwicklungsländer. Das entlastet zwar die klassischen Industrieländer von den negativen Wachstumsfolgen und mag für eine begrenzte Zeit den »aufstrebenden« Ländern auch wirtschaftlich helfen; das Dilemma wird aber nur räumlich und zeitlich verschoben.

Wir können feststellen, dass der Zins- und Renditeanspruch die Ökonomie automatisch immer weiter wachsen lässt, unsere Zeit und immer mehr Bereiche des Lebens vereinnahmt und so unsere Gestaltungsfreiheit verbaut. Gleichzeitig erschwert dasselbe System jeglichen Umstieg und Wechsel auf die verbliebenen zukunftsfähigen Freiflächen durch eine »eingebaute« Zukunftsaversion. Die besteht darin, dass der Verzinsung eines heutigen Werts zwangsläufig eine Abzinsung in der Zukunft liegender Werte gegenübersteht. Ein Renditeanspruch von zwölf Prozent pro anno, ein gängiger Wert in den DAX-Konzernen, bedeutet, dass eine Investition von 100 Millionen Euro nach sechs Jahren einen Wert von mindestens 200 Millionen Euro erwirtschaftet haben muss.[17] Dies bedeutet aber andererseits: Ein positiver Effekt in sechs Jahren von weniger als 200 Millionen Euro beispielsweise durch umfangreiche Maßnahmen zur Energieeinsparung reicht nicht aus, um heute eine Investition von 100 Millionen Euro betriebswirtschaftlich zu rechtfertigen. Dann wird eher in kurzfristigen Erfolg investiert, zum Beispiel in prestige- und gewinnträchtige, wenn auch material- und energieintensive SUVs. Umgekehrt werden zukünftige Schwächen oder Schäden heutiger Entscheidungen umso stärker heruntergerechnet, je weiter sie in der Zukunft liegen. Sollte also etwa ein Pharmaunternehmen ein attraktives Faltenentfernungsmittel heute auf den Markt lancieren wollen, aber damit rechnen, dass nach sechs Jahren Schadensersatzklagen Zahlungen von 100 Millionen Euro nach sich ziehen, würde das die Gegenrechnung mit den sofort erzielbaren Überschüssen doch nur mit 50 Millionen Euro belasten.[18] Diese zins- und renditeverursachte Bevorzugung aktueller gegenüber späteren Werten findet auch bei staatlichen Infrastrukturprojekten statt. So werden die kurzfristigen Vorteile eines Autobahnbaus wie Fahrzeit- und Kostenersparnisse in voller Höhe gutgeschrieben, spätere Klima-, Natur- und Gesundheitsschäden hingegen abgeschwächt abgezogen.

Diese krasse Abwertung der Zukunft missachtet keinesfalls erst »irgendwelche spätere« Generationen, sondern trifft uns selbst innerhalb weniger Jahre. Nur ein Zinssatz von null Prozent würde zukünftige Wirkungen positiver wie negativer Art nicht wie heute rechnerisch »verschwinden« lassen, sondern ihnen dasselbe Gewicht zukommen lassen wie den heutigen.

Auszug aus Gahrmann, Arno (2013): *Wir arbeiten und nicht das Geld. Wie wir unsere Wirtschaft wieder lebenswert machen*, S. 44–58, 68–86.

Ein Lob auf die Inflation

von Ulrike Herrmann

Auch für Ängste gibt es eine Hitliste, und in Deutschland steht die Inflation einsam an der Spitze. 63 Prozent der Befragten befürchten, dass die Lebenshaltungskosten steigen könnten. Persönliche oder existentielle Sorgen bleiben dahinter weit zurück. Nur 50 Prozent aller Deutschen denken, dass sie ein Pflegefall im Alter werden könnten, und nur 46 Prozent haben die Sorge, dass sie sich eine schwere Erkrankung zuziehen könnten.[1]

Bekanntlich ist Angst ein subjektives Gefühl, das mit der Realität wenig zu tun haben muss. So ist es auch bei den Ängsten der Deutschen vor der Inflation. Es gibt keine Geldentwertung, vor der man sich fürchten müsste: 2012 lag die Inflation bei moderaten zwei Prozent. Doch von aktuellen Zahlen haben sich die Bundesbürger noch nie beeindrucken lassen, so dass die Sorge vor der Inflation immer wieder ganz oben landete, wenn die Deutschen nach ihren Ängsten befragt wurden. In den vergangenen 20 Jahren brachte es die Geldentwertung 13-mal auf Platz eins.

Die Deutschen können offenbar nicht darüber hinwegkommen, dass ihre Urgroßeltern und Großeltern zwei Inflationen und Währungsreformen erlebt haben: 1923 und 1948 ging jeweils das gesamte Geldvermögen verloren. Seither sind die meisten Bundesbürger misstrauisch und halten es für denkbar, dass sie hinterrücks erneut von einer Geldentwertung überrascht werden könnten. Dabei übersehen sie jedoch eine Banalität: Beide Inflationen wurden durch verlorene Weltkriege ausgelöst, die mit der Druckerpresse finanziert wurden, während gleichzeitig das Güterangebot fiel. Momentan herrscht aber Frieden.

In Friedenszeiten ist eine Inflation unwahrscheinlich – und gar nicht leicht zu erzeugen. Stattdessen neigt eine kapitalistische Wirtschaft eher zum Gegenteil: zur Deflation, also zu sinkenden Preisen. Diese Tendenz zur Deflation hat vor allem mit dem technischen Fortschritt zu tun. Die Produkte werden besser – und trotzdem billiger. Den kombinierten Effekt hat der heutige Chefvolkswirt des Internationalen Währungsfonds (IWF), Olivier Blanchard, einmal am Beispiel der Computer vorgerechnet: »Das US-Handelsministerium schätzt, dass die Leistungsfähigkeit der neuen Rechner seit 1981 um jährlich 18 Prozent gestiegen ist. (…) Ein typischer PC von 2007 lieferte damit etwa 74-mal so viel Rechenleistung wie ein typischer PC von 1981. Doch die Computer sind nicht nur leistungsstärker geworden, sondern sie wurden auch noch billiger: Ihr Preis hat jährlich um ungefähr zehn Prozent nachgegeben. (…) Anders gesagt: Ein Dollar, der 2007 für einen Computer ausgegeben wurde, konnte 613-mal mehr Leistungsfähigkeit einkaufen als ein Dollar 1981.«[2]

Dieser Trend zur Deflation hat nicht erst mit den Computern eingesetzt, sondern war schon im 19. Jahrhundert zu beobachten. Durch die Dampfschifffahrt sanken die Transportkosten zum Teil um 98 Prozent, und ähnliche Effizienzgewinne gab es bei der Produktion, so dass alles billiger wurde: von der Seife bis zum Stahlrohr.

Das 19. Jahrhundert war daher ein einziges langes Jahrhundert der Deflation, die nur gelegentlich von kurzen und geringen Inflationen unterbrochen wurde. Dieser jeweils kurzfristige Preisauftrieb setzte immer dann ein, wenn die Wirtschaft boomte. Dieser Zusammenhang gilt bis heute: Im Normalfall ziehen die Preise nur in einer Hochkonjunktur deutlich an. Solange die Fabriken nicht völlig ausgelastet sind, liefern sich die Unternehmen lieber Rabattschlachten, anstatt die Preise zu erhöhen und damit die Kunden zu verschrecken.

Konsumenten sind zunächst geneigt, sich über sinkende Preise zu freuen. Doch tatsächlich ist eine Deflation immer gefährlich, weil sinkende Preise schnell auch sinkende Gewinne bedeuten. Für viele Unternehmer gibt es jedoch keinen Grund mehr, weiter zu investieren, wenn sie mit fallenden Profiten konfrontiert sind. Das Wachstum stockt.

Genau dieser Kreislauf war im 19. Jahrhundert zu beobachten. Wer die Wirkungen einer Deflation kennenlernen will, ist mit den Jahren 1873 bis 1896 bestens bedient, als sich der strukturelle Druck auf die Preise auch noch mit einer Konjunkturkrise paarte. In dieser Zeit der »Langen Deflation« oder »Langen Depression« sanken Preise und Gewinne so stark, dass die Zeitgenossen das Gefühl hatten, dass sie in einer permanenten Krise festsaßen. Objektiv ist die Wirtschaft damals sogar immer mal wieder gewachsen, aber dies haben die Betroffenen nicht wahrgenommen. Sie erlebten vor allem, dass die Renditen ständig fielen – und viele Firmen ums Überleben kämpften. Also sanken nicht nur die Preise, sondern auch die Löhne, die sich in der Stahlindustrie und im Bergbau sogar halbierten.[3] Viele Arbeiter wurden gleich ganz entlassen, und auch auf dem Land war die Lage aussichtslos. Um dieser Misere zu entkommen, wanderten von 1880 bis 1893 so viele Deutsche aus wie nie zuvor: 1,8 Millionen machten sich auf den Weg nach Amerika.[4]

Wie gefährlich eine Deflation ist, lässt sich an den politischen Folgen erkennen. Ohne hier ins Detail zu gehen: Aber genau in der Langen Deflation zwischen 1873 und 1896 verschärften sich der Nationalismus, der Militarismus, der rassistische Antisemitismus und der globale Wettlauf um die Kolonien, die dann die beiden Weltkriege und den Holocaust erst möglich gemacht haben.

Eine Deflation ist tückisch, weil sie kaum zu stoppen ist. Selbst moderne Zentralbanken sind machtlos, denn sie können die Zinsen nicht unter null senken. Damit sind die Kredite aber immer noch zu teuer, obwohl sie scheinbar umsonst sind. Bei sinkenden Preisen kann sich ein Unternehmer ausrechnen, dass seine Umsätze künftig fallen – und er ein Darlehen nicht zurückzahlen kann, wie niedrig der Zins auch immer liegen mag. Also wird der Firmenchef auf Investitionen verzichten, was die Wirtschaft weiter abwürgt. Noch schlimmer ist eine Deflation für Unternehmen, die bereits Kredite aufgenommen haben: Während die Preise fallen, bleiben die Schulden gleich hoch – so dass es immer schwieriger wird, die Darlehen zurückzuzahlen.

Um diesem Deflationsdilemma zu entkommen, hat die Europäische Zentralbank ihr offizielles Inflationsziel bei zwei Prozent angesetzt – und nicht etwa bei null. Die Notenbank akzeptiert eine moderate Geldentwertung, damit sie Spielraum bei den Zinsen hat, sobald es zu einer Wirtschaftskrise kommt. Denn wenn die Unternehmer wissen, dass die Preise steigen, ist es verlockend, einen billigen Kredit aufzunehmen, weil er sich dank der Inflation leicht zurückzahlen lässt.

Die moderate Inflation ist also nötig, um ein kapitalistisches System zu steuern – nur wie erzeugt man sie? Diese Frage mag zunächst merkwürdig klingen, weil viele Menschen instinktiv der sogenannten Mengentheorie anhängen. Nach dem Motto: Die Zentralbank muss nur Geld »drucken«, also die Geldmenge erhöhen, und schon steigen auch die Preise. Doch so einfach ist es leider nicht.

Die Probleme fangen schon damit an, dass die Zentralbank nur den geringsten Teil des umlaufenden Geldes schöpft. Anders als gemeinhin geglaubt wird, »druckt« die Zentralbank fast gar kein Geld. Der Staat gibt nur die Banknoten und die Münzen aus, die gemeinsam etwa 20 Prozent des umlaufenden Geldes ausmachen. Der große Rest von etwa 80 Prozent lagert auf Giro- und Tagesgeldkonten. Dieses »Buchgeld« wird jedoch nicht vom Staat geschaffen, sondern von den Banken, indem sie Kredite vergeben und auf den Konten ihrer Kunden gutschreiben

Wenn die Wirtschaft wächst und die Stimmung gut ist, vergeben die Banken gern Kredite, sodass die Geldmenge steigt. Dies bedeutet jedoch nicht unbedingt, dass gleichzeitig auch die Inflation anzieht. Wenn die Unternehmer die Kredite nutzen, um in die Produktion zu investieren, steigt ja gleichzeitig die Gütermenge. Produkte und Geld bleiben im Gleichgewicht. Die Wirtschaft »überhitzt« erst, wenn alle Fabriken ausgelastet sind und Vollbeschäftigung herrscht. Dann legen die Löhne deutlich zu, was wiederum die Preise steigen lässt. Meist hält dieser Zustand aber nicht lange an, weil die Unternehmen – angelockt durch die hohen Gewinne – neue Überkapazitäten aufbauen. Ein Teil der Güter bleibt liegen, und die nächste Rezession beginnt.

Ausgerechnet in einer Krise neigen die Banken jedoch nicht dazu, neue Kredite zu gewähren. Stattdessen haben sie Angst, dass ihre Kunden die Darlehen nicht zurückzahlen könnten. Also versuchen sie, die Kredite so weit wie möglich einzutreiben. Sie reduzieren die ausstehenden Darlehen, womit die Geldmenge automatisch schrumpft. Es droht eher eine Deflation statt einer Inflation, die in einer Krise so hilfreich wäre.

Die Banken agieren also »prozyklisch«. In einem Wirtschaftsaufschwung vergeben sie viele Kredite, so dass die Geldmenge steigt, während sie in einem Abschwung ihre Darlehen einkassieren und die Geldmenge schrumpft. Anders gesagt: Der Kapitalismus neigt zu Krisen, nicht aber zu einer überschießenden Inflation.

Diese Behauptung mag erstaunlich wirken, weil doch ständig vorgerechnet wird, dass ein Liter Milch im Jahr 1950 nur 36 Pfennig kostete und heute im Supermarkt etwa 60 Cent, dass er also etwa 3,33-mal so teuer ist. Und das soll keine Inflation sein?!

In der Tat: Es gab eine Geldentwertung. Bei vielen Produkten war sie sogar noch ausgeprägter als bei der Milch. Insgesamt stiegen die Preise in Westdeutschland zwischen 1950 und 2012 um das 4,4-Fache, was etwa der Entwicklung in der Schweiz entspricht: Dort wurde der Warenkorb rund 4,8-mal teurer.[5] Aus dem Rahmen fällt hingegen Österreich, wo die Preise in der gleichen Zeit um fast das Zehnfache stiegen.[6] Damit waren die Österreicher so gebeutelt wie die Amerikaner, denn auch in den USA legten die Preise um das 9,5-Fache zu.[7] Bevor jetzt aber die Deutschen oder Schweizer allzu großes Mitleid mit den Österreichern entwickeln, sei noch schnell hinzugefügt, dass diese keineswegs ärmer sind. Vielmehr sind die österreichischen Nominallöhne ebenfalls schneller gestiegen, so dass die reale Kaufkraft vergleichbar ist.

Die Geldentwertung ist also kein Unglück, und sie kam auch nicht zustande, weil die Zentralbanken munter Geld gedruckt hätten. Stattdessen ist die Inflation eine notwendige und auch segensreiche Folge des Sozialstaats, der sich im 20. Jahrhundert entwickelt hat. Vor allem die Arbeitslosenversicherung führt dazu, dass die Löhne in Wirtschaftskrisen nicht mehr fallen wie noch im 19. Jahrhundert. Daher bleiben auch die Preise in einer Rezession recht stabil, weil die Bevölkerung ja weiterhin das nötige Einkommen hat, um die produzierten Güter zu erwerben. Der Sozialstaat ist eine Bremse, die dafür sorgt, dass weder Gehälter noch Preise ins Bodenlose abgleiten, was wiederum die Konjunktur stabilisiert. Dieser sehr wünschenswerte Effekt führt aber auch dazu, dass die Preise seither nur noch eine Tendenz kennen: leicht nach oben.

Dieser Zusammenhang zwischen Sozialstaat und Inflation wird vielleicht klarer, wenn wir noch einmal ins 19. Jahrhundert zurückkehren. Zunächst könnte diese Zeit wie eine ideale Welt für jeden Deutschen erscheinen, der sich vor einer Inflation fürchtet: Von 1815 bis 1914 sind die Preise nämlich gar nicht gestiegen. Stattdessen schwankten sie auf und ab, je nachdem ob die Wirtschaft gerade schrumpfte oder boomte. Lange Deflationen wurden von kurzen Inflationen unterbrochen, so dass die Preise insgesamt stabil blieben.

Diese Stabilität wird gern damit erklärt, dass damals der Goldstandard herrschte. Doch die Golddeckung war nicht in der Lage, die Geldmenge zu begrenzen. Sie konnte unkontrolliert expandieren oder auch kontrahieren, weil – wie heute – Kreditgeld geschöpft wurde.

Wichtig war etwas anderes: Der Staat hatte damals noch nicht erkannt, dass er Deflationen bremsen muss, weil sie ökonomisch ruinös sind. In der Krise ab 1873 sahen Kaiser Wilhelm I. und sein Reichskanzler Bismarck tatenlos zu, wie sich die Löhne halbierten und die Arbeitslosigkeit stieg. Die Preise folgten und fielen im Durchschnitt um 38 Prozent.[8]

Heute wäre es schlicht undenkbar, dass sich die Löhne halbieren. Zum Glück. Aber ohne regelmäßige Deflationen setzt sich die Inflation in einer Gesellschaft fest, denn der Preisauftrieb der Boomphasen wird nicht mehr korrigiert. Zudem gewöhnen sich alle daran, dass die Preise ständig steigen. Die Gewerkschaften berücksichtigen dies bei ihren Lohnforderungen und die Firmen bei ihrer Preiskalkulation, so dass sich die Inflationserwartung von selbst erfüllt. Diese moderate Geldentwertung ist aber kein Skandal, sondern sogar zu begrüßen, weil – wie bereits ausgeführt – eine gewisse Inflation sein muss, damit die Zinspolitik der Zentralbank in Krisenzeiten wirken kann. Es verliert auch niemand: Solange die Löhne mit den Preisen mithalten, ist es letztlich gleichgültig, ob ein Ei heute viermal mehr kostet als vor 50 Jahren.

Die Furcht der Deutschen vor der Inflation ist also völlig übertrieben und nur historisch zu erklären. Sie wollen nicht noch einmal erleben, dass ihr Vermögen vernichtet wird. Dies führt jedoch zu einer Frage, die nur scheinbar banal ist: Was genau ist eigentlich Vermögen? Je näher man hinsieht, desto flüchtiger wird dieses Konzept.

Vermögen hat nämlich die merkwürdige Eigenschaft, dass sein Wert schwanken kann, ohne dass sich in der realen Welt viel zu ändern scheint. Ein typisches Beispiel sind die Aktienmärkte: Im Mai 2012 stand der DAX bei rund 6200 Punkten, im Mai 2013 bei 8500 Punkten. Das ist ein Plus von 37 Prozent. Wie sich aber noch jeder erinnern wird, ist die deutsche Wirtschaft in diesem einen Jahr nicht um 37 Prozent gewachsen. Die Aktienkurse scheinen sich also in einer virtuellen Realität zu bewegen, die von der Wirklichkeit entkoppelt ist.

Noch merkwürdiger: Es wird allgemein anerkannt, dass es sich um eine »Wertsteigerung« handelt, wenn eine Aktie in einem Jahr um 37 Prozent zulegt. Dies wäre bei einem normalen Brot anders. Es hieße schlicht »Inflation«, wenn Backwaren plötzlich um 37 Prozent teurer würden und ein Brot nicht mehr einen Euro kosten würde, sondern 1,37.

Eine enorme »Wertsteigerung« haben jedoch nicht nur die Aktienkurse erlebt, sondern auch das sonstige Finanzvermögen ist nach oben geschossen. 1980 entsprach das weltweite Finanzvermögen noch ungefähr der globalen Wirtschaftsleistung und lag bei einem Verhältnis von 1,2 zu eins. Im Jahr 2007 betrug das Verhältnis schon 4,4 zu eins.[9]

Auf den ersten Blick könnte es so wirken, als sei die Welt »reicher« geworden, wenn das Vermögen zunimmt. Doch tatsächlich ist die Explosion der Finanzwerte höchst ungesund. Denn der wahre Wert eines Vermögens bemisst sich danach, wie viel Rendite es jährlich abwirft. Diese Erträge müssen aber aus der laufenden Wirtschaftsleistung erbracht werden. Wenn nun das Finanzvermögen ständig steigt, ohne dass das jährliche Volkseinkommen entsprechend wächst, kommt es irgendwann zum Crash.

In den letzten 30 Jahren hat sich eine gigantische Spekulationsblase aufgepumpt. Es wurde künstliches Vermögen geschaffen, dem der Unterbau in der realen Welt fehlt. Doch das sehen die meisten Deutschen nicht. Sie verstehen nicht, dass die eigentliche Inflation beim Finanzvermögen stattfindet, sondern fürchten stattdessen eine Inflation bei den normalen Verbrauchsgütern wie Brot, obwohl diese nirgends zu erkennen ist.

Aber wie können »Werte« einfach steigen, völlig losgelöst von der realen Welt? Wer verstehen will, wie es zu einer Inflation beim Vermögen kommt, muss wissen, wie Spekulation funktioniert. Es ist eine Welt, in der Geld Geld gebiert – und fast nie zu produktivem Kapital wird.

Auszug aus Herrmann, Ulrike (2013): *Der Sieg des Kapitals. Wie der Reichtum in die Welt kam: Die Geschichte von Wachstum, Geld und Krisen,* S. 134–141.

Das Geschäft mit den Staatsschulden

von Paul Schreyer

Wenn etwas auf der Welt stabil wächst, dann sind es die Staatsschulden. Eine beliebte Erklärung dafür lautet, dass Regierungen einfach grundsätzlich schlecht haushalten und zu viele »Wohltaten« unter ihren Bürgern verteilen, um von diesen wieder gewählt zu werden. Im Großen und Ganzen, so heißt es, lebten die Staaten über ihre Verhältnisse. Daher müsse dringend gespart werden. Man könne sich vieles einfach nicht mehr länger leisten, man lebe auf Kosten der eigenen Kinder. Wie sollten die bloß die ganzen Schulden jemals zurückzahlen?

Was an dieser Argumentation stimmt: Wachsende Schulden sind auf Dauer nicht tragbar. Sie führen zu immer höheren Zinsausgaben, die ja aus den Steuereinnahmen des Staates bezahlt werden müssen, also von dem, was alle Bürger gemeinsam erwirtschaften. Je mehr von den Steuern für Zinszahlungen verloren geht, desto weniger bleibt für den Rest. Dieser »Rest«, also die Ausgaben für Bildung, Infrastruktur, Gesundheitswesen etc., schrumpft dann immer weiter. Steigende Zinszahlungen machen die Geldverleiher reich und das Land für alle Übrigen weniger lebenswert.

Derzeit hat Deutschland (nur der Bund, ohne Länder und Kommunen) etwa 1 100 Milliarden Euro Schulden angehäuft und zahlt darauf jährlich ungefähr 30 Milliarden Euro Zinsen an seine Gläubiger. Das ist der drittgrößte Posten im Haushalt, gleich nach den Sozial- und den Militärausgaben. Das Wachstum der Verschuldung verläuft dabei alles andere als gemächlich. In den letzten 40 Jahren hat sich der Schuldenberg verzehnfacht.[10] Getilgt, also zurückgezahlt, werden die Schulden nicht. Stattdessen schuldet man endlos um. Auslaufende Staatsanleihen werden dabei immer wieder durch neu ausgegebene ersetzt. Die Staatsschuld besteht quasi für immer – und wächst dabei.

Wegen der aktuellen Niedrigzinsphase muss der Bund seinen Gläubigern zwar derzeit nur weniger als ein Prozent Zinsen zahlen, auf lange Sicht aber werden die von der Gemeinschaft erarbeiteten Staatseinnahmen – also die Steuern – immer stärker von zu leistenden Zinszahlungen aufgefressen. Der Anteil der Zinsausgaben am Bundeshaushalt betrug vor 40 Jahren drei Prozent, heute sind es gut neun Prozent. Bundesfinanzminister Wolfgang Schäuble wiegelt zwar ab und meint, wenn die Wirtschaft nur stark genug wachse und man keine neuen Schulden mehr aufnehme, sinke dadurch die relative Schuldenquote und man könne weiter stabil wirtschaften.[11] Doch erstens werden eben doch immer wieder neue Schulden aufgenommen (siehe Bankenrettung) und zweitens kann die Wirtschaft auf Dauer nicht so rasch wachsen, wie die mit unerbittlicher mathematischer Logik steigenden Zinsansprüche der Gläubiger.

Aber warum wachsen die öffentlichen Schulden eigentlich überhaupt? Denn so einleuchtend es erscheinen mag, wenn ein armes, benachteiligtes oder vom Krieg zerstörtes Land Schulden hat – zumindest so lange, bis es wieder auf die Beine kommt –, so absurd mutet es an, dass so gut wie alle Länder ständig Schulden haben. Besonders grotesk erscheint es, dass gerade Deutschland permanent Kredite aufnehmen muss – also ein Staat, in dem mehr als eine Million Millionäre leben,[12] wo seit 70 Jahren Frieden herrscht und man wahlweise gerade Marktführer, Testsieger oder Exportweltmeister ist. Wie um alles in der Welt kommt es hier, inmitten von so viel Reichtum und Wirtschaftskraft, zu steigenden Staatsschulden? Weil der Hartz-IV-Satz zu hoch ist? Oder weil wir zu wenig arbeiten? Wohl kaum.

Die Antwort ist komplexer, denn die Schulden wachsen im Prinzip aus drei Gründen. Erstens (da haben die Vertreter der FDP recht), weil traditionelle Besitzansprüche, Privilegien und Bürokratien sich immer weiter ausbreiten, also die Staatsausgaben expandieren. Zum zweiten (da haben die Linken recht), weil die profitabelsten Unternehmen und die vermögendsten Bürger – also die »Spitzen der Gesellschaft« – nicht ausreichend stark besteuert werden, also die Staatseinnahmen niedriger sind, als sie sein könnten. Zum dritten aber, und das wird selten erwähnt, sind steigende Schulden kein sich ständig wiederholender betriebswirtschaftlicher »Unfall«, sondern geplant und gewollt. Staatsschulden bedeuten ein höchst einträgliches Geschäft – für die Gläubiger. So erklärt sich auch, dass selbst die größten Schuldner unter den Staaten regelmäßig gute Bewertungen von Ratingagenturen erhalten, solange sie zuverlässig ihre Zinsen zahlen.[13] Eine permanente und steigende Staatsverschuldung ist fest in das bestehende Weltfinanzsystem eingebaut.

Wie funktioniert der Geldfluss nun genau? Wer leiht sich was? Wie man weiß, kaufen Banken Staatsanleihen, also staatliche Schuldscheine. Aber wie finanzieren die Banken das eigentlich? Befragt man sie dazu direkt, erfährt man wenig. Schriftliche Auskunft will keiner geben. Eine Anfrage bei der Commerzbank führt lediglich zum Hinweis, dass man sich aus der Staatsfinanzierung schon seit längerem zurückziehe. Auf Banken-Deutsch: »Die Commerzbank hat das Public-Finance-Geschäft bereits 2012 auf Abbau gestellt.«[14] Seitdem erwerbe man Staatsanleihen kaum noch langfristig für die Bank, sondern »vor allem kurzfristig im Rahmen der Platzierungsaktivitäten für Kunden«. Übersetzt: Die Bank agiert nur noch als Zwischenhändler für andere Investoren.

Bei der Deutschen Bank gibt man sich noch zugeknöpfter. Auf die schriftliche Anfrage, wie der Kauf von Staatsanleihen im Einzelnen organisiert sei und woher die Deutsche Bank das Geld dafür nehme, verweist ein Sprecher zunächst höflich auf die staatliche Finanzagentur. Auf nochmalige Nachfrage heißt es dann bloß noch knapp: »Bitte haben Sie Verständnis dafür, dass wir Ihnen keine weitergehenden Informationen zur Verfügung stellen können.«[15] Telefonisch nach den Gründen für seine Verschwiegenheit befragt, wiederholt der Banksprecher einsilbig, dies sei »kein Thema, über das wir detaillierter sprechen«.

Dabei sind die Hintergründe eigentlich gar kein Geheimnis.

Neu ausgegebene Staatsanleihen können nicht mit von den Banken selbst geschöpftem Geld bezahlt werden. Der Bund akzeptiert hierfür nämlich nur Zentralbankgeld. Grundsätzlich beschaffen sich die Banken dieses Zentralbankgeld kurzfristig direkt bei der Bundesbank. Eine Geschäftsbank hinterlegt dazu als Sicherheit Wertpapiere und erhält im Gegenzug von der Bundesbank neu geschöpftes Geld. Vom Prinzip her bekommen Banken von der Zentralbank so viel Kredit, wie sie wollen, sofern sie genügend Sicherheiten vorlegen können, wie ein Sprecher der Bundesbank auf Nachfrage bestätigt.[16] Die Zentralbank ist dabei im Zweifel flexibel, was die Kriterien für diese Sicherheiten angeht. Die Regeln dafür sind nicht in Stein gemeißelt. Die Kredite werden wöchentlich von der Bundesbank ausgereicht und laufen meist nur über wenige Tage.[17] So hat die Bundesbank zum Beispiel an einem typischen Dienstagmorgen (5. Januar 2016) an insgesamt 110 Banken Kredite in Höhe von zusammen 70 Milliarden Euro vergeben. Laufzeit: eine Woche. Zinssatz: 0,05 Prozent.[18] Ein Geschäft dieser Art wiederholt sich im Prinzip jeden Dienstag. Praktischerweise organisiert die Finanzagentur des Bundes ihre Auktionen für Staatsanleihen gleich im Anschluss, nämlich stets am Mittwoch.[19] Die Zentralbank liefert also dienstags neues Geld, mit dem die Banken dann mittwochs Staatsanleihen kaufen können.

Eine wichtige Rolle spielt dabei eine gesetzliche Ausnahmeregelung: Banken müssen für gekaufte Staatsanleihen kein Eigenkapital hinterlegen, da eine Investition in öffentliche Schulden als weitgehend risikolos gilt. Diese Regelung beschleunigt das Spiel. Staaten und Banken haben sich mittlerweile verhängnisvoll ineinander verkettet. Die Staaten sind bereit und willens, sich weiter zu verschulden, und begünstigen deshalb die Banken. Denen passt das gut, da sie stabile Gewinne mit wenig Risiko suchen. Und was ist sicherer als der Zugriff auf Steuergelder? Staatsanleihen sind letztlich risikolos, so lange die verschuldeten Regierungen genügend Macht besitzen, die eigene arbeitende Bevölkerung in einem Maße zu besteuern, dass der Staat existieren und zugleich die Zinsen bezahlen kann. Und, natürlich, so lange sich nicht zu viele Bürger gegen diese kranke »Symbiose« auf höchster Ebene wehren …

In diesem Zusammenhang ist es bezeichnend, dass niemand genau sagen kann, wer die Investoren eigentlich im Einzelnen sind. Denn Banken erwerben die Staatsanleihen ja nicht nur für sich selbst, sondern zum großen Teil im Auftrag von Kunden. Anders aber als vor 200 Jahren, als man es noch wusste, wenn der schwerreiche Londoner Investor Nathan Rothschild dem preußischen Staat ein paar Millionen Taler geliehen hatte,[20] kursieren heute keine Namen mehr. Das System arbeitet weitgehend anonym. Der Bund zahlt die Zinsen auch nicht direkt an seine Gläubiger, sondern auf ein Konto der privaten Firma »Clearstream«, einen der weltweit größten Dienstleister für Zahlungsausgleich und Wertpapierverwahrung. Erst verdeckt hinter dem Sichtschutz »Clearstream« (welch origineller Name in diesem Zusammenhang) werden die Erträge dann den Investoren zugestellt. Das Bundesfinanzministerium teilt auf Nachfrage dazu mit, man habe zwar »Hinweise auf Investorengruppen«, könne aber »keine Rückschlüsse auf einzelne Gläubiger« ziehen.[21] Die jährlich gut 30 Milliarden Euro Zinsen, finanziert aus Steuereinnahmen, fließen also tatsächlich in eine Art Nirgendwo, ohne Namen, Adresse und Hausnummer. Die Profiteure empfangen das Geld komplett abgeschirmt von der Öffentlichkeit.

Eine Anfrage bei den Banken, in wessen Auftrag sie Staatsanleihen bei der Deutschen Finanzagentur erwerben, bringt – wenig überraschend – auch keine Details. Die Sprecher sind sich in diesem Punkt alle einig: kein Kommentar. Man könne allenfalls sagen, so einer der Banker, dass es sich bei den Abnehmern häufig um Versicherungen und Pensionsfonds handle. Das klingt fast schon sympathisch, nach Gemeinwohl, Altersvorsorge und Stabilität. Doch wo landet das Geld am Ende?

Beispiel Allianz: Der Versicherungskonzern, der zu den größten der Welt zählt und dem Vernehmen nach auch viele Staatsanleihen hält, macht Jahr für Jahr gut zehn Milliarden Euro Gewinn. Diese Erträge fließen zum großen Teil an die Aktionäre. Hier wird es nun interessant, denn gut 85 Prozent der Allianz-Aktien befinden sich in der Hand von nur etwa einem Prozent der Anteilseigner. Dieses eine Prozent besteht laut Angaben des Unternehmens aus institutionellen Investoren, also Banken, Fonds und so weiter, die zudem größtenteils aus dem Ausland kommen.[22] Wenn Versicherungen also mit Staatsanleihen Erträge erwirtschaften, dann landet ein maßgeblicher Teil davon am Ende wiederum bei anderen internationalen Finanzkonzernen – und deren Aktionären. Da die Eigentümerstruktur der großen globalen Player wechselseitig hoch vernetzt ist – sie gehören sich zum Großteil quasi gegenseitig –, gibt es letztlich einen kleinen Club von Gewinnern, der unter sich bleibt.[23] Dieser Club benutzt Staaten als bequemes Investitionsziel. Die stetige Ausgabe von neuen Staatsanleihen ist von diesen Kreisen ausdrücklich gewünscht, damit ein Teil der endlos wachsenden Menge an Rendite suchendem Kapital vergleichsweise risikolos unterkommt. Um diese Investmentmöglichkeit zu erhalten und auszuweiten, sollen – so darf man annehmen – Staaten eigentlich nie zu einem ausgeglichenen Haushalt kommen. Sie sollen sich aber auch nicht zu sehr verschulden, da dann die Staatsanleihen keine ausreichend sichere Investition mehr wären. Aus Sicht der Geldverleiher muss vielmehr dafür gesorgt werden, dass staatliche Finanzpolitik ständig »auf der Kippe« steht: immer kurz vor der Krise und nie ganz stabil. In einem solchen Zustand ist der Staat den Investoren, objektiv betrachtet, am nützlichsten.

Aus diesen Überlegungen ergibt sich eine Frage: Warum verschuldet sich der Staat überhaupt bei privaten Banken und beschafft sich das Geld, das er braucht, nicht direkt bei der Zentralbank? Wozu der Umweg? Warum liefert die Bundesbank dienstags Geld an Banken, das sich der Staat dann mittwochs wieder gegen höhere Zinsen von ihnen leiht? Inwiefern ist das ein gutes Geschäft?

In Deutschland und der Europäischen Union gilt eine solche Frage als unseriös. Einer festen und weit verbreiteten Überzeugung zufolge führt eine direkte Staatsfinanzierung durch die Zentralbank stets in die »Hölle« einer schrankenlosen Inflation. In deren lodernden Flammen verbrennen dann, so die Befürchtung, rasch sämtliche Sparvermögen der Bürger. Ein Staat, der sich selbst Geld erzeugen kann, halte kein Maß mehr, heißt es. Es gelte also, den Staat vor sich selbst zu schützen.

Schon in einer solchen Formulierung steckt allerdings, fein und entscheidend, eine Begriffsverwirrung. Es wird unterstellt, Regierung und Zentralbank seien ein und dasselbe, nämlich eine feste Einheit namens »Staat«. Faktisch aber ist vielen Zentralbanken in den vergangenen Jahrzehnten eine so große Autonomie gegenüber ihren jeweiligen Regierungen zugewachsen, dass die Annahme, eine Regierung könne sich, wenn sie nur wolle und es ihr erlaubt sei, per simpler Anweisung Geld drucken lassen, irrational erscheint.

Theoretisch kann eine Zentralbank zwar endlos Geld schöpfen und dieses dem Staat schenken, der es dann hemmungslos ausgibt und damit eine große Inflation erzeugt. Aber warum sollte sie das tun? Wozu der große Exzess? Findet der nicht eigentlich schon längst im heutigen System statt, nur unter umgekehrten Vorzeichen durch die Privatbanken? De facto agieren viele Zentralbanken gegenwärtig vor allem im Sinne einer Absicherung des privaten Bankensektors. Öffentlich propagiert wird aber eine andere Funktion, nämlich die des Interessenwahrers der Allgemeinheit, in gleichem Maße unabhängig von Regierungen wie von Geschäftsbanken. Ein löbliches Ziel, aber leider nicht die Realität. Wäre eine autonome Zentralbank ebenso der Stabilität wie dem Gemeinwohl verpflichtet, dann müsste es ihr Ziel sein, in vernünftigem eigenen Ermessen Geld zu schöpfen und dieses dem Staat für demokratisch beschlossene Aufgaben zu schenken. Entscheidend ist in diesem Modell eine funktionierende Gewaltenteilung: Die Zentralbank legt allein das Maß der eigenen Geldschöpfung fest, das Parlament beschließt den Verwendungszweck, die Regierung führt aus. Das wäre intelligent. Die Zentralbank könnte dazu auch formell und verfassungsrechtlich zu derjenigen vierten Gewalt ernannt werden, die sie heute praktisch schon ist – wenn auch derzeit mit einer Interessenschlagseite zu den privaten Banken.

Leider ging es in den vergangenen Jahrzehnten in die andere Richtung. Beispiel Kanada: Dort darf die in den 1930er Jahren geschaffene Notenbank zwar unbegrenzt den Staat finanzieren – ohne dass zwischen Toronto und Vancouver in dieser Zeit irgendwann das Chaos ausgebrochen wäre –, doch seit den 1970er Jahren wird diese Möglichkeit kaum mehr genutzt. Im Zuge der Globalisierung und des Vormarsches neoliberaler Ideen kam das Modell »aus der Mode«. Derzeit sind weniger als 20 Prozent der kanadischen Staatsanleihen im Besitz der öffentlichen Bank of Canada.[24] Der große Rest wird inzwischen, genau wie hierzulande, von privaten Banken gehalten. Demzufolge befindet sich Kanada heute in der gleichen Schuldenspirale wie Deutschland und andere europäische Länder. Die kanadische Notenbank könnte aber eben – ohne eine Gesetzesänderung – jederzeit entscheiden, fortan einen beliebig höheren Anteil der Staatsanleihen aufzukaufen, seien es nun 50, 60 oder 100 Prozent. Es ist »lediglich« eine Frage des politischen Willens oder, klarer gesagt, eine Frage der realen Macht dieser Zentralbank (und der sie gegebenenfalls stützenden Öffentlichkeit) gegenüber der privaten Geldmacht, die sich eines ihrer stärksten und einflussreichsten Werkzeuge – insbesondere auch zur Beeinflussung der Politik – kaum widerstandslos aus der Hand nehmen lassen wird.

Das Inflationsargument ist jedenfalls nicht der wahre Kern der Sache. Entscheidend für die Stabilität der Währung ist letztlich, dass die umlaufende Geldmenge nicht stärker wächst als die Wirtschaft – dann kommt es auch nicht zu einer Geldentwertung. Geschenktes Geld von der Notenbank ist nicht per se gefährlich. Erst die Dosis macht das Gift, und natürlich der Verwendungszweck des neu geschaffenen Geldes. Wird damit investiert oder spekuliert? Wer bekommt die geschenkten Milliarden? Genau das sind ja auch die entscheidenden Fragen heute im System privater Geldschöpfung. Und sie werden bislang nicht so beantwortet, dass es den Staaten und ihren Menschen damit gut geht.

Es gab Zeiten in Deutschland, da wurden solche grundlegenden Geldreformideen ernsthaft von führenden Politikern der SPD diskutiert. Nicht von Arbeiterräten während der Revolution von 1918 oder im Chaos der Weimarer Republik, sondern im ruhigen Fahrwasser der 1980er Jahre, mitten in der feinen hanseatischen Gesellschaft. Damals hatte der Hamburger Bürgermeister und Ex-Bundesbildungsminister Klaus von Dohnanyi eine hochkarätig besetzte Zusammenkunft zur Geldpolitik organisiert. Mit dabei waren ein halbes Dutzend Wirtschaftsprofessoren sowie führende Beamte von Regierung und Bundesbank. Die honorigen Teilnehmer trafen sich zwischen 1983 und 1985 mehrfach, um die Möglichkeit eines zins- und tilgungsfreien Zentralbankkredites an den Staat kontrovers und mit deutscher Gründlichkeit zu diskutierten. 1986 erschien ein Tagungsband (*Notenbankkredit an den Staat?*) mit den maßgeblichen Beiträgen dazu.[25]

Ideengeber für die direkte Staatsfinanzierung war damals der Wirtschaftsprofessor Wolfgang Filc, welcher – wen wundert's – auf heftigen Widerstand stieß, unter anderem seitens des ehemaligen Wirtschaftsweisen und Neoliberalen Armin Gutowski. Dessen Argumentation stützte sich auch auf die bereits beschriebene Begriffsverwirrung von »Regierung«, »Zentralbank« und »Staat«, gab dieser aber noch einen feineren Dreh:

> »Schließlich ist zu bedenken, dass die deutsche Öffentlichkeit aufgrund des schlechten Beispiels, das der Staat in der Vergangenheit gegeben hat, gegen eine Notenbankfinanzierung öffentlicher Ausgaben hoch sensibilisiert ist. (…) Auch wenn nicht beabsichtigt ist, die geldpolitische Autonomie der Bundesbank anzutasten, bestünde die Gefahr, dass eine direkte Finanzierung öffentlicher Investitionen durch die Notenbank die Inflationserwartungen nach oben gehen ließe. Dies würde die Zinsen in die Höhe treiben und damit Wachstum und Beschäftigung gefährden.«[26]

Die Kritiker warnten also gar nicht vor einer konkreten Inflationsgefahr, sondern lediglich vor einer unterstellten öffentlichen »Erwartung« einer solchen Inflation, die historischen Ängsten geschuldet sei. Der rhetorische Schachzug bestand darin, diese Ängste nicht etwa als offenkundig unbegründet auszuräumen, sondern sie geschickt, ohne im Detail darauf einzugehen, weiter als politisches Spielmaterial zu nutzen.

Der Wissenschaftler Filc erlebte ähnlich starken politischen Widerstand gegen unkonventionelle Ideen später noch einmal, als er Ende der 1990er Jahre für kurze Zeit die für internationale Fragen zuständige Abteilung im Bundesfinanzministerium leitete, damals geführt von Oskar Lafontaine und Heiner Flassbeck.[27] Bei Konferenzen zur Finanzpolitik in Washington kurz vor der Jahrtausendwende erlebte er, dass auf höchster Ebene fachliche Argumente noch weniger zählen.

Dabei war die von Filc und Dohnanyi in den 1980er Jahren angedachte Variante einer Staatsfinanzierung durch die Zentralbank noch eher bescheiden angelegt. Keine Mark zusätzlich sollte geschöpft werden, eine Inflation war praktisch ausgeschlossen. Es ging allein darum, den Spielraum der Zentralbank moderat zu erweitern, um bei der Staatsverschuldung nicht völlig von privaten Banken abhängig zu sein. Den Gegnern war natürlich klar, dass es hier ums Prinzip ging und dass man solche gefährlichen alternativen Ideen besser schon im Ansatz entschieden bekämpfte. Seither haben sich regierende Politiker hierzulande an dieses heiße Eisen nicht mehr herangewagt.

In Deutschland und der EU insgesamt sind solche Schenkungen der Zentralbank an den Staat mittlerweile sogar gesetzlich verboten, wie man in Artikel 123 des Vertrages von Lissabon nachlesen kann.[28] Dieser Vertrag, der als eine Art EU-Verfassung gilt, hat eine gewisse Berühmtheit dadurch erlangt, dass er 2009 weitgehend ohne Referendum, also ohne direkte Zustimmung aller Bürger der Europäischen Union, beschlossen und dennoch zum geltenden Recht innerhalb der EU erklärt wurde. Auffällig ist, wie trotz überall steigender Verschuldung verbissen an Artikel 123, also dem absoluten Verbot jeder Staatsfinanzierung durch öffentliche Zentralbanken, festgehalten wird, während etwa Artikel 125 des gleichen Vertrages (sinngemäß: kein Mitgliedsstaat der EU haftet für einen anderen) seit der Finanzkrise stillschweigend ignoriert oder, besser gesagt, gebrochen wird. Es geht also offenkundig nicht um Rechtsprinzipien, sondern um eine ganz bestimmte Politik.

Inzwischen werden jedoch auch Gegenstimmen laut. So argumentierte der Chef der britischen Bankenaufsicht, Adair Turner, im Jahr 2013, man solle das alte Tabu endlich brechen und »entspannter mit der Idee umgehen, dass Staaten Geld drucken«.[29] Auch er vermengte hier zwar sprachlich Zentralbank und Regierung zum allumfassenden Gebilde »Staat«. Sein Anliegen aber war einleuchtend: In einer Krisensituation, wenn Banken allgemein zu wenige Kredite vergeben, kann der direkte Weg des Geldes von der Zentralbank an den Staat (und von dort über Aufträge an die Privatwirtschaft) eine schwächelnde Wirtschaft wieder in Schwung bringen.

Die Notwendigkeit einer Staatsfinanzierung durch Zentralbanken aber ist tiefer begründet: nämlich im Anspruch auf die Souveränität einer Gesellschaft. Unter den Zwängen der wachsenden Verschuldung gegenüber einer kleinen, wohlhabenden Schicht ist eine Regierung nicht demokratisch kontrollierbar. Die Macht liegt am Ende immer bei den Gläubigern.

Auszug aus Schreyer, Paul (2016): *Wer regiert das Geld? Banken, Demokratie und Täuschung*, S. 69–79.

Der Motor der Wertschöpfung:
Arbeit & Arbeitslosigkeit

Die Mittelstandsgesellschaft und die Angst vor dem Abstieg

von Ulrike Herrmann

Für die Elite ist es rational, ihr Vermögen zu verschleiern und ihren Einfluss herunterzuspielen. Sie kann nur verlieren, wenn die Bevölkerung begreift, wie viel Macht sich bei wenigen konzentriert. Dennoch bleibt erklärungsbedürftig, warum sich die Mittelschicht so willig täuschen lässt. Ein Grund: Nachkriegszeit und Wirtschaftswunder wirken bis heute mental fort. Die »Stunde null« förderte die Illusion, dass alle wieder bei null anfangen mussten und die Chancen nun gleich verteilt wären.

Wenige Völker haben eine derart totale Niederlage erlebt wie die Deutschen im Zweiten Weltkrieg. Ganze Städte waren zerbombt, Millionen aus ihrer Heimat vertrieben, und die Inflation hatte das Ersparte aufgefressen. Die Umbrüche ab 1945 waren so enorm, dass man leicht übersehen konnte, dass die sozialen Hierarchien weitgehend unbeschadet fortbestanden.

Bis zum Mauerbau 1961 trafen rund neun Millionen Flüchtlinge aus den Ostgebieten in der Bundesrepublik ein. Aber auch die Westdeutschen selbst hatten einen Teil ihres Besitzes verloren – durch Luftangriffe und Bodenkrieg, manche auch durch die Verfolgung im Dritten Reich. Allein die privaten Verluste durch die Vertreibung im Osten wurden auf 62 Milliarden Reichsmark geschätzt. Der Luftkrieg hatte 27 Milliarden an Vermögen zerstört. Hinzu kamen 100 Milliarden Reichsmark an Ersparnissen, die durch die Inflation entwertet worden waren. Davon wurden dann 25,8 Milliarden als entschädigungspflichtig« anerkannt – und im Lastenausgleich berücksichtigt.

Auch dieser Lastenausgleich hat dazu beigetragen, dass die Deutschen glaubten, in einer Gesellschaft aus Gleichen zu leben.

Denn diese Sondersteuer schien das Vermögen gezielt umzuverteilen: Wer seinen Besitz durch den Krieg hatte retten können, sollte nun den Neuanfang der Geschädigten finanzieren. Soweit die Idee. Tatsächlich wurde davon abgesehen, die Begüterten stark zu belasten, denn der Wirtschaftsaufschwung sollte nicht gefährdet werden. Der damalige CDU-Bundeskanzler Konrad Adenauer bekannte sich ganz offen zu seinen Prioritäten: »Der Wiederaufbau unserer Wirtschaft ist die vornehmste, ja einzige Grundlage für jede Sozialpolitik und für die Eingliederung der Vertriebenen. Nur eine blühende Wirtschaft kann die Belastungen aus dem Lastenausgleich auf die Dauer tragen.«[30]

Also wurde der Lastenausgleich auf 30 Jahre gestreckt, so dass die nominalen Beiträge real stark entwertet wurden. Durch das Wachstum, aber auch durch die Inflation, finanzierte sich die Abgabe fast von selbst. Für die Vermögenden »ging die Belastung nahezu bis zur Bedeutungslosigkeit zurück«, stellt der Wirtschaftshistoriker Werner Abelshauser fest. Bis zum Jahr 1979 wurden zwar insgesamt 113,9 Milliarden Mark aufgebracht und an die Kriegsopfer weitergereicht – aber an der Verteilung des Produktivvermögens hatte sich überhaupt nichts geändert.[31]

Dieser Reichtum der Firmenbesitzer fiel jedoch nicht besonders auf. Kollektiv prägend war stattdessen die Währungsreform: Am 21. Juni 1948 erhielt jeder Bürger ein »Kopfgeld« von 40 Mark – was die allgemeine Illusion erneut belebte, jeder Kopf sei gleich.

Noch wichtiger war dann das »Wirtschaftswunder«, das zu einem beispiellosen Wohlstand in allen Schichten führte. Zwischen 1950 und 1989 stieg das reale Pro-Kopf-Einkommen um mehr als das Vierfache. Das war beispiellos: Von 1800 bis 1950 hatte das reale Pro-Kopf-Einkommen nur um das Dreifache zugenommen. Zudem hatte dieses Wachstum vor allem im 19. Jahrhundert stattgefunden – während es dann nach dem Ersten Weltkrieg zu einem weitgehenden Stillstand kam. Anders ausgedrückt: Zwischen 1950 und 1989 wuchs das Volkseinkommen etwa 13-mal so stark wie in der ersten Hälfte des 20. Jahrhunderts.[32]

Dieser neue Wohlstand war zwar keineswegs gleich verteilt, aber der Massenkonsum erreichte auch die unteren Schichten: Selbst Arbeiter und kleine Angestellte konnten sich plötzlich Kühlschrank, Fernseher, Auto und einen Urlaub in Italien leisten. Diese Entwicklung ist dann als die »Demokratisierung des Konsums« in die Geschichte eingegangen. Auch ärmere Bevölkerungsgruppen hatten nun die nötigen Mittel, um sich Statussymbole zu leisten: Produkte, die speziell für die Unterschicht konzipiert wurden, hatten keine Chance mehr. Der »Kabinenroller« von Messerschmitt ließ sich beispielsweise kaum verkaufen.[33]

Gleichzeitig sammelten die Deutschen neue kulinarische Erfahrungen: »Als besonders raffinertes Experiment, das sich stetig steigender Nachfrage erfreute, galten die ›Chinarestaurants‹, von denen man in Hamburg 1964 bereits 14, in Düsseldorf zwölf und in Köln acht zählte.«[34]

Die Babyboomer haben in ihrer Kindheit noch erlebt, wie auch die Mittelschicht die Butter aufs Brot »kratzte« und im Alltag nur Margarine aß. Doch schon wenige Jahre später herrschte Fülle, und es war für jeden Supermarkt selbstverständlich, Butter gleich in mehreren Varianten anzubieten – gesalzen und ungesalzen, aus Dänemark, Irland oder dem Allgäu. Dieser Überfluss kann stressen: Konsumforscher haben inzwischen herausgefunden, dass gerade die bessergestellten Kunden nicht etwa bei Aldi einkaufen, weil sie ernsthaft sparen wollten, sondern weil es sie beruhigt, dass sie dort nur zwei Marken Toilettenpapier und eine Sorte Camembert finden.

Doch nicht nur der weitreichende Konsum wurde allen Schichten möglich. Genauso wichtig: Auch im Berufsalltag begannen die Standesunterschiede zwischen Arbeitern und Angestellten zu verschwimmen. Die berühmte »Lohntüte« verschwand, stattdessen hatten nun auch Arbeiter ein Gehaltskonto. Zudem hießen sie plötzlich »Mitarbeiter«, um sie den Angestellten anzugleichen. Und schließlich machten Maschinen die Werkshalle zu einem immer saubereren Arbeitsplatz. Der Aufstieg fand jedoch nicht nur im Atmosphärischen statt, sondern auch ganz real: Immer mehr

Arbeiterkinder konnten Stellen als kleine Angestellte oder Beamte erobern. 1978 war es schon 63 Prozent der Arbeiterkinder gelungen, die Schicht ihrer Eltern zu verlassen.[35]

Dieser massenhafte Aufstieg war nur möglich, weil immer mehr Angestellte benötigt wurden. »Wenn es in der deutschen Sozialgeschichte des 20. Jahrhunderts einen atemberaubenden Expansionsvorgang gibt, dann ist es der Aufstieg der neuen Sozialfigur des Angestellten«, konstatiert der Historiker Hans Ulrich Wehler. 1882 registrierte die Reichsstatistik nur maximal zwei Prozent »Privatbeamte«, wie damals der Verlegenheitsbegriff für die Angestellten lautete. Nach dem Zweiten Weltkrieg zählte man bereits 16 Prozent Angestellte, 1990 waren es 42 Prozent. Gleichzeitig stieg die Zahl der Beamten auf 2,5 Millionen – so dass Angestellte und Beamte gemeinsam 54 Prozent aller Berufstätigen ausmachten.[36] Innerhalb von nur zwei Generationen hat sich die deutsche Gesellschaft weitgehend entproletarisiert.

Diesen rasanten Wandel versuchte der konservative Soziologe Helmut Schelsky schon 1953 mit seinem Begriff der »nivellierten Mittelstandsgesellschaft« zu fassen. Kaum eine Beschreibung hat die Selbstdeutung der Deutschen so nachhaltig beeinflusst. Denn dieser Begriff war nicht nur prägnant – er schien auch »Gegenwartsanalyse und Zukunftsentwurf zu verbinden«.[37] Die Deutschen fanden sich plötzlich in einer Realität wieder, die gleichzeitig als Utopie taugte.

Es schien keine Schichten mehr zu geben, sondern nur noch Konsumenten, die ganz individuelle Lebensstile ausprobierten. Immer neue Moden wurden von immer kleineren Untergruppen gepflegt. Die Gesellschaft schien sich in einer Postmoderne aufzulösen, die nur noch von vielen Ich-Einheiten bevölkert war, die angeblich alle selbst wählen konnten, wie sie ihr Leben gestalteten.

Dieses neue Selbstbild spiegelte sich auch in der Soziologie, deren Begriffe und Theorien ein guter Indikator dafür sind, wie sich eine Gesellschaft wahrnimmt – und wie sie sich auch über sich selbst täuschen kann. Statt Schichten begann man nun, die einzelnen Untergruppen zu erforschen, die sich nicht mehr ökonomisch definierten, sondern durch ihren Geschmack. Besonders berühmt wurden die »Sinus-Milieus«, die seit 1979 von der Sinus Sociovision GmbH in Heidelberg beobachtet werden. Selbstbewusst heißt es im Prospekt der Firma: »Im Gegensatz zu sozialen Schichten beschreiben die Sinus-Milieus real existierende Subkulturen in unserer Gesellschaft.«[38] Die Hierarchien in der Gesellschaft erschienen nicht mehr interessant, solange nur jeder irgendwie am Konsum teilhaben konnte. Oder kurz und knapp: »Der Mensch ist der Markt!« Dieses Credo führte dann zu einem Tortendiagramm, auf dem aktuell zehn Milieus verzeichnet sind. Dort gibt es Hedonisten, Etablierte, Postmaterielle, Moderne Performer, Konservative, Traditionsverwurzelte, DDR-Nostalgische, Bürgerliche Mitte, Konsum-Materialisten und Experimentalisten. Die »real existierenden Subkulturen« scheinen in der Tat sehr vielfältig zu sein.

Doch bei näherem Hinsehen offenbart sich dann: Ohne eine Zuordnung zu Schichten lassen sich diese unterschiedlichen Milieus gar nicht deuten. So finden sich zum Beispiel die »Hedonisten« nur in der Unter- und unteren Mittelschicht. Sie werden als »spaßorientiert« beschrieben und würden sich der Leistungsgesellschaft verweigern. Auch die »Konsum-Materialisten« sind nur in den niederen Rängen anzutreffen. Es handele sich um eine »stark materialistisch geprägte Unterschicht«, die versuche, »Anschluss zu halten an die Konsumstandards der breiten Mitte«. Die Milieus mögen also modern und vielfältig wirken, doch hinter dieser scheinbaren Ausdifferenzierung verbirgt sich eine eher schlichte Erkenntnis: Es gibt zwar verschiedene Arten, mit der eigenen Armut umzugehen – aber Armut bleibt Armut.

Doch nicht nur die Armen sind an ihre Schicht gekettet – auch die Eliten werden durch ihre Herkunft zutiefst beeinflusst. So ist das Lifestyle-Milieu der »Etablierten« nur ganz oben in der sozialen Hierarchie zu finden: Dieses »selbstbewusste Establishment« sei vom »Machbarkeitsdenken« geprägt und kultiviere »ausgeprägte Exklusivitätsansprüche«.

Auch bei allen anderen Milieus lässt sich klar zuordnen, welcher Schicht sie angehören. Es hat also wenig Sinn, Lebensstile und

Schichten gegeneinander auszuspielen. Offenbar kann sich das Individuum nicht von seinen wirtschaftlichen Verhältnissen befreien und völlig eigene Mittel der Selbstinszenierung wählen. Die Postmoderne, angefüllt nur mit Postmaterialisten, gab es nie.

Diese Realität setzt sich nun auch in der Selbstwahrnehmung der Deutschen durch. Die Gesellschaft entwickelt ein neues Sensorium für Ungleichheit, wie etwa die Millionärslisten belegen, die seit einigen Jahren als Marketing-Gag veröffentlicht werden. Und auch die Soziologie beginnt nun verstärkt, die Eliten und den Adel zu erforschen.

Trotzdem bleibt ein Widerspruch: Obwohl die sozialen Hierarchien in letzter Zeit wieder bewusster wahrgenommen werden, ordnen sich noch immer fast alle Bundesbürger der Mittelschicht zu. Dieses Phänomen überrascht nicht, solange alle mit dem viel zitierten »Fahrstuhl« nach oben reisen und sich der Wohlstand für jeden mehrt. Aber wie die fallenden Reallöhne zeigen, sind die meisten inzwischen wieder auf dem Weg nach unten. Warum also bleibt die Selbstwahrnehmung als »Mitte« trotzdem so stabil?

Eine erste Erklärung liefert die Glücksforschung, die sich inzwischen zu einer eigenständigen Disziplin bei den Volkswirten etabliert hat. Um das Kernergebnis vorwegzunehmen: Die Alltagweisheit trifft zu, dass Geld allein nicht glücklich macht. »Nach zwei, drei Wochen ist das Fahren im Maserati eben Gewohnheit«, fasst es der Schweizer Ökonom Bruno Frey zusammen.[39] Auch ist längst erwiesen, dass Lottogewinner durch ihre Millionen nicht deutlich zufriedener werden. Stattdessen geht ihnen nun ihr Alltag auf die Nerven, der ihren gehobenen Ansprüchen nicht mehr genügt.

Der Zusammenhang zwischen Einkommen und Lebensgefühl scheint also eher lose zu sein – solange die Grundbedürfnisse gestillt sind. Es wäre pure Romantik zu glauben, dass die Einwohner von Bangladesch mit ihrem einfachen Leben rundum glücklich sind, obwohl der Monsun jederzeit ihre Hütten davonspülen kann. Die Armen werden mit jedem Dollar zufriedener. Allerdings lässt dieser Effekt nach, je höher das Einkommen schon gestiegen ist.

Ökonomen nennen das den »abnehmenden Grenznutzen« zusätzlicher Einkünfte.

Westdeutschland bildete ein geradezu klassisches Experimentierfeld für die Frage, wie steigender Wohlstand die Zufriedenheit verändert. In den 1950er und 1960er Jahren nahm das subjektive Wohlbefinden der Bevölkerung deutlich zu. Immer mehr Menschen gaben in Umfragen an, sie seien »zufrieden« oder »glücklich«. Ab den 70er Jahren waren dann keine Verbesserungen mehr zu messen, obwohl die Reallöhne weiter stiegen. Seither geben konstant etwa zehn Prozent der Bevölkerung an, sie seien »unzufrieden«.[40]

Allerdings ist das Glück innerhalb reicher Gesellschaften nicht ganz gleichmäßig verteilt: Die Wohlhabenden sind im Durchschnitt zufriedener als ihre armen Mitbürger. Völlig unerheblich ist das Einkommen also nicht. Trotzdem sind andere Faktoren wichtiger für das Befinden. Paare sind meist glücklicher als Singles, Gesunde fühlen sich besser als chronisch Kranke. Ältere kommen besser zurecht als Menschen in der »Midlifecrisis«.

Gleichzeitig ist fast niemand so unglücklich wie ein Arbeitsloser. Der Verlust der Stelle traumatisiert sogar stärker als eine Trennung oder eine Scheidung. Langzeitarbeitslose sind mit ihrem Leben so unzufrieden wie chronisch Kranke, die auf Pflege angewiesen sind. Auch konnte gezeigt werden, dass sich Menschen nie wieder von dem Schock erholen, ihre Stelle verloren zu haben. Selbst wenn sie erneut angestellt sind, bleiben sie unglücklicher als jene Kollegen, die ständig beschäftigt waren. Damit greift die Arbeitslosigkeit stärker in ein Leben ein als etwa der Tod von nahen Angehörigen, der nach einer Trauerphase meist verwunden wird.[41]

Die Arbeitslosigkeit scheint die Menschen so schwer zu treffen, weil sie nicht nur einen Job verlieren – sondern auch soziale Anerkennung. Wer keine Stelle hat, fühlt sich schnell als Versager. Diese Scham bleibt auch dann als Narbe zurück, wenn es gelungen ist, wieder eine Beschäftigung zu finden.

Der Beruf ist das zentrale Statussymbol in der deutschen Gesellschaft. Nicht umsonst werben die Online-Kontaktbörsen schon auf ihrer Startseite mit den Tätigkeiten, die ihre suchenden Singles angeblich ausüben. Niemand ist so attraktiv wie ein Herzchirurg oder ein promovierter Anwalt. Obwohl faktisch vor allem die Herkunft darüber entscheidet, welche Chancen der Einzelne hat, verstehen sich die Deutschen geradezu exzessiv als Leistungsgesellschaft, in der möglichst jeder ein »Leistungsträger« zu sein habe.

Es ist erstaunlich, dass auch mehr als 30 Jahre Massenarbeitslosigkeit keinen Lernprozess ausgelöst haben. Im Gegenteil: Gerade weil Arbeit zunehmend knapper wird, steigt sie auch noch im Wert. Wer einen Beruf ausübt, ist anerkanntes Mitglied dieser Gesellschaft, während die Arbeitslosen verachtet werden.

Das hat widersprüchliche Folgen: Obwohl die Realeinkommen sinken, können sich die allermeisten noch immer als Mittelschicht fühlen. Denn inzwischen ist jeder »drinnen«, der als Arbeitsloser nicht »draußen« ist. Mit den Erwerbslosen ist eine neue Schicht der Ausgeschlossenen entstanden: »Was sie können, braucht keiner, was sie denken, schätzt keiner, und was sie fühlen, kümmert keinen.«[42]

Für diese Ausgrenzung haben Soziologen den Begriff der »Exklusion« gefunden. Programmatisch heißt es bei Heinz Bude: »Die Frage ist nicht, wer oben und wer unten, sondern wer drinnen und wer draußen ist. Diese Menschen leiden darunter, dass ihnen Zugänge verwehrt werden, dass sie Missachtung erfahren und dass sie vom Gefühl der Unabänderlichkeit und Aussichtslosigkeit gelähmt sind. Die Soziologie hat dafür einen neuen Begriff geprägt: Es geht nicht allein um soziale Ungleichheit, auch nicht um materielle Armut, sondern um soziale Exklusion. Der Bezugspunkt dieses Begriffs ist die Art und Weise der Teilhabe am gesellschaftlichen Leben, nicht der Grad der Benachteiligung nach Maßgabe allgemein geschätzter Güter wie Einkommen, Bildung und Prestige.«[43]

Zweifellos ist es richtig, sich mit den Ausgegrenzten zu befassen. Doch wenn man sich allein auf die »Exkludierten« konzentriert, dann gerät aus dem Blick, dass die »Inkludierten« keineswegs alle gleich sind. Es verwischt den berühmten Unterschied zwischen dem Manager und seinem Fahrer, wenn alle als »eingeschlossen« gelten, die nicht »ausgeschlossen« sind.

Oder wie es der Soziologe Berthold Vogel formuliert: »Auf diese Weise erscheinen alle, die irgendeiner Form der Erwerbstätigkeit nachgehen, als privilegierte Besitzer eines Arbeitsplatzes, die an den Segnungen moderner Wohlfahrtstaatlichkeit und an der Fülle der Konsumgesellschaft teilhaben (…). In der breiten Zone der Inklusion verschwinden die kleinen Nöte und die großen Sorgen derjenigen, die eine rechtlich und materiell veränderte Arbeitswelt zu ertragen haben.«[44]

Es wird nicht mehr thematisiert, dass es Herrscher und Beherrschte, Ausbeuter und Ausgebeutete, Arme und Reiche gibt.[45] Während sich die Gesellschaft faktisch spaltet, wird sie in der Wahrnehmung eingeebnet. Niemand würde mehr den Begriff der »nivellierten Mittelstandsgesellschaft« für die heutige Bundesrepublik wählen – aber die Fixierung auf die »Exklusion« hat einen ähnlichen, nivellierenden Effekt.

Anders ausgedrückt: Ausgerechnet die Massenarbeitslosigkeit verleitet die Beschäftigten der Mittelschicht dazu, sich mit der Elite zu identifizieren. Sie fühlen sich bereits herausgehoben, nur weil sie nicht zu den Ausgestoßenen zählen.

Die Mittelschicht schrumpft, aber wer steigt eigentlich ab?

Die Mittelschicht leidet unter ihren Widersprüchen: Sie glaubt zwar immer noch an den eigenen Aufstieg, indem sie kräftig in die Bildung ihrer Kinder investiert – doch auch die Angst vor dem Abstieg ist allgegenwärtig. Dieser Abstieg wird zudem wie ein Schicksalsschlag erlebt, der jeden treffen kann und vor dem niemand mehr sicher ist. Auffällig ist auch, dass dieser Fall ins Nichts besonders häufig Akademikern zustoßen soll, die dann als »Dr. Arbeitslos« angeblich nur noch Taxifahrer werden können. Gerade Bildung scheint also nicht vor Armut zu schützen, obwohl doch für

Eltern nichts so wichtig ist wie ein guter Abschluss für ihre Kinder. Wie passt das alles zusammen?

Zumindest der Ausgangspunkt ist trivial. Die kollektiven Ängste können sich nur deswegen auf den gescheiterten Akademiker fixieren, weil es ihn tatsächlich gibt.

Geradezu literarisch hat der Soziologe Heinz Bude die Sozialfigur des Absteigers beschrieben: »Es kann einem aber auch passieren, dass man auf einem Fest zu einem runden Geburtstag nach vielen Jahren einen Bekannten von früher trifft, der zu viel redet, zu viel trinkt und zu viel schwitzt. Momentan liefen die Dinge nicht so gut, aber er habe schon wieder ein neues Projekt in Vorbereitung. Nein, mit der Frau, nach der man sich erkundigt, sei er schon lange nicht mehr zusammen, aber die Tochter aus dieser Beziehung habe gerade ihr Medizinstudium begonnen. Nach und nach stellt sich heraus, dass der einst so siegesgewisse Verlagsleiter, den man wegen seines ungeheuren Erfolgs bei den Kommilitoninnen heimlich immer schon beneidet hatte, nach dem Controlling des Verlags durch eine einschlägige Unternehmensberatung seinen Hut nehmen und sich als Mitvierziger fortan von einem freien Lektorenjob zum nächsten durchschlagen musste.«[46]

Jeder Akademiker kennt solche Geschichten von ehemaligen Kommilitonen. Da ist der Romanist, der nur mit Mühe seine Dissertation zu Ende gebracht hat und sich nun mit Ratgebern über das Pokerspiel ein karges Einkommen verdient. Da ist die Kollegin aus der renommierten Henri-Nannen-Schule, die sich mit bescheidenen Freelance-Aufträgen ernährt. Da ist der Habilitand in Germanistik, der dem Selektionsdruck an der Universität nicht gewachsen ist und Psychosen entwickelt. Da ist der ehemalige Informatiker, der auf Gomera Visitenkarten verteilt, die mit einem Regenbogen verziert sind und ein neues glückliches Leben versprechen.

Ähnlich abschreckend sind die Geschichten der »Generation Praktikum«. Endlose Jahre scheinen sich junge Akademiker durch unbezahlte Jobs hangeln zu müssen, bis sie endlich zu miesen Konditionen eine befristete Stelle finden, die sie dann nach kurzer

Zeit wieder verlieren. In Berlin zogen vor einiger Zeit Praktikanten zum Potsdamer Platz, um gegen ihre grassierende Ausbeutung zu protestieren. Motto: »Uns gibt es nicht umsonst!« Allerdings nahmen nur 150 Jungakademiker an dieser Demonstration teil. So dringend scheint das Problem doch nicht zu sein.

Einzelbeispiele sind eben noch lange kein Trend. Auch wenn die Geschichte noch so häufig erzählt wird: Es bleibt ein Mythos, dass sich viele Akademiker in die Taxischlange einreihen müssten. Bei den Hochschulabsolventen herrscht fast Vollbeschäftigung, wie in den Statistiken der Bundesagentur für Arbeit nachzulesen ist. In den vergangenen Jahrzehnten waren stets nur rund vier Prozent arbeitslos gemeldet.[47]

Akademiker sind jedoch nicht nur selten arbeitslos – sie sind auch fast immer ihrem Abschluss entsprechend beschäftigt. In einer Stichprobe von 2004 zeigte sich, dass nur etwa ein Fünftel unterhalb des Ausbildungsniveaus arbeiten musste, auch bei ihnen war der Abstieg nicht dramatisch: Meist mussten sie nur »leichte bis mittlere Qualifikationsverluste« hinnehmen. Es ist also sehr selten, dass eine Psychologin als Verkäuferin in einer Bäckerei endet. Zudem arbeiten fast alle Akademiker – das gilt selbst für die Frauen. Ab Mitte 30 sind 85 Prozent von ihnen erwerbstätig, von den Männern sind es sogar 93 Prozent. Zum Vergleich: Frauen ohne beruflichen Abschluss arbeiten nur zu 48 Prozent.

Auch die Praktika sind längst nicht so weit verbreitet, wie gern geglaubt wird. Kürzlich wurden 10 000 Akademiker befragt, die ihr Studium sechs bis 18 Monate zuvor beendet hatten. Dabei stellte sich dann heraus, dass nur jeder achte Absolvent einer Fachhochschule und nur jeder siebte Uni-Abgänger nach dem Studium noch ein Praktikum angehängt hatte. Allerdings sind die Arbeitsmarktchancen für die einzelnen Studienfächer sehr unterschiedlich: Ingenieure oder Naturwissenschaftler sind so gefragt, dass sie fast nie Praktika absolvieren. Bei den Sprach- und Kulturwissenschaftlern hingegen durchläuft jeder vierte mindestens eine Probestation.[48]

Aber insgesamt gilt, dass Akademiker außerordentlich gefragt sind und sich keine Sorgen um ihre berufliche Zukunft machen müssen. Denn sie sind knapp. 2007 machten die Hochschulabsolventen ganze 24 Prozent der Gesamtbevölkerung aus, wenn man die arbeitsfähigen Jahrgänge zwischen 25 und 64 Jahren heranzieht.[49]

Entsprechend hoch ist die »Rendite«, die sich mit einem Studium erzielen lässt. Bei männlichen Akademikern addiert sich der Einkommensvorteil in ihrem Berufsleben auf rund 175 000 Euro, wenn man sie mit einem Beschäftigten vergleicht, der eine normale Berufausbildung besitzt.[50] Zudem verdienen Akademiker nicht nur besser – sie sind auch seltener arbeitslos. Dieser Vorteil der Dauerbeschäftigung lässt sich ebenfalls als Rendite verstehen und führt zu einem weiteren Plus von 37 512 Euro, wie die OECD ausgerechnet hat. Insgesamt kann ein männlicher Akademiker also einen Ausbildungsgewinn von knapp 213 000 Euro verbuchen.[51]

Hochschulabsolventen haben es besonders leicht auf dem Arbeitsmarkt – aber auch viele andere Beschäftigte wurden noch nie arbeitslos. Fast zwei Drittel der heute 50-Jährigen in Westdeutschland haben noch nie ihre Stelle verloren. Dafür wurden einige wenige immer wieder entlassen: Die Hälfte der westdeutschen Arbeitslosigkeit konzentriert sich, über die Jahre betrachtet, auf ganze fünf Prozent der Bevölkerung.[52]

Anhaltende Arbeitslosigkeit trifft also eine Minderheit. Trotzdem »kriecht die Angst langsam die Bürotürme hoch«, wie der Soziologe Stefan Hradil es ausdrückt. In der Mittelschicht machen sich inzwischen rund 26 Prozent »große Sorgen« um ihre Zukunft. Das sei ein »historischer Höchststand«, konstatiert das DIW, dessen Zeitreihen bis ins Jahr 1984 zurückreichen.[53]

Aber woher stammen diese Befürchtungen, und warum machen sich selbst Akademiker Sorgen, die durch ihren Bildungsvorsprung abgesichert sind? Denkbar wäre, dass es sich um einen neuen Ausbruch der »German Angst« handeln könnte, die zum geflügelten Wort bei unseren Nachbarn geworden ist.

Die deutsche Mittelschicht neigte schon immer dazu, ihren unmittelbaren Abstieg zu befürchten. Oft wurde dieser Krisendiskurs sogar in Zeiten geführt, in denen es der Mittelschicht eigentlich prächtig ging, so der Historiker Hans-Ulrich Wehler: »Die Geschichte des deutschen Bürgertums wird seit jeher von einer unablässig anhaltenden Diskussion über seine Überlebensfähigkeit begleitet. Ständig geht es dabei um Aufstieg oder Zerfall, Expansion oder Erosion, Exklusion oder Inklusion, um Triumph, Desintegration, Niedergang, Aushöhlung oder sogar Auflösung. Namentlich der Krisendiskurs ist als ein Medium bürgerlicher Selbstverständigung stets ein integraler Bestandteil der bürgerlichen Welt auch und gerade in den Zeiten äußerst progressiver, ja glanzvoller Stabilität gewesen. Seit der Mitte des 19. Jahrhundert steigerte er sich oft zu einer wahren Untergangsrhetorik. Doch der pessimistische Abgesang hat sich bisher stets als verfrüht erwiesen, zumal jeder Wandel in Gefahr stand, als Zerstörung wahrgenommen zu werden.«[54]

Die pessimistische Stimmung ist also nicht unbedingt neu – neu ist jedoch, dass die Sorgen durchaus berechtigt sind. Denn die Statistik weist ja aus, dass die deutsche Mittelschicht schrumpft. Im Jahr 2000 gehörten ihr noch 49 Millionen Menschen an, 2006 waren es nur noch 44 Millionen. Gleichzeitig fand sich rund ein Viertel aller Bundesbürger in der Unterschicht wieder.[55] Dieser rasche Abstieg ist beispiellos in der bundesdeutschen Geschichte. Aber wer steigt eigentlich ab? Das ist ein gewisses Rätsel, denn die Selbstwahrnehmung der Deutschen hat sich nicht verändert, wie Umfragen zeigen: Obwohl die Mitte schrumpft, verorten sich fast alle weiterhin in der Mittelschicht. Viele haben zwar Angst vor dem Abstieg – aber abgestiegen sind immer nur die anderen.

Eindeutig ist nur, wer unten ist: Das sind die Arbeitslosen und Bedürftigen, die monatlich minutiös registriert werden. Im Herbst 2009 wurden 4,9 Millionen erwachsene Hartz-IV-Empfänger gezählt sowie etwa 1,8 Millionen Kinder, die in diesen »Bedarfsgemeinschaften« lebten. Hinzu kamen 1,11 Millionen Menschen, die das reguläre Arbeitslosengeld I bezogen.[56] Doch dürfte die Zahl der Erwerbslosen noch kräftig steigen. Für das Jahr 2010 haben die Wirtschaftsweisen prognostiziert, dass etwa 500 000 Menschen ihre Stelle verlieren werden.

Wer arbeitslos wird, gehört automatisch fast immer zu den Ärmsten. Bei den Hartz-IV-Empfängern ist dies nicht überraschend, soll ihr Regelsatz ausdrücklich nur das »Existenzminimum« absichern. Auch das reguläre Arbeitslosengeld I liegt selten höher: 758 Euro werden im Durchschnitt im Monat ausgezahlt.[57] Da muss der Partner schon sehr gut verdienen, damit ein Arbeitsloser seinen einstigen Status weiter wahren kann.

Es ist jedoch eher unwahrscheinlich, dass ein Arbeitsloser mit einem gut situierten Partner zusammenlebt. Denn der Stellenverlust trifft vor allem die Geringqualifizierten, und in der Liebe verhalten sich alle Bundesbürger gleich – ob sie nun aus der Elite oder aus der Unterschicht stammen. Man bevorzugt das eigene Milieu. Ungelernte Frauen heiraten also am ehesten Männer, die ebenfalls ungelernt sind. Damit wird das Armutsrisiko nicht gestreut, sondern in bestimmten Familien konzentriert.

Letztlich sind vor allem vier Gruppen gezwungen, von Hartz IV zu leben. Zu diesen Langzeitarbeitslosen zählen: alleinerziehende Mütter, Bildungsverlierer, Migranten – und Ostdeutsche. Damit ist natürlich nicht gesagt, dass jeder Migrant auf staatliche Unterstützung angewiesen ist. Ganz im Gegenteil: Auch unter den Migranten sind die Hartz-IV-Empfänger eine Minderheit. Aber die Armut hat ein Gesicht in Deutschland. Es sind eben nicht alle Bundesbürger gleichermaßen gefährdet, zu den Langzeitarbeitslosen abzusteigen.

Rund acht Millionen Menschen leben inzwischen von Hartz IV oder dem Arbeitslosengeld I. Doch sind sie nicht die einzigen Armen. Gleichzeitig expandieren auch die Niedriglöhne, bei denen das Einkommen nicht mehr reicht, um noch zur Mittelschicht zu gehören. Legendär wurde etwa die Geschichte von den Friseurinnen in Sachsen, deren Tariflohn bei nur 3,82 Euro pro Stunde liegt. Auch über die Leiharbeiter wurde viel geschrieben, die die gleiche Arbeit wie ihre festangestellten Kollegen verrichten und dennoch im Durchschnitt nur etwa 70 Prozent des regulären Lohns kassieren.[58]

6,5 Millionen Menschen gehören neuerdings zu den Niedriglöhnern, die damit bereits ein Fünftel aller abhängig Beschäftigten ausmachen. Im Westen erhalten sie im Schnitt 6,88 Euro pro Stunde, und im Osten sind es sogar nur 5,60 Euro. Längst werden nicht nur Minijobber und Teilzeitbeschäftigte ausgebeutet: Auch 14 Prozent der Vollzeit-Angestellten müssen mit Niedriglöhnen leben.[59]

Viele Bürger dürften ihren eigenen Abstieg jedoch nicht nur fürchten, weil die Zahl der Niedriglöhner wächst. Denn Akademiker und gut ausgebildete Facharbeiter sind fast nie gefährdet, in diesen schlecht bezahlten Jobs zu landen. Noch wichtiger ist daher ein anderes Phänomen: Selbst wer seine Stelle behält, gehört oft zu den Verlierern. Denn die Reallöhne sinken seit Jahren, und sie fallen nicht nur in Krisen, sondern auch im Boom gibt es keine Lohnsteigerungen mehr. Das ist völlig neu. Früher wurde der berühmte Gürtel zwar auch »enger geschnallt«, wenn das Wirtschaftswachstum nachließ – aber am Aufschwung wurden die Arbeitnehmer immer beteiligt. Doch von der Konjunkturerholung, die ab 2005 einsetzte und bis 2008 währte, profitierten nur noch die Kapitaleigner und Unternehmer. An diesem neuen Trend sind zwei Aspekte besonders verwirrend.

Erstens: In den ökonomischen Standardannahmen ist überhaupt nicht eingeplant, dass die Reallöhne nicht nur bei den ungelernten Arbeitern, sondern auch bei den Fachkräften nachgeben. Die Theorie sieht vor, dass nach objektiver Leistung honoriert wird. Im Wirtschaftsdeutsch wird dies auch gern »Produktivität« genannt: Wer wenig kann, erhält auch wenig – während die Fachkräfte für ihr Wissen ordentlich bezahlt werden. Tatsächlich jedoch fallen die Reallöhne, obwohl die Arbeitnehmer immer besser ausgebildet sind. Selbst viele Akademiker müssen Nullrunden hinnehmen.

Zweitens: Die deutsche Entwicklung ist einmalig in Europa. Nirgendwo sonst fallen die Reallöhne in dieser Geschwindigkeit. Stattdessen sind sie in den anderen Industriestaaten oft kräftig gestiegen, so dass auch die Arbeitnehmer vom globalen Boom profitiert haben. Die »Globalisierung«, immer gern als Totschlagargument bemüht, kann demnach nicht schuld sein.

Wie erklärt sich also der deutsche Sonderweg? Diese Frage hat sich auch das DIW gestellt: Recht akribisch werden diverse denkbare Thesen durchgegangen, nur um sie am Ende alle zu verwerfen.[60] Um ein paar dieser obsoleten Erklärungsversuche zu nennen:

»Der Staat« wird immer gern als Hauptschuldiger betrachtet, wenn sich die Mittelschicht belastet fühlt – zumal es ja stimmt, dass vor allem die Normalbürger die Kosten der Solidarität tragen müssen. Trotzdem können Steuern und Sozialabgaben allein nicht erklären, warum die Reallöhne fallen. Denn die Staatsquote ist in den vergangenen Jahren kaum gestiegen.

Der zunehmende »Individualismus« taugt ebenfalls nicht als Erklärung. Zwar ist wahr, dass viele Beschäftigte keine Lust mehr haben, sich einer Gewerkschaft anzuschließen. Aber dieser Trend ist europaweit zu beobachten. Überall sinkt der Organisationsgrad, und trotzdem hat die Verhandlungsmacht der Arbeitnehmer andernorts nicht so stark gelitten.

Auch die Minijobs sind wohl nicht daran schuld, dass das gesamte deutsche Lohngefüge wankt. Die Zahl der geringfügig Beschäftigten hat zwar enorm zugenommen – trotzdem entfallen auf sie gerade einmal vier Prozent der Arbeit, die in der deutschen Volkswirtschaft verrichtet wird.

Ähnlich partiell dürfte die Leiharbeit wirken. Es ist zwar ein Skandal, dass gleiche Arbeit nicht immer gleich bezahlt wird und die Leiharbeiter oft gegenüber der Stammbelegschaft benachteiligt sind. Aber selbst zu Boomzeiten wurden nur maximal 800 000 Leiharbeiter gezählt – das waren ganze drei Prozent der sozialversicherungspflichtigen Beschäftigten.[61]

Auch scheint es nicht wirklich eine Rolle spielen, dass sich Deutschland als Exportnation versteht. Zwar wird dem Volk immer wieder gern erklärt, dass die Löhne sinken müssten, um unsere internationale Wettbewerbsfähigkeit zu retten. Aber die Gewinne der Unternehmen waren nie in Gefahr. Vielmehr ist ja an der jetzigen Entwicklung so besonders irritierend, dass die Profite explodieren. 2007 lag die Lohnquote, also der Anteil der Gehälter am Volkseinkommen, bei nur noch 61 Prozent. Das sei ein »Rekordtief«, stellt das DIW fest. Es wäre also noch sehr viel Spielraum vorhanden, um höhere Löhne zu fordern. Sie würden nicht zwingend die Preise der Exportwaren erhöhen – sondern nur den Profit der Kapitaleigner schmälern.

Ökonomisch sind die fallenden Reallöhne also nicht zu erklären. Es scheint eher eine Frage der Mentalität zu sein. So ist auffällig, wie stark sich die Deutschen immer wieder von dem Arbeitgeber-Argument beeindrucken lassen, die Löhne dürften kaum steigen, weil sonst die internationale Wettbewerbsfähigkeit gefährdet sei. Nie kommt in Deutschland die Frage auf, warum eigentlich all die anderen EU-Länder nicht verarmen, die keine »Exportweltmeister« sind und trotzdem höhere Lohnzuwächse verzeichnen. Stattdessen solidarisieren sich die Arbeitnehmer mit den Arbeitgebern, auf dass man den gemeinsamen Kampf gegen die anonymen Fremden auf den Weltmärkten gewinne. Bei diesem »Feldzug« wird dann hingenommen, dass die Exportgewinne immer ungleicher verteilt werden und vor allem den Kapitaleignern zugutekommen. Den deutschen Arbeitnehmern scheint es auszureichen, dass sie zumindest einen vermeintlichen Statusgewinn verbuchen können: Sie haben die Beschäftigten im Ausland geschlagen.

Es mag ungewöhnlich sein, das deutsche Exportverhalten mit der militärischen Metapher »Feldzug« zu beschreiben. Doch viele Länder empfinden das deutsche Lohndumping in der Tat als aggressiven Akt, der zu starken Wettbewerbsverzerrungen führt – und zu gefährlichen Leistungsbilanzüberschüssen, die die Finanzmärkte destabilisieren. Die deutsche Exportpolitik wurde daher mehrfach auf den Weltfinanzgipfeln kritisiert.

Zudem bedroht das deutsche Lohndumping langfristig den Euro, denn normalerweise würden andere Länder ihre Währung abwerten, deren Löhne höher liegen. Heiner Flassbeck, früherer Chefökonom der UN-Handelsorganisation Unctad, hat einmal ausgerechnet, welche Wettbewerbsvorteile sich Deutschland durch das Lohndumping verschafft hat. Angenommen, im Gründungsjahr der europäischen Währungsunion, also 1999, hätten die durchschnittlichen Lohnkosten für ein Produkt in den Mitgliedsländern nahe beieinander gelegen und zum Beispiel 100 Euro betragen. Dann mussten 2008 für die Herstellung desselben Produkts in Deutschland etwa 102 Euro aufgewendet werden, in Frankreich 116, in Griechenland 119, in den Niederlanden 120, in Italien 122, in Spanien 123 und in Portugal 126 Euro. Nur Österreich lag mit 105 Euro ähnlich niedrig wie Deutschland.[62] Es ist daher kein Wunder, dass sich die anderen Euro-Staaten bedroht fühlen. Dabei lohnt sich für die Deutschen ihre Exportoffensive noch nicht einmal: Das Lohndumping schwächt den Binnenmarkt, so dass das Wachstum in Deutschland inzwischen weit geringer als in den meisten anderen EU-Ländern ausfällt.

Die Angst vor dem Abstieg nimmt in Deutschland also bizarre Formen an: Die Furcht konzentriert sich auf Mythen wie die angeblich arbeitslosen Akademiker, obwohl bei den Universitätsabsolventen faktisch Vollbeschäftigung herrscht. Auch die meisten anderen Angestellten müssen nicht um ihre Stelle bangen, sondern sie zählen zu den Verlierern, weil ihre Reallöhne sinken. Doch diese ständige Erosion der eigenen Gehälter wird verdrängt – oder aber als Exportoffensive überhöht.

Die Mittelschicht nimmt ihren eigenen Verlust nicht wahr, weil sie sich nach unten abgrenzen kann. Ihr wird zum Verhängnis, was zunächst eigentlich erfreulich ist: Gut ausgebildete Fachkräfte sind nur selten dauerhaft arbeitslos, während sich bei den Hartz-IV-Empfängern vor allem Ostdeutsche, Migranten und Bildungsverlierer sammeln. Da kann sich die Mittelschicht zu Recht sehr sicher fühlen, dass ihr der totale Abstieg erspart bleiben wird. Doch gerade diese Zuversicht, niemals zum Prekariat zu gehören, verleitet die Mittelschicht, sich mental mit den Unternehmern zu verbünden.

Es ist kurios: Die Mittelschicht steigt ab, weil sie so sichtbar nicht zur Unterschicht gehört.

Auszug aus Herrmann, Ulrike (2010): *Hurra, wir dürfen zahlen. Der Selbstbetrug der Mittelschicht.*S. 81–90, 117–128.

Wie sicher sind unsere Jobs?

von Heiner Flassbeck

Ist es nicht eindeutig? Arbeitslosigkeit ist ein unabwendbares Schicksal: Was gestern noch mehrere Arbeiter am Fließband bewerkstelligten, erledigt heute ein Roboter. Wo gestern Arbeiterinnen die fertig produzierte Ware wenigstens noch verpacken und beschriften mussten, packt und adressiert heute eine von Computern gesteuerte Verpackungsmaschine. Immer mehr Menschen verlieren ihren Arbeitsplatz und finden – möglicherweise trotz mehrfacher Umschulung – keine neue Verdienstmöglichkeit und werden zu (Langzeit-) Arbeitslosen. Machen wir uns nicht durch den zunehmenden Einsatz von Maschinen systematisch arbeitslos? Wer einmal einen Blick in die fast menschenleere Werkshalle eines Automobilherstellers geworfen hat, ist nachhaltig beeindruckt und ertappt sich dabei, wie er Sympathie aufbringt für diejenigen, die vor einem Jahrhundert die Maschinen stürmten, um ihrer Arbeitsplatz vernichtenden Wirkung zu entgehen.

1. Robinson und die Rationalisierung

Doch manchmal täuschen die Eindrücke. Dass wir alle auf einer großen Kugel sitzen und uns, gehalten von der geheimnisvollen Kraft der Gravitation, um die Sonne drehen, hat bis vor 400 Jahren fast niemand glauben können, weil der Eindruck der auf- und untergehenden Sonne so unglaublich prägend für unser normales Vorstellungsvermögen ist. Der Mechanismus, wie aus Kapital, aus Maschinen, die Menschen verdrängen, Wohlstand entsteht, scheint fast so geheimnisvoll wie die Gravitationskraft und ist so zentral für unsere komplexe Wirtschaft wie die Gravitationskraft für die komplexen natürlichen Vorgänge auf der Erde.

Weil die Sache komplex ist, müssen wir sie einfach machen, um sie zu verstehen. Stellen wir uns einmal Robinson Crusoe auf seiner einsamen Insel vor. Er ernährt sich mühsam vom Fischfang. Um aber die Fische nicht für alle Zeit mit der Hand fangen zu müssen, baut er sich eine Angel. Das bedeutet nichts anderes, als dass er investiert. Warum tut er das? Damit er sich ein paar Stunden mehr am Tag auf die faule Haut legen kann, falls die Sache mit der Angel funktioniert. Oder damit er Zeit hat, sich eine Hütte zu bauen ohne verhungern zu müssen. Oder beides. Sein Ziel ist eine Verbesserung seiner Lebenslage, ein Wohlstandsgewinn. Ob er die beim Fischfang durch die Investition eingesparte Zeit für mehr Freizeit nutzt oder zur Herstellung anderer Güter einsetzt, bleibt ihm überlassen. Auf jeden Fall wird sich Robinson nicht als arbeitslos betrachten, denn er gewinnt durch das schnellere Fangen der Fische (die Steigerung seiner Arbeitsproduktivität) entweder neue Güter (z. B. die Hütte) und/oder Freizeit hinzu.

Die Angel und die Arbeitsteilung

Angenommen Robinson trifft auf seiner Insel Ureinwohner, die mit dem Bau ihrer Hütten beschäftigt sind und vom Fischfang leben, diesen aber nur mit der Hand betreiben, weil ihnen Angeln bislang unbekannt sind. Werden sie durch Robinsons Investition arbeitslos? Sinkt ihr Wohlstand? Robinson kann den Inselbewohnern dank seiner Angel, mit der er Fische schneller fangen kann, ein Angebot machen: Zwei Fische gegen eine Stunde Hilfe eines Inselbewohners beim Bau seiner Hütte bietet er an, weil er z. B. einen großen Ast für sein Hüttendach allein nicht stemmen kann. Ihm brächte der Tausch »Fische gegen Bauhilfe«, den man als eine Art Arbeitsteilung betrachten kann, einen Vorteil.

Wie sieht es für die Inselbewohner aus, werden sie das Angebot annehmen? Wenn einer von ihnen in einer Stunde mindestens zwei Fische mit der Hand fangen kann, hilft er Robinson nur, wenn es ihm mehr Spaß macht zu bauen oder er ein Menschenfreund ist. Sind es weniger als zwei Fische, ist das Angebot für ihn »ökonomisch« interessant und er wird darauf eingehen. Kein Inselbewohner ist dadurch schlechter gestellt als zuvor, und Robinsons Wohlstand ist sogar gestiegen.

Nachahmung als Innovationsmotor

Was geschieht, wenn die Inselbewohner Robinsons Angel sehen und sich ihrerseits schnell Angeln bauen, seine Investition also nachahmen? Dann steigt ihre Produktivität, und Robinson findet niemanden, der auf sein Handelsangebot »Zwei Fische gegen eine Stunde Bauhilfe« eingeht. Robinsons Wohlstand bleibt dann unverändert, derjenige der Inselbewohner steigt. Wieder hat die technische Neuerung niemandem geschadet.

Was kann Robinson nun noch tun, um sein Wohlstandsniveau weiter zu steigern? Er muss sein Angebot verbessern und so viele Fische für eine Stunde Bauhilfe anbieten, dass sich der Tausch für einen Inselbewohner wieder lohnt. Robinson kann aber mehr Fische nur dann anbieten, wenn er seinerseits seine Produktivität wiederum steigert. Er benötigt also technischen Fortschritt. Wer am Markt nicht durch die nachahmenden Konkurrenten verdrängt werden will, muss ständig neu investieren. Robinson kann z. B. ein Netz knüpfen, mit dem er Fische noch schneller fangen kann als mit einer Angel.

Und dann die Sättigung?

Genau hier werden die Rationalisierungsskeptiker einwenden, dass nun die Arbeitslosigkeit der Inselbewohner vorprogrammiert sei. Spätestens dann nämlich, wenn die Ureinwohner selbst von Angeln auf Netze »umrüsten«. Denn wer könnte die dann mögliche Fangmenge überhaupt essen? Zeigt sich nicht an diesem Beispiel sehr schön, dass uns Rationalisierung letzten Endes an Sättigungsgrenzen führt, die notwendigerweise Arbeitslosigkeit nach sich ziehen?

Doch wer sagt eigentlich, dass sich die Inselbewohner lediglich für den Fischfang interessieren? Vielleicht haben sie sich bislang auf diese Tätigkeit konzentriert, weil ihre Produktivität für die Produktion und den Erwerb anderer Güter nicht ausreichte. Möglicherweise haben sie jetzt durch den verbesserten Fischfang genügend Zeit, ihre Hütten stabiler zu bauen oder sich dem Anbau anderer Nahrungsmittel zu widmen. Sättigungsgrenzen mögen für einzelne Güter wie hier den Fisch erreicht sein. Das heißt aber noch lange nicht, dass eine allgemeine Sättigungsgrenze droht, die das Produzieren sinnlos werden lässt. Doch selbst wenn sich die Inselbewohner nicht für andere Konsumgüter interessieren als den Fisch, ist ein höherer Wohlstand dank der Netze möglich; konsumiert wird er in Form von Freizeit.

1.2 Industrieller Fortschritt

Ist dieses Beispiel nicht zu primitiv, um die Komplexität unseres Wirtschaftssystems angemessen wieder zu geben? Keinesfalls. Schaut man sich den Prozess, in dem durch Rationalisierung Wohlstandsgewinne, also Einkommen entstehen, an einem realistischeren Beispiel etwas genauer an, bestätigt sich die Einschätzung, dass Arbeitslosigkeit keineswegs die zwingende Folge von technischem Fortschritt ist. Man stelle sich ein Unternehmen vor, das 100 Einheiten eines Produktes mit 100 Beschäftigten produziert und ihnen dafür Lohn zahlt. Ansonsten gebe es keine Produktionskosten. Nun macht das Unternehmen – über Nacht sozusagen – eine Erfindung, die es ihm erlaubt, die 100 Produkte mit 50 Arbeitern zu erzeugen. Die Arbeitsproduktivität steigt dann um 100 Prozent, die Arbeitskosten pro Stück (die so genannten Lohnstückkosten) halbieren sich. Wenn das Unternehmen auch weiterhin nur 100 Stück seines Produktes herstellte, würde es die nicht mehr benötigten Arbeitskräfte, also die Hälfte, entlassen. Die Rationalisierung hätte den von vielen erwarteten Ausgang genommen. Doch ist das das Ende der Geschichte?

Produktivitätsgewinne nur für den Investor …

Ob und wie viele Arbeiter das Unternehmen wirklich entlässt, ist keineswegs klar. Die wirtschaftliche Welt des Unternehmens hat sich ja fundamental geändert. Wenn es zunächst die Preise seines Produktes unverändert lässt, macht es einen weit höheren Gewinn wegen der gesunkenen Kosten pro Stück. Die Produktivität ist gestiegen, die Löhne sind unverändert geblieben. Fördert das die Beschäftigung? Ja, werden die Arbeitgeber sagen, der Unternehmer investiert dann mit Hilfe des gestiegenen Gewinns in neue Arbeitsplätze, so dass die zunächst nicht mehr benötigten Arbeitskräfte schnell wieder Arbeit finden. Möglicherweise konsumiert der Unternehmer als Gewinneinkommensbezieher auch mehr und steigert auf diese Weise die Gesamtnachfrage, was wiederum der Beschäftigung anderswo zugutekommt.

… oder nur für die Beschäftigten …

Statt dass der Produktivitätsschub komplett in den Gewinnen landet, wäre auch der andere Extremfall denkbar, dass er nämlich komplett bei den Löhnen ankommt: Zwar müssten dann die 50 bei stagnierendem Absatz nicht mehr benötigten Arbeitskräfte entlassen werden, die Löhne der bleibenden aber verdoppelten sich. Die Lohnsumme veränderte sich nicht. Unser Unternehmen ließe den Produktpreis mangels Kostenersparnis gleich und machte daher den gleichen Gewinn wie zuvor. Der Lohn der in dem rationalisierenden Betrieb (noch) beschäftigten Arbeiter aber wäre äußerst kräftig gestiegen. Er würde dafür sorgen, dass auch in diesem Fall die Gesamtnachfrage in der Volkswirtschaft in ausreichendem

Maße zunähme, um die freigesetzten Arbeitskräfte wieder in Lohn und Brot zu bringen. Allerdings wäre der Rationalisierungsprozess ähnlich wie im erstgenannten Extremfall von schwer nachvollziehbaren Verteilungseffekten begleitet: Während das innovative Unternehmen um den finanziellen Erfolg seiner Investition gebracht wäre, schöpften ihn die bei diesem Unternehmen noch beschäftigten Arbeitskräfte ab und erzielten einen wesentlich höheren Lohn als vergleichbare Arbeitskräfte in anderen Betrieben, in denen auch ihre ehemaligen Kollegen untergekommen wären. Die Beschäftigung sinkt jedoch in beiden Extremfällen nicht.

… sind schlechter als Produktivitätsgewinne für die Verbraucher

Eine dritte Variante muss aber mitbedacht werden, will man den Rationalisierungsprozess aus unserem Beispiel umfassend verstehen. Vielleicht zwingt nämlich der Wettbewerb das innovative Unternehmen, die gesunkenen Kosten in sinkenden Preisen weiterzugeben. Ist der Produktivitätsschub dann für die Beschäftigung verloren? Nein, denn der Absatz des Unternehmens dürfte in aller Regel aufgrund der Preissenkung zunehmen – man spricht dann von einer preiselastischen Nachfrage. Kann das Unternehmen z. B. bei einer Halbierung des Preises 200 statt vorher 100 Stück verkaufen, bleiben alle 100 Arbeitskräfte in dem Unternehmen beschäftigt. Der nominale Gewinn pro Stück ist dann nur noch halb so groß, der nominale Gewinn insgesamt ist jedoch genau so hoch geblieben wie zuvor.

Haben sich in dieser Variante die Löhne verändert? Nominal, d. h. ohne Berücksichtigung der Preisentwicklung, nicht: Es wird die gleiche Lohnsumme an dieselben Beschäftigten gezahlt. Aber wie sieht es aus, wenn man die Preisentwicklung mit in Rechnung stellt, also nach den Reallöhnen, nach der Kaufkraft der Löhne fragt? Diese sind gestiegen, denn das Preisniveau ist ja – je nach der Bedeutung, die die Produkte des betrachteten Unternehmens für die Gesamtwirtschaft haben, stärker oder schwächer – gesunken. Das gilt aber nicht nur für die Löhne, die das betrachtete Unternehmen zahlt, sondern auch für die Löhne, die andere Unternehmen ihren Beschäftigten zahlen. Denn alle Lohnempfänger sind ja auch Konsumenten und profitieren so von der Preissenkung.

Was aber, wenn der Absatz unseres Unternehmens trotz der Preissenkung (welches Ausmaß sie auch immer haben mag) stagniert oder nicht so stark zunimmt, dass niemand entlassen werden muss? Dann wird das Unternehmen in der Tat wegen der Rationalisierung bis zu 50 Arbeitskräfte entlassen. Allerdings sorgen die innerhalb und außerhalb des Unternehmens gestiegenen Reallöhne dafür, dass sich die für andere Güter verfügbare Kaufkraft aller Arbeiter erhöht. Halten die übrigen Arbeitnehmer ihre nominale Nachfrage insgesamt aufrecht (d. h. fangen sie nicht auf einmal an, ihre Sparquote zu erhöhen), steigt die reale Nachfrage in allen anderen Betrieben der Volkswirtschaft. Diese müssen – bei dort unveränderter Produktivität – die freigesetzten Arbeitnehmer einstellen, um die gestiegene reale Nachfrage bedienen zu können. Das sinkende Preisniveau ist in diesem Fall das Vehikel, mit dessen Hilfe die positiven Einkommenseffekte der Rationalisierung in der Volkswirtschaft verteilt werden. Interessant ist, dass das Verteilungsergebnis in diesem Fall gemeinhin als wesentlich »gerechter« empfunden werden dürfte als in den beiden zuerst geschilderten Extremfällen.

Eine innovationsfreundliche Verteilungsregel …

Die beiden Extremfälle und die Variante, dass das Preisniveau reagiert, stecken die Skala möglicher Ergebnisse des Produktivitätsschubs aber nicht vollständig ab. Es gibt noch eine vierte Art und Weise, die Rationalisierungseffekte in die Gesamtwirtschaft zu transportieren. Durch den Produktivitätsschub in unserem Unternehmen steigt auch die durchschnittliche Produktivität in der Gesamtwirtschaft, natürlich nur entsprechend der Bedeutung, die das

Unternehmen für die Gesamtwirtschaft hat. Beträgt seine Produktion beispielsweise ein Prozent der gesamten Produktion der Volkswirtschaft, steigt mit der oben angenommenen Innovation die durchschnittliche Produktivität um 0,5 Prozent. Arbeitnehmer und Arbeitgeber auf der Ebene der Gesamtwirtschaft könnten sich darauf einigen, die Löhne für alle Beschäftigten genau um diese durchschnittliche Zunahme anzuheben (also um 0,5 Prozent). Dann blieben die durchschnittlichen Lohnstückkosten gerade unverändert.

Was bedeutet das für das innovative Unternehmen? Lässt es seinen Absatzpreis (und damit seinen Marktanteil) konstant, steigen sein Stückgewinn und sein Gewinn insgesamt fast so stark wie im zuerst geschilderten Extremfall, denn es beteiligt seine Beschäftigten ja nur vergleichsweise gering am Investitionserfolg: Die unternehmensinterne Produktivität wächst schließlich um 50 Prozent, die Löhne aber nur um 0,5 Prozent. Senkt es seinen Absatzpreis, nehmen die Stückgewinne nicht ganz so dramatisch zu, dafür dehnt es aber seinen Marktanteil auf Kosten seiner Konkurrenten aus. Sein Gewinn wächst dann in aller Regel noch mehr.

Wie sieht es mit der Zahl der Beschäftigten in dem Unternehmen aus? Das Unternehmen dürfte seine Absatzmenge auch ohne Preissenkung erhöhen, weil die Nominallöhne und mit ihnen die Reallöhne in der Gesamtwirtschaft gestiegen sind. Aber die Absatzsteigerung wird wohl nicht ausreichen, um alle 100 Arbeitskräfte weiterhin in der Produktion einzusetzen. Mag sein, dass das Unternehmen die Gewinnzunahme in weitere Investitionen und damit Arbeitsplätze steckt. Aber selbst wenn dieser Effekt nicht ausreicht, um die Beschäftigung im vorherigen Umfang aufrecht zu erhalten, bietet die Einkommenszunahme in der Gesamtwirtschaft den letztendlich Entlassenen gute Chancen, eine neue Beschäftigung zu finden. Denn von der Nachfrageausweitung profitieren auch die anderen Unternehmen. Die Verteilungseffekte wären ähnlich wie im Falle einer vollen Weitergabe der Rationalisierungsgewinne in den Preisen. Sollte das Unternehmen seinen Marktanteil mittels Preissenkung ausdehnen, liegt die Zahl der im Unternehmen weiterhin Beschäftigten höher als ohne Preissenkung.

Aber wie steht es mit der Zahl der Beschäftigten in den übrigen Unternehmen? Die nicht in gleichem Maße mit einer höheren Produktivität ausgestatteten anderen Unternehmen in der gesamten Volkswirtschaft müssen die mit der Arbeitnehmerseite vereinbarten höheren Löhne zahlen (+ 0,5 Prozent). Entsprechend machen sie – zumindest relativ zum rationalisierenden Unternehmen – geringere Gewinne. Darüber hinaus verlieren die Anbieter, die mit dem innovativen Unternehmen auf demselben Markt konkurrieren, sogar Marktanteile, wenn der Pionier seinen Wettbewerbsvorteil zu Preissenkungen nutzt. Sie büßen also Umsatz und damit Gewinne ein, was Arbeitsplätze kosten kann. Ist das schlecht? Im Wettbewerb soll ja derjenige belohnt werden, der besonders erfolgreich in Sachen Innovation und Investition ist. Das Zurückfallen der Nicht-Pioniere ist das Instrument, um diese zu größeren Anstrengungen zur Verbesserung ihrer Produktivität zu zwingen. Nur weil es diesen Effekt in Marktwirtschaften im Gegensatz zu Planwirtschaften immer gegeben hat, sind diese so erfolgreich gewesen bei der Steigerung des Lebensstandards und bei der Bewältigung des damit verbundenen Strukturwandels. Weniger Beschäftigung gibt es in der Summe aller Effekte nicht, weil die Rationalisierung in allen diskutierten Fällen zu höherem Realeinkommen und damit zu steigender Gesamtnachfrage führt. Diesen Zusammenhang bezeichnet man als Realeinkommenseffekt der Rationalisierung bzw. der Produktivitätssteigerung.

1.3 Rationalisierung und gesamtwirtschaftliche Entwicklung

Niemand kann aber leugnen, dass der Strukturwandel, den Innovationen und Investitionen unweigerlich zur Folge haben, mit Problemen verbunden ist. Entfällt aufgrund von Rationalisierung eine bestimmte Art von Arbeit, passt die Qualifikation der Arbeitskräfte, die diese Arbeit bislang verrichtet haben, womöglich nicht mehr zu den Anforderungen, die die anderswo neu entstandenen Arbeitsplätze mit sich bringen. Auch gibt es keine Garantie für einen räumlichen Zusammenhang: Fallen in einem Betrieb im Raum Hamburg aufgrund von Rationalisierungsinvestitionen Arbeitsplätze weg, können durch die im Maschinenbau gestiegene Nachfrage zwar zusätzliche Arbeitnehmer in der Investitionsgüterindustrie eingestellt werden, aber möglicherweise eher im Raum Stuttgart als in Hamburg.

Durch Umschulung, durch Mobilität oder jede andere Art von Flexibilität müssen die Arbeitnehmer sich diesen Veränderungen immer wieder anpassen. Das ist eine nicht leicht zu bewältigende Aufgabe. Erstens hat ein Arbeitnehmer auch ein Privatleben, in dem andere Personen von ihm abhängen oder zumindest mit ihm eng verbunden sind, so vor allem seine Familienangehörigen. Sie müssen die geforderte Flexibilität und ihre oft gravierenden Folgen (Wohnungssuche, Schulwechsel, Wechsel des sozialen Umfeldes, Stellenwechsel des ebenfalls berufstätigen Partners etc.) mittragen. Und zweitens nehmen die physischen und psychischen Fähigkeiten zur Anpassung an sich verändernde berufliche Anforderungen mit zunehmendem Alter nicht automatisch ebenfalls zu. Im Gegenteil: Manche wünschenswerte Umschulung ist eben nicht jedem älteren Arbeitnehmer mehr zuzumuten, weil er sie mental auch bei gutem Willen nicht zu bewältigen in der Lage ist.

Was ist in solchen Fällen zu tun? Ist wegen dieser Anpassungsprobleme technischer Fortschritt abzulehnen? Hier lautet die Antwort ganz klar: nein, Rationalisierung ist trotzdem sinnvoll und notwendig. Denn gerade aus dem Wachstum, dem zusätzlichen Wohlstand heraus, den sie ermöglicht, lässt sich die Bewältigung solcher Anpassungsprobleme in der Regel finanzieren und damit leichter bewältigen. Zu behaupten, es sei doch sinnvoller, auf Produktivitätssteigerungen zu verzichten, wenn sie solche Anpassungsprobleme erzeugten, ist zu kurz gedacht.

Erstens hieße das im Umkehrschluss, auf Wohlstandssteigerungen generell zu verzichten (ob diese nun in der Beseitigung harter Feldarbeit durch den Einsatz landwirtschaftlicher Maschinen oder in der Benutzung von Handys bestehen, macht keinen grundsätzlichen Unterschied). Die Wohlstandssteigerungen für alle zusammengenommen fallen nämlich regelmäßig höher aus als die Wohlstandsverluste derjenigen, die die Anpassungslasten bei ihren Arbeitsplätzen zu tragen haben. Aus dieser Differenz lassen sich die Betroffenen nicht nur entschädigen, sie lassen sich an anderer Stelle im Wirtschaftsprozess wieder integrieren, wenn denn die übrigen wirtschaftlichen Rahmenbedingungen stimmen. Und zweitens wäre es in einer freiheitlich organisierten Marktwirtschaft auch gar nicht möglich, den Prozess von Innovationen und Investitionen zu verbieten. Wenn jemand eine produktivitätssteigernde Idee hat und umsetzen will, wer wollte ihn daran hindern? Für all diejenigen, denen der Strukturwandel trotz gesamtgesellschaftlicher Wohlstandsgewinne persönlich mehr abverlangt, als sie dabei gewinnen können, bietet die Marktwirtschaft durch die sozialen Sicherungsnetze Hilfe. Werden diese Sicherungssysteme allerdings massiv in Frage gestellt, muss man sich nicht wundern, dass viele Beschäftigte Angst vor Produktivitätssteigerungen haben und dem Strukturwandel ablehnend gegenüberstehen.

Konjunkturloses Produktivitätswachstum?

Dennoch wird der Rationalisierung und dem aus ihr erwachsenden Strukturwandel in Hinsicht auf die Folgen für den gesamten Arbeitsmarkt misstraut. Diskutiert man – wie oben geschehen – das Ausgangsbeispiel eines Produktivitätssprungs in einem einzelnen Unternehmen konsequent zu Ende, gelangt man zwangsläufig auf die Ebene der Gesamtwirtschaft. Dort scheint das Ergebnis der letzten 15 Jahre Rationalisierung den Skeptikern Recht zu geben, wie die Abbildung zeigt.

Produktion und Produktivität in Deutschland: Eine Schere?

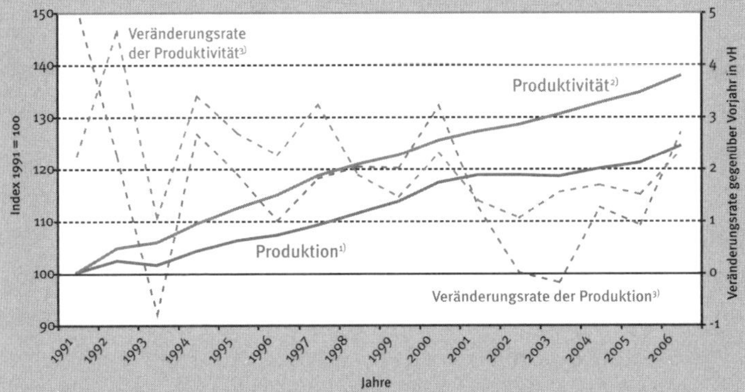

[1] Index des realen Bruttoinlandsprodukts (1991 = 100), linke Skala. [2] Index der Produktivität (1991 = 100), berechnet als reales Bruttoinlandsprodukt je Erwerbstätigen in Vollzeitäquivalenten, linke Skala. [3] Rechte Skala.
Quellen: AMECO Datenbank, eigene Berechnungen.

Ist hier nicht allem Lob der Rationalisierung zum Trotz schlicht festzustellen, dass auf der gesamtwirtschaftlichen Ebene das Produktivitätswachstum in den letzten 15 Jahren klar über dem Produktionswachstum lag, durchschnittlich um mehr als einen halben Prozentpunkt jährlich? Dass rein rechnerisch aus diesem Auseinanderklaffen von Produktivitäts- und Produktionszunahme Arbeitslosigkeit folgt, ist jedem klar, der den Dreisatz beherrscht: Steigt jährlich die Produktivität (was ein Arbeiter in einem Jahr produziert) um beispielsweise zwei Prozent, die Produktion (was alle Arbeiter zusammen in einem Jahr produzieren) hingegen nur um ein Prozent, muss die Beschäftigung (die Zahl der Arbeiter bzw. der geleisteten Arbeitsstunden) um ein Prozent fallen. Das, über eine ganze Reihe von Jahren hinweg, summiert sich zwangsläufig zu mehreren Millionen Arbeitslosen. Die entscheidende Frage, ob diese definitorische Betrachtung von Durchschnittszahlen irgendeinen kausalen Zusammenhang belegt, bliebe damit aber unbeantwortet. Geht man mit dieser Betrachtung über eine rechnerische Identität, eine Tautologie hinaus? Sagt man mehr, als dass immer dann, wenn Arbeitslosigkeit entstanden ist, die Definitionen in der volkswirtschaftlichen Gesamtrechnung korrekt anzeigen, dass Arbeitslosigkeit entstanden ist?

Wer aus diesen Durchschnittswerten einen kausalen Zusammenhang abliest, ist offenbar der Ansicht, dass die kurzfristig vorhandenen Schwankungen gesamtwirtschaftlicher Größen wie Produktion, Produktivität (in der Abbildung oben beides gestrichelt eingezeichnet) und Beschäftigung, die in langjährigen Durchschnittszahlen notwendigerweise verschwinden, keine Rolle spielen für die langfristige Entwicklung dieser Größen. Derjenige glaubt – wie mit ihm übrigens viele Ökonomen auch –, dass kurzfristige Nachfrageschwankungen, die man unter den Begriff Konjunktur fasst, und langfristiges Wachstum nichts miteinander zu tun haben. Verbreitet wurde diese Ansicht unter dem Begriff »Scherentheorie«, die das Auseinanderlaufen von Produktivität und Produktion in das so einprägsame Bild einer Schere fasst.

Die Anhänger der Scherentheorie müssen, soll ihre Argumentation schlüssig sein, behaupten, dass unsere Volkswirtschaft wegen der Rationalisierungserfolge, die das marktwirtschaftliche System zeitigt, über kurz oder lang an Sättigungsgrenzen stößt. Denn wenn die Schere zwischen Produktivität und Produktion nicht konjunkturbedingt, also durch Schwankungen der Nachfrage hervorgerufen ist, woher rührt sie dann? Welches ökonomische Gesetz schreibt uns den Verlauf von Produktivität und Produktion vor?

Die logisch zwingende Grundlage der Theorie, die eine Kausalität hinter dem Dreisatz »Produktivitätswachstum größer als Produktionswachstum, daraus folgt Arbeitslosigkeit« vermutet, ist die: Wir werden einfach schneller produktiv, als wir Güter konsumieren können. Deshalb können wir die Menge dessen, was durch die Produktivitätssteigerung mit allen vorhandenen Arbeitskräften zusammen zu produzieren möglich wäre, nicht ausschöpfen. Folglich müssen wir Arbeitslosigkeit in Kauf nehmen. Oder die Rationalisierung einschränken. Oder – der Königsweg, den die Gewerkschaften seit den 1980er Jahren zu beschreiten versuchen – die (noch) vorhandene Menge an Arbeit möglichst fair und gleichmäßig auf alle Arbeitswilligen verteilen, also die Arbeitszeit aller verkürzen.

Arbeitszeitverkürzung als Lösung?

Den meisten Befürwortern der Arbeitszeitverkürzung als Mittel zur Bekämpfung der Arbeitslosigkeit ist zwar nicht klar, dass sie eigentlich Anhänger dieses Wachstumspessimismus sind, das hindert uns aber nicht daran, auf diese logische Konsequenz hinzuweisen. Wer seine Arbeitszeit freiwillig verkürzen will, weil er Produktivitätssteigerungen lieber in Form von Freizeit als in Form von Einkommen konsumieren möchte, der kann das selbstverständlich tun. Wer das nicht will, wird bei Ausübung von Druck – von Seiten des Staates oder der Gewerkschaftsführung – den Teil seiner »unfreiwillig« verordneten Freizeit, den er eigentlich lieber mit einkommensträchtiger Arbeit verbringen würde, auf anderem Wege wieder am Arbeitsmarkt anbieten. Er wird sich z. B. einen Nebenjob suchen. Wird er nicht fündig, taucht zwar seine zwangsweise Teil-Arbeitslosigkeit in keiner Statistik mehr auf. De facto hat sich aber an der Summe der Beschäftigungslosigkeit nichts geändert, sie ist nur anders verteilt. Wird er fündig, nimmt er dem bisherigen Teilzeitstelleninhaber oder einer neu auf den Arbeitsmarkt drängenden, originär nach einer Teilzeitstelle suchenden Arbeitskraft den Job weg, so dass rein rechnerisch keine neue Beschäftigung entstanden ist, auch wenn der verkürzt arbeitende Betrieb niemanden entlassen hat.

Das alles bedeutet natürlich noch keine Ablehnung von Arbeitszeitverkürzung als Mittel gegen Arbeitslosigkeit generell, denn auch in dieser Überlegung bleibt Raum für Solidarität, also die Bereitschaft der Arbeitenden, auf einen Teil ihrer Arbeit zu Gunsten derer zu verzichten, die gar keine Arbeit haben. Es muss dann nur ein Mechanismus gefunden werden, der verhindert, dass der Verzicht der Arbeitenden zu einem Nachfrageausfall führt und damit zu einer Gefährdung der bestehenden Arbeitsplätze. Dieser Mechanismus, muss man allerdings heute feststellen, ist bei Arbeitszeitverzicht ebenso wenig gefunden worden wie bei Lohnverzicht. Das macht die Sache problematisch.

Unbegrenzte Bedürfnisse – begrenzte Nachfrage

Stimmt es aber, dass wir schneller produktiv werden, als wir konsumieren können und wollen? Diese Frage ist nicht ganz neu. Sie wurde schon vor mehr als 300 Jahren von einem Ökonomen gestellt und klar beantwortet, dessen Name mit der Antwort berühmt wurde: Es handelt sich um Say's Law, das Gesetz von Jean-Baptiste Say. Es lautet: Jedes Angebot schafft sich seine Nachfrage. Und es bedeutet, dass jeder, der etwas anbietet, dies mit dem Wunsch tut, für das Angebot etwas zu erhalten, womit er selbst seine Nachfrage befriedigen kann. Richtiger müsste man sagen: Jedes Angebot will sich seine Nachfrage schaffen. Ist ein Mensch (im Sinne des Konsumierens) dauerhaft wunschlos glücklich, hat er keinen Anlass, seine Arbeitskraft für irgendeine Produktion einzusetzen, sei es für eine abhängige Beschäftigung, sei es für eine selbstständige Tätigkeit. Das ist dann aber eine freiwillige Beschäftigungslosigkeit, die nichts, aber auch rein gar nichts mit der Arbeitslosigkeit zu tun hat, unter der Millionen von Menschen in unserem Land leiden.

Das Gesetz bedeutet aber nicht, dass der Wunsch, für sein Angebot auch tatsächlich etwas zu erhalten, womit man Nachfrage entwickeln kann, automatisch und jederzeit in Erfüllung geht. Mangelt es an marktwirksamer Nachfrage, heißt das nicht, dass kein Konsumwunsch bestand und deshalb weniger angeboten wurde (wie es die üblich gewordene Fehlinterpretation des Gesetzes nahelegt). Ganz im Gegenteil: Gerade dann ist offenbar jemand unfreiwillig auf seinem Angebot sitzen geblieben und kann daher mangels Einkommen nicht die von ihm eigentlich gewünschte Nachfrage entfalten. Dabei spielt es keine Rolle, ob es sich bei dem Angebot um Güter handelt, die als Ladenhüter verstauben, oder um nicht genutzte Arbeitszeit in Form von Arbeitslosigkeit. In beiden Fällen ist der Wunsch, sein Angebot auch abzusetzen, nicht in Erfüllung gegangen und daher die Nachfrage der erfolglos Anbietenden geringer als gewünscht.

Das ist oft missverstanden worden, z. B. von vielen Experten, die sich Angebotstheoretiker nennen bzw. sich als Vertreter des so genannten Angebotsansatzes verstehen. Sie verweisen auf Say's Law, um zu begründen, warum sie sich lediglich um die Verbesserung der so genannten Angebotsbedingungen kümmern, die Nachfragebedingungen aber völlig außer Acht lassen. Denn das Angebot schüfe sich ja bekanntlich seine Nachfrage selbst.

Was hat Say's Law aber mit der Scherentheorie zu tun? In Wachstumsraten übersetzt lautet das Gesetz: Wir werden nur produktiver, wenn wir auch entsprechend mehr konsumieren wollen. Ob wir das tatsächlich auch können, oder ob wir am Konsum, an der zu entwickelnden Nachfrage aus anderen Gründen gehindert werden, ist eine ganz andere, nebenbei bemerkt: die entscheidende Frage. Say's Law ist eine klare Absage an einen wie auch immer gearteten Wachstumspessimismus: Wir sind durch die Marktwirtschaft nicht zu Produktivitätssteigerungen verdammt, die wir nicht selbst wollen und die uns deshalb unausweichlich in die Arbeitslosigkeit führen. Produktiver wird nur derjenige, der dafür auch etwas anderes – seien es mehr Güter, sei es mehr Freizeit – haben will. Umgekehrt bedeutet das aber auch, dass alle Versuche zum Scheitern verurteilt sind, Arbeitslosigkeit durch Einschränkungen des Produktivitätswachstums lösen zu wollen.

Die Scherentheorie ist keine Theorie, sondern nur ein rechentechnischer Zusammenhang. Wenn man die Entwicklung der Arbeitslosigkeit und die Schwankungen von Produktivität und Produktion in der Abbildung unten betrachtet, stellt man fest, dass es Phasen gegeben hat, in denen die Produktion (helle Kurve) stärker gestiegen ist als die Produktivität (dunkle Kurve) und die Beschäftigung zunahm respektive die Arbeitslosigkeit (Balken) sank. Umgekehrt gab es Phasen, in denen sich die Produktion offenbar schwächer entwickelte als die Produktivität und Beschäftigung abgebaut wurde. Außerdem lässt sich die Erkenntnis gewinnen, dass sich Produktion und Produktivität tendenziell in die gleiche Richtung entwickeln. D.h., nimmt das Produktionswachstum Fahrt auf (blaue Kurve schießt nach oben), geht auch das Produktivitätswachstum hoch; verringert sich das Produktionswachstum, verlangsamt sich auch die Produktivitätszunahme. Insgesamt sind die Ausschläge des Produktionswachstums kräftiger bzw. schwankt die Produktivität etwas weniger

Wachstum, Produktivitätsentwicklung und Arbeitslosigkeit in Deutschland

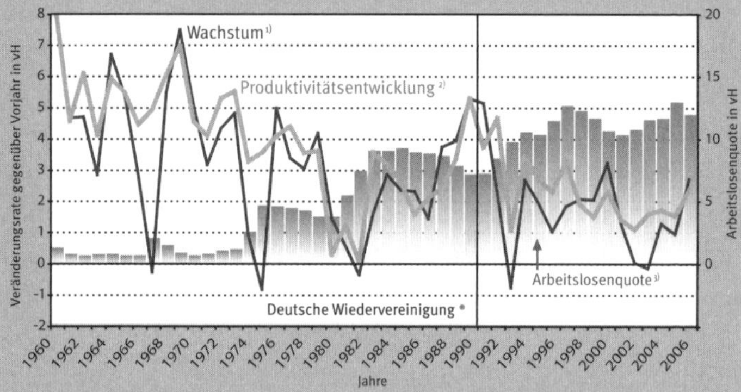

[1] Jährliche Veränderungsrate des realen Bruttoinlandsprodukts, linke Skala. [2] Jährliche Veränderungsrate des realen Bruttoinlandsprodukts je Erwerbstätigenstunde (bis 1991) bzw. je vollzeitäquivalent Erwerbstätigen (ab 1992), linke Skala. [3] Arbeitslose in Prozent der Erwerbspersonen; bis 1990 Westdeutschland einschließlich Berlin West, ab 1991 Deutschland; rechte Skala.
Quellen: AMECO Datenbank, DIW Berlin, Bundesagentur für Arbeit.

Aus der Konjunkturabhängigkeit des Produktivitätswachstums muss man übrigens auch schlussfolgern, dass alle Ideen zu so genannten »Beschäftigungsschwellen«, über die das Wachstum von Volkswirtschaften zu heben sei, damit Beschäftigung entstünde, reine Dreisatzüberlegungen sind und keinen kausalen Kern beinhalten, aus dem sich irgendwelche sinnvollen wirtschaftspolitischen Schlüsse ziehen ließen. […]

Auszug aus Flassbeck, Heiner (2007): *Das Ende der Massenarbeitslosigkeit. Mit richtiger Wirtschaftspolitik die Zukunft gewinnen*, S. 269–292.

Die ungleiche Gesellschaft: Über Reichtum und Wege der Umverteilung

Ein Panorama sozialer Ungleichheit

von Friedhelm Hengsbach SJ

»Wir sind noch mal davongekommen!« Bis in den Herbst 2014 blieb die allgemeine Stimmungslage in Deutschland von der weiterhin schwelenden Bankenkrise, der hohen Arbeitslosigkeit in den südeuropäischen Ländern und den rivalisierenden Vorstellungen der Mitgliedsländer über die Zukunft Europas ziemlich unberührt. Die Zahl der Beschäftigten auf Rekordniveau, die Exportindustrie ungebrochen wettbewerbsfähig, steigende Reallöhne, Sozialkassen im Überschuss, hohe Steuereinnahmen: »Deutschland geht es gut«, strahlt die Kanzlerin. Hat sie recht? Nur dann, wenn sie die Schatten einer wachsenden sozialen Ungleichheit ausblendet.

Ungleiche Arbeit, Löhne, Einkommen, Vermögen

Arbeit

Die Zahl der registrierten Arbeitslosen ist 2014 unter drei Millionen gesunken. Aber zu ihnen müsste die sogenannte stille Reserve hinzugezählt werden. Diese besteht aus Arbeitsuchenden, die nicht registriert sind oder die Suche nach einer Arbeitsgelegenheit entmutigt aufgegeben haben oder die sich an den Maßnahmen der aktiven Arbeitsmarktpolitik beteiligen oder sich in Warteschlangen des Berufs- und Ausbildungssystems aufhalten oder die vorzeitig aus dem Erwerbsleben ausgeschieden sind. Wer unter die Maßnahmen der aktiven Arbeitsmarktpolitik fällt, gilt statistisch nicht als »arbeitslos«. Folglich klingt die Erfolgszahl von drei Millionen aufgehübscht. Die Zahl der sozialversicherungspflichtig Beschäftigten bleibt um etwa ein Drittel hinter dem allgemeinen Beschäftigungsanstieg zurück. Wer keine Sozialbeiträge zahlt, kann auch keine Rentenansprüche anmelden.

Fakt ist: Am Beschäftigungsaufbau von mehr als drei Millionen Personen seit der deutschen Wiedervereinigung hatten die atypischen Arbeitsverhältnisse einen überdurchschnittlichen Anteil. Dazu gehören befristete Arbeit, Leiharbeit, Minijobs und geringfügige Arbeit unter 2ß Wochenstunden. Gleichzeitig sank die Zahl der Normalarbeitsverhältnisse um mehr als zwei Millionen.

Löhne

Der Anstieg der Bruttomonatsverdienste aller Beschäftigten ist von 1991 bis 2012 durch erhöhte Verbraucherpreise aufgezehrt worden. Während die Produktivität je Erwerbstätigenstunde um mehr als 36 Prozent stieg, sanken die Reallöhne um 1,6 Prozent. Nur von 2007 bis 2012, sind die Bruttoverdienste stärker als die Verbraucherpreise gestiegen. Aber der Lohnabstand hat sich vergrößert. Arbeitnehmer in leitender Stellung und herausgehobene Fachkräfte haben überdurchschnittlich, Fachkräfte und angelernte Arbeitnehmer unterdurchschnittlich verdient. In der Erdöl- und Erd-gasgewinnung sind Monatsverdienste von nahe 7 000 Euro brutto üblich, am unteren Ende liegen Gastronomie und Beherbergung mit 2 000 Euro. Die Entwicklung der Löhne ist hinter der Entwicklung der Wertschöpfung zurückgeblieben, die abhängig Beschäftigten konnten also den ihnen zustehenden Verteilungsspielraum nicht ausschöpfen.

In Deutschland arbeitete 2011 fast ein Viertel aller Beschäftigten – das sind mehr als acht Millionen Personen – für einen Lohn, der unter der Schwelle von 9,14 Euro liegt. Das Risiko, für einen Niedriglohn zu arbeiten, trifft am meisten diejenigen, die einen Minijob angenommen haben, zudem Ausländer, unter 25-Jährige und befristet Beschäftigte. Dabei ist die große Mehrheit der Niedriglohnbeschäftigten formal qualifiziert, hat eine Berufsausbildung abgeschlossen oder sogar einen akademischen Grad. Die durchschnittlichen Stundenlöhne im Niedriglohnsektor liegen bei etwas mehr als sechs Euro. Den Minijobbern werden häufig nur die tatsächlich geleisteten Stunden vergütet; Urlaub und Lohnfortzahlung im Krankheitsfall gibt es für sie oft nicht.

Einkommen

Ein Blick auf jene zehn Einkommensstufen (Dezile), in die man die Haushalte einordnet, lässt erkennen, wie unterschiedlich sich die verfügbaren bedarfsgewichteten Pro-Kopf-Einkommen – das sind Erwerbs- und Kapitaleinkommen, Renten und Pensionen und staatliche Transfers abzüglich Steuern und Sozialbeiträgen – in zehn Jahren (2000 bis 2011) entwickelt haben. Das oberste Zehntel konnte seine Einkommen um 13 Prozent steigern, das neunte um vier, das achte um drei Prozent. Beim siebten bis fünften Zehntel stagnierten die Einkommen. Und die letzten vier Zehntel hatten wegen der Ausweitung des Niedriglohnsektors und der niedrigen Alterseinkommen Einkommensverluste bis zu fünf Prozent. Das Einkommensniveau im Osten Deutschlands lag durchschnittlich um ein Fünftel unter dem des Westens.

Vermögen

Das Nettovermögen der privaten Haushalte in Deutschland (Sach- und Geldvermögen, Beteiligungsvermögen, Eigentumsrechte) betrug 2012 mehr als sechs Billionen Euro. Für den einzelnen Erwachsenen sind dies im Durchschnitt 83 000 Euro. Den reichsten zehn Prozent aller Haushalte gehörten 2011 mehr als 59 Prozent des Nettovermögens aller Haushalte. Dagegen hatten 28 Prozent der erwachsenen Bevölkerung überhaupt kein Vermögen oder waren verschuldet. Ein Vermögensgefälle um mehr als die Hälfte besteht zwischen Westdeutschen und Ostdeutschen. Arbeitslose hatten im Zeitablauf deutliche Vermögensverluste. Das Vermögen, das dem obersten Zehntel der nach dem Einkommen gestuften Bevölkerung durchschnittlich zur Verfügung steht, übersteigt das Vermögen des untersten Zehntels um das 14-Fache.

Das öffentliche Nettovermögen, als »staatliches Reinvermögen« definiert, ist 1991 bis 2011 von knapp 800 Milliarden Euro auf 11,5 Milliarden Euro geschmolzen. Dieser Vermögensabbau ist verursacht durch eine rückläufige Investitionstätigkeit des Staates, den Wertverlust der öffentlichen Infrastruktur, den Verkauf öffentlichen Vermögens an Private, durch höhere Sozialausgaben und die Finanzierung des Aufbaus Ost. Dem Schrumpfen des öffentlichen Vermögens stehen die beträchtlichen Zuwächse des Nettovermögens der privaten Haushalte gegenüber, von knapp 4,6 auf rund zehn Billionen Euro. Öffentliche Armut korrespondiert mit einem exzessiv zugelassenen und geförderten privaten Reichtum.

Ungleiche Chancen für Männer und Frauen

Die Mädchen gewinnen zwar während der Schulzeit einen Qualifikationsvorsprung gegenüber den Jungen, aber dieser endet am Schulausgang. Bei den atypischen Arbeitsverhältnissen hielten die Frauen 2011 einen Anteil von mehr als 70 Prozent, bei den Minijobs knapp 78 Prozent, bei der Teilzeitbeschäftigung 86 Prozent. Nur rund jeder 15. Mann, aber gut jede dritte Frau waren teilzeitbeschäftigt. Minijobs sind für viele Frauen eine Sackgasse, weil ihnen der Übergang in eine reguläre Beschäftigung nicht gelingt. Frauen arbeiten unabhängig von ihrer Qualifikation deutlich häufiger als Männer für einen Niedriglohn. Jede sechste erwerbstätige Frau bezieht einen Stundenlohn unter sieben Euro. Selbst mit einer abgeschlossenen Berufsausbildung tragen Frauen ein Niedriglohnrisiko, das fast doppelt so hoch ist wie das der Männer. Die durchschnittlichen Bruttostundenverdienste für Frauen liegen um mehr als ein Fünftel niedriger als die für Männer, bei den Bruttojahresverdiensten beträgt die Differenz mehr als ein Drittel.

Der Abstand ist bedingt durch die geschlechterbezogenen Unterschiede der Berufe und Branchen, in denen Frauen arbeiten, die Arbeitszeit, die unterbrochene Erwerbsbiografie, die unbezahlte Arbeit in der Privatsphäre bei der Kinderbetreuung und die Berufserfahrung. Wird das gesamte Bruttoeinkommen betrachtet, erreichen Frauen weniger als die Hälfte des Einkommens der Männer. Die Frauen sind stark in den unteren Einkommensklassen konzentriert, die Männer dominieren in der Einkommensklasse ab 75 000 Euro. Ein Gewinneinkommen beziehen nur halb so viele Frauen wie Männer. Das individuelle Vermögen von Frauen lag 2012 bei weniger als drei Viertel eines Vermögens, über das Männer verfügten. In den Vorständen der 200 umsatzstärksten Unternehmen lag der Frauenanteil 2009 bei 2,5 Prozent, in den Vorständen der 100 Spitzenunternehmen unter ein Prozent.

Ungleiche Bildungszugänge

Die Bildungschancen von Kindern und Jugendlichen in Deutschland hängen nicht in erster Linie von ihrem persönlichen Leistungspotential ab, sondern von der Klassenzugehörigkeit, dem Bildungsstand und dem Bildungsinteresse der Herkunftsfamilie. Soziale Ungleichheit wird durch Bildungsprozesse nicht aufgehoben, sondern lange vor der Grundschule und an den Nahtstellen der Bildungsbiografie festgeschrieben. Der durchschnittliche Anteil der Kinder aus bildungsnahen Bevölkerungsklassen, die ein Gymnasium besuchen, ist mehr als viermal so hoch wie der Anteil der Kinder aus Facharbeiterfamilien. Fast die Hälfte der Hauptschüler kommt aus dem untersten Viertel der Bevölkerung, während rund die Hälfte der Gymnasiasten dem obersten Viertel der Bevölkerung entstammt. Ein Hochschulstudium beginnen nur sechs Prozent der Arbeiterkinder, dagegen knapp 50 Prozent der Kinder aus wohlhabenden und bildungsinteressierten Familien.

Die frühe Auslese für weiterführende Schulformen überfordert Kinder und Eltern. Mit der Entscheidung für die Schulform werden die Weichen für die spätere Berufslaufbahn gestellt. Die Wahrscheinlichkeit, dass Eltern aus der oberen Einkommensklasse bei gleichem Leistungspotential des Kindes sich für das Gymnasium entscheiden, ist neunmal höher, als un- und angelernte Arbeiter dies tun. So kommt es, dass ein Drittel der Schülerinnen und Schüler auf einer für sie falschen Schule lernen. Der deutschen Halbtagsschule fehlt die Zeit, die Defizite sozial benachteiligter und bildungsferner Familien auszugleichen. Eltern, die über viele Ressourcen verfügen, finanzieren ihren Kindern Nachhilfeunterricht, Auslandsaufenthalte oder den Besuch einer Privatschule. Warum sind zwei Drittel der deutschen Eltern mit dem Ausleseverfahren des deutschen Bildungssystems und der frühen Trennung nach Schulformen zufrieden? Vermutlich deshalb, weil sie die eigenen Kinder auf Realschulen und Gymnasien vor den Kindern sozial schwacher Familien und Migranten bewahrt sehen.

Zunehmende Polarisierung

Polarisierung ist anders zu bewerten als soziale Ungleichheit. Diese verändert ihr Profil, wenn die oberen und unteren Ränder der Einkommensverteilung, also die untere und die obere Einkommensklasse, auseinanderrücken, wenn nicht nur die Abstände zwischen ihnen, sondern deren Anteile größer werden, während der Anteil der Mittelklasse sinkt. Die obere Klasse erzielt reale Einkommensgewinne, die untere erleidet reale Einkommensverluste. Eine solche Polarisierung ist in Deutschland seit dem Beginn des Jahrhunderts zu beobachten. Diejenigen, denen mehr als 200 Prozent des bedarfsgewichteten Pro-Kopf-Einkommens des mittleren Haushalts zufließen, haben 1998 bis 2011 ihren Anteil um mehr als ein Fünftel erhöht. Der Anteil jener Personen, die mit weniger als 50 Prozent des gewichteten Pro-Kopf-Einkommens des mittleren Haushalts auskommen müssen, ist um erheblich mehr als ein Drittel gestiegen.

Ein krasser Vorgang der Polarisierung ist die Explosion der Managergehälter im Zuge der Annäherung deutscher Unternehmen an die angloamerikanischen Gehaltsstandards. Sie hat mit der Übernahme des US-amerikanischen Konzerns Chrysler durch Daimler-Benz unter dem damaligen Vorstandsvorsitzenden Jürgen Schrempp begonnen. Während 1989 die Vorstände der größten börsennotierten Unternehmen ein Jahresgehalt von umgerechnet einer Viertelmillion Euro bezogen, stieg dieses bis 2010 auf sechs Millionen Euro an. Der Abstand zum durchschnittlichen Entgelt eines Arbeiters erhöhte sich von 20 zu eins auf 200 zu eins. Im Jahr 2010 bezog der Vorstandsvorsitzende von VW, Martin Winterkorn, ein Jahresgehalt von 17 Millionen Euro. Zum laufenden Gehalt sind die Betriebsrenten in zweistelliger Millionenhöhe zu addieren. Mit der Polarisierung der Einkommen ist eine räumliche Polarisierung insbesondere in den großen Städten verbunden. Angehörige der unteren Einkommensklasse konzentrieren sich in solchen Quartieren, in denen die Mietwohnungen für sie bezahlbar sind. Es sind die Stadtviertel mit niedriger Wohnqualität und geringem sozialen Prestige. Ihnen haftet das Stigma von Armenvierteln an. Indem die Wohnungsversorgung weithin der Marktlogik folgt und der soziale Wohnungsbau vernachlässigt bleibt, verläuft die räumliche Polarisierung ungebremst.

Steigende Armut

Armutslagen sind das extrem untere Ende einer Skala, deren oberes Ende durch extremen Reichtum gekennzeichnet ist. Die abweichenden Definitionen von Armut belegen, wie begrenzt die Versuche sind, arme Menschen von außen oder von oben zu beobachten und sich ihnen zu nähern. Armut lässt sich auch begrifflich nicht wertneutral fassen. In der Europäischen Union hat sich die Definition der Armutsgefährdung beziehungsweise des Armutsrisikos durchgesetzt. Damit ist eine relative Armut von 60 Prozent des mittleren Einkommens gemeint. Zudem hat sich ein neuer Name für Armut verbreitet: »sozialer Ausschluss«, Exklusion. Mit dieser Bezeichnung wird die sozioökonomische und politische Dimension der Armut in den Blick genommen, der Verlust der Erwerbstätigkeit und der Beteiligung am gesellschaftlichen Leben. Zugleich wird mit diesem Begriff das Wechselverhältnis von Armen und Nichtarmen angedeutet, nämlich sich »drinnen« oder »draußen« zu empfinden.

Die Armutsrisikoquote misst den Anteil der Personen mit einem Einkommen unterhalb der Armutsrisikoschwelle. Sie lag in Deutschland während der 1990er Jahre bei zwölf Prozent, stieg bis 2005 auf 15 Prozent, stagnierte in der Folgezeit und stieg 2011 auf über 16 Prozent, in Ostdeutschland auf 20 Prozent. Überdurchschnittlich vom Armutsrisiko betroffen waren Arbeitslose, Alleinerziehende, Migranten, ältere Personen und Haushalte mit mehreren Kindern. Kinder werden derzeit als die größte Armutsgruppe angesehen, jedes siebte Kind in Deutschland ist dem Armutsrisiko ausgesetzt.

Arme sind häufiger krank und sterben früher als Nichtarme. Arme Kinder sind überdurchschnittlich von Krankheiten mit seelischer, körperlicher und sozialer Belastung betroffen. Bei armen Jugendlichen sind Schlafstörungen, Kopf- und Magenschmerzen auffällig sowie das Empfinden von Einsamkeit, aus der Gruppe Gleichaltriger ausgeschlossen zu sein.

Vermehrter Reichtum

»Nicht nur Armut, sondern auch Reichtum muss ein Gegenstand der politischen Debatte sein«, haben die beiden Großkirchen vor mehr als 15 Jahren gefordert.[1] Die Regierungen haben bereits viermal mit einem Armuts- und Reichtumsbericht darauf reagiert. Allerdings sind Beschreibung und Analyse des Reichtums ein weißer Fleck geblieben.

Lässt sich der blinde Fleck der Ahnungslosigkeit durch eine begriffliche Präzisierung auflösen? Häufig wird versucht, Haushalte mit einem Einkommen, das doppelt so hoch ist wie das mittlere bedarfsgewichtete Pro-Kopf-Einkommen, als reich einzustufen. Diese Vorgehensweise klingt abwegig, wenn solche Einkommen, die allenfalls Höherverdienende oder Wohlhabende erzielen, mit dem Jahresgehalt von Managern mit neun bis 17 Millionen Euro verglichen werden.

Erschließt der Begriff des Wohlstands einen Zugang zur geheimnisvollen Aura des Reichtums? »Wohlstand für alle« war die politische Verheißung Ludwig Erhards, der mit einem hohen Beschäftigungsgrad, mit Masseneinkommen und Massenkonsum ein stetiges Wachstum sicherstellen wollte. Daran sollten alle Bevölkerungsgruppen abgestuft teilhaben, indem sich der Wohlstand von den oberen Einkommensklassen auf die unteren ausbreiten werde. Aber mit dieser Verheißung werden nicht alle reich.

Ist der Begriff des Eigentums eine erfolgreiche Spur, den Reichtum zu entdecken? Manager einer Publikumsgesellschaft verfügen rechtmäßig über Anlagen und erteilen Mitarbeitern Anweisungen, sind jedoch nicht Eigentümer des Unternehmens. Das Recht der Anteilseigner einer solchen Gesellschaft beschränkt sich auf das Eigentum an Wertpapieren und das Recht, Dividenden in Empfang zu nehmen. Eigentümer müssen nicht reich sein. Die Eigentumsfrage lenkt die Reichtumsdebatte auf eine Nebenarena.

Kann der Begriff des Vermögens eine geeignete Brücke sein, Reichtum zu bestimmen? Aber welches Vermögen macht reich? Die Eigentumswohnung in einem gehobenen Stadtviertel, das Eigenheim am Stadtrand, die Villa am Ufer des Bodensees, eine Yacht an der Côte d'Azur? Als vermögend sind wohl eher diejenigen zu bezeichnen, die über außergewöhnlich viel materielle Ressourcen verfügen, etwa ganze Häuserblöcke, Flugzeuge, Autofabriken, Supermarktketten oder eine Menge Geld. Immaterielle Ressourcen sind in der Regel eng an die jeweilige Person gebunden und werden häufig als Kompetenz definiert. Solche Menschen sind reich etwa an Wissen, Bildung, seltener Schönheit, Ansehen und Erfahrung, an sportlichen, musikalischen oder künstlerischen Talenten.

Macht entsteht durch die außergewöhnliche Ausstattung mit Ressourcen und Kompetenzen. Machtverhältnisse könnten gelassen beurteilt werden, wenn derjenige, der extrem viel Geld hat und reich an wirtschaftlicher Macht ist, durch andere, die politisch mächtig oder reich an Wissen sind, in Schach gehalten wird. Aber die »Allmacht und Allgegenwart des Geldes« ebnen den Weg, dass konzentrierter wirtschaftlicher Reichtum sowohl die politische als auch die lebensweltliche Sphäre wie eine fremde Besatzungsmacht erobert.

Die bisherigen Versuche, das Phänomen des Reichtums in die gesellschaftliche Normalität des Wohlstands, Eigentums, Vermögens sowie der Macht einzubeziehen, führen meiner Ansicht nach nicht zum Ziel. Sie starten nämlich von den Durchschnittseinkommen und den mittleren Haushaltsgruppen, gleichsam von der »Froschperspektive«.

Doch um die Sphäre exklusiven Reichtums zu erfassen, müsste sich die öffentliche Statistik über den oberen Rand des gehobenen Wohlstandes hinauswagen. Dies ist indessen bisher nur ansatzweise gelungen. Exklusiver Reichtum ist mit wirtschaftlicher Macht verbunden, die sich in politische Macht verwandelt und staatliche Entscheidungsträger vor sich hertreibt. Das *Manager Magazin* veröffentlicht jährlich eine Liste der reichsten Personen und Familien in Deutschland. Den ersten Rang halten 2014 Johanna und Stephan Quandt mit Susanne Klatten mit 31 Milliarden Euro, gefolgt von den Familien Aldi mit 18,3 und 16,5 Milliarden. An vierter Stelle liegt die Familie Schäffler mit 17,6 Milliarden, an fünfter der Lidl-Gründer Dieter Schwarz mit 14,5 Milliarden Euro. Exklusiver Reichtum, der konzentriert in den Händen weniger auftritt, gefährdet den Zusammenhalt und Frieden der Gesellschaft. Er schließt andere aus, insofern er direkt mit öffentlicher Armut zusammenhängt, die private Haushalte im unteren Bereich der Bevölkerung besonders trifft. Zudem beansprucht er überdurchschnittlich endliche Ressourcen, etwa knappen Wohnraum oder nicht erneuerbare Energien. Und zudem kann er sich aus der Finanzierung öffentlicher Aufgaben herauswinden.

Auszug aus Hengsbach, Friedhelm (2014): *Teilen, nicht töten*, S. 21–36.

Die Geschichte des Reichtums und warum sie zählt

von Chrystia Freeland

Das zweite vergoldete Zeitalter

Wenn man nach einem Datum sucht, an dem Amerikas Superreiche ihre Coming-out-Party feierten, könnte man einen schlechteren Tag wählen als den 21. Juni 2007. An jenem Tag nahm der Beteiligungskoloss Blackstone mit seinem Börsengang, dem größten seit 2002, über vier Milliarden Dollar auf, wodurch eine Aktiengesellschaft im Wert von damals 31 Milliarden Dollar entstand. Der Wert des Anteils von Steve Schwarzman, einem der beiden Firmengründer, belief sich zu diesem Zeitpunkt auf beinahe acht Milliarden Dollar, zusammen mit 677 Millionen Dollar in bar; der andere Gründer, Peter Peterson, löste einen Scheck von 1,88 Milliarden Dollar ein und zog sich in den Ruhestand zurück.

Der 21. Juni 2007 war zufällig auch der Tag, an dem Peterson eine Party schmiss, natürlich im Manhattaner Four-Seasons-Restaurant – eine Fügung von der Art, wie sie Historiker, Konspirologen und Buchverleger beglückt. Anlass der Feier war das Erscheinen des Debütromans seiner Tochter Holly, Mr. Nanny, eine milde Satire auf Leben und Liebe von Finanziers und ihren Ehefrauen im edelsten New Yorker Reichenviertel, der Upper East Side. Das Buch passte perfekt ins Genre der modernen »Mami-Literatur« und war, wie eine Rezensentin fand, ganz gut als Strandlektüre geeignet.[2] Was die Autorin, wie sie mir selbst sagte, unter anderem zu dem Buch angeregt hatte, war der Umstand, dass »die Leute keine Ahnung haben, wie viel Geld es in dieser Stadt gibt«.

Holly Peterson, eine schlanke Frau mit mediterranen, von ihren griechischen Großeltern geerbten markanten Gesichtszügen, dunklen Augen und vollem braunem Haar, erläuterte mir nach der Veröffentlichungsparty in einer Reihe von Gesprächen, wie der Superreichtum der letzten Jahre aus ihrer Sicht die Bedeutung des Geldhabens verändert hat.

»In der Upper East Side gibt es heute so viel Geld«, sagte sie. »Eine Menge Leute unter 40 machen so 20 oder 30 Millionen Dollar im Jahr bei diesen Hedgefonds und hat keine Ahnung, was sie damit anstellen sollen.« Als Beispiel führte sie eine Unterhaltung auf einer Dinnerparty an: »Das Gespräch kam darauf, wie teuer das Leben wird, wenn man sich eine Menge leistet, zum Beispiel bei Netjets einsteigt« – das heißt, die Teileigentümerschaft an einem Flugzeug erwirbt, falls man sich kein ganzes kaufen will. »Und wenn man sich vier Häuser zulege, dann müsse man die ja auch unterhalten, und da würde man anfangen, schon ein bisschen Geld in die Hand zu nehmen.«

Schließlich brachte einer der Dinnerteilnehmer das ganze Dilemma auf den Punkt, als sie sich zu Holly Peterson wandte und sagte: »›Weißt du, die Sache mit 20 [damit meinte sie 20 Millionen Dollar im Jahr] ist ja, dass 20 [nach Steuern] nur noch 10 sind.‹ Da haben alle am Tisch genickt.«

Holly Peterson ist kein blauäugiges Mädchen vom Land und hat Neid nicht nötig, doch selbst aus ihrer privilegierten Warte spielt sich an der Spitze der wirtschaftlichen Pyramide offensichtlich etwas Frappierendes ab. »Beim ersten Wall-Street-Film [vom Ende der 1980er Jahre] sah man Männer von 30 oder 40 Jahren, die zwei oder drei Millionen Dollar im Jahr machten, und das war abstoßend. Aber dann kam das Zeitalter des Internets und dann der Globalisierung, und das Geld spielte wahrhaft verrückt. Jetzt gab es Leute in den 30ern mit Jobs bei Hedgefonds und Partnern von Goldman Sachs, die 20, 30, 40 Millionen Dollar im Jahr verdienten. Und es gab eine Menge von diesen Leuten. Sie haben angefangen, sich zu treffen, sind zu einer Clique geworden. Sie sind bald als globale Megaverdiener um die Erde gereist, und die Kluft zwischen ihnen und dem Rest der Welt vergrößerte sich schier exponentiell. Es war nicht nur Gordon Gekko [der Finanzjongleur im

Film Wall Street]. Es entwickelte sich zu einer komplett abgehobenen Sphäre.«[3]

Die Beobachtungen Holly Petersons auf den Dinnerpartys der Superreichen decken sich mit den Fakten. In Amerika hat sich der Grabenzwischen dem obersten einen Prozent und allen anderen tatsächlich zu einer »komplett abgehobenen Sphäre« entwickelt. In den 1970er Jahren verdiente das oberste Prozent der Einkommensbezieher in den USA etwa zehn Prozent des nationalen Einkommens. 35 Jahre später ist sein Anteil auf beinahe ein Drittel des nationalen Einkommens gestiegen, so hoch wie zuletzt während des vorangehenden Höchststandes in der amerikanischen Gründerzeit, dem »vergoldeten Zeitalter« (Gilded Age). Robert Reich, Arbeitsminister unter Bill Clinton, illustrierte diese Ungleichheit mit einem anschaulichen Beispiel: 2005 besaß Bill Gates 46,5 Milliarden, Warren Buffett hatte 44 Milliarden Dollar. In jenem Jahr betrug das gesamte Vermögen der 120 Millionen Menschen, die die unteren 40 Prozent der US-amerikanischen Bevölkerung ausmachen, um die 95 Milliarden Dollar – kaum mehr als die Summe der Vermögen dieser beiden Männer.[4]

Es handelt sich um amerikanische Milliardäre und amerikanische Zahlen. Aber ein wichtiges Merkmal der heute aufsteigenden Plutokratie besteht darin, dass die Superreichen, wie Holly Peterson es ausdrückte, »globale Megaverdiener« sind. 2011 zeigte ein Bericht der OECD, dass im Lauf der letzten drei Jahrzehnte in Schweden, Finnland, Deutschland, Israel und Neuseeland – alles Länder mit weniger raubtierhaften Spielarten des Kapitalismus – die Ungleichheit im selben Tempo oder sogar noch schneller zugenommen hat als in den USA. Frankreich, wie gewöhnlich stolz auf seinen Ausnahmecharakter, scheint die einzige große Ausnahme im Westen zu sein, allerdings haben jüngste Studien gezeigt, dass es sich in der letzten Dekade ebenfalls in dieses Bild zu fügen beginnt.[5]

Auch in den aufstrebenden Volkswirtschaften überflügelt das eine Prozent alle anderen. Die Einkommensungleichheit im kommunistischen China ist heute größer als die in den Vereinigten

Staaten und hat auch in Indien und Russland zugenommen. Der Abstand hat in Brasilien, dem viertplatzierten BRIC-Land (Brasilien, Russland, Indien, China), nicht zugenommen, dies jedoch wohl deshalb, weil die Einkommensungleichheit dort schon von vornherein so enorm war. Selbst heute noch ist Brasilien unter den großen Schwellenländern dasjenige mit der größten Ungleichheit.

Wie sehr manche Leute an Orten, die wir früher Entwicklungsländer nannten, heute vor Geld strotzen, mag eine Begegnung veranschaulichen, die ich kürzlich mit dem Milliardär Naguib Sawiris, dem ägyptischen Vorstandsvorsitzenden und größten Aktionär des Telekommunikationsunternehmens Orascom Telecom, hatte, dessen Firmenimperium sich mittlerweile von seinem Geburtsland über Italien bis hin nach Kanada ausgedehnt hat. Sawiris, der die Rebellen auf dem Tahrir-Platz unterstützte, drückte in einer Rede vor einem Dinnerpublikum in Torontos Four-Seasons-Hotel, zu dem auch ich gehörte, seine Verwunderung über die Habgier von Autokraten aus: »Was ich im Leben nie verstanden habe, ist, warum diebische Diktatoren sich nicht einfach eine Milliarde unter den Nagel reißen und den Rest fürs Volk ausgeben.«

Interessant war für mich, dass er eine Milliarde als angemessene Begrenzung für die diktatorische Ausplünderung eines Volkes betrachtete. War in seiner Welt, fragte ich ihn hinterher, eine Milliarde Dollar das Vermögen, das man anstrebt? »Ja«, antwortete Sawiris, »um die Extras zu finanzieren, das Flugzeug, das Boot, da braucht man schon eine Milliarde. Ich meine, das ist meine Ziffer für das Minimum, auf das ich heruntergehen will – wenn ich heruntergehe.«[6]

In der Zwischenzeit sind der großen Mehrheit der amerikanischen Arbeiter – egal, wie gut sie ausgebildet sind und wie verbissen sie in ihren Jobs schuften mögen – solche unverhofften Gewinne nicht nur entgangen: Dieselben Triebkräfte, die den Reichtum und die Macht der Superreichen vermehrten, haben vielen von ihnen auch die Arbeit genommen, ihre Unternehmen zerstört und ihre Lebensersparnisse vernichtet. Globalisierung und technologischer Fortschritt haben dazu geführt, dass viele Berufe im Westen rasch veralteten; sie haben westliche Arbeiter in direkten Wettbewerb mit Niedriglöhnern in ärmeren Ländern gestellt; und sie haben allgemein jene bestraft, denen es an Klugheit, Ausbildung oder Glück mangelte, oder denen die Chuzpe fehlte, ihre Vorzüge zu ihrem Nutzen einzusetzen. Die Durchschnittslöhne stagnierten, während Maschinen und billige Arbeitskräfte in den Entwicklungsländern den Wert der Arbeit der Mittelklasse im Westen nach unten drückten.

Durch meine Arbeit als Wirtschaftsjournalistin habe ich die neuen globalen Superreichen über zwei Jahrzehnte lang auf Schritt und Tritt begleitet: Ich bin zu denselben exklusiven Konferenzen in Europa gereist, auf denen sie präsent waren, habe bei Cappuccino auf Martha's Vineyard oder in Konferenzräumen in Silicon Valley Interviews mit ihnen geführt und an hochkarätig besetzten Dinnerpartys in Manhattan teilgenommen. Manches, was ich dabei gelernt habe, war absolut vorhersehbar: Die Reichen sind, wie F. Scott Fitzgerald es ausdrückte, anders als Sie und ich.[7]

Für unsere heutige Zeit bedeutsamer aber ist, dass die Reichen von heute auch anders sind als die Reichen von gestern. Unsere mit Lichtgeschwindigkeit voraneilende, global vernetzte Wirtschaft hat zum Aufstieg einer neuen Superelite geführt, die zu einem beträchtlichen Teil aus Reichen der ersten und zweiten Generation besteht. Ihre Mitglieder sind hart arbeitende, hochgebildete, jetsettende Meritokraten, die das Gefühl haben, die verdienten Gewinner eines harten, weltweiten wirtschaftlichen Wettbewerbs zu sein – und die als Folge eine ambivalente Haltung gegenüber denjenigen unter uns haben, denen kein ganz so spektakulärer Erfolg beschieden war. Sie neigen zum Glauben an die Institutionen, die gesellschaftliche Mobilität ermöglichen, legen aber in Bezug auf wirtschaftliche Umverteilung – das heißt Steuern –, die zur Bezahlung dieser Institutionen erforderlich ist, weniger Enthusiasmus an den Tag. Am auffälligsten ist vielleicht, dass sie sich zu einer transglobalen Gemeinde von Gleichen entwickeln, die untereinander mehr gemeinsam haben als mit ihren Landsleuten daheim.

Ob sie ihre Hauptwohnsitze in New York oder Hongkong, Moskau oder Mumbai behalten: Die heutigen Superreichen sind zunehmend ein Volk für sich.

Das Aufkommen dieser neuen virtuellen Nation des Mammons ist so bemerkenswert, dass ein Team der besten Strategen bei Citigroup den Kunden der Bank riet, ihre Portfolios an der wachsenden Konsummacht der globalen Superreichen zu orientieren. In einem Memo von 2005 verkünden sie, dass »die Welt sich in zwei Blocks aufteilt: die Plutonomie und den Rest (…) In einer Plutonomie gibt es nicht so etwas wie ›den US-Konsumenten‹ oder ›den britischen Konsumenten‹ oder auch ›den russischen Konsumenten‹. Es gibt die reichen Konsumenten, gering an Zahl, aber unvergleichlich in ihrem gigantischen Anteil am Einkommen und am Konsum, über den sie verfügen. Und da sind die übrigen, die Nichtreichen, die vielen, die jedoch nur für ein überraschend kleines Stückchen am nationalen Kuchen verantwortlich sind.«[8]

In der Klasse der Investoren gehört diese Zweiteilung der Welt in Reiche und den Rest zum gängigen Wissen. 2011 sagte Bob Doll, leitender Aktienstratege beim weltgrößten Vermögensverwalter BlackRock, einem Journalisten: »Der US-Aktienmarkt und die US-Wirtschaft sind zunehmend zwei verschiedene Paar Schuhe«: Ersterer steige, während Letztere stagniere.[9]

Selbst der einstige US-Notenbankpräsident Alan Greenspan, der Hohepriester der freien Märkte, ist über das zunehmende Auseinanderklaffen der Schere verblüfft. In einem Fernsehinterview erklärte er kürzlich, die US-Wirtschaft sei »stark verzerrt«. Im Gefolge der Rezession habe es unter Spitzenverdienern, Großbanken und Konzernen eine »beträchtliche Erholung« gegeben; der Rest der Wirtschaft, darunter kleine und mittelständische Unternehmen und »ein erheblicher Anteil der Arbeitskräfte«, stecke dagegen fest und habe noch immer zu kämpfen. Wir stünden hier, sorgte sich Greenspan, überhaupt nicht einer einzigen Wirtschaft gegenüber, sondern vielmehr »zwei grundsätzlich getrennten Typen von Wirtschaft«, die sich immer stärker unterschieden und auseinanderentwickelten.[10]

In jüngster Zeit verfeinerte Citigroup diesen Investitionsansatz mit der sogenannten Sanduhrtheorie. Danach findet aufgrund der Teilung der Gesellschaft in die Reichen und die übrigen der meiste Konsum im teuersten und im billigsten Segment statt, während der mittlere Teil wegen der Schwächung der Mittelschicht eingeschnürt sei wie eine Sanduhr in der Mitte. Die klügste Investmentstrategie besteht demzufolge also darin, die Aktien der edelsten Luxusgüterhersteller zu kaufen – der Unternehmen, die an die Superreichen verkaufen – sowie Anteile von Billiganbietern zu erwerben, die ihre Waren an die Masse der Einkommensschwachen absetzen. Unternehmen mit einem auf die ausgehöhlte Mittelschicht zugeschnittenen Angebot haben folglich keine guten Geschäftsaussichten.[11]

Bislang funktioniert es. Der Hourglass Index (Sanduhr-Index) von Citigroup, in den Aktien wie die des New Yorker Luxuseinzelhändlers Saks am oberen und des Discounters Family Dollar am unteren Ende aufgenommen wurden, stieg zwischen Dezember 2009 und September 2011 um 56,5 Prozent. Im Gegensatz dazu legte der Dow Jones Industrial Average im selben Zeitraum nur um elf Prozent zu.

Das erste vergoldete Zeitalter

Am 10. Februar 1897 versammelten sich 700 Mitglieder von Amerikas Superelite im New Yorker Waldorf-Hotel zu einem Kostümball, den der Anwalt Bradley Martin und seine Frau Cornelia gaben.[12] Am beliebtesten bei den Damen, so berichtete die New York Times, war die Verkleidung als Marie Antoinette – gleich 50 hatten sich für diese Kostümidee entschieden. Cornelia, eine füllige, blauäugige Matrone mit geschwungenen Lippen, großzügigem Ausschnitt und hängenden Wangen, ging als Maria Stuart und stach sämtliche Konkurrentinnen mit einem Halsband aus, das einst der französischen Königin gehört hatte. Ihr Gatte Bradley kam als Ludwig XIV. – der Sonnenkönig selbst. John Jacob

Astor war Heinrich von Navarra, seine Mutter, Caroline, war eine der Marie Antoinettes, in einem Kleid, das mit Juwelen im Wert von 250 000 Dollar besetzt war. J. P. Morgan verkleidete sich als Molière, seine Nichte, Miss Pierpont Morgan, kam als Königin Luise von Preußen.

Mark Twain hatte den Ausdruck »vergoldetes Zeitalter« 24 Jahre zuvor in seinem zusammen mit Charles Dudley Warner geschriebenen gleichnamigen satirischen Roman geprägt, doch der Ball der Martins repräsentierte selbst in einem Land, das sich an Krösusse zu gewöhnen begann, ein neues Niveau ostentativen Superreichtums. Der *New York Times* zufolge war das Ereignis »die gediegenste private Feierlichkeit, die je in der Metropole stattgefunden hat«. Eine andere Zeitung schrieb, zu den Gästen der Martins hätten 86 Personen gehört, deren Reichtum alles überträfe, was sich die meisten Menschen vorstellen könnten. Ein Dutzend von ihnen besaß über zehn Millionen Dollar, weitere zwei Dutzend waren fünf Millionen Dollar schwer. Nur einige wenige der Gäste waren keine Millionäre.

Gebannt starrte das Land auf diese Zurschaustellung des Geldes. »Es gibt heute eine große Aufregung in gehobenen Kreisen und selbst in der Öffentlichkeit«, berichtete der *Commercial Adviser*. »Der Grund für all das ist der Bradley-Martin-Ball, neben dem der [britisch-amerikanische] Schiedsvertrag, die Kubafrage und die Untersuchung des Lexow-Komittees [über Korruption in der New Yorker Polizei] zu Fragen von nachrangigem öffentlichem Interesse geworden sind.« Damals wie heute neigte Amerika dazu, seine Tycoons und das Wirtschaftssystem, das sie hervorgebracht hatte, zu feiern. Doch selbst in einem Land, das den Kapitalismus voll und ganz bejahte, erwies sich der Kostümball der Martins als Fehlkalkulation.

Dies nicht zuletzt, weil er zu einer Zeit wirtschaftlicher Angst breiter Massen veranstaltet wurde: 1897 röchelte die »Lange Depression«, die 1873 begonnen hatte und den schlimmsten wirtschaftlichen Abschwung darstellte, den die Vereinigten Staaten im 19. Jahrhundert erlebten, gerade erst ihrem Ende entgegen.

Mrs. Martin rechtfertigte ihr Fest mit den positiven ökonomischen Effekten, die nach unten durchsickern würden: Sie habe es deshalb erst drei Wochen vorher bekanntgegeben, weil eine so kurze Vorbereitung ihre Gäste zwingen würde, ihre üppigen Kostüme in New York statt in Paris zu kaufen und so die heimische Wirtschaft zu stimulieren. Die Musikergewerkschaft der Stadt stimmte zu, die Ausgaben der Superreichen seien schließlich eine wichtige Beschäftigungsquelle für alle anderen.

Die breitere Öffentlichkeit war davon allerdings nicht überzeugt. Die Schmach, die wegen dieses Balls auf die Martins fiel – und die Einkommenssteuer, die auf dem Gipfel der allgemeinen öffentlichen Empörung gegen die Plutokraten, zu deren Verkörperung sie geworden waren, gegen Superreiche verhängt wurde –, veranlassten sie, nach Großbritannien zu fliehen, wo sie bereits ein Haus besaßen und ein gigantisches Anwesen in Schottland von 26 000 Hektar pachteten.

Der Ball der Martins war die schillernde Manifestation eines tiefgreifenden, beunruhigenden wirtschaftlichen Wandels, der die westliche Welt während der vorangegangenen 100 Jahre erfasst hatte. Mittlerweile leben wir seit zwei Jahrhunderten mit der industriellen Revolution. Dadurch gerät leicht aus dem Blickfeld, was für ein radikaler Bruch die erste Gründerzeit gegenüber der übrigen Menschheitsgeschichte darstellte. In den beiden Jahrhunderten nach 1800 wuchs das Weltdurchschnittseinkommen um mehr als das Zehnfache, während die Weltbevölkerung nur um mehr als das Sechsfache zunahm. Das war etwas gänzlich Neues, von ebenso großer gesellschaftlicher Bedeutung wie die Domestizierung von Pflanzen und Tieren.

Wer das vergoldete Zeitalter selbst erlebte, brauchte keinen Wirtschaftsexperten, um zu begreifen, dass ein Umbruch von historischen Ausmaßen im Gang war. Zufällig reiste Mark Twain 1897, im Jahr des Martin-Balls, nach London. Sein Besuch fiel mit Königin Victorias diamantenem Thronjubiläum zusammen, dem 60. Jahrestag ihrer Krönung.

»Die britische Geschichte ist 2000 Jahre alt«, bemerkte Twain,

»und doch hat sich die Welt seit der Geburt der Königin in vielerlei Hinsicht schneller voran bewegt als im ganzen Rest der 2000 Jahre zusammengenommen.«[13]

Der 2010 verstorbene britische Wirtschaftshistoriker Angus Maddison war ein »chiffrephile«, wie er es nannte, ein erklärter Liebhaber von Zahlen aller Art, die aus seiner Sicht entscheidend für das Verständnis der Welt sind. Seine sechs Jahrzehnte währende Karriere widmete er der Anhäufung von Daten über die Transformation der Weltwirtschaft in den letzten 2000 Jahren und sammelte schier alles Zahlenmaterial, dessen er habhaft wurde, von Schifffahrten bis hin zum Tabakabsatz. Er besaß eine geniale Begabung dafür, all diese Zahlen so zu bündeln, dass dahinter große globale Tendenzen zum Vorschein kamen.

Eine seiner faszinierendsten Grafiken zeigt, wie dramatisch die Welt, besonders Westeuropa und das, was er seine »westlichen Ableger« nannte – die Vereinigten Staaten, Kanada, Australien und Neuseeland –, sich im 19. Jahrhundert veränderten: In den ersten 1000 Jahren u. Z. sank das Bruttoinlandsprodukt Westeuropas im Durchschnitt tatsächlich mit einer jährlichen kumulierten Rate von 0,01 Prozent. Die Menschen um das Jahr 1000 waren im Durchschnitt also ein bisschen ärmer als 1000 Jahre zuvor. In den westlichen Ablegern wuchs die Wirtschaft um 0,05 Prozent. In den über 800 Jahren zwischen 1000 und 1820 betrug das durchschnittliche jährliche kumulierte Wachstum 0,34 Prozent in Westeuropa und 0,35 Prozent in seinen westlichen Ablegern.[14]

Dann verwandelte sich die Welt vollständig. Die Wirtschaft hob ab: Zwischen 1820 und 1998 wuchs sie in Westeuropa mit einer durchschnittlichen Jahresrate von 2,13 Prozent, in den westlichen Ablegern kletterte sie mit einer durchschnittlichen jährlichen Rate von 3,68 Prozent.

Dieser historisch beispiellose Anstieg des wirtschaftlichen Wohlstands war die Folge der industriellen Revolution. Sie machte uns schließlich alle reicher, als Menschen je gewesen waren – und riss jene tiefe Kluft zwischen den Industrieländern und dem Rest der Welt auf, deren Überwindung erst heute, 200 Jahre später, mit dem Aufstieg der neuen Marktwirtschaften in den Bereich des Vorstellbaren kommt.

Doch der Wohlstand verursachte enorme soziale Kosten. Der Übergang von einer agrarisch geprägten zu einer industriellen Wirtschaft war schmerzlich, riss Gemeinschaften auseinander und machte mühsam erlernte Berufe überflüssig. Die Apotheose der Martins und ihrer superreichen Freunde war Teil eines breiteren Wirtschaftsaufschwungs, aber er fiel auch mit der Entwurzelung und Verarmung eines beträchtlichen Teils der Bevölkerung zusammen – ihr Kostümball fand schließlich noch während der Langen Depression statt, ein wirtschaftlicher Abschwung in den USA und Europa, der länger dauerte als die Weltwirtschaftskrise zwei Generationen später. Die industrielle Revolution schuf die Plutokraten – in den USA nannte man sie die Räuberbarone – und riss die Kluft zwischen ihnen und allen anderen auf.

Die Architekten der industriellen Revolution betrachteten diese Spaltung der Gesellschaft in die Gewinner und alle anderen als unausweichliche Konsequenz der wirtschaftlichen Transformation ihres Zeitalters. Nehmen wir Andrew Carnegie, den amerikanischen Stahltycoon aus Pittsburgh und einen der ersten Räuberbarone, der sich in die Reihen des obersten einen Prozents seiner Zeit aufschwang. Das Gesetz des Wettbewerbs, schrieb er, »ist da, wir können uns ihm nicht entziehen, nichts anderes an seine Stelle setzen, und während es für den einzelnen manchmal eine Härte sein mag, ist es für die Menschheit das Beste, weil es in jedem Lebenskreise die Erhaltung der Tauglichsten gewährleistet. Wir nehmen daher die große Ungleichheit der Umwelt, die Vereinigung des Geschäfts in Gewerbe und Handel in den Händen weniger und das Gesetz des Wettbewerbs zwischen diesen als etwas für den künftigen Fortschritt der Menschheit nicht nur Nützliches, sondern Wesentliches an und erblicken darin Bedingungen, denen wir uns anzupassen haben.«[15]

Carnegie war natürlich äußerst zuversichtlich, dass die Wohltaten des Industriekapitalismus dessen Mängel überwogen, selbst wenn der Ausdruck, den er gebrauchte – »für die Menschheit das

Beste«, wobei im englischen Original für Menschheit auch noch race, also »Rasse« steht – uns heute zusammenzucken lässt. Aber er räumte immerhin ein, dass dafür ein hoher Preis zu entrichten war, und gab insbesondere zu, dass die Kluft zwischen Reich und Arm das »Problem unserer Zeit« sei.[16]

Als Kind des vergoldeten Zeitalters begriff Carnegie besser als die meisten von uns heute, wie bemerkenswert dieser Bruch im Vergleich zu der Art und Weise war, wie die Menschen in früheren Jahrhunderten gelebt hatten. »Die Bedingungen des menschlichen Lebens haben innerhalb der letzten paar Jahrhunderte nicht nur eine Veränderung, sondern eine Umwälzung erfahren. In früheren Zeiten unterschieden sich Wohnung, Kleidung, Nahrung und Umgebung des Herrn wenig von der seiner Dienstmannen. Die Indianer sind heute, wie damals der Kulturmensch war. Als ich die Sioux besuchte, führte man mich zum Wigwam des Häuptlings. Es war den übrigen in der äußeren Erscheinung gleich und hob sich auch im Innern von denen seiner ärmsten Streiter kaum ab. Der Gegensatz zwischen dem Palaste des Millionärs und der Hütte des Arbeiters in unserer Zeit lässt die Veränderung ermessen, die mit der Zivilisation gekommen ist.«[17]

Carnegie, selbst Einwanderer, der vom Hilfsarbeiter in der Textilindustrie in die Spitze der amerikanischen Plutokratie aufstieg, begriff, dass der Abstand zwischen Palast und Hütte nur das äußere Zeichen des Grabens zwischen Reich und Arm war – der optische Gradmesser, wenn man so will.

Der Wandel in den Machtbeziehungen begann am Arbeitsplatz, und dort wurde er auch am heftigsten spürbar: »Früher wurden die Gegenstände im häuslichen Familienkreise oder in kleinen Werkstätten hergestellt, die einen Teil der Haushaltung bildeten. Der Meister und seine Lehrlinge arbeiteten Seite an Seite, wobei die letzteren bei dem Meister wohnten und daher unter denselben Bedingungen lebten. Wenn diese Lehrlinge zum Meister aufstiegen, trat in ihrer Lebensweise wenig oder kein Wechsel ein, und ihrerseits erzogen sie nun nachfolgende Lehrlinge in dem gleichen, gewohnheitsmäßigen Lauf. Es herrschte im wesentlichen gesellschaftliche Gleichheit und selbst politische Gleichheit, denn die in gewerblichen Berufen Stehenden hatten damals überhaupt wenig oder gar nichts im Staate zu bedeuten.«[18]

Vor der industriellen Revolution waren wir alle einigermaßen gleich. Aber das änderte sich mit den Gründerzeitjahren. Heute, fuhr Carnegie fort, »versammeln [wir] in der Fabrik, im Bergwerk Tausende von Handarbeitern, die der Arbeitgeber nur wenig oder nicht kennen kann und denen er kaum mehr ist als ein Held der Sage. Jeder Verkehr zwischen ihnen ist zu Ende. Strenge Kasten haben sich gebildet, und wie gewöhnlich gebiert die gegenseitige Unkenntnis gegenseitiges Misstrauen. Jede Kaste ist ohne Mitgefühl für die andere und bereit, alles zu glauben, was jene herabsetzt.«[19]

Dieser Umbruch war in Amerika besonders tiefgreifend – einer der Gründe vielleicht, warum hier bis heute die Existenz dieser »strengen Kasten« der Industriegesellschaft, die Carnegie vor 100 Jahren beschrieb, von der nationalen Mythologie nicht vollständig akzeptiert wird. Das Amerika zur Zeit seiner Gründung – zur Zeit der amerikanischen Revolution – war eine der egalitärsten Gesellschaften des Planeten. Das war die stolze Erklärung seiner Gründer. In einem Brief aus Monticello[20] vom 10. September 1814 schrieb Thomas Jefferson an den angloamerikanischen Universalgelehrten Dr. Thomas Cooper (er war Anwalt, Professor für Chemie und politische Ökonomie und Universitätspräsident): »Wir haben keine Armen. (…) Die große Masse unserer Bevölkerung besteht aus Arbeitern. Unsere Reichen, die ohne Arbeit leben können, sei sie körperlich oder geistig, sind wenige, und sie haben nur einen bescheidenen Wohlstand. Die meisten der Arbeiterklasse besitzen Eigentum, bestellen ihr eigenes Land, haben Familien und sind durch die Nachfrage nach ihrer Arbeitskraft in der Lage, von den Reichen und Ausgebildeten solche Preise zu verlangen, die es ihnen ermöglichen, sich reichlich zu nähren, sich über das Maß bloßer Schicklichkeit hinaus zu kleiden, mäßig zu arbeiten und ihre Familien großzuziehen. (…) Die Reichen und die Gutgestellten wissen andererseits nichts von dem, was die Europäer Luxus nennen. Sie besitzen nur etwas mehr von den Annehmlichkeiten und Handreichungen des Lebens als jene, die sie damit versorgen. Kann irgendein Zustand der Gesellschaft wünschenswerter sein als dieser?«[21]

Jefferson kontrastierte dieses egalitäre Arkadien mit einem England, das sich in Arme und Plutokraten teilte: »Berechnen wir nun mit Zahlen die Summe des Glücks der beiden Länder. In England ist Glück das Los allein der Aristokratie, und den Anteil, den sie im Verhältnis zu den Arbeitern und Armen ausmacht, kennt Ihr besser als ich. Wenn ich schätzen würde, dass es vier auf jedes 100 sind, so betrüge das Glück des Volkes im Verhältnis zu seinem Elend eins zu 25. In den Vereinigten Staaten ist es acht Millionen zu null oder alle zu keinem.« Nach seiner Amerikareise zwei Jahrzehnte später wusste Alexis de Tocqueville als erstes zu berichten: »Von all dem Neuen, das während meines Aufenthaltes in den Vereinigten Staaten meine Aufmerksamkeit auf sich zog, hat mich nichts so lebhaft beeindruckt wie die Gleichheit der gesellschaftlichen Bedingungen.«[22]

In den Augen Jeffersons und Tocquevilles war Amerika das Schweden des späten 18. und frühen 19. Jahrhunderts. Akribische Belege, die Peter Lindert und Jeffrey Williamson in einem Artikel zusammengetragen haben, bestätigen heute dieses Bild. Sie fanden heraus, dass in den 13 Kolonien einschließlich des Südens und der Sklaven beträchtlich mehr Gleichheit herrschte als in den anderen Ländern, in denen bald mit Macht die industrielle Revolution Einzug hielt: England, Wales und die Niederlande.[23]

»Wenn man Sklaven in die allgemeine Einkommensverteilung einbezieht, waren die amerikanischen Kolonien 1774 immer noch die egalitärsten in bezug auf die Einkommensverteilung der Haushalte, wenngleich mit geringerem Abstand«, so Professor Lindert.[24]

Den zeitgenössischen Besuchern erschienen die Amerikaner nicht nur gleicher, sie waren zusammen mit diesen auch überzeugt, dass die Kolonisten reicher waren als die Menschen, die sie in der Alten Welt zurückgelassen hatten – und das war ja schließlich der Sinn des Auswanderns. Auch dies konnten Lindert und

Williamson belegen, mit einer wichtigen Einschränkung: Das egalitäre Amerika war reicher, abgesehen von der Elite. Wenn man zu den obersten zwei Prozent der Bevölkerung gelangte, waren selbst die Plantagenbesitzer von Charleston im Vergleich zum englischen Landadel kleine Fische. Tatsächlich waren die obersten zwei Prozent Englands so reich, dass das durchschnittliche nationale Einkommen des Landes beinahe so hoch wie das der Vereinigten Staaten war, trotz des markant größeren Wohlstands der Schicht, die wir heute die amerikanische Mittelklasse nennen würden. »Der Duke of Bedford hatte in Amerika kein Pendant«, schreibt Lindert. »Selbst die reichsten Sklavenhalter aus Charleston konnten es nicht mit dem Reichtum der Landaristokratie aufnehmen.«[25]

Im egalitären Amerika und selbst im aristokratischen Europa hob die industrielle Revolution schließlich alle Boote, aber sie vertiefte auch die sozialen Gräben. Ein Grund, warum der Prozess traumatisch verlief, ist darin zu suchen, dass es den Verlierern ziemlich schlimm erging: Aus ihrer persönlichen Sicht hatten die Ludditen, ausgebildete Weber, die gegen die Maschinen stürmten, durch die ihr Handwerk überflüssig geworden war, für ihre Rebellion triftige Gründe. Doch wie in allen meritokratischen Ein-Prozent-Gesellschaften war die kreative Zerstörung der industriellen Revolution auch traumatisch für die vielen, die sich redlich anstrengten, daran teilzunehmen, jedoch scheiterten. Tatsächlich war es das Pathos dieser verhinderten Gewinner, das Mark Twain zu dem Roman inspirierte, der die Epoche ihren Namen verdankt.

»In Amerika hat beinahe jeder einen Traum«, so erklärten Twain und Koautor Warner im Vorwort der Londoner Ausgabe ihres Romans *Das vergoldete Zeitalter*, »seinen gehätschelten Plan, durch den er gesellschaftlich oder pekuniär vorankommen will. Es ist diese alles durchdringende Spekulationslust, die wir in *Das vergoldete Zeitalter* zu illustrieren versucht haben. Es ist ein Charakteristikum, das zugleich sein Gutes wie sein Schlechtes hat, sowohl für den einzelnen wie für die Nation. Gut, weil es keinem von beiden Stillstand erlaubt, sondern sie ewig antreibt zu diesem oder jenem Punkt, der vorwärts, nicht hinten oder abseits liegt. Schlecht, weil der ausgesuchte Punkt häufig schlecht gewählt und dann der einzelne ruiniert ist; die Häufung solcher Fälle zieht die Nation in Mitleidenschaft und ist daher schlecht für sie. Dennoch, es ist ein Zug, den zu besitzen – und bisweilen darunter zu leiden – für ein Volk natürlich besser ist, als ohne ihn auskommen zu müssen.«[26]

Das Paradox bestand darin, dass zur selben Zeit, als Carnegie, Amerikas führender Kapitalist, zugab, dass die wirtschaftliche Transformation des Landes das Zeitalter der »gesellschaftlichen Gleichheit« beendet hatte, die politische Demokratie in den Vereinigten Staaten und großen Teilen Europas stärker wurde. Der Zusammenprall von wachsender politischer Gleichheit und wirtschaftlicher Ungleichheit ist in der westlichen Welt in vielerlei Hinsicht die tragende Geschichte des späten 19. und frühen 20. Jahrhunderts. In den Vereinigten Staaten entstanden aus diesem Konflikt die populistischen und fortschrittlichen Bewegungen, in seiner Folge wurden Kartellgesetze erlassen, staatliche Regulierung und eine Einkommenssteuer eingeführt, alles Maßnahmen, die von den verdrossenen 99 Prozent jener Epoche erfolgreich eingeklagt wurden. Ein paar Jahrzehnte später schürte die Weltwirtschaftskrise die Wut der amerikanischen Massen noch stärker, was zu weiteren Beschränkungen gegen die Plutokraten führte: das zweite Glass-Steagall-Gesetz von 1933, das die Trennung von Geschäftsbanken und Investmentbanken vorschrieb, die Wohlfahrtsprogramme von Franklin D. Roosevelts New Deal und noch höhere Spitzensteuersätze. 1944 betrug der Höchststeuersatz schließlich 94 Prozent. 1897, im Jahr des Kostümballs der Martins, gab es nicht einmal eine Einkommenssteuer.

In Europa, wo es die unteren Gesellschaftsschichten nie so gut gehabt hatten wie die amerikanischen Kolonisten, führte die industrielle Revolution zu derart heftigen sozialen Verwerfungen, dass sie zur Formulierung der ersten kohärenten politischen Wohlfahrtsideologie führte – des Marxismus – und schließlich zu einer auf gewaltsamen Umsturz setzenden revolutionären Bewegung, die bis zur Jahrhundertmitte kommunistische Regimes in Russland, Osteuropa und China installierte. Der Einfluss der siegreichen Kommunisten erstreckte sich weit über ihre eigenen Grenzen hinaus: Der New Deal in Amerika und Europas großzügige soziale Wohlfahrtssysteme wurden zum Teil als Reaktion auf die rote Bedrohung geschaffen. Besser man schloss mit den 99 Prozent einen Kompromiss, als Gefahr zu laufen, von ihnen gestürzt zu werden.

Ironischerweise erging es dem Proletariat dort am schlechtesten, wo die Bolschewisten eine Diktatur in seinem Namen errichtet hatten: im Sowjetblock, wo der Lebensstandard hinter dem des Westens zurückblieb. In den Vereinigten Staaten und Westeuropa funktionierte dagegen der Kompromiss zwischen den Plutokraten und allen anderen. Das Wirtschaftswachstum stieg steil an, die Einkommensungleichheit sank stetig. Zwischen den 1940er und 1970er Jahren schrumpfte in den Vereinigten Staaten die Kluft zwischen dem reichsten Prozent und allen anderen; der Einkommensanteil des obersten Prozents fiel von beinahe 16 auf unter sieben Prozent im Jahr 1970.[27] 1980 verdiente ein amerikanischer Vorstandsvorsitzender im Durchschnitt das 42-Fache eines durchschnittlichen Arbeiters. Bis 2012 war das Verhältnis auf das 380-Fache in den Himmel geschossen.[28] Die Steuern waren hoch – der Höchststeuersatz betrug 70 Prozent –, doch ein robustes Wirtschaftswachstum von durchschnittlich 3,7 Prozent pro Jahr zwischen 1947 und 1977 schuf breiten Wohlstand und sorgte für Optimismus. Es war das goldene Zeitalter der amerikanischen Mittelklasse, und es ist kein Zufall, dass es von der amerikanischen Populärkultur in so liebevoller Erinnerung gehalten wird. Die Erfahrung in Westeuropa war im großen und ganzen ähnlich: starkes Wirtschaftswachstum, hohe Steuern und ein ausgedehntes soziales Netz.

Dann, in den 1970er Jahren, setzte ein tiefgreifender Wandel der Weltwirtschaft ein, und diese Transformation wirkte sich auch auf den Gesellschaftsvertrag aus. Heute wird der wirtschaftliche Wandel von zwei ungeheuren Kräften angetrieben: der technologischen Revolution und der Globalisierung. Diese doppelte Revolution ist kaum neu – die ersten Personal Computer kamen vor vier Jahrzehnten in den Handel –, und wie bei allem, was vertraut ist, unterschätzt man sie leicht. Doch gemeinsam sorgen diese beiden Kräfte für einen dramatischen Geschwindigkeitswechsel, der in Wucht und Ausmaß mit der industriellen Revolution vergleichbar ist. Man bedenke nur: 2010, nur zwei Jahre nach der größten Finanz- und Wirtschaftskrise seit der Großen Depression der 1930er Jahre, wuchs die Weltwirtschaft insgesamt um sechs Prozent. Das ist eine erstaunliche Zahl, wenn man sie den durchschnittlichen Wachstumsraten vor 1820 von unter einem halben Prozentpunkt gegenüberstellt.

Tatsächlich handelt es sich, selbst verglichen mit den Wachstumsraten nach der industriellen Revolution, um eine enorme Beschleunigung. Wenn die industrielle Revolution in den westlichen Wirtschaften mit der Umstellung vom Pferdetrab auf Autogeschwindigkeit vergleichbar ist, geht es bei der heutigen Transformation darum, die Weltwirtschaft von Briefpost auf E-Mail-Geschwindigkeit zu beschleunigen.

Dem Westen und seinen Ablegern haben technologische Revolution und Globalisierung keinen frischen, mit der industriellen Revolution vergleichbaren Wachstumsschub beschert (obwohl sie dazu beigetragen haben, ein jährliches Wachstum von zwei bis drei Prozent zu halten, das wir nun für unser Grundniveau halten, obwohl es historisch eine Ausnahme ist).

Was diese doppelten Transformationskräfte im Rest der Welt bewirkt haben, ist eine Wachstumsexplosion von den Ausmaßen der industriellen Revolution: China, Indien und einige andere unterentwickelte Länder erleben ihre eigenen vergoldeten Gründerjahre. Man stelle sich vor: Zwischen 1820 und 1950, also während beinahe anderthalb Jahrhunderten, blieb das Pro-Kopf-Einkommen Indiens und Chinas praktisch unverändert auf demselben Niveau – gerade in jener Periode also, als der Westen seinen ersten durchgreifenden Wirtschaftsaufschwung erlebte. Doch dann begann Asien aufzuholen. Zwischen 1950 und 1973 stieg das Pro-Kopf-Einkommen in Indien und China um 68 Prozent. Dann, zwischen 1973 und 2002, wuchs es um 245 Prozent und nimmt, trotz der globalen Finanzkrise, weiter stark zu.

Um das in eine globale Perspektive zu rücken: Die amerikanische Wirtschaft wuchs seit 1950 beträchtlich – das reale Bruttoinlandsprodukt pro Kopf verdreifachte sich in dieser Zeit. In China hat es sich verzwölffacht. Vor der industriellen Revolution war der Westen zwar ein wenig reicher als jene Länder, die wir heute als aufstrebende Volkswirtschaften bezeichnen, aber das Leben gewöhnlicher Menschen rund um den Globus hatte ein wechselseitig wiedererkennbares Gesicht. Weltbankökonom Branko Milanovi hat die wirtschaftshistorische Literatur zu den internationalen Einkommen im 19. Jahrhundert gesichtet. Dabei stellte er fest, dass zwischen 1800 und 1849 der Lohn eines ungelernten Arbeiters in Indien, einem der ärmsten Länder jener Zeit, ein Drittel des Lohns eines vergleichbaren Arbeiters in England betrug, einem der reichsten Länder. Noch ein weiterer Vergleich: In den 1820er Jahren waren die Reallöhne in den Niederlanden nur 70 Prozent höher als im chinesischen Jangtse-Tal.[29] Solche Unterschiede mögen groß erscheinen, aber sie sind nichts im Vergleich zu den heutigen. Die Schweizer Bank UBS stellt einen vielzitierten Bericht über globale Preise und Löhne zusammen. 2009 (das jüngste Jahr, in dem sie einen vollständigen Bericht vorlegte) betrug der nominale Stundenlohn eines New Yorker Bauarbeiters nach Steuern 16,60 Dollar, verglichen mit 0,80 Dollar in Peking, 0,50 Dollar in Delhi und 0,60 Dollar in Nairobi, ein um einige Größenordnungen höherer Abstand als im 19. Jahrhundert. Die industrielle Revolution schuf eine Plutokratie, aber sie machte auch die westliche Mittelschlicht reicher und riss einen tiefen Graben zwischen den westlichen Arbeitern und dem Rest der Welt auf. Diese Kluft beginnt sich heute, wo sich die Schwellenländer der freien Marktwirtschaft zuwenden und ihre eigene Gründerzeit anbrechen sehen, zu schließen.

Professor Peter Lindert arbeitete eng mit Angus Maddison zusammen und ist wie dieser einer der führenden Vertreter der langfristigen Betrachtung der Weltwirtschaft – das heißt wirtschaftlicher Entwicklungen, die die gesamte Spanne der menschlichen

Zivilisation umfassen können. Lindert hält den globalen ökonomischen Wandel, den wir heute durchleben, in Ausmaß und Auswirkung für beispiellos. »Die klassische industrielle Revolution Großbritanniens ist weit weniger beeindruckend als das, was in den letzten 30 Jahren vonstatten gegangen ist«, sagte er mir: Die gegenwärtigen Produktivitätszuwächse seien größer, und die Wellen disruptiver Innovation folgten viel, viel schneller aufeinander.[30]

Der Ökonom Joel Mokyr von der Northwestern University, ein Experte der Geschichte technologischer Innovation und der industriellen Revolution, ist derselben Meinung. »Die Geschwindigkeit des technologischen Wandels ist größer, als sie es je war, und springt von einem auf den anderen Sektor über«, erläuterte er mir in einem Gespräch. »Es ist wahrscheinlich, dass sie sich in einer exponentiellen Rate fortsetzen wird. Als einzelne werden wir nicht klüger, aber die Gesellschaft als Ganzes akkumuliert immer mehr Wissen. Unser Zugang zu Information und technologischer Unterstützung, um Berge von Spreu nach dem Weizen zu durchforsten: Das hat keine Gesellschaft je besessen. Das ist gewaltig.«[31]

Diese doppelläufige wirtschaftliche Transformation fiel mit einem ebenso folgenreichen gesellschaftlichen und politischen Wandel zusammen. Frank Levy und Peter Temin, Forscher am Massachusetts Institute of Technology (MIT), beschreiben den Wandel als Abkehr vom »Vertrag von Detroit« und Hinwendung zum »Washingtoner Konsens«. Mit dem »Vertrag von Detroit« ist hier der fünfjährige Vertrag gemeint, den die Gewerkschaft United Auto Workers im Jahr 1950 mit den drei großen Autoherstellern von Detroit schloss. Die Abmachung schützte die Produzenten vor jährlichen Streiks; im Gegenzug erhielten die Arbeiter großzügige Krankenversicherungen und Pensionen. Levy und Temin benutzen diese Übereinkunft zwischen Gewerkschaften und Arbeitgebern als Kürzel für die breiteren politischen, gesellschaftlichen und wirtschaftlichen Institutionen, die sich in den Vereinigten Staaten in der Nachkriegszeit herausbildeten: starke Gewerkschaften, hohe Steuern und hohe Mindestlöhne. Die Ära des Vertrags von Detroit war für die Mittelschicht ein goldenes Zeitalter und eine

Zeit, in der die Kluft zwischen dem einen Prozent und allen anderen schrumpfte.

Doch Ende der 1970er und Anfang der 1980er Jahre begann der Vertrag von Detroit zu bröckeln. Es war die Dekade Ronald Reagans und Margaret Thatchers. Beide kürzten den Spitzensteuersatz in ihren Ländern drastisch: Reagan strich ihn radikal von 70 auf 28 Prozent zusammen und reduzierte die maximale Kapitalertragssteuer auf 20 Prozent. Beide zügelten die Gewerkschaften, kürzten die Sozialausgaben und deregulierten die Wirtschaft.

Dieser Washingtoner Konsens wurde auch ins Ausland exportiert. Seine stärkste Wirkung und seine größte Aufwertung entfaltete er in ehemals kommunistisch regierten Ländern. Mit dem Zusammenbruch des Sowjetblocks und der Einführung der Marktwirtschaft in China endete die 70 Jahre währende geistige und politische Herausforderung, die diese Ideologie für den Kapitalismus dargestellt hatte, und es blieb nur noch die Marktwirtschaft als das einzige System übrig, das je funktioniert hatte. Die rote Gefahr war einer der Gründe gewesen, warum die Plutokraten den Vertrag von Detroit und seine noch großzügigeren europäischen Entsprechungen akzeptiert hatten. Die Kapitulation der Kommunisten gab nun den Verfechtern des Washingtoner Konsenses Auftrieb und half ihnen, die internationalen Institutionen zu schaffen, die zur Stützung einer globalisierten Wirtschaft gebraucht wurden.[32]

Diese drei Transformationen – die technologische Revolution, die Globalisierung und das Aufkommen des Washingtoner Konsenses – fielen mit einer Zeit starken globalen Wirtschaftswachstums und außerdem mit der Wiederkehr der Plutokraten zusammen, dieses Mal in globalem Maßstab. Unter den Forschern, die sich mit Einkommensungleichheit beschäftigen, tobt eine heftige Debatte darüber, welcher der drei genannten Faktoren für den Aufstieg des einen Prozents am wichtigsten war. Ideologie trägt dabei ihren Teil zur Formulierung der Antworten bei. Wer ganz und gar vom Washingtoner Konsens überzeugt ist, neigt zu der Annahme, dass wachsende Einkommensungleichheit das Produkt unpersönlicher – und weitgehend gutartiger – wirtschaftlicher Kräfte wie der technologischen Revolution und der Globalisierung ist. Linke, die der Aufkündigung des Vertrags von Detroit nachtrauern, neigen dazu, die veränderte Einkommensverteilung vor allem der Politik anzulasten – ein Prozess, den Jacob Hacker und Paul Pierson 2011 in ihrem Buch *Winner-take-all Politics* äußerst nachdrücklich beschrieben haben.[33]

Dies ist eine wichtige Auseinandersetzung mit realen politischen Folgen. Aber von der hohen Warte der Plutokratie ausgesehen haben beide Seiten recht. Die Globalisierung und die technologische Revolution haben es dem einen Prozent erlaubt zu prosperieren; doch während die Plutokraten reicher und mächtiger wurden, bedeutete die Abkehr vom Vertrag von Detroit, dass wir sie geringer besteuert und weniger stark reguliert haben. Es ist eine Rückkehr zur ersten Gründerzeit, nicht nur weil wir eine wirtschaftliche Revolution erleben, sondern weil auch die Regeln wieder jene begünstigen, die das Spiel gewinnen.

»Letztendlich können wir den Trend vielleicht nicht umkehren, wir müssen ihn aber nicht auch noch verschlimmern«, sagte mir Peter Orszag, der als Barack Obamas ehemaliger Direktor des Office for Management and Budget maßgeblich verantwortlich für die Budgetplanung des Präsidenten war. »Die Hauptgründe dafür sind in der Globalisierung und im technologischen Wandel zu suchen, nicht in der Regierungspolitik. Doch statt uns gegen den Wind zu stemmen, haben wir ein bisschen zusätzlichen Wind in die Segel der wachsenden Ungleichheit geblasen.«[34]

Auszug aus Freeland, Chrystia (2013): *Die Superreichen. Aufstieg und Herrschaft einer neuen globalen Geldelite*, S. 16–35.

Aus dem Englischen von Andreas Simon dos Santos

Steuern – Der große Gleichmacher?

von Stefan Bach

Besteuerung nach wirtschaftlicher Leistungsfähigkeit

»Es ist ein grundsätzliches Gebot der Steuergerechtigkeit, dass die Besteuerung nach der wirtschaftlichen Leistungsfähigkeit ausgerichtet wird. Dies gilt insbesondere für die Einkommensteuer.« So urteilte das Bundesverfassungsgericht im Jahr 1984. Das Leistungsfähigkeitsprinzip ist als grundsätzliche Leitlinie der Besteuerung allgemein akzeptiert und bietet einen soliden Rahmen für die steuerpolitischen Diskussionen und Entscheidungen. Aber es ist naturgemäß politisch und ideologisch äußerst umstritten, was steuerliche Leistungsfähigkeit im Einzelnen bedeutet. Hierzu ist es sinnvoll, zwischen Fragen der horizontalen und der vertikalen Steuergerechtigkeit zu unterscheiden.

Auf der horizontalen Ebene der Steuergerechtigkeit geht es erst einmal darum festzulegen, was genau besteuert werden soll, damit wirtschaftlich gleich leistungsfähige Bürger die gleichen Steuern zahlen. Die wichtigsten wirtschaftlichen Indikatoren dafür sind Einkommen, Konsum oder Vermögen. Darüber hinaus könnte man auch Lebensglück oder Arbeitsfreude und -leid einbeziehen. Denn wer glücklich ist und keine schwere Arbeit leisten muss, um seinen Unterhalt zu bestreiten, ist besser dran und könnte eigentlich mehr Steuern zahlen als unglückliche und hart arbeitende Menschen. Auch die volkswirtschaftliche Effizienz würde es eigentlich verlangen, die potenzielle persönliche Leistungsfähigkeit und nicht die tatsächlich realisierte zu besteuern. Aber das ist kaum umzusetzen und daher nur ansatzweise möglich.

Bei den wirtschaftlichen Indikatoren steckt der Teufel im Detail. Was ist Einkommen, und welche Einkommensarten sollen steuerlich erfasst werden? Auch Sachleistungen, Erbschaften und Schenkungen, einmalige Veräußerungsgewinne und -verluste oder der Mietwert des Eigenheims? Sollen nur das Jahreseinkommen oder auch Schwankungen über die Jahre oder sogar das gesamte Lebenseinkommen berücksichtigt werden? Bei der Einkommensteuer gilt das Nettoprinzip, das heißt, besteuert wird lediglich der Überschuss der Erträge über die Aufwendungen. Aber sollen zum Beispiel auch Kosten für den Arbeitsweg oder Kinderbetreuungskosten abgezogen werden? In welchem Umfang sollen bei der Einkommensteuer Vorsorgeaufwendungen für die Zukunft, Unterhaltsverpflichtungen, Kinder oder Behinderung und andere außergewöhnliche Belastungen berücksichtigt werden, die das steuerpflichtige Einkommen mindern? Ferner kann man das Existenzminimum der Steuerpflichtigen und ihrer Angehörigen mit einem Grundfreibetrag steuerfrei lassen – wobei das nur bei den direkten Steuern auf das persönliche Einkommen oder auf das Vermögen möglich ist, nicht bei den indirekten Steuern auf den Konsum.

Sind die Besteuerungsgrundlagen festgelegt, stellt sich die Frage der vertikalen Steuerlastverteilung zwischen Steuerpflichtigen mit unterschiedlicher Leistungsfähigkeit. Dass man Reiche höher besteuern sollte als Arme, ist grundsätzlich wenig umstritten – aber um wie viel mehr, darum wird seit Ewigkeiten heiß gestritten. In linksliberalen, sozialdemokratischen und sozialistischen Milieus präferiert man ein progressives Steuersystem, also höhere Steuerbelastungen bei höheren Einkommen, Vermögen oder Konsumausgaben. Damit soll ein hohes Angebot an öffentlichen Leistungen finanziert und zugleich die ungleiche Einkommens- und Vermögensverteilung korrigiert werden. Auch das Sozialstaatsziel des Grundgesetzes rechtfertigt grundsätzlich eine progressive Besteuerung.

Aus der »Glücksforschung« gibt es ebenfalls deutliche Anhaltspunkte dafür, dass bei hohen Einkommen der individuelle »Grenznutzen« deutlich abnimmt. Klar, wenn ein Millionär 1000 Euro zusätzlich bekommt, fällt ihm das kaum auf, während das für einen Hartz-IV-Empfänger ein Riesenglück ist. Geld allein macht bekanntlich nicht glücklich. Bei hohen Einkommen sind die Grundbedürfnisse befriedigt, und die wirklich wichtigen Dinge wie Gesundheit, Familie und Freunde sind wichtiger für Lebenszufriedenheit und Glück. Mit »Opfertheorien« lassen sich daraus deutlich progressive Steuerbelastungen konstruieren. Bürgerliche und konservative Kreise stehen dagegen stark progressiven Steuersystemen mit hohen Steuerbelastungen auf hohe Einkommen oder Vermögen kritisch gegenüber. Ausweichreaktionen und weniger Leistungsbereitschaft der Steuerpflichtigen können die gesamtwirtschaftliche Effizienz und das Wachstum reduzieren und dadurch die Steuereinnahmen und die Umverteilungswirkung verringern. Dieser Zielkonflikt, der in den 1980er Jahren mit der berühmten Laffer-Kurve popularisiert wurde, prägt die Besteuerung von hohen Einkommen und Vermögen bis heute.

Besteuerung nach der Leistungsfähigkeit und Umverteilung durch progressive Besteuerung muss vor allem mit direkten Steuern auf Einkommen und Vermögen realisiert werden. Diese können nach den individuellen Verhältnissen der Steuerpflichtigen differenziert werden und die Wohlhabenden progressiv nach ihren Einkommen oder Vermögen besteuern. Deshalb gilt vor allem die Einkommensteuer als die gerechteste Steuer. Bei indirekten Steuern ist das nur grob möglich durch eine indirekte Steuertechnik. Außerdem sind die indirekten Steuern zumeist das Gegenteil von progressiv, nämlich »regressiv«: Sie belasten die armen Haushalte relativ zu ihrem ohnehin niedrigen Einkommen mehr als wohlhabende Haushalte. Daher sind sie weniger gerecht, gelten aber als wirtschaftlich günstiger, weil sie keine großen Steuervermeidungsreaktionen auslösen.

Optimale Besteuerung: Effizienz vs. Gerechtigkeit

Betriebswirte lieben den Gewinn, Volkswirte die Effizienz. In der Ökonomie geht es immer um die Bewirtschaftung von knappen Gütern, denn seit der Vertreibung aus dem Paradies leben wir unter dem »kalten Stern der Knappheit«. Effizienz meint Wirtschaftlichkeit im Sinne einer optimalen oder zumindest hinreichenden Relation von Kosten und Nutzen beziehungsweise Aufwand und Ertrag. Auf der güterwirtschaftlichen Ebene spricht man von Produktivität als Relation der produzierten Güter (Output) zum Einsatz der Produktionsfaktoren wie Arbeit, Kapital und Vorleistungsgütern (Input).

Dabei geht es der Volkswirtschaftslehre nicht um den Gewinn des Einzelnen, sondern um die Wohlfahrt der Gesellschaft insgesamt, die durch den optimalen Einsatz der Produktionsfaktoren maximiert werden soll. Der gesamte Kuchen soll so groß wie möglich gemacht werden, bevor er aufgeteilt und gegessen wird. Unter bestimmten restriktiven Annahmen der neoklassischen Wohlfahrtsökonomie führt die Marktwirtschaft bei vollständiger Konkurrenz zu einem optimalen Einsatz der Produktionsfaktoren entsprechend den Präferenzen der Bürger. Das ist das ominöse »Pareto-Optimum«. Nur bei Marktunvollkommenheiten und Marktversagen muss der Staat eingreifen, indem er die Wirtschaftsabläufe reguliert und die öffentlichen Güter mit Steuern finanziert.

Dabei wird aber vernachlässigt, dass es Arme und Reiche gibt und dass in einer dynamischen Wirtschaft und Gesellschaft ständig neue Gewinner und Verlierer entstehen. Die genauen Wirkungen des Wirtschaftswandels oder von Reformen sind nur schwer vorauszusagen.

Häufig sind die Verlierer kaum zu identifizieren, sodass sie nicht entschädigt werden. Außerdem gibt es viele nichtmonetäre Wirkungen. Arbeitslosigkeit zum Beispiel bedeutet nicht nur weniger Einkommen, sondern macht vor allem unglücklich, wie viele Studien aus der Glücksforschung zeigen. Stress im Beruf gefährdet die Gesundheit, das Familienleben und den sozialen Zusammenhalt. Diese Kosten müssen berücksichtigt werden, wenn Strukturwandel oder Struktur- und Steuerreformen die Produktivität und Effizienz der Wirtschaft erhöhen sollen.

Neoliberale und viele Wirtschaftsberater sind häufig auf dem linken Auge blind, wenn sie die Verteilungswirkungen und nichtmonetären Wirkungen ihrer Vorschläge vernachlässigen. In Forschung und Praxis werden diese Wirkungen aber zunehmend wahrgenommen. Die holzschnittartigen Modelle des *Homo oeconomicus* als nutzenmaximierender Egoist, der alles weiß und ständig rationale Entscheidungen trifft, treten langsam ab. Es geht um Wohlstand und Lebensqualität im weiteren Sinne, was auch die Verteilung, die Umweltsituation, politische Stabilität und viele weitere Elemente der Lebenszufriedenheit einschließt.

Zugleich sollten wir die Effizienzaspekte aber auch nicht vernachlässigen oder gar als »Terror der Ökonomie«[1] abtun. Die Leute reagieren auf finanzielle Anreize, auch wenn Linke und Sozialromantiker das gerne ignorieren oder sogar tabuisieren. Viele denken zu statisch, zu kurzfristig und zu viel an Umverteilung. Das klappt aber nicht, wenn die Wirtschaft schlecht läuft. Daher ist es wichtig zu wissen, ob eine Steuerreform die Wirtschaftskraft der Gesellschaft erhöht und in welchem Umfang man die Verlierer entschädigen kann – dabei muss man aber die sozialen Kosten ehrlich analysieren und abwägen.

Vor diesem Hintergrund geht es in der volkswirtschaftlichen Steuerlehre um die optimale Besteuerung, neudeutsch »optimal taxation«: Die öffentlichen Güter sollen mit Steuern finanziert werden, die möglichst geringe Wohlfahrtsverluste auslösen. Dabei ist der Einkommenseffekt der Steuern unumgänglich, der die Einkommen oder Vermögen der Bürger und Unternehmen reduziert. Denn ohne Steuern gäbe es keine öffentlichen Güter, ohne die alle viel ärmer wären. Effizienzprobleme entstehen aber, wenn die Steuerpflichtigen der Belastung ausweichen. Das ist der Substitutionseffekt, der entsteht, wenn relevante Entscheidungsgrößen unterschiedlich belastet werden. Denn beobachten und besteuern lassen sich nur realisierte Einkommen, Konsumausgaben oder Vermögen, und nicht die tatsächlichen Fähigkeiten der Steuerzahler.

Die Steuerzahler können weniger arbeiten, weniger sparen und investieren, sich nicht so gut aus- und weiterbilden, weniger Unternehmen gründen oder die vielen Gestaltungsmöglichkeiten nutzen, die das komplizierte Steuerrecht bietet. Das ist nicht nur ungerecht gegenüber denjenigen, die engagiert, fleißig und steuerehrlich sind, es vermindert auch die gesellschaftliche Effizienz. Der optimale Einsatz der Produktionsfaktoren wird gestört, das Wachstum geht zurück, es gibt weniger zu verteilen. Indirekte Verbrauchsteuern können die Konsumentenentscheidungen beeinflussen. Die Ökonomen nennen das »Zusatzlast« (»excess burden«) der Besteuerung. Neben der unvermeidbaren Belastung durch den Einkommenseffekt der Steuern entstehen zusätzliche Belastungen durch die Effizienznachteile der Substitutionseffekte. Steuern können sogar bis in die private Lebensführung hineinwirken, etwa wenn die Familienbesteuerung mit dem Ehegattensplitting oder die Steuerprivilegien für Minijobs die Hausfrauenehe oder das Kindergeld das Kinderkriegen fördern.

Besser wäre es, die Steuern auf ihren reinen Einkommenseffekt zu begrenzen. Dann müsste man sie aber pauschal und unabhängig von allen wirtschaftlichen und sozialen Hintergründen erheben, die Substitutionseffekte auslösen. Das läuft letztlich auf eine Kopfsteuer hinaus, die für alle gleich ist. Das geht natürlich nicht und widerspricht allen Verteilungszielen. Daher müssen wir mit gewissen Substitutionseffekten leben, die wirtschaftliche Nachteile haben. Das gilt erst recht, wenn nach dem Leistungsfähigkeitsprinzip höhere Einkommen oder Vermögen stärker besteuert werden sollen, denn reiche Bürger oder Unternehmen haben zumeist mehr Möglichkeiten zur Steuervermeidung. Das ist der klassische Zielkonflikt zwischen Umverteilung und sozialer Gerechtigkeit einerseits sowie Effizienz und Wirtschaftswachstum andererseits (»equity-efficiency trade-off«).

Der wohl berühmteste Steuermythos lautet: Hohe Steuern schaden der Wirtschaft, sie reduzieren die Leistungsbereitschaft und kosten Wachstum und Arbeitsplätze. Das ist eine neoliberale Plattitüde, die bis heute reflexhaft aus der Wirtschaft oder von wirtschaftsnahen Politikern vorgetragen wird, wenn Unternehmen oder Wohlhabende höhere Steuern zahlen sollen. Die FDP hat sich unter ihrem früheren Vorsitzenden Guido Westerwelle sehr stark auf dieses Thema fokussiert und damit 2009 ein sensationelles Wahlergebnis eingefahren, um danach umso tiefer abzustürzen.

Der Mythos wurde seit den 1970er Jahren mit der Laffer-Kurve popularisiert, benannt nach dem Ökonomen Arthur Laffer. Der Legende nach soll er sie beim Dinner mit den damaligen Nixon-Beratern Donald Rumsfeld und Dick Cheney auf die Serviette gemalt haben. Die Idee: Wenn Steuern ein bestimmtes Niveau übersteigen, weichen ihnen die Steuerzahler immer stärker aus. Bei weiter steigenden Steuersätzen erhöhen sich die Steuereinnahmen kaum noch und sinken ab einem bestimmten Punkt sogar. Umgekehrt gilt: Steuersenkungen bedeuten geringere Steuerausfälle, als es zunächst scheint. Es gibt einen Selbstfinanzierungseffekt, weil die Besteuerungsgrundlagen steigen und Effizienzverluste der Steuervermeidung zurückgehen.

Natürlich ist dieser Effekt bekannt, seit es Steuern gibt. So mokierte sich 1728 der irische Schriftsteller Jonathan Swift über die Erfahrungen der Finanzbehörden, dass bei hoher Steuerbelastung zwei mal zwei selten mehr als eins ergebe. Früher nannte man das »Swiftsches Steuereinmaleins«.

Steuern runter, dann läuft die Wirtschaft besser und die Steuerausfälle halten sich in Grenzen. Das war das Mantra der angebotsökonomischen und neoliberalen Steuerpolitik seit den 1980er Jahren. Ronald Reagan in den USA und Maggie Thatcher in Großbritannien haben so Steuerpolitik gemacht. Und die deutsche FDP hat noch bis zuletzt daran geglaubt.

Der Erfolg dieser Politik war aber durchwachsen. Die Selbstfinanzierung der Steuerausfälle durch mehr Wachstum klappte nur zum kleinen Teil, und die Haushaltsdefizite stiegen. Primär wurden wohlhabende Bürger und Unternehmen bei Einkommensteuerspitzensätzen, Unternehmenssteuern, Kapitaleinkommensteuern und

Vermögensteuern entlastet. Das hing auch mit der zunehmenden Internationalisierung zusammen, die Steuervermeidungsaktivitäten erleichterte und einen Steuersenkungswettlauf zwischen den Staaten anheizte. Die indirekten Steuern wurden in fast allen Ländern erhöht und die Normalbürger verstärkt in die »kalte« Progression der Einkommensteuer einbezogen. Die gesamtwirtschaftlichen Steuerbelastungen haben sich dadurch in den meisten Ländern nur wenig geändert, Steuerprogression und Umverteilung gingen aber spürbar zurück. Die Steuerbelastungen wurden ungerechter, während die Wachstumswirkungen nur gering waren.

Schaut man sich die Entwicklung der wichtigen Industrieländer über die letzten Jahrzehnte an, zeigt sich kein klarer Zusammenhang zwischen Steuerbelastung und Wirtschaftswachstum: In Skandinavien findet man beispielsweise hohe Steuerbelastungen mit guter wirtschaftlicher Entwicklung, während in süd- und osteuropäischen Staaten, manchen Schwellen- und vielen Entwicklungsländern niedrige Steuerbelastungen nicht mit hohem Wachstum einhergehen.

Inzwischen gibt es eine Menge Studien zu den Wirkungen der Steuerreformen der vergangenen Jahrzehnte.[2] Dabei werden die Ausweichreaktionen der Steuerpflichtigen deutlich geringer eingeschätzt als zu den Glanzzeiten von Neoliberalismus und Laffer-Kurve. Tatsächlich reagieren die Besserverdiener und Unternehmer, die einen großen Teil der direkten Steuern zahlen, nur wenig bei ihren realwirtschaftlichen Aktivitäten, also bei Arbeitszeit, Engagement oder Investitionen. Schon der Ökonomie-Altmeister Joseph Schumpeter vermutete, dass vor allem Gestaltungsfreude und der Wille zum Erfolg die Wirtschaftsbürger antreiben, weniger Bedürfnisbefriedigung, Nutzenkalkül oder Gier. Die wirtschaftlichen Eliten sind zudem stark durch soziale Herkunft und Gruppenzugehörigkeit geprägt. Insoweit ist der Einfluss der Besteuerung auf die grundlegenden wirtschaftlichen Entscheidungen wohl eher gering.

Nennenswerte Steuerausweichreaktionen und Steuerausfälle sind vor allem auf Steuervergünstigungen und Gestaltungsmöglichkeiten bei der Einkommensermittlung zurückzuführen, die häufig auch im internationalen Zusammenhang stattfinden. Diese Steuervermeidungsmöglichkeiten sind aber nicht naturgegeben oder gottgewollt, sondern Folge politischer Entscheidungen wie Deregulierung oder Internationalisierung. Sie können langfristig zurückgeführt werden, politischer Wille und steuertechnische Möglichkeiten vorausgesetzt. Hier hat sich in den letzten Jahren einiges geändert: Steuervergünstigungen wurden in vielen Ländern abgebaut. Steueroasen und unfairer Steuerwettbewerb werden auf internationaler Ebene zunehmend bekämpft.

Entsprechend zeigen Studien mit Optimalsteuermodellen, dass die Spitzensteuersätze der Einkommensteuer und die Kapitaleinkommen-, Vermögen- oder Erbschaftsteuern wieder erhöht werden könnten, ohne dass die gesamtwirtschaftliche Effizienz darunter groß leidet.[3] Zugleich sollte man es auch nicht übertreiben mit »Reichensteuern« und vorsichtig vorgehen, denn es gibt große Schätzrisiken hinsichtlich langfristiger wirtschaftlicher Wirkungen von Steuererhöhungen sowie steuertechnische und politische Unwägbarkeiten bei der Umsetzung.

Wenn auch vieles unsicher bleibt, weil die Ökonomie keine exakte Naturwissenschaft ist, die Zusammenhänge sehr komplex und die Datengrundlagen unsicher sind, so lässt sich zur Steuereffizienz doch Folgendes zusammenfassen: Steuern sind nicht per se schlecht für die gesamtwirtschaftliche Effizienz und das Wachstum, denn wir brauchen sie zur Finanzierung der öffentlichen Aufgaben. Ungünstig sind die Substitutionseffekte, wenn die Steuern falsche Anreize setzen und dadurch die Effizienz reduzieren. Das kann man nicht vollständig vermeiden, sollte es aber so weit wie möglich begrenzen. Das Steuersystem sollte hier wirtschaftlich »neutral« sein, die Wirtschaftsabläufe so wenig wie möglich stören.

Insbesondere sollten wir keine verzerrenden Steuern auf die Produktion erheben, etwa Zölle oder andere Steuern auf einzelne Produkte, zum Beispiel auf Computer, Fahrzeuge oder Maschinen, denn das stört das volkswirtschaftliche Produktionsoptimum. Das gilt natürlich nicht für Steuern, die zur Korrektur von Marktversagen eingesetzt werden, etwa Umweltabgaben und Ökosteuern. Auch die Konsumsteuern sollten gleichmäßig wirken – daher sind ermäßigte Mehrwertsteuersätze heikel. Allerdings dienen sie bei Lebensmitteln oder im Nahverkehr dazu, die Armen zu entlasten. Alkohol, Nikotin und Glücksspiel dürfen aber ruhig höher besteuert werden, damit wir nicht so viel rauchen, saufen und zocken.

Die Einkommensteuer soll progressiv sein, damit von oben nach unten umverteilt wird. Wie stark, hängt von den Ausweichreaktionen und Vermeidungsmöglichkeiten ab. Um ihre Effizienz und Gerechtigkeit zu verbessern, kann man sie nicht nur nach dem Einkommen, sondern auch nach leicht messbaren persönlichen Charakteristika differenzieren, die zumindest statistisch eine geringere Produktivität oder höhere Ausweichreaktionen indizieren. Bei den meisten Einkommensteuern differenzieren wir die Belastung nach Alter, Behinderung, abhängigen Partnern ohne eigenes Geld oder unterhaltsberechtigten Kindern.

Mitunter wird vorgeschlagen, die Einkommensteuern auch nach Geschlecht, Bildungsstand, Gesellschaftsschicht oder Migrationshintergrund zu differenzieren.[4] Frauen verdienen in Deutschland deutlich weniger als Männer, arbeiten als Mütter häufig in Teilzeit und reagieren deutlich stärker auf die Steuerbelastungen. Daher könnte man die Frauen weniger und die Männer stärker besteuern. Kinder aus bildungsfernen Schichten oder mit Migrationshintergrund haben es schwerer im Leben, daher könnte man sie bei gleichem Einkommen niedriger besteuern. Das könnte das Sozialprodukt spürbar erhöhen und würde eigentlich auch die Gerechtigkeit erhöhen. Aber viele stört daran die formale Ungleichbehandlung, die ja auch in anderen Bereichen durch Antidiskriminierungsvorschriften verboten ist. Daher werden solche Benachteiligungen eher mit Förderprogrammen ausgeglichen und nicht im Steuersystem berücksichtigt.

Auszug aus Bach, Stefan (2016): *Unsere Steuern. Wer zahlt? Wie viel? Wofür?*, S. 109–121.

Der Selbstbetrug der Mittelschicht

von Ulrike Herrmann

Die Mittelschicht ist frustriert. 2000 Studenten sollten kürzlich die Frage beantworten, welches Bild die Gesellschaft am besten beschreibt: eine Zwiebel oder eine Pyramide? Passt noch das Bild von der gemütlichen Knolle – wo es oben und unten ein paar Reiche und Arme gibt, während sich die starke Mitte prall rundet? Oder ruht inzwischen eine schmale Oberschicht auf einem breiten Sockel von Armut? Fast alle Studenten entschieden sich für dieses zweite Bild der Pyramide. Das Vertrauen in die Chancengleichheit, lange Zeit zentral für das Selbstverständnis der Bundesrepublik, ist offenbar tief gestört. Die Mittelschicht empfindet, dass sie abgedankt hat.

Dieser Pessimismus ist berechtigt: In Deutschland schrumpft die Mittelschicht, wie Sozialerhebungen belegen. Die Reichen werden reicher, während zugleich die Zahl der Armen steigt – und die Mittelschicht verliert nicht nur in der Krise, sondern selbst noch im Boom. Früher konnten sich die Angestellten darauf verlassen, dass ihre Reallöhne stiegen, wenn die Wirtschaft wuchs. Doch beim letzten Aufschwung zwischen 2005 und 2008 galt dieses scheinbar eherne Gesetz nicht länger. Während die Firmengewinne explodierten, stagnierten die Gehälter.

Warum aber schrumpft die Mittelschicht? Warum sinken ihre Gehälter? Oft wird vermutet, dass der Staat schuld sei, der die Mittelschicht durch Steuern und Sozialabgaben ausplündere. Völlig falsch ist diese Beobachtung nicht. Tatsächlich haben die jüngsten Steuerreformen vor allem die Spitzenverdiener begünstigt, während die Mittelschicht damit allein gelassen wird, die wachsende Zahl der Armen zu finanzieren.

Trotzdem bleibt es seltsam, ausgerechnet die Mittelschicht als Opfer des Staates zu bedauern. Denn die Mittelschicht stellt noch immer die weitaus meisten Wahlberechtigten. Ihre Mehrheit wirkt sich an der Urne sogar überproportional aus, weil die Armen ihre Stimme oft gar nicht erst abgeben.[1] Auch die Politik weiß genau, dass Wahlen nur mit der Mittelschicht zu gewinnen sind, weswegen alle etablierten Parteien monoman auf die »Mitte« zielen. Die FDP etwa warb im vergangenen Bundestagswahlkampf mit dem Slogan »Die Mitte stärken«.

Die Mittelschicht kann also nicht nur Opfer, sondern muss auch Täter sein. Wenn sie absteigt, dann nur, weil sie an diesem Abstieg mitwirkt. Sie selbst ist es, die für eine Steuer- und Sozialpolitik stimmt, die ihren Interessen völlig entgegengesetzt ist.

In Deutschland haben die Wähler sogar mehr Macht als in vielen anderen EU-Staaten: Der Föderalismus sorgt dafür, dass eine Bundesregierung nicht nur alle vier Jahre die Bundestagswahl bestehen muss – sondern zwischendurch auch bei diversen Landtagswahlen abgestraft werden kann, die stets als Stimmungstest gelten und regelmäßig zu Kurskorrekturen führen.

Wenn also die rot-grüne Regierung den Spitzensteuersatz von 53 auf 42 Prozent gesenkt hat, wovon allein die sehr hohen Einkommen profitierten – dann muss sie geglaubt haben, dass auch die Mittelschicht einverstanden wäre, wenn die Spitzenverdiener ein Milliardengeschenk erhalten. Ähnlich verhält es sich mit der schwarz-gelben Regierung: Wieder wurden Steuersenkungen versprochen, diesmal in Höhe von 24 Milliarden Euro, von denen vor allem die Bessergestellten profitieren sollten. Gleichzeitig sollen aber die Sozialabgaben steigen, was alle Arbeitnehmer belastete. Diese Regierung war für die meisten Bürger ein absehbar schlechtes Geschäft – und trotzdem hatte die Mehrheit diese »Koalition der Mitte« an die Macht gewählt.

Warum also stimmt die Mittelschicht immer wieder gegen ihre eigenen Interessen? Nicht selten wird vermutet, dass Medien und Lobbyisten die Bundesbürger so lange gezielt verwirren, bis sie hörig den Eliten folgen.[2] Und tatsächlich ist der Einfluss von Journalisten und Verbänden enorm – aber grenzenlos ist er nicht. Zeitungen müssen gekauft, Sendungen gesehen und Lobby-Botschaften geglaubt werden. Wer die Interessen einer Minderheit durchsetzen will, muss die Emotionen der Mehrheit berühren.

Lobbyisten sind nur erfolgreich, weil sie auf das Selbstbild der Mittelschicht zielen. Sie sprechen deren Träume und Hoffnungen an, bedienen ihre Ängste und Vorurteile. Konkret: Wenn Lobbyisten Steuersenkungen für die Reichen durchbringen wollen, dann müssen sie der Mittelschicht das Gefühl geben, dass sie ebenfalls zur Elite gehört. Man muss die Mittelschicht zum Selbstbetrug animieren.

Zunächst mag es erstaunen, dass die Mittelschicht überhaupt je auf die Idee verfallen konnte, sich in der Nähe der Elite zu glauben. Denn begütert ist die Mittelschicht nicht. Zu ihr zählt, wer zwischen 70 und 150 Prozent des Durchschnittseinkommens zur Verfügung hat. Bei einem Single wären dies zwischen 1000 und 2200 Euro netto im Monat. Bei Familien liegt die Spannbreite deutlich höher, weil auch der Bedarf größer ist. So benötigt ein Ehepaar mit zwei kleinen Kindern zwischen 2100 und 4600 Euro netto, um zur Mittelschicht zu gehören. Darunter beginnt die Unterschicht, darüber schon die Oberschicht.

Diese sozio-ökonomischen Begriffe haben sich jedoch im alltäglichen Sprachgebrauch nicht immer durchgesetzt. So ist »Mittelschicht« zwar sehr gängig, doch »Oberschicht« wird kaum benutzt. Stattdessen hat sich das Wort »Elite« eingebürgert, das alle meint, die sich mit ihrem Einkommen und Vermögen oberhalb der Mittelschicht etablieren konnten.

Doch zurück zur eigentlichen Frage: Wie kann es also sein, dass die Mittelschicht, mit ihrem eher bescheidenen Wohlstand, eine Politik unterstützt, die vor allem den Eliten dient? Drei Mechanismen scheinen ineinanderzugreifen.

Erstens: Die Reichen rechnen sich arm und erklären sich selbst zu einem Teil der Mittelschicht. Sie verschleiern ihren Wohlstand derart gekonnt, dass völlig unklar ist, wie reich sie wirklich sind. Fest steht nur, dass Billionen Euro aus der Statistik verschwinden.

Zudem suggerieren die Eliten der Mittelschicht, dass ein Aufstieg in die oberen Ränge jederzeit möglich sei – und verbrämen damit geschickt, dass sich die Eliten faktisch nach unten abschließen, was schon mit der Partnerwahl beginnt. Diese heimlichen Techniken der Dominanz lassen sich von niemandem besser lernen als vom deutschen Adel, der sich noch immer an der Spitze hält, ohne eigentlich Macht zu besitzen.

Zweitens: Umgekehrt nimmt die Mittelschicht nicht wahr, wie groß der Abstand zu den Eliten tatsächlich ist. Die Mehrheit der Deutschen hält sich für einigermaßen wohlhabend und neigt dazu, die Grenze des Reichtums knapp oberhalb ihres eigenen Einkommens und Vermögens anzusetzen.[3] In dieser Weltsicht muss man sich also nur ein bisschen anstrengen oder ein wenig Glück haben – und schon gehört man selbst zur Elite. Leistung lohnt sich, davon ist die Mittelschicht noch immer überzeugt. Und sollte man selbst nicht an die Spitze gelangen, dann könnten zumindest die eigenen Kinder Karriere machen. Der Glaube an den eigenen Aufstieg ist in der Mittelschicht ungebrochen, wie auch der Boom der Privatschulen zeigt.

Drittens: Die Mittelschicht überschätzt ihren Status auch deshalb, weil sie viel Kraft und Aufmerksamkeit darauf verwendet, sich vehement von der Unterschicht abzugrenzen. Nur zu gern pflegt die Mittelschicht das Vorurteil, dass die Armen eigentlich Schmarotzer seien. So meinen immerhin 57 Prozent der Bundesbürger, dass sich Langzeitarbeitslose »ein schönes Leben auf Kosten der Gesellschaft machen«.[4] Aus dieser Verachtung für die Unterschicht entsteht dann eine fatale Allianz: Die Mittelschicht sieht sich an der Seite der Elite, weil sie meint, dass man gemeinsam von perfiden Armen ausgebeutet würde.

Die Kosten dieses Selbstbetrugs sind enorm. Während die Eliten immer weniger belastet werden, verliert die Mittelschicht rapide. Schon jetzt müssen Arbeitnehmer bis zu 53 Prozent ihrer Arbeitskosten als Steuern und Sozialabgaben abführen – während umgekehrt Millionäre ihre Einkünfte mit nur durchschnittlich 34 Prozent versteuern.

Künftig dürfte die Mittelschicht sogar noch stärker belastet werden. Die Finanzkrise hat die Staatsverschuldung stark erhöht – und diese Kosten wird erneut allein die Mittelschicht tragen, wenn sie sich nicht aus ihrer fatalen Allianz mit den Eliten löst.

Die Mittelschicht ahnt bereits, dass die Kosten der Finanzkrise an ihr hängen bleiben sollen. Trotzdem wendet sie sich weiterhin gegen die Unterschicht und nicht etwa gegen die Eliten. So sagen fast 65 Prozent aller Menschen, die sich selbst von der Wirtschaftskrise betroffen fühlen: »In Deutschland müssen zu viele schwache Gruppen mitversorgt werden.«[5] Wieder gerät völlig aus dem Blick, dass vor allem die Vermögenden davon profitiert haben, dass der Staat mit Milliardensummen Banken und Wirtschaft gerettet hat. Stattdessen werden nun die Armen einmal mehr zu Schmarotzern erklärt, obwohl sie Opfer der Krise sind. […]

Die permanente Reform bei den Steuern: Ein Milliardengeschäft für die Eliten

Wenn es um Steuern geht, ist in Deutschland inzwischen jede Merkwürdigkeit denkbar. So hat die schwarz-gelbe Koalition als erstes den Hoteliers mindestens eine Milliarde Euro geschenkt, indem diese jetzt nur noch den niedrigen Satz bei der Mehrwertsteuer zahlen müssen. Die Bundesregierung hat sich gar nicht erst die Mühe gemacht, eine plausible Begründung zu ersinnen. Es war so krass, wie es aussah: Die Wirte wollten mehr verdienen, und dieser Wunsch wurde umstandslos gewährt.

Die Wähler haben nicht protestiert, denn offenbar fühlen sich alle Steuerzahler gemeinsam in einem solidarischen Kampf verstrickt: hier der Bürger, dort der Staat. Man scheint es den Hoteliers zu gönnen, dass sie von Steuern befreit wurden, und hofft im Gegenzug auf Wohltaten, die dann das eigene Konto erreichen.

Vor allem die Einkommensteuer ist eine ständige Obsession. Dies wirkt zunächst erstaunlich, weil es ja schon gewaltige Steuerreformen gab, bei denen unter anderem der Spitzensteuersatz von

53 auf 42 Prozent und der Eingangssteuersatz von 25,9 auf 14 Prozent gesenkt wurde. Die untere Hälfte der Steuerpflichtigen zahlt bereits fast gar keine Einkommensteuer mehr, sondern wird durch die Sozialabgaben erdrückt, die rund 40 Prozent der Arbeitskosten ausmachen.

Über die Sozialabgaben wird jedoch konsequent geschwiegen, während die Einkommensteuer ein ständiges Thema bleibt. Denn die Steuersenkungen haben eine Mechanik in Gang gesetzt, die sich von den Eliten propagandistisch bestens verwenden lässt, um weitere Nachlässe zu fordern: Einerseits nutzen die Steuerentlastungen vor allem den Spitzenverdienern, während die Mittelschicht kaum profitiert – andererseits hatten die sinkenden Steuertarife aber automatisch zur Folge, dass nun auch Normalverdiener fast schon in die Nähe des Spitzensteuersatzes rücken. Männliche Vollzeitkräfte verdienen im Durchschnitt etwa 40 000 Euro brutto im Jahr, doch schon ab 52 882 Euro wird für einen Single der Spitzensteuersatz fällig. Daraus schließen viele in der Mittelschicht messerscharf und trotzdem falsch: »Hilfe, ich bin ein Besserverdiener.«[6]

Bei dieser Rechnung wird bereits übersehen, dass bei Verheirateten meist das Ehegattensplitting greift, so dass der Spitzensteuersatz erst ab 105 764 Euro einsetzt. Ein derart hohes Einkommen weisen jedoch noch nicht einmal fünf Prozent aller Steuerpflichtigen auf.[7]

Vor allem aber ist die Logik fatal, man sei ein »Besserverdiener«, nur weil man in die Nähe des Spitzensteuersatzes rückt. Obwohl sich an ihrem eher kümmerlichen Jahreseinkommen von durchschnittlich 40 000 Euro für Vollzeitkräfte nichts geändert hat, hält sich die Mittelschicht nun für reich – was sofort undenkbar macht, die wirklich Reichen stärker zu besteuern. Stattdessen fordert die Mittelschicht vehement weitere Entlastungen für die Eliten, zu denen sie sich nun fälschlich selbst zählt. Es gerät völlig aus dem Blick, dass sich die Steuerprogression auch derart gestalten ließe, dass allein die wirklichen Spitzenverdiener weitaus mehr zahlen müssten. Der Unterschied zwischen einem Durchschnittsverdiener und einem Millionär verschwimmt, nur weil das Finanzamt beide ähnlich zu behandeln scheint. [...]

Die Entlastung der Eliten ist – obwohl dies immer wieder gern behauptet wird – keine Lappalie : »Oben sind zu wenige, als dass deren Obolus, und sei er noch so hoch, mengenmäßig wirklich ins Gewicht fiele«, schreibt etwa der Wirtschaftsjournalist Marc Beise.[8] Zwar stimmt an dieser Aussage, dass die Zahl der Einkommensmillionäre durchaus überschaubar ist – nur folgt daraus eben noch lange nicht, dass sie nichts zum Steueraufkommen beitragen würden. 2005 zahlte das reichste eine Prozent der Steuerpflichtigen bereits 22,7 Prozent aller Einkommensteuern. Bevor Mitleid aufkommt: Diese immensen Steuerbeiträge zeigen vor allem, wie begütert die obersten Schichten in Wahrheit sein müssen, denn für sie gibt es vielfältige Freibeträge und Abzugsmöglichkeiten, um ihr Einkommen kleinzurechnen und die Steuerschuld zu drücken.

Offenbar können sich viele Mittelschichtler gar nicht vorstellen, dass einige Reiche deutlich reicher als sie selbst sind. Da die eigene Steuerkraft eher bescheiden ist, wird einfach angenommen, dass auch der »Obolus« der oberen 300 000 nur dürftig sein könne. Recht sorglos werden daher die Steuern gesenkt, weil die Mittelschicht fälschlich vermutet, dass vor allem sie selbst profitiere und der Schaden sowieso nicht groß sein könne.

Der ehemalige Bundeskanzler Gerhard Schröder stellt die Inkarnation dieses Missverständnisses dar. In seiner Regierungserklärung zur Agenda 2010 verkündete er stolz, dass die rot-grünen Steuerreformen »Bürger und Unternehmen um insgesamt 56 Milliarden Euro entlastet« hätten. Die offizielle Idee war damals, dass die Steuersenkungen die Wirtschaft ankurbeln und damit neue Steuereinnahmen erzeugen sollten. Wenig überraschend hat sich diese Hoffnung nicht erfüllt, denn weltweit ist kein einziger Fall bekannt, wo sich Steuersenkungen von selbst finanziert hätten. Es kam nur zu einem Konjunkturaufschwung, weil sich die Weltwirtschaft insgesamt belebte und Deutschland seine Waren verstärkt ins Ausland exportieren konnte. Rot-Grün hat also völlig sinnlos

Milliarden verschenkt, um damit vor allem die Spitzenverdiener zu entlasten.

An den rot-grünen Steuerreformen fiel nicht nur auf, wie dürftig sie begründet waren, sondern sie brachen zudem mit einer Steuertradition, die seit der Weimarer Republik gegolten hatte. 1920 wurde die moderne Einkommensteuer in Deutschland eingeführt und der Spitzensteuersatz damals auf 60 Prozent festgesetzt. Nach dem Zweiten Weltkrieg lag der Spitzensteuersatz dann zwischen 53 und 56 Prozent. Erst Gerhard Schröder glaubte plötzlich, er müsse die gesamte Steuersystematik ändern und den Spitzensteuersatz auf 42 Prozent drücken.

Den nächsten Systembruch hat dann die große Koalition vollzogen: 2009 führte sie die »Abgeltungsteuer« ein, die Kapitalerträge wie etwa Zinsen oder Dividenden nur noch einheitlich mit 25 Prozent belastet. Damit wurde die »synthetische Besteuerung« aufgegeben, womit gemeint ist, dass alle Einkünfte gleich veranlagt werden – egal, ob es sich bei dem Einkommen um Löhne, Mieten, Zinsen, Dividenden oder freiberufliche Honorare handelt. Nun werden Kapitalerträge plötzlich bevorzugt, während Löhne und Gehälter weiterhin der Steuerprogression unterliegen. Reichtum wird also belohnt – und das normale Arbeitseinkommen benachteiligt.

Vor allem die Kapitaleigner und die Spitzenverdiener haben von den Steuerreformen der vergangenen zehn Jahre profitiert, obwohl ihnen ohnehin schon sehr viele Möglichkeiten offenstanden, ihre Einkünfte kleinzurechnen oder vor den Finanzämtern zu verbergen. Selbst Millionäre haben in Deutschland faktisch nie den Spitzensteuersatz gezahlt. Bei den Steuerreformen ist also der seltsame Fall zu beobachten, dass radikale Veränderungen vorgenommen wurden, ohne dass ein objektiver Reformdruck bestand. Der Spitzensteuersatz wurde nur gesenkt, weil sich die Eliten mehr Netto vom Brutto wünschten.

Dass die Reichen reicher werden wollen, ist menschlich verständlich, aber warum hat eine ganze Gesellschaft diesem Wunsch nachgegeben? Es ist kein Zufall, dass die rot-grüne Regierung mit ihrer Agenda 2010 zwei Projekte parallel verfolgt hat: Einerseits wurden die Steuern drastisch gesenkt – und andererseits mit den Hartz-Reformen den Unterschichten die Solidarität entzogen. Sachlich haben beide Vorhaben nichts miteinander zu tun, aber mental bedingen sie einander.

Hartz IV war von der tiefen Überzeugung geleitet, dass die Langzeitarbeitslosen nur deswegen keine Stelle fänden, weil sie antriebsarm auf dem Sofa säßen und Unterschichten-TV glotzten. Die Losung hieß daher »Fordern und Fördern«, womit gleichzeitig suggeriert wurde, dass der Staat sein Geld jahrelang an der völlig falschen Stelle ausgegeben hatte – nämlich für Arbeitslose, die an ihrer Arbeitslosigkeit selbst schuld seien.

Hartz IV transportierte die unterschwellige Botschaft, dass der Staat eine reine Dienstleistungsmaschine für die Unterschicht sei. Dabei ging völlig unter, dass die Kosten für die Langzeitarbeitslosen noch nicht einmal acht Prozent des Bundeshaushalts ausmachen. – und allein schon die Zinsen für die Bundesschulden doppelt so hoch liegen.[9] Sobald der Staat jedoch als scheinbare Lobbyveranstaltung für die Armen diskreditiert war, empfanden viele in der Mittelschicht jede Steuersenkung als legitim, damit man nicht noch weiter von den vermeintlichen Sozialschmarotzern ausgebeutet würde.

Mit den rot-grünen Steuerreformen setzte ein Teufelskreis ein, der kaum noch zu durchbrechen ist, weil sich die Diskreditierung des Staates unaufhaltsam verschärft. Denn dass diese gigantischen Steuersenkungen überhaupt möglich waren, schien ja zu beweisen, dass der Staat dieses Steuergeld nie wirklich gebraucht, sondern eigentlich immer irgendwie verschwendet hatte. Also werden neue Steuersenkungen gefordert und Reformen selbst dann toleriert, wenn sie so unsinnig sind wie jüngst das Geschenk an die Hoteliers.

Der Staat hat inzwischen kaum noch Geld, um in Bildung oder in Infrastruktur zu investieren. Momentan wird noch von der Substanz gelebt, doch mittelfristig zeichnet sich ab, dass die Mehrwertsteuer weiter erhöht werden muss – und sich Deutschland zudem in einen Gebührenstaat verwandelt. Bei der Bildung hat dieser Umstieg bereits begonnen, indem immer mehr Eltern bereit sind, für private Schulen zu zahlen. Die Eliten kommen dabei bestens weg: Sie sparen bei der Einkommensteuer, die vor allem die Spitzenverdiener belastet, und zahlen stattdessen Gebühren, die alle Bürger gleich belasten.

Die permanenten Steuersenkungen zwingen den Staat darüber hinaus, sich immer stärker zu verschulden, um seine notgedrungen schrumpfenden Aufgaben noch zu erfüllen. Also muss er Staatsanleihen herausbringen oder Bundesschatzbriefe ausgeben. Für die Eliten wird dies zum doppelten Geschäft: Erst sparen sie Steuern, und dann investieren sie dieses Geld in Staatspapiere, um dafür Zinsen zu kassieren. Dieser Kreisverkehr macht aus einer einstigen Steuerschuld neues Einkommen. Die Mittelschicht hingegen verliert gleich doppelt: Erst hat sie nicht von den Steuersenkungen profitiert – und dann darf sie mit ihren (Mehrwert-)Steuern die Zinsen zahlen, die für diese neuen Staatsschulden fällig werden.

»Omas kleines Häuschen«: Firmenerben entrichten keine Erbschaftsteuer mehr

Internationale Experten sind stets verwundert, wie niedrig Erbschaften in Deutschland belastet werden.[10] Denn Erbschaftsteuern sind eine der ganz wenigen Möglichkeiten, um die extreme Ungleichheit bei den Vermögen zumindest ein wenig zu korrigieren.

Doch so denken die Deutschen nicht. Wenn die Bundesbürger übers Erben reden, fällt ihnen vor allem »Oma ihr klein Häuschen« ein. Vor dem geistigen Auge tauchen dann rote Kletterrosen und gemütliche Dachgauben auf. Dieses Häuschen, da sind sich fast alle Deutschen einig, muss an den Enkel vererbt werden können, ohne dass Steuern fällig werden. Denn der Diminutiv legt ja nahe, dass dieses Häuschen kaum einen Wert darstellen kann.

Doch faktisch erben viele Bundesbürger noch nicht einmal ein Häuschen – und sei es noch so winzig. Die unteren 70 Prozent der

Deutschen kommen nur auf ganze neun Prozent des gesellschaftlichen Reichtums. Umgekehrt kontrolliert das reichste Zehntel bereits rund 61 Prozent des Gesamtvermögens.

Diese extreme Vermögenskonzentration wird von Generation zu Generation weitergereicht. So zeigte sich bei einer SOEP-Stichprobe, dass bis zum Jahr 2001 nur 15,4 Prozent aller befragten Erwachsenen überhaupt eine Erbschaft oder eine Schenkung erhalten hatten. Diese Nachlässe gingen vor allem an sehr gut verdienende Haushalte mit einem Nettoeinkommen von mehr als 5 113 Euro im Monat: Dort hatten schon rund 29 Prozent geerbt – und im Durchschnitt etwa 225 000 Euro erhalten. Die Normalverdiener hingegen erben nicht nur seltener, sondern bekommen auch deutlich weniger. Im Durchschnitt waren es 66 280 Euro.[11] Einkommen und Vermögen hängen also sehr eng zusammen. Wer sowieso schon bestens verdient, der erbt dann auch noch große Summen. Der Matthäus-Effekt trifft wieder einmal zu: Wer hat, dem wird gegeben.

Gerade die Erbschaften zeigen, wie absurd der Begriff der Generationengerechtigkeit ist. In Deutschland stehen nicht Alte gegen Junge. Stattdessen gibt es einige reiche Alte, die ihr Vermögen an Kinder vererben, die ebenfalls meist zu den Spitzenverdienern zählen. Umgekehrt haben sehr viele Alte gar kein nennenswertes Eigentum, das sie vererben könnten – und ihre Kinder besitzen in der Regel ebenfalls kein Vermögen. Die Kluft zwischen Arm und Reich verläuft nicht zwischen, sondern in den Generationen.

Wie groß die Unterschiede beim Vermögen sind, scheint jedoch kaum jemand wahrzunehmen. Selbst die eher Ärmeren reihen sich bei den Besitzenden ein. So titelte die *Bild*-Zeitung kürzlich »So erben Sie richtig!«[12] und bediente damit bestimmt ein virulentes Interesse ihrer Leser, obwohl die allermeisten Käufer des Boulevardblatts nicht den vermögenden Schichten angehören dürften.

Die Erben werden jedenfalls kaum belastet, wie eine Beispielrechnung mit »Oma ihr klein Häuschen« zeigt: Angenommen, es ist doch nicht ganz so klein, sondern 500 000 Euro wert, weil es nett am Waldrand liegt – dann muss der Sohn nur 11 000 Euro an das Finanzamt zahlen. Dies entspricht einem Steuersatz von ganzen 2,2 Prozent. Sollte Oma zwei Kinder haben, entfällt die Steuer bereits völlig.[13]

Besonders widersinnig: Die größten Erbschaften werden künftig gar nicht mehr herangezogen, denn Firmenerben sind faktisch von der Steuer befreit. Bedingung ist nur noch, dass sie den Betrieb sieben Jahre lang fortführen und nicht allzu viele Beschäftigte entlassen. Dieses großzügige Steuergeschenk an die Firmenerben kostet den Staat etwa 500 Millionen Euro jährlich, obwohl selbst die Handelskammern keinen einzigen Fall nennen konnten, wo ein Betrieb pleitegegangen wäre, weil die Erbschaftsteuer so drückte.

Die meisten Rechtsexperten sind sich einig, dass sich die aktuelle schwarz-gelbe Reform der Erbschaftsteuer als verfassungswidrig erweisen wird. Es ist schließlich nicht einzusehen, warum die Erben von Immobilien den Nachlass versteuern müssen, während Firmenerben völlig befreit sind. Klagen vor dem Bundesverfassungsgericht dürften daher nicht lange auf sich warten lassen.[14]

Die deutsche Erbschaftsteuer brachte im Jahr 2009 nur läppische 4,6 Milliarden Euro ein,[15] obwohl nach Schätzungen jährlich rund 200 Milliarden Euro vererbt werden.[16] Doch trotz dieser minimalen Steuerbeträge werden harte Kämpfe um die Erbschaftsteuer ausgefochten. Der ehemalige FDP-Wirtschaftsminister Rainer Brüderle würde sie sogar am liebsten ganz abschaffen, denn er hat eine Ungerechtigkeit der völlig neuen Art ausgemacht: »Nur weil jemand stirbt, muss er noch mal Steuern zahlen.«[17]

So formuliert, erscheint die Erbschaftsteuer tatsächlich widersinnig. Allerdings ist die Grundannahme falsch: Nicht der Verstorbene zahlt die Steuer – sondern sein Erbe, und der wird zum ersten Mal herangezogen.

Mindestens genauso beliebt ist bei den Gegnern der Erbschaftsteuer noch ein weiteres Argument: Es sei Doppelbesteuerung, die Erbschaften zu belasten – schließlich handele es sich um gespartes oder investiertes Einkommen, das bereits einmal versteuert worden sei. Auch dieser Einwand krankt daran, dass es für den Erben neues Einkommen ist. Vor allem aber ist Doppelbesteuerung in Deutschland völlig normal, denn die Mehrwertsteuer ist eine einzige gigantische Doppelbesteuerung, weil in den Konsum vor allem Einkommen fließt, das von den Finanzämtern schon einmal veranlagt wurde.

Es ist sehr seltsam: Obwohl 70 Prozent der Deutschen fast nichts besitzen, sind nur 20 Prozent dafür, die Erbschaftsteuer zu erhöhen.[18] Statt die großen Vermögen gezielt zu belasten, wird auch noch hingenommen, dass die Firmenerben künftig gar nichts mehr zahlen müssen. Die romantische Idee von »Omas kleinem Häuschen« funktioniert also bestens. Dieses wirkungsmächtige Bild suggeriert, dass doch jeder irgendwie erbt – und sei es noch so wenig. Im Angesicht des Todes, so die Idee, werden alle gleich. Ob nun ein Betrieb oder nur ein kleines Girokonto hinterlassen wird: Stets scheint es sich um eine rein private Familienangelegenheit zu handeln, bei der der Staat eigentlich nichts zu suchen habe.[19] Das Ergebnis ist eine Steuerreform, dank derer nun selbst Milliardenvermögen völlig steuerfrei weitergereicht werden können.

Die angeblichen Sozial-»Versicherungen«: Wie die Mittelschicht für die Armen zahlt

Steuern genießen bei den meisten Deutschen kein hohes Ansehen und gelten als eine gemeine Zumutung, die sich der Staat ausdenkt, um seine Bürger auszubluten. Deswegen sind die Wähler immer gern bereit, für Parteiprogramme zu stimmen, die eine Steuersenkung versprechen, ohne näher zu prüfen, wer zu den Profiteuren dieser Geschenke zählt.

Die Sozialversicherungen hingegen haben einen weitaus besseren Ruf, denn viele Bürger lassen sich von dem Begriff »Versicherung« blenden, der ja suggeriert, dass man für seine Leistung auch eine unmittelbare Gegenleistung erhält, indem man nur sein persönliches Risiko abdeckt. Damit kommen die Sozialversicherungen der Neigung der Deutschen entgegen, am liebsten auf Eigenvorsorge zu vertrauen, die dann auch noch ständisch organisiert ist. Knapp 170 gesetzliche Krankenkassen erinnern an jene Zeiten, als jede Berufsgruppe oder jede größere Firma noch ihre eigene kleine Versicherung haben musste.

Viele Bürger scheinen sich die gesetzliche Krankenkasse wie eine Haftpflichtversicherung zu denken, die im Notfall auszahlt, was man vorher als persönliches Risiko versichert hat. Diese grundsätzliche Akzeptanz erklärt, warum ständige Beitragserhöhungen fast klaglos hingenommen werden – während Steuererhöhungen als völlig ausgeschlossen gelten.

Dabei funktionieren viele Sozialversicherungen überhaupt nicht wie Versicherungen. Bei den gesetzlichen Krankenkassen ist dies am deutlichsten, bei denen das »Solidarprinzip« gilt. Die Beiträge richten sich also gerade nicht nach dem eigenen Risiko, sondern werden je nach Einkommen fällig. Umgekehrt sind aber die Leistungen für alle Versicherten gleich, ganz unabhängig davon, wie viel sie eingezahlt haben. Auch Niedriglöhner oder Arbeitslose genießen den vollen Schutz. Damit ist die gesetzliche Krankenversicherung eine Art zweckgebundener Steuer, die dazu dient, die Gesundheitsversorgung für die Bevölkerung zu finanzieren. Entsprechend sind die gesetzlichen Krankenkassen auch gar keine klassischen Versicherungsunternehmen, sondern eher Quasi-Behörden.

Daher wäre es eigentlich konsequent, gleich Sozialsteuern zu erheben, die für alle gelten und progressiv gestaltet sind, so dass die Reichen für die Armen zahlen. Doch Steuern sind in Deutschland ein Tabuwort. Es muss unbedingt eine »Versicherung« sein, damit die Fiktion erhalten bleibt, es handele sich um eine möglichst staatsferne Form der Eigenvorsorge, in der jeder ausgezahlt bekommt, was er vorher eingezahlt hat.

Das Ergebnis ist, dass eine faktische Steuer als Versicherung getarnt wird, indem ein Element aus dem klassischen Versicherungswesen übernommen wird: die Idee der Prämie. Daraus folgt dann die »Beitragsbemessungsgrenze«, die bei den gesetzlichen Krankenkassen bei 45 000 Euro im Jahr liegt. Wer mehr verdient, muss auf das Einkommen jenseits dieser Grenze keine Kassenbeiträge mehr zahlen. Der Effekt ist bizarr, wie die OECD immer wieder kritisiert, denn die Gesamtbelastung durch Steuern und Sozialabgaben nimmt für die hohen Einkommen wieder ab. Am größten ist die Belastung für einen Single bei einem Jahreseinkommen von 53 000 Euro. Wer hingegen 110 000 Euro verdient, wird prozentual nur genauso stark herangezogen wie ein Angestellter, der auf ganze 36 500 Euro kommt. Das deutsche System ist also nicht progressiv, sondern regressiv, und damit recht einzigartig auf dieser Welt.

Wieder zeigt sich ein typisches Muster für Deutschland: Die Spitzenverdiener werden begünstigt, weil die Mittelschicht ihrer Aversion gegen den Staat blind nachgibt. Statt Steuern muss es also eine »Versicherung« sein und zu dieser Fiktion der Staatsferne gehört, dass ein »Wettbewerb« organisiert wird, der den privaten Krankenkassen bis heute ihre Existenz sichert.

Anders als die gesetzlichen Kassen funktionieren diese privaten Kassen tatsächlich wie eine normale Versicherung, in der jeder nur sein eigenes Risiko abdeckt. Der Zugang ist jedoch beschränkt, denn Angestellte dürfen sich nur aus der gesetzlichen Krankenkasse verabschieden und in eine private Kasse wechseln, wenn sie eine bestimmte Zeit lang die »Versicherungspflichtgrenze« übersprungen haben.

Etwa zehn Prozent der Bevölkerung sind privat versichert, die meist zur Einkommenselite zählen: Es sind Selbstständige, Beamte und eben sehr gut verdienende Angestellte. Daraus folgt unmittelbar, dass es der Mittelschicht in den gesetzlichen Kassen allein überlassen bleibt, die Gesundheitskosten für Geringverdiener und Arbeitslose zu tragen. Das ist richtig teuer: Ein Arbeitnehmer knapp unter der Beitragsbemessungsgrenze zahlt monatlich etwa 560 Euro an seine Krankenkasse – doch etwa die Hälfte der Summe wird gar nicht für seine eigene Versorgung gebraucht, sondern subventioniert die ärmeren Versicherten.[20] Die Reicheren hingegen müssen sich nicht solidarisch zeigen, sondern dürfen sich in ihre Privatkassen absetzen.

Obwohl die gesetzlich versicherten Arbeitnehmer faktisch das gesamte Gesundheitswesen allein tragen müssen, werden sie in den Praxen oft wie Bittsteller behandelt, weil die Ärzte lieber Privatpatienten behandeln, bei denen sie deutlich mehr abrechnen können. Studien haben gezeigt, dass Kassenpatienten im Durchschnitt dreimal länger als Privatpatienten warten müssen, wenn sie einen Facharzt sprechen wollen.[21] Zudem kann es bei gravierenden Krankheiten wie Krebs passieren, dass ein normal Versicherter niemals einem ausgewiesenen Spezialisten vorgestellt wird, während Privatpatienten gleich mehrere Koryphäen konsultieren können.

Diesen teuren und exzellenten Service können die Privatkassen nur bieten, weil sie dem »Solidarprinzip« nicht unterliegen und also darauf verzichten dürfen, auch Ärmere in ihre Reihen aufzunehmen. Dieser konsequente Eigennutz lohnt sich auch insofern, als noch genug Geld übrigbleibt, damit die privaten Versicherungskonzerne Milliardengewinne einstreichen können.[22]

Es hätte anders sein können in Deutschland, denn nach dem Zweiten Weltkrieg wollten die Alliierten eine einheitliche Bürgerversicherung einführen, in die auch die Selbstständigen und die Beamten einzahlen. Dieser Plan scheiterte jedoch ausgerechnet an den Gewerkschaften, die so ständisch dachten wie ihre Mitglieder. Vor allem die Angestelltenorganisationen fürchteten, dass sie ihre Sonderstellung verlieren könnten.[23] Es ist also keineswegs neu, dass die Mittelschicht ihre wahren ökonomischen Interessen verkennt, weil sie sich als Elite inszenieren will.

Dieser fatale Trend, am liebsten ständischen Versicherungen zu vertrauen, setzte sich bei der Pflegeversicherung fort. Eigentlich ist gar nicht einzusehen, warum ausgerechnet die Beschäftigten das Risiko abdecken sollen, dass Teile der Gesellschaft pflegebedürftig werden. Sehr viel sinnvoller wäre es gewesen, die Pflegekosten über die Steuern zu finanzieren, um die Lasten möglichst gerecht zu verteilen. Doch Steuererhöhungen hätte die Bevölkerung nicht akzeptiert, wie der zuständige CDU-Sozialminister Norbert Blüm klar erkannte. Es musste also eine »Versicherung« sein. Und so dupliziert sich der Wahnsinn bei den Krankenkassen nun in der Pflegeversicherung : Die große Mehrheit der Bürger ist in gesetzlichen Kassen organisiert, während sich Spitzenverdiener, Beamte und Selbstständige privat versichern dürfen und nicht damit behelligt werden, die Kosten für pflegebedürftig gewordene Geringverdiener zu übernehmen.

Nur bei der gesetzlichen Rente scheint es auf den ersten Blick fairer abzulaufen, weil dort das »Äquivalenzprinzip« gilt: Wer mehr einzahlt, erhält eine höhere Rente. Doch tatsächlich findet auch bei der Rente eine verdeckte Umverteilung statt, wobei dort ausgerechnet die Unterschicht die Elite subventioniert.

Denn beim Äquivalenzprinzip spielt die Lebensdauer keine Rolle. Es wird zwar berücksichtigt, wie hoch die eingezahlten Beträge waren, nicht aber, wie lange die Rente später bezogen wird. Geringverdiener sterben jedoch deutlich früher und erhalten damit in der Summe weit weniger Rente als ein Gutverdiener. So werden Männer mit einem monatlichen Bruttoeinkommen von unter 1 500 Euro nur etwa 72 Jahre alt. Männer mit einem Verdienst jenseits der 4 500 Euro sterben hingegen erst mit knapp 80 Jahren. Sie können also rund acht Jahre länger Rente beziehen. In kaum einem anderen westlichen Land differiert die Lebenserwartung zwischen den Reichen und den Armen so stark wie in Deutschland – in Schweden beispielsweise beträgt der Abstand nur zwei Jahre.

Oft sterben die ärmeren Beschäftigten, noch bevor sie aus dem Arbeitsleben ausscheiden: Nur 79 Prozent der Geringverdiener erreichen überhaupt das Rentenalter. Bei den einkommensstarken Männern sind es hingegen 91 Prozent. »Somit gehen Wohlhabende häufiger in Rente, beziehen die Rente länger und können auch noch höhere Ansprüche an überlebende Ehepartner weiterreichen«, fasst der SPD-Gesundheitsexperte Karl Lauterbach zusammen, von dem diese Studie stammt.[24]

Aus der niedrigen Lebenserwartung folgt für die Geringverdiener, dass sich die Rente für sie nicht lohnt. Wer nur die Hälfte des Durchschnittslohns bekommt, erwirtschaftet eine »negative Rendite« und macht einen lebenslangen Verlust von mehr als

30 000 Euro. Bei den Durchschnittsverdienern gleichen sich Einzahlungen und Rentenbezug ungefähr aus, während die Spitzenverdiener, die das Doppelte eines durchschnittlichen Lohns erhalten, einen Gewinn von 100 000 Euro einfahren.[25]

In allen Sozialsystemen gilt, dass die Eliten begünstigt werden. Wer am meisten verdient, wird am wenigsten belastet – und erhält auch noch den besten Service oder die höchste Rendite.

Auszug aus Herrmann, Ulrike (2010): *Hurra, wir dürfen zahlen. Der Selbstbetrug der Mittelschicht*, S. 9–14, 161–178.

Sozialdemokratie und Ungleichheit

von Per Molander

Es gibt in der Geschichte der Menschheit eine lange Tradition von Meinungen über die Ungleichheit als Problem und von Ideen, wie diesem Problem zu begegnen sei. Erkennbar ist das in den sumerischen und den ägyptischen Texten, im Programm des jüdischen Jubeljahrs, Solons Reformen in Athen, den Bauernaufständen im Mittelalter und später. Erst während der Aufklärung begann die Tradition mit der Entwicklung einer theoretischen Plattform zur Analyse und Reform der sozialen Strukturen. Die Industrialisierung, die Lese- und Schreibfertigkeit und das Emporwachsen sozialer Schichten, die nicht an Loyalitäten gegenüber dem alten Regime gebunden waren, bereiteten den Weg für ein Hinterfragen der Gesellschaft, wie sie bis dahin organisiert war.

In einem recht frühen Stadium dieses Prozesses erkannten klarsichtige Beobachter, dass der logische Endpunkt dieser Entwicklung das allgemeine Wahlrecht sein würde. Die Machthaber des alten Regimes taten ihr Bestes, um das zu verzögern, konnten es jedoch nicht verhindern. Wie stark ihr Widerstand war, wurde in gewissem Maße davon bestimmt, wie sie ihre Möglichkeiten beurteilten, unter den neuen Spielregeln unter Beibehaltung ihrer Machtposition zu überleben.

In der grundlegenden konstitutionellen Frage des allgemeinen Stimmrechtes stimmten Liberale und Sozialisten überein, jedoch herrschte innerhalb der Linken Unsicherheit, ob das Rahmenwerk der konstitutionellen Demokratie für den Kampf um soziale und ökonomische Gleichheit ausreichen werde. Schließlich spaltete sich die Linke in einen sozialdemokratischen Zweig, der diese Frage bejahte, und einen kommunistischen, der zu einer anderen

Beurteilung gelangte. Die Vermutung der Kommunisten lautete vor allem, dass man mithilfe der Gesetzgebung niemals zu einer ausreichenden Kontrolle der Volkswirtschaft gelangen werde und dass der größte Teil der ökonomischen Ressourcen deshalb in allgemeinen Besitz überführt werden müsse. Wie die Geschichte des 20. Jahrhunderts zeigt, begnügten sich die kommunistischen Regime nicht mit der Kontrolle der wichtigsten Produktionsmittel, sondern übernahmen auch Massenmedien, Kulturarbeit und andere Elemente der sogenannten Zivilgesellschaft.

Das Fehlen eines stabilen egalitären Gleichgewichts

Die Schlussfolgerung, es fehle ein stabiles Gleichgewicht im Verhandlungsspiel, kann natürlich als starkes Argument für Linksideologien gewertet werden. Es steht fest, dass es in der ökonomischen Arena keinen neutralen Grundzustand gibt, sondern dass sie geprägt ist von einem ständigen Kampf zwischen rivalisierenden Gruppen, Koalitionen mit wechselnder Zusammensetzung und Veränderungen der Machtbalance. Genau an diesem Punkt unterscheiden sich Sozialdemokraten und Linksliberale am stärksten; Letztere neigen zu der Annahme, Markt und demokratischer Schauplatz generierten tatsächlich konkurrenzbezogene Verhaltensweisen und ein tolerantes politisches Milieu. Das ist offensichtlich nicht der Fall. In der Ökonomie streben Interessengruppen ständig nach der Verbesserung ihrer eigenen Positionen und würden in Ermangelung korrigierender Mechanismen nicht zögern, Mechanismen, die der Markt zu seiner Funktionsfähigkeit benötigt, zu unterminieren, wie bereits Adam Smith notierte:

> »Leute desselben Gewerbes kommen selbst auch zur Erholung und zum Vergnügen selten zusammen, ohne dass ihre Unterhaltung mit einer Verschwörung gegen das Publikum oder einem Plane zur Erhöhung der Preise endigt. Es ist allerdings nicht möglich, solchen Zusammenkünften durch ein Gesetz

> vorzubeugen, das ausführbar oder mit Freiheit und Gerechtigkeit verträglich wäre. Wenn aber das Gesetz Leute desselben Gewerbes nicht hindern kann, zuweilen zusammenzukommen, so sollte es wenigstens nichts tun, diese Zusammenkünfte zu erleichtern, geschweige denn, sie zu fordern.«[1]

In diesem unaufhörlichen Kampf um mehr Macht werden größere Unternehmen mehr Einfluss besitzen als kleine, und größere gewerkschaftliche Vereinigungen werden mehr Erfolg haben als kleinere. Erfolgreiche Organisationen neigen dazu, zu wachsen, was zu einem positiven Feedback führt, das Instabilität verursacht.[2]

Generell ist es ein starkes Argument für staatliche Eingriffe, dass es im Verhandlungsspiel nur ein Gleichgewicht gibt, das instabil ist. Das heißt, dass politische Interventionen in die Verhandlungen zwischen den Partnern notwendig sind, falls man vermeiden will, dass der eine Partner den anderen, auf lange Frist gesehen, ausbeutet. Die Frage lautet eher, *wann* die Staatsmacht eingreifen soll, statt *ob*. Und das betrifft nicht nur den Nachtwächterstaat – Rechtsprechung, äußere Verteidigung und andere Kernfunktionen – in diesem Punkt sind sich die meisten Autoren einig. Es gilt auch in höchstem Maße für Verteilungsfragen. Selbstverständlich werden unterschiedliche Beobachter unterschiedliche Meinungen über das angemessene Niveau der Ansprüche haben, aber der qualitative Schluss sollte jedem Teilnehmer an der politischen Debatte, ganz unabhängig von seiner ideologischen Heimat, klar sein.

Auf den ersten Blick ist auch die Entscheidung des Zufalls, wer die Oberhand im Verhandlungsprozess erlangt, ein starkes Argument für Linksideologien. Wenn hinter dem Erfolg drei Hauptfaktoren stehen – Zufall, Erbe und Anstrengung – und die beiden ersten dominieren, ist natürlich die Legitimität herrschender Machtverhältnisse in einer Gesellschaft bedroht, in der der Staat das spontane Ergebnis nicht korrigiert. Auch wenn Bemühungen für den Weg, den die Entwicklung nimmt, nicht unwichtig sind, wird der sich selbst verstärkende Mechanismus in Verhandlungen im Zeitverlauf zu Resultaten führen, die in keinerlei Verhältnis zu den unterschiedlichen Bemühungen stehen.

Die der Machtbalance innewohnende Instabilität ist auch für Gesellschaften ein Problem, die mit einem starken Staat ausgestattet sind. Die Ursache liegt darin, dass eine demokratische Entscheidungsfindung nur in abstrakten Modellen auf dem öffentlichen Marktplatz, der *agora*, nach gründlicher auf rationale Argumente gegründeter Debatte stattfindet. In der Realität kommt es in allen Demokratien, und auch in sozialdemokratisch geführten, zwischen Machthabern und Wählern zu einer Arbeitsteilung. Die direkte Demokratie, wie sie in der Schweiz und durch direkte Volksabstimmungen in repräsentativen Demokratien praktiziert wird, löst dieses Problem nicht und sollte als Modell nicht verfolgt werden.

Welche Entscheidungsprozedur man für die Verfahrensweise mit einem Produktionsüberschuss in einer Gesellschaft mit dominierendem öffentlichem Besitz auch anwendet, gewisse Gruppen werden einen größeren Einfluss haben als andere und mit aller Wahrscheinlichkeit werden sie diesen Einfluss zur Stärkung ihrer eigenen Position auch ausnutzen. In der kommunistischen Gesellschaft ist die Arbeitsteilung noch ausgeprägter. Die Machtelite ist über die Regierung des Landes stets besser informiert und wird dieses Wissen gegenüber der Bevölkerung insgesamt zu ihrem Vorteil nutzen. Die grundlegende Instabilität in Verhandlungsprozessen befällt auch kommunistische Gesellschaften, wie die Geschichte des 20. Jahrhunderts mit quälender Deutlichkeit zeigt. Das Risiko der Machtkonzentration ist in einer kommunistischen Ökonomie höher als in einer Marktwirtschaft, da die Letztere trotz allem über ein gewisses Potenzial für die Erneuerung und Herausforderung existierender Kartelle besitzt.

Vor allem an diesem Punkt haben sich Sozialdemokratie und Kommunismus in unterschiedliche Richtungen entwickelt. Die Sozialdemokratie zieht aus dem grundlegenden Dilemma einen adäquaten Schluss und nutzt den Staat als Kontrollmechanismus für die grundlegende Instabilität in Verhandlungssituationen. Der

Kommunismus hingegen macht in dem Versuch, Ungleichheiten ein für alle Mal zu eliminieren, den Staat in diesem Konflikt zum Partner. Indem er zumindest auf gesellschaftlicher Ebene privaten Besitz abschafft, versucht er auch andere Gruppen abzuschaffen, die um die gesellschaftliche Macht konkurrieren. Verhandlungen bleiben jedoch auch in dieser Gesellschaft eine Quelle der Instabilität und damit der Ungleichheit, ganz unabhängig davon, welche Institutionen man zur Handhabung des Produktionsüberschusses einführt. Man verlagert also den Konflikt ganz einfach auf die politische Sphäre.

Das Problem für die Sozialdemokratie, die den Markt als Institution beibehält, besteht darin, ein Gleichgewicht zwischen der ökonomischen und der politischen Sphäre zu finden und es aufrechtzuerhalten, nachdem es als gut befunden wurde. Wenn also die Sozialdemokratie und der Kommunismus Gegensätze und Konflikte einer marktbasierten Gesellschaft analysieren, kommen sie hinsichtlich der praktischen Politik zu völlig anderen Schlussfolgerungen – so wie Rhein und Donau, die ihre Quellen in unmittelbarer Nähe zueinander in Zentraleuropa haben, dann aber völlig verschiedene Wege nehmen, der eine zur Nordsee, die andere zum Schwarzen Meer.

Strategien der Umverteilung

Das große Abwägungsproblem der Sozialdemokratie besteht in der Beantwortung der Frage, wie stark der Gesetzgeber bei der Errichtung einer Gesellschaft mit höherer Gleichheit eingreifen sollte und welche Maßnahmen für die Durchführung dieses Projektes am geeignetsten erscheinen. Beginnt man bei einer reinen Marktlösung, werden Maßnahmen, die auf eine Steigerung der Gleichheit abzielen, häufig Hand in Hand mit einem gesteigerten Takt des ökonomischen Zuwachses gehen. Ab einem gewissen (unbekannten) Punkt kann größere Gleichheit wahrscheinlich erreicht werden, wenn auch nur um den Preis einer Verringerung des Arbeitsergebnisses und der Sparquote, weshalb eine Abwägung vorzunehmen ist.

Die traditionelle sozialdemokratische Strategie beruht auf einem breiten Spektrum von Maßnahmen, die Voraussetzungen und Resultat ausgleichen. Das wichtigste Instrument innerhalb der ersten Kategorie ist eine aktive Bildungspolitik, die auf soziale Gruppen mit schwacher Studientradition zielt. In gewisser Hinsicht war diese Politik erfolgreich. Die Ausbildungsreformen der Nachkriegszeit haben für Kinder aus der Arbeiterklasse langfristig zu einer verbesserten Lohnentwicklung geführt. Ein anderes wichtiges Maß des Erfolgs in der Angleichung der Einkommensvoraussetzungen erhält man, wenn man die Einkommen von Eltern und Kindern vergleicht. Ist der Zusammenhang stark, herrschen für die Kinder nicht die gleichen Voraussetzungen und es gibt Grund zu der Annahme, dass ein Ausgleich die Einkommensunterschiede verringern und das Zuwachspotenzial vergrößern würde. Es hat sich gezeigt, dass die skandinavischen Länder in dieser Hinsicht erfolgreicher sind als die USA. In den skandinavischen Ländern ist der Zusammenhang zwischen den Einkommen der Eltern und der Kinder schwächer als in den USA. Außerdem ist der Zusammenhang zwischen den Einkommen von Geschwistern in den USA stärker. Auch dies ist ein Indikator dafür, dass der Familienhintergrund in den USA wichtiger ist. Eine aktive Bildungspolitik scheint also eine der Bedingungen dafür zu sein, dass sich die liberale Idee von einigermaßen gleichen Voraussetzungen für die jüngere Generation realisieren lässt.

Eine weitere wichtige Komponente der sozialdemokratischen Strategie ist eine gut ausgestattete Sozialversicherung.[3] Sie hat den doppelten Effekt, Ressourcen von Beziehern mittlerer und höherer Einkommen zu Beziehern niedriger Einkommen zu übertragen und die Verhandlungsposition der Arbeitnehmer gegenüber den Kapitaleigentümern zu stärken. Der erste Effekt erklärt sich damit, dass Bezieher niedrigerer Einkommen die Sozialversicherung in höherem Ausmaß, beispielsweise wegen Krankheit in Anspruch nehmen, während die Beiträge gleichzeitig risikounabhängig sind. In einem auf dem Markt beruhenden System würden die Prämien im Verhältnis zum Nutzungsgrad festgesetzt und eine Übertragung fände nicht statt. Diese Übertragung ist erheblich und tatsächlich größer als die der staatlichen Einkommenssteuer.

Der indirekte Effekt der Sozialversicherung, eine Stärkung der Position der Arbeitnehmer in Verhandlungen über die Beschäftigungsbedingungen, lässt sich schwer abschätzen, vermutlich ist er jedoch größer als der direkte Effekt. Eine Ursache dafür, dass sich dieser Effekt schwer beurteilen lässt, erklärt sich damit, dass Länder mit gut entwickelten Sozialversicherungen auch zu relativ starken Gewerkschaftsorganisationen tendieren, was in die gleiche Richtung geht.

Die dritte wichtige Komponente der sozialdemokratischen Ausgleichspolitik ist die Besteuerung. Insgesamt beruht der Effekt des Steuer- und Transfersystems auf einer Anzahl Faktoren, und das Profil der Einkommens- und Vermögenssteuer ist nur einer dieser Faktoren. Eine proportionale Steuer, mit der eine von allen im selben Umfang konsumierte öffentliche Dienstleistung finanziert wird, hat einen ausgleichenden Effekt, weshalb es keinen radikalen qualitativen Unterschied zwischen proportionalen und progressiven Steuern gibt.

Zu Beginn der 1980er Jahre und angeregt von den USA haben verschiedene OECD-Länder die Steuerbasis verbreitert und auf niedrigere Steuersätze und weniger progressive Steuerskalen gesetzt. Dahinter steckte offiziell die wachsende Sorge vor den Kosten für die Ausgleichspolitik. In seinem häufig zitierten Buch *Equality and Efficiency: The Big Tradeoff* fasste Arthur Okun das Abwägungsproblem zusammen.[4] Sein Bild für dieses Problem ist der undichte Eimer. Eine Regierung will die Einkommen ausgleichen, indem sie Ressourcen von den Bessergestellten auf Schlechtergestellte überträgt, jedoch gehen diese Ressourcen unterwegs verloren. Was ist eine angemessene Abwägung?

Einige Worte der Warnung scheinen hier angebracht zu sein. Okuns Metapher könnte fälschlicherweise so interpretiert werden, als verursache jede Politik, die Unterschiede ausgleicht, Kosten, oder umgekehrt, größere Einkommensunterschiede führten automatisch zu einem höheren wirtschaftlichen Wachstum. Dies ist nicht der Fall. Das in der Bildungspolitik Erreichte gleicht Unterschiede in Voraussetzungen und Ergebnissen aus, während zugleich erwartet werden kann, dass sich Karrieren in höherem Ausmaß auf Verdienste und entsprechend weniger auf familiärem Hintergrund gründen. Die Beziehung zwischen Gleichheit und wirtschaftlicher Entwicklung ist kompliziert.

Zweitens gibt es keinen einfachen Zusammenhang zwischen öffentlichen Ausgaben und langfristigem Wirtschaftswachstum und aus mehreren Gründen kann es ihn auch nicht geben.[5] Eine Ursache dafür ist die unterschiedliche Organisation der Steuer- und Finanzsysteme einzelner Länder und ihre Auswirkungen auf die Größe des öffentlichen Sektors. Ressourcen kann man durch Steuerfreibeträge und durch steuerfreie Transferleistungen übertragen, man kann den Transfer auch parallel zum Einkommen besteuern. In Schweden gab es vor nicht allzu langer Zeit Steuertabellen, die sich an der Familiensituation orientierten, im heutigen Steuersystem fehlen diese Faktoren. Ein typisches Beispiel für einen unbesteuerten Transfer ist das Kindergeld. Die Hauptregel im Sozialversicherungssystem aber lautet, dass Transferleistungen zu besteuern sind.

Diese drei unterschiedlichen Lösungen – Steuerfreibeträge, steuerfreie Transferleistungen und besteuerte Transferleistungen – können für private Haushalte das gleiche Ergebnis erbringen, nehmen im öffentlichen Sektor und in der Steuerquote aber ganz unterschiedliche Größen ein.[6] Nach Schätzungen wäre der amerikanische Wohlfahrtssektor um ungefähr 50 Prozent größer, wenn man sich für die zweite administrative Lösung entscheiden würde. Der öffentliche Sektor der skandinavischen Länder erscheint aus demselben Grund weit größer, als er tatsächlich ist. Zudem sind die Unterschiede, zu denen es im Vergleich von im Übrigen recht ähnlichen Länder der OECD-Gruppe kommt, systematisch. In Ländern mit einer starken staatskritischen Tradition wie den USA sind

Politiker offensichtlich an Lösungen interessiert, die den Staat kleiner erscheinen lassen.

Substanziell wichtiger ist, dass öffentliche Ausgaben auf den Haushalt und die gesellschaftliche Ökonomie ganz unterschiedlich einwirken, je nachdem, wohin diese Ausgaben gehen. Bestimmte Ausgaben, so zum Beispiel die öffentliche Unterstützung der Kultur, haben auf die Ökonomie nur begrenzte direkte Effekte, während eine subventionierte Kinderbetreuung eine unmittelbar positive Auswirkung auf das Arbeitsangebot hat. Ebenso ist von bestimmten Steuern zu erwarten, dass sie sich auf das Verhalten stärker auswirken als andere. Vor diesem Hintergrund ist es kaum erstaunlich, dass Wirtschaftswissenschaftler zu unterschiedlichen Schlüssen bezüglich der Auswirkungen des Niveaus der öffentlichen Ausgaben auf die Geschwindigkeit des Wirtschaftswachstums kommen. Einige haben negative Effekte festgestellt, andere positive, der größte Teil scheint sich jedoch hinsichtlich der Konsequenzen unsicher zu sein.

Auf der Mikroebene – der Perspektive der privaten Haushalte – gibt es andererseits dokumentierte Effekte auf die Sozialversicherungssysteme. Regeln, die für die Steuerung der Arbeitslosenversicherung, der Krankenversicherung und der Renten sorgen, wirken sich darauf aus, wie intensiv ein Individuum Arbeit sucht, wie lange Arbeitnehmer krankgeschrieben sind sowie auf den Zeitpunkt der Verrentung.[7] Die Effekte sind nicht unerwartet: Großzügige Systeme führen zu einem geringeren Arbeitsangebot, selbst wenn diese Effekte in manchen Fällen klein und mitunter noch nicht einmal statistisch signifikant sind. Ebenso gibt es Belege für die indirekten Kosten von Steuern, das Ausmaß ist allerdings höchst umstritten.

Zusammenfassend lässt sich feststellen, dass jede allzu aktive Verteilungspolitik Kosten verursacht, die dazu tendieren, überproportional zu steigen, wenn eine gewisse Schwelle überschritten ist. Damit ist die Frage nach einem angemessenen Niveau natürlich noch nicht beantwortet. Die Antwort hängt ganz wesentlich vom Umfang der politischen Prioritäten ab. Es lassen sich große

Unterschiede zwischen den OECD-Ländern hinsichtlich der Verteilung des verfügbaren Einkommens beobachten, Unterschiede, die die politischen Prioritäten widerspiegeln.

Die Schlussfolgerung, dass die Ungleichheit ganz einfach nicht eliminiert werden kann, bereitet vielen Linksideologen, vor allem jenen am linken Rand, Magendrücken. Die Vorstellung von einer perfekten, egalitären Gesellschaft ist womöglich jedoch eher ein Element der politischen Rhetorik als ein ernsthaft verfolgtes politisches Ziel.

Warum sich engagieren?

Für einen konservativen Skeptiker unterscheidet sich das sozialdemokratische Streben nach Gleichheit nicht von einem beliebigen eigennützigen Reflex. Jede Gesellschaftsklasse achtet auf ihre eigenen Interessen und die eine Bewegung hat keinen höheren moralischen Anspruch als die andere. Gleichzeitig müssen sich die gleichen Skeptiker die Frage stellen, warum sich im Verlauf der Geschichte so viele Menschen für eine Sache engagierten, die ihnen selbst offenbar nicht nutzt. Auf dem Grabstein eines ägyptischen Kammerherrn lassen sich folgende Zeilen lesen:

Ich war mildtätig und freigebig
Ein lobenswerter Beamter
Ich war ein Freund der Kleinen,
Milde zu den Mittellosen
Ich sorgte für die Hungrigen ohne Besitz
Freigebig gegenüber der Armen[8]

Dabei handelte es sich nicht etwa um einen armen Mann, der in eigener Sache sprach. Dennoch war es ihm so wichtig, sein Handeln publik zu machen, dass er es auf seinem Grabstein verewigen ließ. Was steckt hinter diesem Drang?

Gibt man die Frage weiter an den niederländischen Primatologen Frans de Waal, antwortet er darauf, Mitgefühl sei Teil unserer Natur.[9] In einem Buch mit dem vielsagenden Titel *Good Natured* (dt. *Der gute Affe. Der Ursprung von Recht und Unrecht bei Menschen und anderen Tieren*) vertritt er die Ansicht, dass der moralische Reflex älter ist als unsere Art. Menschen können zwar andere Verhaltensmuster entwickeln – Gleichgültigkeit, Rücksichtslosigkeit und sogar Brutalität – Mitgefühl aber ist eine Alternative, die unter den richtigen Voraussetzungen als Norm etabliert werden kann.

Es gibt eine andere, modernere Antwort auf die Frage, die jenen zusagen mag, die nach handfesteren Motiven für die Bewahrung eines höheren Maßes an Gleichheit in der Gesellschaft fragen, als es in unserer Natur liegt. Diese Antwort knüpft an moderne gesellschaftswissenschaftliche Forschungsarbeiten über Vertrauen und das soziale Kapital und die Konsequenzen an, wenn das Vertrauen hoch oder gering ist. Vertrauen lässt sich auf unterschiedliche Weise messen; entweder man fragt Menschen, ob sie den Nachbarn, den Politikern und anderen vertrauen, die ihnen im täglichen Leben auf die eine oder andere Art begegnen, oder aber man misst die Stärke der Zivilgesellschaft anhand der Intensität des Vereinslebens und anderer freiwilliger Aktivitäten. Es zeigt sich, dass es keine große Rolle spielt, für welche Methode man sich entscheidet, das Ergebnis fällt gleich aus.

Eine tragfähige Beobachtung ist, dass das Niveau des Vertrauens stark mit dem Niveau der Gleichheit zusammenhängt: je egalitärer eine Gesellschaft ist, umso mehr Vertrauen haben die in dieser Gesellschaft lebenden Individuen zueinander.[10] Im Diagramm auf der folgenden Seite ist der Zusammenhang zwischen dem Gini-Koeffizienten und dem gemessenen Vertrauensniveau in 75 Ländern dargestellt. Dieser Zusammenhang wurde von zahlreichen Forschern in verschiedenen Ländern mit unterschiedlichen Methoden ermittelt und kann als gesichert gelten. Auf das außergewöhnlich hohe Niveau der skandinavischen Länder in puncto Vertrauen und Gleichheit soll hingewiesen werden.

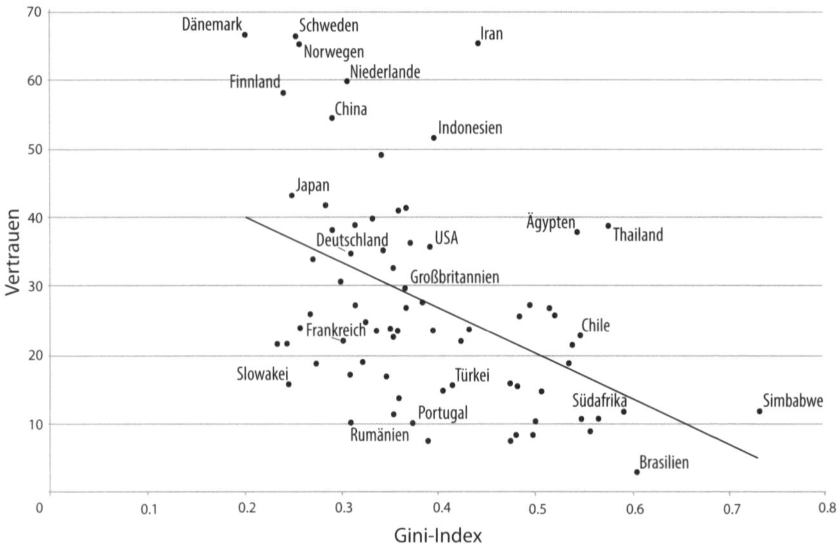

Zusammenhang zwischen Einkommensunterschieden (gemessen mithilfe des Gini-Koeffizienten) und Vertrauensniveau in 75 Gesellschaften: je höher die Einkommensunterschiede, umso niedriger das Vertrauen. Die Korrelation beträgt 0,47. Daten von Mitte der zweiten Hälfte der 1990er Jahre. Quelle: Jordahl 2000

Der zweite Schritt der Erörterung lautet, dass Gesellschaften mit einem hohen Maß an Vertrauen im Allgemeinen besser funktionieren.[11] Der amerikanische Soziologe und Politikwissenschaftler Robert Putnam gehört zu den Wissenschaftlern, die Voraussetzungen und Konsequenzen des Vertrauens am gründlichsten untersucht haben. Eine fruchtbare Grundlage für Vergleiche bieten die 50 amerikanischen Bundesstaaten, da sie eine höchst unterschiedliche Geschichte hinter sich haben – Einwanderung aus verschiedenen Gründen und Staaten, im Süden Sklaverei und andere Unterschiede. Es zeigte sich, dass die sicherste Grundlage für eine Voraussage über das Vertrauensniveau in einem Bundesstaat der Anteil der Bevölkerung ist, bei dem es sich um Nachkommen skandinavischer Auswanderer handelt. Interessant wird es aber, wenn man den Zusammenhang zwischen dem gemessenen Vertrauensniveau und einer Reihe objektiver Maße für den Zustand einer Gesellschaft untersucht. Einige von Putnams Resultaten lauten:

- In Staaten mit hohem Vertrauen arbeiten die Schulen effektiver, ganz unabhängig von der Messmethode.
- In Staaten mit hohem Vertrauen geht es Kindern und Jugendlichen besser, gemessen nach Säuglingssterblichkeit, Anzahl der Teenagerschwangerschaften und anderen Gesundheitsvariablen.
- In Staaten mit hohem Vertrauen ist das Niveau der Gewaltverbrechen niedriger.
- In Staaten mit hohem Zusammengehörigkeitsgefühl ist das allgemeine Gesundheitsniveau besser.
- Staaten mit hohem Vertrauen weisen nach Schätzung der amerikanischen Steuerbehörde weniger Steuerhinterziehungen auf.

Die Stärke der Beobachtungen ist unterschiedlich.[12] Über die Zusammenhänge zwischen Gesundheit und Gleichheit gibt es, auch veranlasst durch Richard Wilkinsons Buch *The Impact of Inequality*, eine internationale Debatte; die Frage ist in mancher Hinsicht offen. Die meisten Untersuchungen über den Zusammenhang zwischen Vertrauen und wirtschaftlichem Wachstum deuten auf einen starken, sehr positiven Zusammenhang hin.[13] Außerdem können die ursächlichen Zusammenhänge in beide Richtungen gehen; je nachdem ob das Vertrauen zu- oder abnimmt, können Gesellschaften in positive oder negative Spiralen geraten. Putnams Zusammenfassung liefert jedoch ein kohärentes Bild von hoher Plausibilität.

Die Schlussfolgerung hieraus lautet, dass eine rasche und einfache Steigerung des Vertrauensniveaus in einer Gesellschaft durch einen Ausbau des Steuer- und Transfersystems nicht möglich ist – Gleichheit und Vertrauen sind mehrdimensional und ein langfristiges Programm zu ihrer Stärkung muss eine große Anzahl relevanter Gebiete berühren – Ausbildung, Gesundheit, verfügbares Einkommen und andere.

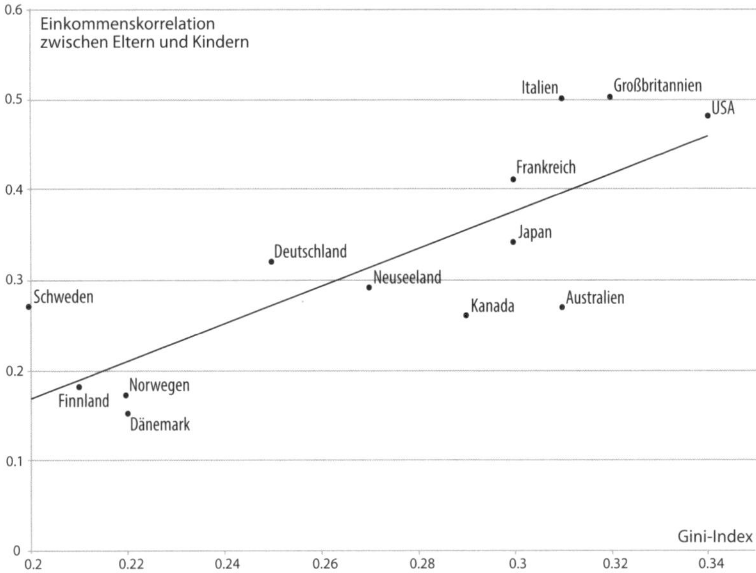

»The Great Gatsby Curve«: der Zusammenhang zwischen Einkommensverteilung und Einkommensmobilität. Auf der horizontalen Achse ist der Gini-Index für 1985 dargestellt, auf der vertikalen der Zusammenhang zwischen dem Einkommen der Eltern und dem Einkommen ihrer Kinder in der zweiten Hälfte der 1990er Jahre. Die Kinder wurden in den 1960er Jahren geboren. Je ungleicher die Einkommensverteilung ist, umso stärker ist das Einkommen der Kinder im Erwachsenenalter von dem ihrer Eltern abhängig. Die Korrelation beträgt 0,80. Quelle: Corak (2013)

Hinter den Diskussionen über die menschliche Natur und die Bedeutung des Vertrauens gibt es einen weiteren Aspekt, der auch jene interessieren sollte, die vor allem ökonomische Argumente als relevant erachten: Gleichheit der Voraussetzungen begünstigt das Wachstum. In ihrem World Development Report 2006 fasste die Weltbank Erfahrungen einer Reihe von Ländern zusammen, die 1960 den Weg vom Niedrig- zum Mitteleinkommensland angetreten hatten.[14] Die untersuchte Frage lautete, welche Bedeutung die Vermögensverteilung in den vergangenen vier Jahrzehnten hatte.

Da die Ökonomie dieser Länder zu Beginn der Periode auf Landwirtschaft konzentriert war, war der Gini-Koeffizient für die Verteilung des Landeigentums am interessantesten. Das Resultat war äußerst deutlich: Länder, die 1960 die gleichmäßigste Verteilung des Landbesitzes aufwiesen, erreichten in den vier Jahrzehnten danach auch den schnellsten wirtschaftlichen Zuwachs.

In entwickelten Industrieländern ist statt Landbesitz eher Erziehung der Schlüsselindikator. Für einige entwickelte Industrieländer konnte Miles Corak einen ebenso klaren Zusammenhang zwischen Einkommensverteilung und Mobilität feststellen, den er als »The Great Gatsby Curve«[15] bezeichnete (siehe Diagramm auf der gegenüberliegenden Seite). Einkommensmobilität gilt als Indikator dafür, wie gut es einer Gesellschaft gelingt, statt familiärem Hintergrund Erziehung zu belohnen, und beschreibt Korrelationen zwischen dem Einkommen der Eltern und dem Einkommen, das ihre Kinder im Erwachsenenalter erzielen. Je enger der Zusammenhang, umso geringer die Mobilität. Länder mit der ungleichmäßigsten Einkommensverteilung haben auch die geringste Mobilität zwischen den Generationen.

Auch Skeptiker sollten die generelle Schlussfolgerung überdenken: Eine Gesellschaft mit größerer Egalität kann auch für jene eine Alternative darstellen, die nicht direkt und kurzfristig von Veränderungen in dieser Richtung begünstigt werden.

Was sollte getan werden?

Der Erfolg der Verteilungspolitik in den skandinavischen Ländern während des 20. Jahrhunderts erklärt sich mit dem Einsatz eines breiten Spektrums von Instrumenten auf politischem Gebiet – Ausbildung, Sozialversicherung, Steuern und Transfer. In viel zu großem Umfang handelte die Diskussion über die Arbeiten von Thomas Piketty und Kollegen von der Besteuerung des Kapitals. Während einige der genannten Instrumente im Zuge einer Globalisierung der Ökonomie schwerer einzusetzen waren, haben nationale Regierungen über andere, wie Ausbildung und Arbeitsmarkt, noch die volle Kontrolle. Falls man an den traditionellen Idealen festhält, sollte die Resonanz auf diese Entwicklung ein intensiverer Einsatz jener Instrumente sein, über die man nach wie vor verfügt. Aus dieser Perspektive betrachtet sind die stetig sinkende Qualität des Ausbildungssystems und die Lockerung der Arbeitsmarktpolitik ernst zu nehmende Faktoren. Die Möglichkeiten zur Besteuerung von internationalem Kapital dürften im Übrigen größer sein als früher angenommen. Durch die jüngsten Finanzkrisen und den internationalen Druck, den sie auslösten, wurden mit einer zunehmenden Zahl von Steuerparadiesen Doppelbesteuerungsabkommen abgeschlossen, und Länder wie die Schweiz und Liechtenstein sind heute zu größerer Offenheit bezüglich der Bankguthaben ausländischer Bürger gezwungen. Die Koordination internationaler Besteuerung scheint eher unter dem fehlenden politischen Willen als unter technischen Problemen zu leiden.

Der Schluss lautet also, dass die Werkzeuge, die in der Nachkriegszeit zum Ausbau der skandinavischen Wohlfahrtsstaaten zum Einsatz kamen, nichts an ihrer Wirkung verloren haben. Die wichtige Erkenntnis lautet, dass das Problem, die Ungleichheit auf einem akzeptablen Niveau zu halten, nicht mit einer einzelnen Maßnahme zu lösen ist, sondern ein breites Maßnahmenspektrum erfordert, das darauf abzielt, sowohl die Voraussetzungen des Individuums anzugleichen, sich sein eigenes Leben zu gestalten als auch Ergebnisse wie etwa das verfügbare Einkommen gleichmäßiger zu gestalten.

Auszug aus Molander, Per (2017): *Die Anatomie der Ungleichheit. Woher sie kommt und wie wir sie beherrschen können*, S. 167–184.

Teilen – was sonst?

von Friedhelm Hengsbach SJ

Nachdenkliche Ökonomen sind sensibel geworden für die zwei Seiten der Identität von Menschen, die eigeninteressiert sind und Sympathie empfinden für ihre Mitmenschen. Und dass sie die Sympathie für andere nicht ablegen, wenn sie als Wirtschaftssubjekte tätig sind. Ich halte dies für einen Phasenwechsel im sozioökonomischen Denken. Deshalb halte ich auch in Deutschland die Zeit reif dafür, sich von der vorrangigen Wachstums- und Wettbewerbsoption zu verabschieden. Die relevanten Entscheidungsträger sollten den Schalter umlegen und die Umkehr zu einer ausgewogenen Verteilung des gemeinsam geschaffenen Reichtums einleiten. Von den Kommunen über die Länder, Nationen, Kontinente bis hin zu allen Bewohnern des Planeten Erde sollten die Grundsätze der gleichen Gerechtigkeit und Solidarität gelten.

Aber muss nicht erst produziert werden, was anschließend verteilt werden kann? Muss nicht auch der Kuchen erst im Ofen gebacken werden, bevor er auf den Tisch gestellt und gegessen wird? Diese »Kuchenökonomie« täuscht. Wenn die soziale Ungleichheit weiter zunimmt und ein größerer Teil der Bevölkerung abgeschrieben wird, werden die Unternehmen die Produktpalette beschleunigt auf Luxusgüter verlagern, ähnlich wie Rüstungsfirmen der Spur folgen, die in militärische Krisengebiete weist. Würden dagegen die unteren Einkommensklassen und die Belegschaften über die Produktpalette mitbestimmen, änderte sich das Profil des Güterangebots.

Wenn der real existierende Kapitalismus unter dem hegemonialen Finanzregime sich selbst überlassen bleibt, treibt er die soziale Ungleichheit unerbittlich weiter. Diejenigen, die über ein großes

Vermögen, einen gehobenen gesellschaftlichen Rang, einen höheren Bildungsgrad und informelle soziale Netze verfügen, werden ihre Macht aufbieten, damit der Abstand zu den mittleren und unteren Bevölkerungsklassen erhalten bleibt oder größer wird. Aber ich finde: Nicht die Demokratie soll marktkonform werden, sondern der Kapitalismus demokratiekonform. Ich schlage exemplarisch einige Schaltstellen vor, die den Kapitalismus im 21. Jahrhundert in einen egalitären Kapitalismus verändern könnten.

Tarifverträge

»Mindestlöhne sind Ausdruck sozialer Gerechtigkeit und ökonomischer Vernunft«, erklärt Andrea Nahles. Ja, sie werden die soziale Ungleichheit von unten her entschärfen. Im Vergleich mit flächendeckenden Tarifverträgen bilden sie jedoch eine Nebenarena. Als hoheitliche Setzung des Staates treten sie neben die korporative Vereinbarung der Tarifpartner. Wie hoch mag die Kompetenz des Staates sein, einen flächendeckenden Mindestlohn zentral festzulegen, der die personale, regionale und sektorale Vielfalt der Arbeitsverhältnisse berücksichtigt? Welche Rolle übernimmt der Staat in jener Kommission, die mit jeweils drei Mitgliedern der Tarifpartner besetzt ist? Spielt er den wohlwollenden Beobachter, den Schiedsrichter oder die dritte Kraft, die das allgemeine Interesse vertritt? Im ungünstigen Fall ergreift er Partei und bremst im Interesse der Exportindustrie die Lohnforderungen der Gewerkschaften aus. Tarifverträge sind zivilgesellschaftlich verankert; der allgemeine gesetzliche Mindestlohn ist Sozialpolitik.

Die Festigung der Tarifautonomie ist ein entscheidender Schalter, um die soziale Ungleichheit zu beseitigen und eine ausgewogene Verteilung der Lohneinkommen wiederherzustellen. Jedes Unternehmen sollte, wie es für Handwerksbetriebe gilt, der Tarifbindung unterliegen. Dann sollte die Regierung eine Allgemeinverbindlichkeit eines Tarifvertrags erklären, der für einen erheblichen Anteil der Beschäftigten einer Branche oder Region abgeschlossen worden ist. Von den Tarifpartnern werden jährlich etwa 40 000 Tarifverträge ausgehandelt, die für etwa 40 Millionen Erwerbstätige gelten – ausdifferenziert nach Branchen, Regionen oder einzelnen Unternehmen. Gegenstand der Vereinbarungen sind Arbeitsentgelte und Arbeitsbedingungen. Die Arbeitsentgelte sind nach Lohngruppen gegliedert. Die Arbeitsbedingungen umfassen Arbeitszeiten, Pausenregelungen, Sonderzahlungen, Urlaubstage und Formen der Mitbestimmung am Arbeitsplatz. Über die überdurchschnittliche Anhebung der unteren Lohngruppen und damit über ein Abschmelzen der Lohnspreizung wird zwischen Gewerkschaften und Arbeitgebern immer heftig gestritten.

Unmittelbar entscheiden die Tarifverträge darüber, wie die unternehmerische Wertschöpfung auf Lohn- und Gewinneinkommen verteilt wird. Sie orientieren sich an der erwarteten Verwendung der jeweiligen Einkommen für Konsum- und Investitionszwecke, an den erwarteten Ansprüchen des Staates und an den Abgaben für den Verbrauch der natürlichen Umwelt. Mittelbar jedoch enthalten die Tarifabschlüsse auch Vorentscheidungen über die Verteilung der gesellschaftlichen Arbeitszeit auf Männer und Frauen, auf die Zeiten, die der Erwerbsarbeit, der Arbeit in der Privatsphäre und der ehrenamtlichen Arbeit gewidmet sind.

Bei aller Vielfalt der Tarifabschlüsse und wechselnder Verhandlungsmacht der Tarifpartner, die sich phasenweise verschiebt, bleibt mittelfristig die Lohnentwicklung an einem Korridor orientiert, der sich aus der Entwicklung der gesamtwirtschaftlichen Produktivität und der erwarteten beziehungsweise zugelassenen Inflationsrate ergibt. Arbeitgeberverbände und Gewerkschaften mit hohem Organisationsgrad üben in der Regel eine Tarifführerschaft aus, der sich Gewerkschaften in anderen Branchen modifiziert anschließen. Auf die gesamtwirtschaftliche Entwicklung und die Bandbreite der wirtschaftlichen Leistungsfähigkeit verschiedener Branchen Rücksicht zu nehmen setzt innerhalb der Gewerkschaftsbewegung eine erhebliche Solidarität voraus.

Die Tarifautonomie als friedliche Konfliktbewältigung, die sich in den Flächentarifverträgen verkörpert, wird selbst von Arbeitgebern und Unternehmen wieder positiv bewertet. Sie gewährleistet nämlich gleiche Wettbewerbsbedingungen auf den sogenannten Arbeitsmärkten. Dass die Kirchen Tarifverträge und die Kooperation mit bewährten Gewerkschaften verweigern, ist aus politischen Gründen nicht, aus religiösen Motiven schon gar nicht vertretbar.

Mitbestimmung

Das Lohnarbeitsverhältnis ist trotz der asymmetrischen Verhandlungsposition der Vertragspartner moralisch nicht verwerflich, solange das individuelle und kollektive Arbeitsrecht, etwa der Kündigungsschutz oder die Tarifautonomie, die abhängig Beschäftigten vor willkürlicher Machtausübung der Arbeitgeber schützt und verhindert, dass die Arbeit zur bloßen Ware erniedrigt wird.

Zwei Gründe legen es jedoch nahe, den Schalter des bloßen Arbeitsverhältnisses umzulegen und in ein Gesellschaftsverhältnis zu überführen. Rechtlich gesehen, sind die abhängig Beschäftigten gegenüber den Eigentümern oder Gesellschaftern eines Unternehmens Außenstehende geblieben, wenngleich sie sich auf Grund der täglichen Arbeit mit ihrem Unternehmen verwachsen erleben. Zudem lässt sich das Arbeitsvermögen, das sie dem Unternehmen zur Verfügung stellen, nicht von der Person, der dieses Arbeitsvermögen gehört, ablösen. Auch der Arbeitgeber ist nicht an einer einzelnen Arbeitsleistung interessiert, er will den Zugriff auf die arbeitende Person. Diese muss sich während der Arbeit einem fremden Willen unterwerfen.

Die Forderung nach Mitbestimmung im Betrieb und im Unternehmen basiert auf zwei normativen Überzeugungen. Sich einer fremden Organisations- und Leitungsmacht zu unterwerfen ist mit der Würde arbeitender Menschen nur dann vereinbar, wenn diesen eingeräumt wird, dass sie an der Vorbereitung wirtschaftlicher Entscheidungen und an den Entscheidungen selbst aktiv beteiligt werden. Die abhängig Beschäftigten sollen ihre Selbstachtung und personale Würde nicht am Betriebseingang oder an der Bürotür abgeben, nicht bloße Untertanen und stumme Befehlsempfänger sein. Denn der Anspruch auf Gleichheit und Mitbestimmung gilt als ein berechtigter Ausdruck menschlicher Würde und Freiheit sowie der Demokratisierung aller Lebensbereiche.

Die zweite normative Überzeugung gilt einer fairen Verteilung der unternehmerischen Wertschöpfung auf jene Ressourcen, die gemeinsam die Wertschöpfung erwirtschaftet haben. Dazu muss die herkömmliche kapitalistische Verteilungsregel durchbrochen werden, vorrangig das Geldvermögen zu steigern. Eine egalitäre Verteilungsregel, die soziale Ungleichheit und gesellschaftliche Polarisierung schon im Ansatz und an der Wurzel vermeidet, garantiert den vier Ressourcen jeweils faire Anteile an der Wertschöpfung, die sie gemeinsam erwirtschaftet haben. Dies ist nur zu verwirklichen, wenn die Vertreter oder Anwälte dieser Ressourcen in den Entscheidungsgremien des Unternehmens paritätisch mitbestimmen.

Vermögensteuer

»Eigentum verpflichtet.« Dieser Satz des Grundgesetzes verhext den Verstand und das Denken. Dem Satz fehlt das Subjekt, das denjenigen identifiziert, dem etwas gehört. Und es fehlt das Objekt, das anzeigt, worin die Verpflichtung besteht. Ist das Eigentum des Grundgesetzes ein unbekanntes Wesen, dem kein Steuerzugriff gewachsen ist?

Seitdem deutlich wurde, dass die Lasten der deutschen Wiedervereinigung und vor allem die der Bankenrettung innerhalb derselben Klasse verteilt worden sind, hat sich wiederholt die Forderung nach einer Vermögensteuer und einer Veränderung der Erbschaftsteuer Luft gemacht. Aber die betroffenen Vermögenseigentümer scheinen sich erfolgreich dagegen zu wehren, diesen Schalter ihrer Privilegien umzulegen. Klingen die Einwände, die in der Öffentlichkeit verbreitet werden, überzeugend?

Das Bundesverfassungsgericht habe 1995 die Vermögensteuer als grundgesetzwidrig erklärt, wird behauptet. Tatsächlich haben die Richter jedoch nur gefordert, den Widerspruch zu beseitigen, den sie darin sehen, dass Immobilienvermögen mit dem Einheitswert von 1964, Geldvermögen dagegen mit dem aktuellen Verkaufswert besteuert werden. Dass die Vermögensteuer eine zulässige Form des Steuerzugriffs ist, haben sie nicht bestritten.

Die betroffenen Vermögenseigentümer berufen sich auf einen inzwischen wieder aufgehobenen »Halbteilungsgrundsatz«, gemäß dem die Gesamtsteuerbelastung sich höchstens in der Nähe einer hälftigen Teilung zwischen privater und öffentlicher Hand bewegen dürfe. Diese Gefahr besteht bei einem Spitzensatz der Einkommensteuer von 42 bis 45 Prozent wohl nicht.

Gegen eine Vermögensteuer wird auch eingewendet, dass sie als Steuer auf die Substanz eine Doppelbesteuerung sei und deshalb unzulässig. Nun ist die Vermögenssteuer mit einem Steuersatz von ein bis fünf Prozent eine Ergänzungssteuer. Zudem entspricht sie dem Grundsatz der Besteuerung nach der Leistungsfähigkeit, denn das Vermögen selbst (und nicht nur dessen Ertrag) erhöht die Freiheits- und Handlungsspielräume des Eigentümers, die ihm etwa durch den Zugang zu Krediten, höheren Wohnkomfort, Parkanlagen und Ferienhäuser zur Verfügung stehen.

Das Argument höherer Leistungsfähigkeit, das einer Vermögensteuer zugrunde liegt, wird ergänzt durch das der gleichen Gerechtigkeit und Solidarität. Sowohl bei der deutschen Einigung als auch bei der Bankenrettung sind die Vermögenden und Gläubiger geschont worden, während den unteren Einkommensgruppen und Beziehern von Sozialleistungen erhebliche Einschnitte zugemutet wurden. Deshalb sollen sich die exklusiv Reichen an den öffentlichen Lasten beteiligen und sich der dringenden Finanzierung öffentlicher Güter nicht weiter entziehen, etwa der Aufgaben des Sozialstaats, der öffentlichen Infrastruktur, der Bildung, Gesundheit und Pflege, des ökologischen Umbaus der Verkehrssysteme und Energieversorgung, der kommunalen Einrichtungen wie Bibliotheken, Schwimmbäder und Jugendzentren.

Eine Vermögensteuer sei riskant, weil sie zu Manipulationen der Gewinn-und-Verlust-Rechnung in der Steuer- beziehungsweise Handelsbilanz verleitet. Gegenüber Aktionären könnten Gewinne ausgewiesen werden, gegenüber dem Staat Verluste. Oder Privatvermögen könnte in Betriebsvermögen umgewidmet werden, damit es privilegiert behandelt oder dem Steuerzugriff ganz entzogen wird. Um solchen Einwänden zu begegnen, sollte die Unternehmensbilanz transparent gestaltet werden. Dann lässt sich das Privatvermögen so besteuern, dass die Leistungsfähigkeit des Betriebes nicht beeinträchtigt wird. Die Steuer auf das Betriebsvermögen muss anderen Kriterien folgen als die auf das Privatvermögen.

Dass die Wettbewerbsfähigkeit der deutschen Wirtschaft durch eine Vermögensteuer beeinträchtigt werde, ist ein verbreitetes, aber relativ schwaches Argument. Denn die finanzielle Belastung der geforderten Vermögensteuer bleibt hinter der in Frankreich, Großbritannien oder den USA zurück.

Öffentliche Güter

Der marode Zustand von Straßen und Brücken, die Pannenserie der Rüstungsprojekte und Fluggeräte in Auslandseinsätzen der Bundeswehr und schließlich die skandalösen Übergriffe von Wachmannschaften privater Subunternehmer auf Asylbewerber haben die aufgestaute öffentliche Wut über die Selbstzerfaserung des Staates zum Kochen gebracht. Auch das paranoide Beharren auf Schuldenbremsen, schwarzen Nullen der öffentlichen Neuverschuldung und den rigiden Sparauflagen, die Mitgliedsländern der EU auferlegt werden, sind Warnsignale dafür, dass der Schalter eines ansteckenden Privatisierungsfiebers umgelegt werden sollte, um die soziale Ungleichheit und gesellschaftliche Polarisation sowohl in Deutschland als auch in Europa zu verringern.

In wirtschaftstheoretischen Reflexionen, die sich in der Nähe der Staatswissenschaft bewegen, wird zwischen öffentlichen und privaten Gütern unterschieden. Öffentliche Güter zeichnen sich durch zwei Eigenschaften aus: Von ihrer Nutzung kann niemand ausgeschlossen werden, und die Nutzung eines Gutes durch eine Person geht nicht zu Lasten der Nutzung durch eine andere. Der Charakter eines öffentlichen Guts, das nicht dem Ausschließungsprinzip und nicht dem Rivalitätsprinzip unterliegt, ist kein Naturereignis, sondern Ergebnis einer gesellschaftlichen Vereinbarung: Solche Güter, die allen Mitgliedern unabhängig von Kaufkraft und Leistungsvermögen zugänglich sein sollen, werden zum Bestandteil der allgemeinen Daseinsvorsorge erklärt – beispielsweise: Arbeit, Gesundheit, Bildung, Wohnung, Kommunikation, die natürliche Umwelt, der Regenwald, die Atmosphäre oder die hohe See. Die Marktsteuerung, die ausschließlich auf Signale individueller Kaufkraft und des Leistungsvermögens reagiert, ist für öffentliche Güter taub und blind. Sie müssen vom Staat bereitgestellt werden. Deshalb ist das Ausbluten der allgemeinen Daseinsvorsorge dumm und fahrlässig, was ich am Beispiel der Güter Gesundheit und Bildung verdeutlichen will.

Gesundheit und Bildung sind öffentliche Güter, insofern gesunde und gebildete Individuen auf andere ausstrahlen und die Gemeinschaft bereichern. Sie wirken positiv auf Familien, Unternehmen und Verbände. Umgekehrt sind verbreitete gesundheitliche Beeinträchtigungen ein gesellschaftliches Risiko, das einzelnen Personen nicht zurechenbar ist. Folglich sind sie durch öffentliche und solidarische Arrangements abzusichern. Zudem gehören Gesundheit und Bildung zu den Vertrauensgütern. Zwischen Ärztinnen und Patienten oder zwischen Lehrenden und Lernenden besteht eine fachlich und persönlich asymmetrische Beziehung. Gesundheitlich Beeinträchtigte begegnen Ärzten oder Schüler ihren Lehrerinnen mit einem großen Vertrauensvorschuss, der nicht enttäuscht werden darf. Deshalb sind Gesundheits- und Bildungsgüter weithin einer starken öffentlichen Aufsicht und Kontrolle unterworfen. Werden sie privat angeboten, sollten sie in einen festen öffentlichen Rahmen eingebettet und zudem streng geregelt sein.

Gesundheit und Bildung sind ein Grundrecht, sie gehören zu den elementaren Menschenrechten. Ein chancengleicher Zugang zu Gesundheits- und Bildungseinrichtungen beziehungsweise deren Ausrichtung auf den chancengleichen Zugang aller, und zwar unabhängig von der eigenen Kaufkraft oder der Kaufkraft ihrer Familien, ist durch das wuchernde kommerzielle Regime nicht erreichbar. Deshalb sind Gesundheits- und Bildungseinrichtungen öffentlich bereitzustellen und erneut öffentlicher Aufsicht und Kontrolle zu unterstellen. Private Krankenhäuser, Pflegeeinrichtungen und Bildungseinrichtungen können ergänzend zugelassen werden, sollten jedoch innerhalb der öffentlich markierten Schranken betrieben werden.

Zeitautonomie

»Samstags gehört Vati mir.« So kündigte in den 1950er Jahren ein freundlich strahlender Junge mit erhobenem Arm den arbeitsfreien Samstag und eine profilierte Wochenendkultur an. 1984 hatten die Gewerkschaften mit einem erbitterten Streik den Einstieg in die 35-Stunden-Woche erkämpft. Sie wollten den Trend einer kollektiven Arbeitszeitverkürzung fortsetzen, die in 100 Jahren die wöchentliche Arbeitszeit je Erwerbstätigen halbiert hat. Sollte dies alles Schnee von gestern sein? Fast 30 Jahre lang blieb dieses Anliegen in den Schubladen verschwunden. Dabei leiden Arbeiter und Manager darunter, dass die gleiche Arbeit in der Hälfte der Zeit erledigt werden soll, zumal die Grenze zwischen Erwerbsarbeit und Privatsphäre löcherig geworden ist. »Ich kann nicht mehr«, klagt selbst ein Mädchen aus der siebten Klasse über den Schulstress, der krank macht. Die seit 1995 erzwungene Verlängerung der Wochenarbeitszeit der Vollzeitbeschäftigten auf derzeit durchschnittlich 42 Stunden ist umkehrbar. Ärzte und Krankenkassen monieren, es müsse Schluss damit sein, dass betriebliche Interessen auf die Eigenzeit der Mitarbeiterinnen und Mitarbeiter übergreifen.

Eine kollektive Verkürzung der Erwerbsarbeitszeit mit gestaffeltem Lohnausgleich würde den Produktivitätszuwachs nicht bloß in mehr Einkommen, sondern auch in beziehungsintensive Festzeit verwandeln. Sie würde den zusätzlichen Konsumsog und Wachstumsschub durchkreuzen, die Wachstumsspirale ausbremsen und die Umweltzerstörung verlangsamen. Sie würde auch die soziale Ungleichheit und gesellschaftliche Polarisation in der Verteilung der Arbeits- und Lebenszeit radikal verringern.

Für junge Eltern hat die Familienministerin Manuela Schwesig bereits ein solches innovatives Zeitregime entworfen, das die politische Klasse leider binnen einer halben Stunde zerfetzte. Indem ich es auf alle Personen ausweite, folgt daraus eine dreifache Saldierung: erstens zwischen der tatsächlichen unfrisierten Zahl von sechs Millionen Arbeitsuchenden und jenen Erwerbstätigen, die weit über die derzeit durchschnittliche Wochenarbeitszeit hinaus zu arbeiten genötigt sind. Zweitens zwischen dem jeweils ungleichen Anteil der Männer und Frauen an der Erwerbsarbeit beziehungsweise an der unentgeltlichen Kinderbetreuung und Altenpflege in der Privatsphäre. Und drittens zwischen den in einer Normalarbeitszeit Beschäftigten und den befristet, prekär und in Teilzeit Beschäftigten. Im rechnerischen Ergebnis könnten die Erwachsenen in Deutschland sich eine durchschnittliche Erwerbsarbeitszeit von etwa 30 Stunden pro Woche leisten. Der Zeitwohlstand würde steigen, die irrsinnige Messzahl des Bruttosozialprodukts könnte geschreddert werden.

Ein anderes Europa

»Europa ist keine Sozialunion«, behauptet Bundeskanzlerin Angela Merkel. Aber da irrt sie. Sie mag an den Binnenmarkt, die Währungsunion und den Maastricht-Vertrag denken, der eine Haftung Deutschlands für die Schulden anderer Mitgliedsländer ausschließt. Der Prozess der Europäischen Integration ist jedoch älter als die deutsche Einigung vor 25 Jahren. Im EU-Vertrag und im Vertrag über die Arbeitsweise der EU verpflichtet sich die Union, die Solidarität zwischen den Mitgliedstaaten zu fördern und den wirtschaftlichen, sozialen und territorialen Zusammenhalt zu festigen. Es gibt fünf verschiedene Ausgleichsfonds für benachteiligte Regionen, um die Lebensverhältnisse der Mitgliedsländer einander anzunähern. Die Europäische Sozialcharta und die Gemeinschaftscharta sozialer Grundrechte für Arbeitnehmer sind Bestandteil der Verträge, die auch ansatzweise eine gemeinsame Zuständigkeit für die Sozialpolitik formulieren. Zudem bindet der soziale Dialog Gewerkschaften und Arbeitgeberverbände in das Gesetzgebungsverfahren der Union ein.

Was braucht Europa, um die soziale Ungleichheit, die Polarisation der Lebensverhältnisse, die separatistischen politischen Strömungen innerhalb der Union sowie das Zurückschieben der Flüchtlinge und Asylsuchenden an ihren Grenzen aufzuhalten?

Die Schalter, die umgelegt werden müssen, betreffen erstens die Konstruktionsfehler der Währungsunion, die ausschließlich auf monetäre Stellgrößen fixiert ist. Dabei kann sie nur überleben, wenn gleichzeitig die Stabilität der Vermögenspreise und die realwirtschaftlichen Ziele wie Wachstum und Beschäftigung in den Blick genommen werden. Die Zentralbank sollte durch einen Europäischen Währungs- und Stabilitätsfonds entlastet werden, der regionale Ungleichgewichte zwischen Ländern, die Zahlungsbilanzdefizite aufweisen, und solchen, die Überschüsse erzeugen, ausgleicht. Die Defizitländer erhalten kurzfristige Kredite, die Überschussländer werden sanktioniert, damit sie die strukturellen Überschüsse beseitigen.

Zweitens sollte der dumpfe Schuldenmythos nicht von den spekulativen Attacken der Finanzmärkte gegen bedrängte Mitgliedstaaten ablenken. Warum kann die Zentralbank den Staaten nicht unter strengen Auflagen zinslose Kredite zur Verfügung stellen, die ausschließlich dazu verwendet werden, die Bereitstellung öffentlicher Güter auf lange Sicht zu finanzieren?

Drittens sollte das Gemeinschaftsrecht aufgewertet und nicht durch bilaterale Verträge der Mitgliedstaaten, die nur für ausgewählte Länder gelten, umgangen werden, so dass immer mehr ein Europa der zwei Geschwindigkeiten entsteht.

Viertens ist die räumliche Dimension des sozialen Ausgleichs, die in den Verträgen der Gemeinschaft als Option der Solidarität und des territorialen Zusammenhalts formuliert ist, rechtsverbindlich zu verankern. Wie in den Mitgliedsländern ein föderaler Finanzausgleich als Gegengewicht gegen zentripetale Tendenzen nicht umstritten ist, sollte auch die europäische Solidarität schrittweise in eine verbindliche Transfer- und Sozialunion münden.

Fünftens wehren sich die Defizitländer zu Recht gegen die hegemoniale, schulmeisterliche Rechthaberei der deutschen Regierung. Diese neigt dazu, respektable Spargewohnheiten einer schwäbischen Hausfrau oder eines hanseatischen Buchhalters in einem kurzschlüssigen Verfahren auf europäische oder globale Kreislaufzusammenhänge zu übertragen. Ein Europa nach deutschem Strickmuster ist kein demokratisches und solidarisches Europa.

Sechstens braucht Europa im globalen Kontext, seitdem die Pax Americana brüchig geworden ist, eine große Erzählung jenseits militärischer Aufrüstung und Aufholjagd auf vergleichbare Niveaus der USA oder asiatischer Staaten. Die Europäische Union könnte mit der Vielfalt der Sprachen und Kulturen sowie in der vollen Entfaltung der Menschenrechte ein unverwechselbar einladendes Profil in die Waagschale globaler Anziehungskraft werfen.

Auszug aus Hengsbach, Friedhelm (2014): *Teilen, nicht töten*, S. 103–122.

Die Schattenseiten des Wohlstands I: Finanzkrisen & -kriminalität

Der Neoliberalismus und die Krisen

von Ulrike Herrmann

Willkommen im Finanzkasino: Der Handel mit Derivaten

Milton Friedman war »der vielleicht einflussreichste Ökonom der zweiten Hälfte des 20. Jahrhunderts«,[1] denn vor allem seinem ideologischen Einfluss ist es zuzuschreiben, dass ab 1980 die liberalisierten Finanzmärkte wieder die Herrschaft übernehmen konnten. Friedman hatte die westlichen Regierungen stets bedrängt, flexible Wechselkurse einzuführen, und im Gegenzug ein »Wirtschaftswunder« versprochen. Es wurde auch ein Wirtschaftswunder – für die Finanzindustrie. Die Derivate kehrten zurück, mit denen schon Keynes spekuliert hatte.

Diese Wettgeschäfte waren nicht mehr zu verhindern, sobald man zuließ, dass Devisenkurse, Zinsen und Ölpreise frei schwankten. Denn viele Firmen mussten sich jetzt absichern: Exportunternehmen in Deutschland wollten wissen, was der Dollar in drei Monaten wert sein würde, wenn ihr amerikanischer Kunde zahlte. Fluglinien benötigten eine Kalkulationsbasis für das Öl, das sie in Zukunft verbrauchen würden. Betriebe, die Zahlungsziele vereinbarten, wollten einen stabilen Zins.

Derivate können diese gewünschte Sicherheit bieten: Die »Termingeschäfte« fixieren vorab, wie hoch Zinsen, Rohstoffpreise oder Währungskurse zu einem bestimmten Zeitpunkt sein sollen. Meist läuft der Kontrakt drei Monate und kostet nur eine kleine Gebühr. Das Derivat ist also eigentlich eine kluge Erfindung – nur leider eignet es sich bestens für die Spekulation, weil der »Hebeleffekt« gigantisch ist. Mit minimalen Einsätzen lassen sich maximale

Gewinne einfahren. Allerdings sind die Verluste genauso enorm, wenn es schlecht läuft.

Der Finanzjournalist Michael Lewis verglich die Derivate daher mit »einem Superchip in einem Kasino, der 1 000 Dollar wert ist, aber nur drei Dollar kostet. Allerdings gibt es in Kasinos keine Superchips; für (Derivate) existiert in der Welt des Glücksspiels nichts Entsprechendes, weil echte Kasinos das Risiko als viel zu hoch einschätzen würden.«[2]

Kaum fingen die Behörden an, Derivate zuzulassen, erlaubten sie schließlich alles: Seit 1982 durften auch Terminkontrakte auf Aktien abgeschlossen werden, obwohl dies keinen volkswirtschaftlichen Sinn hatte und allein der Spekulation diente. Aber dies störte nicht in einer Zeit, als man an die höhere Weisheit der Finanzmärkte glaubte.

Der Umsatz mit Derivaten explodierte, wobei selbst »explodiert« ein zu schwaches Wort ist, um das immense Wachstum dieses Markts zu beschreiben. Um kurz in die Gegenwart zu springen: Im Dezember 2015 betrug der Nominalwert der außerbörslich gehandelten Derivate 493 Billionen Dollar.[3] Mit einer »Absicherung« von realen Geschäften realer Firmen haben diese Wetten nichts zu tun, denn die weltweite Wirtschaftsleistung betrug 2015 insgesamt nur rund 73 Billionen Dollar. Die Spekulation führt längst ein Eigenleben und hat sich von der Wirklichkeit entkoppelt.

Wie alle Wetten sind Derivate zunächst einmal Nullsummenspiele. Was der eine Partner gewinnt, verliert der andere. Trotzdem sind die Derivatgeschäfte leider nicht folgenlos, denn sie wirken auf die Realität zurück. Die Wetten verzerren die Kurse und lassen sie wild pendeln. Ob Rohstoffe, Währungen oder Zinsen – alle Preise sind permanent in Bewegung, obwohl sich in der echten Welt nichts geändert hat. Im Bankendeutsch: Die Derivate erhöhen die Volatilität der Kurse.

Diese Kursausschläge sind völlig irrational und für niemanden zu kalkulieren, weswegen die normalen Unternehmen umso mehr gezwungen sind, sich gegen die Schwankungen abzusichern und Derivate zu erwerben – wofür die Banken dann Provision kassieren. Die Investmentbanken betreiben also nicht nur Wettgeschäfte auf eigene Rechnung, sondern kassieren auch noch eine Art Sondersteuer von der Realwirtschaft, die sich genau gegen jene Finanzturbulenzen schützen muss, die die Banken künstlich erzeugen.

Allein mit dem Derivatehandel haben die US-Investmentbanken im Jahr 2015 knapp 22,8 Milliarden Dollar verdient, wobei sich 91 Prozent dieses Geschäfts auf nur vier Großbanken konzentrierten.[4] Die Investmentbanken sind die einzige Branche auf dieser Welt, die ihren Markt so manipulieren kann, dass Gewinne garantiert sind. Schon dies zeigt, dass die »Finanzmärkte« keine echten Märkte sind.

Dieses parasitäre Geschäftsmodell ist generell ärgerlich und teuer – aber bei Nahrungsmitteln wird es lebensgefährlich. Millionen Menschen müssen hungern, weil Spekulanten die Preise für Weizen oder Mais periodisch nach oben treiben. Es ist nicht übertrieben zu behaupten, dass Derivate zu Mordinstrumenten werden können.

Doch nicht nur der Derivatehandel explodierte, sondern es kam auch zu enormen »Wertsteigerungen« bei Aktien und Immobilien. Seit 1988 ist der deutsche Aktienindex DAX von damals 1 000 auf rund 10 200 Punkte im Juli 2016 gestiegen, hat sich also mehr als verzehnfacht. Doch die deutsche Wirtschaftsleistung hat sich im gleichen Zeitraum nominal nur verdoppelt. Auch die Aktienkurse bewegen sich also in einer virtuellen Welt, die sich von der Realität längst entkoppelt hat.

Man stelle sich einmal vor, es würde sich nicht um Aktien handeln, sondern um ganz gewöhnliches Brot. Wenn ein Laib erst einen Euro kostet und später zehn – dann würde jeder von einer »galoppierenden Inflation« sprechen. Doch bei Aktien oder Immobilien soll es sich angeblich um eine »Wertsteigerung« handeln, wenn sie plötzlich exorbitant teurer werden.

Tatsächlich pumpt sich jedoch eine gigantische Spekulationsblase auf, wie sich eindeutig messen lässt: 1980 entsprach das weltweite Finanzvermögen noch ungefähr der globalen Wirtschaftsleistung und lag bei einem Verhältnis von 1,2 zu eins. Im Jahr 2007 betrug das Verhältnis schon 4,4 zu eins.[5]

Der »Wert« des Vermögens kann nur steigen, wenn ständig neues Geld ins System gespült wird – durch neue Kredite. In den Industrieländern lag die Summe aller privaten Darlehen 1950 bei etwa 50 Prozent der Wirtschaftsleistung; 2006 waren es schon 170 Prozent.[6]

Aber immerhin waren dies noch »echte« Kredite. Ab etwa 1980 entstand jedoch eine neue Form des Darlehens. Die Banken fingen an, sich untereinander Kredit zu gewähren: Sie schufen also Geld, ohne dass sie sich dabei um »echte« Kunden kümmern mussten. Hemmungslos fabrizierten sie gegenseitig das Geld, das sie für ihre eigenen Spekulationsgeschäfte benötigten. Im Jahr 2008 bestanden die Bilanzen der großen Investmentbanken mindestens zur Hälfte aus Krediten, die sich Fonds und Banken gegenseitig zugeschustert hatten.[7]

Diese Explosion der Finanzwerte ist höchst ungesund, denn Vermögen hat nur dann wirklichen Wert, wenn es Dividenden, Mieten oder Zinsen einbringt. Diese Erträge müssen aber aus der laufenden Wirtschaftsleistung erbracht werden. Wenn jedoch nur das Finanzvermögen ständig steigt, ohne dass das jährliche Volkseinkommen entsprechend mitwächst, muss es irgendwann zum Crash kommen. Ab 2007 war es so weit: An der Wall Street, aber auch in Europa brachen fast alle Großbanken zusammen – und mussten vom Staat gerettet werden.

Die Ökonomen haben diese Megakrise nicht kommen sehen. Im Gegenteil: Der Mainstream war überzeugt, dass die Zeit der Wirtschaftsflauten vorbei sei. Legendär ist der Ausspruch des Nobelpreisträgers Robert Lucas, der 2003 triumphierend verkündete: »Das zentrale Problem, Depressionen zu verhindern, wurde gelöst (…) und zwar für viele Dekaden.«[8]

Auch dem späteren Fed-Chef Ben Bernanke bereitete es 2005 keine Sorgen, dass die Hauspreise in den USA in den beiden zurückliegenden Jahren um sensationelle 25 Prozent gestiegen waren. Dieser Preisauftrieb würde »vor allem die starken wirtschaftlichen Fundamentaldaten widerspiegeln«, erklärte Bernanke dem US-Kongress.[9]

Tatsächlich waren es jedoch keine »Fundamentaldaten«, die die Hauspreise steigen ließen. Stattdessen war die Kreditvergabe explodiert und erreichte ein nie gekanntes Ausmaß. 2001 hatte das Volumen aller Hypotheken in den USA noch bei 5,3 Billionen Dollar gelegen; 2007 waren es 10,5 Billionen Dollar. Schon als nackte Zahlen sind diese Summen eindrucksvoll, aber im historischen Vergleich werden sie noch sensationeller: »In nur sechs Jahren stiegen die Hypothekenschulden der amerikanischen Haushalte fast so stark wie im Laufe der mehr als 200-jährigen Geschichte unseres Landes«, stellte das US-Repräsentantenhaus später schockiert fest, als es die Finanzkrise aufarbeitete.[10]

Diese Kreditberge sind Bernanke und den meisten anderen Ökonomen entgangen – weil Kredite in ihrer Theorie gar nicht vorkamen. Stattdessen hatte man sich zurechtgelegt, dass die Finanzmärkte stets »effizient« seien. Die Ökonomen tragen eine immense Mitschuld, dass die Finanzkrise überhaupt möglich wurde.

Eine falsche Theorie wird teuer: Die Finanzkrise kostet Billionen

An der jüngsten Finanzkrise erschreckt bis heute, wie groß die Naivität der Experten war. Noch 2006 verkündete der Internationale Währungsfonds in einer Studie begeistert, dass die »Finanzinnovationen« die »Widerstandsfähigkeit des Finanzsystems erhöht« hätten.[11] Mit diesen »Finanzinnovationen« waren genau jene Derivate, Kreditausfallversicherungen und Verbriefungen gemeint, die sich ein Jahr später als toxische Schrottpapiere erweisen sollten.

Die Experten irrten so einhellig, weil sie allesamt der falschen Theorie anhingen. Sie waren überzeugt, dass die einzelnen Anleger stets »rational« und die Finanzmärkte immer »effizient« seien. Die Ökonomen vertraten eine radikalisierte Neoklassik, die ab etwa 1980 populär wurde, nachdem der Monetarismus gescheitert war.

Man ging wieder davon aus, dass die Gesamtwirtschaft stets zum Gleichgewicht tendiert. Der Name für diese Theorie lautete in voller Länge »Dynamic Stochastic General Equilibrium Models« (dynamische stochastische allgemeine Gleichgewichtsmodelle), gern auch zu DSGE abgekürzt. Diese DSGE-Modelle befassten sich mit der gleichen Frage, die schon Léon Walras umgetrieben hatte: Kann ein allgemeines Gleichgewicht entstehen, wenn sich jeder Haushalt nur für den eigenen Nutzen interessiert?

Nach dem Zweiten Weltkrieg war es den Ökonomen Kenneth Arrow und Gérard Debreu gelungen, eine mathematisch saubere Lösung zu formulieren – die allerdings nur unter Extrembedingungen galt. Beispielsweise mussten Konsumenten und Produzenten absolut rational handeln und durften sich für nichts anderes interessieren, als ihren wirtschaftlichen Vorteil zu maximieren. Übersetzt: Der normale Mensch war nicht gemeint.

Zudem musste es für jedes denkbare Produkt einen perfekten Markt geben, und alle künftigen Eventualitäten mussten schon jetzt mit einem Preis versehen und abgesichert werden. Übersetzt: Jeder einzelne Haushalt musste viele verschiedene Derivate kaufen, um für Krankheit, Arbeitslosigkeit, eine Scheidung oder ungeplante Kinder vorzusorgen. Solche Derivate gibt es bekanntlich nicht.

Außerdem musste absolute Transparenz herrschen. Jede Tatsache musste bekannt sein, und jeder Haushalt musste über diese Informationen auch verfügen. Übersetzt: Jeder einzelne Konsument musste noch mehr wissen, als im gesamten Onlinelexikon Wikipedia steht. Und schließlich musste perfekter Wettbewerb garantiert sein. Es durfte keine Monopole oder Oligopole geben; steigende Skalenerträge waren ebenfalls auszuschließen. Übersetzt: Es handelte sich um eine Welt ohne Großkonzerne.[12]

Für diese Erkenntnisse erhielten Arrow und Debreu den Nobelpreis – zu Recht. Dank ihrer Analyse war nun deutlich, dass der real existierende Kapitalismus niemals zum Gleichgewicht tendieren würde. Denn keine der Bedingungen war erfüllt oder erfüllbar. Man hätte also erwarten können, dass sich die Ökonomen von der

Fiktion des Gleichgewichts verabschieden würden. Weit gefehlt. Auf eine derartige Idee können nur »Laien« kommen.

Die Ökonomie hingegen entwickelte sich in die entgegengesetzte Richtung: Das »allgemeine Gleichgewicht« wurde verfeinert und zur geltenden »Makroökonomie« erhoben. Vor der Finanzkrise arbeiteten alle Zentralbanken mit den DSGE-Modellen,[13] obwohl Banken und Kredite dort kaum vorkommen. Wie schon in der alten Neoklassik wurde das Geld wieder zu einem »Schleier« degradiert, der über der Realwirtschaft lag. Die Zentralbanken konnten die Finanzkrise also unmöglich erkennen: In ihren Theorien hatten sie längst ausgeschlossen, dass es Crashs gibt.

Die Neoklassiker opferten die Realität, weil sie auf jeden Fall vermeiden wollten, dass sie zur Makroökonomie von Keynes zurückkehren mussten. Denn aus ihrer Sicht hatte Keynes' Theorie einen fatalen Fehler: Es gab in ihr keine Verbindung zwischen der Mikro- und der Makroebene. Bei Keynes waren nur die »Gesamtaggregate« wichtig, also die Summe aller Investitionen oder die allgemeine Sparquote. Der einzelne Haushalt war unbedeutend und bildete nur eine kleine Ziffer in der Gesamtstatistik.

Damit wollte sich die Neoklassik nicht abfinden. Sie bestand auf einer »Mikrofundierung«. Die Gesamtwirtschaft sollte die Summe ihrer Einzelteile sein. Also bastelte man sich eine Makroökonomie, die sich »mikrofundieren« ließ: das allgemeine Gleichgewicht. Jede Unwucht musste prinzipiell ausgeschlossen werden, weil sonst nicht mehr gegolten hätte, dass die einzelnen Haushalte den Zustand der Gesamtwirtschaft spiegeln.

Dies führt nun zum zweiten Theorieelement, das Laien staunen lässt: Es wurde eine »Theorie der rationalen Erwartungen« postuliert. Robert Lucas und seine Mitstreiter behaupteten, dass jeder Mensch in jedem Moment seines Lebens nur darauf sinnen würde, seinen Nutzen zu maximieren. Diese Theorie ist sogar noch extremer, als sie zunächst klingt. Lucas setzte voraus, dass die Menschen die Zukunft kennen. Ereignisse in – sagen wir – zehn Jahren sollten genauso bekannt sein wie die Gegenwart.

Zu dieser ebenso drastischen wie absurden Annahme war Lucas gezwungen, weil es für die DSGE-Modelle nicht reichte, wenn Menschen rational sein wollen – sie müssen es objektiv sein. Dies ist jedoch nur möglich, wenn sie die Zukunft kennen.

Natürlich ist es Unsinn, dass die Zukunft bekannt wäre, wie jeder weiß, der sich schon einmal mit dem Brotmesser geschnitten hat. Wenn man wüsste, dass gleich ein Unfall droht, würde dieses Missgeschick nicht passieren. Man schneidet sich ja nicht freiwillig in den Finger.

Auch abseits dieser banalen Alltagsweisheit hätte das Theorem von Lucas die erstaunlichsten Konsequenzen: Beispielsweise könnte es die Spekulation an den Börsen gar nicht mehr geben. Wenn jeder alles über die Zukunft weiß – wie soll man dann noch auf Aktienkurse wetten?[14]

Zudem ist der Mensch nicht rational. Diese Beobachtung machte schon Adam Smith, der ein Beispiel auswählte, das die »Theorie der rationalen Erwartungen« schlagend widerlegt: das Lottospiel. Dort ist nämlich der seltene Fall gegeben, dass die Zukunft tatsächlich genau kalkulierbar ist. Mühelos lässt sich berechnen, dass man beim Lotto höchstwahrscheinlich verliert. Doch obwohl die allermeisten Teilnehmer garantiert draufzahlen, lassen sie sich nicht davon abhalten, ihr Glück zu versuchen, wie Smith erstaunt notierte: »Dass die Gewinnchancen meist überschätzt werden, können wir vom allgemeinen Erfolg der Lotterien lernen.«[15]

Inzwischen hat auch die Verhaltensökonomie unzählige Beispiele geliefert, dass »Rationalität« keine Eigenschaft ist, die den Menschen besonders auszeichnen würde. Man hätte also erwarten können, dass die »Theorie der rationalen Erwartungen« einen raschen Tod sterben würde. Doch erneut passierte genau das Gegenteil – die Theorie wurde ins irrwitzige Extrem getrieben.

Das größte Problem der Neoklassik taucht nämlich dort auf, wo man es zunächst gar nicht vermuten würde: bei ihrem »Fundament«, also bei den Konsumenten und Produzenten. Denn es ist ja uninteressant, nur einen einzelnen Haushalt zu betrachten. Die Ökonomie will zu volkswirtschaftlichen Gesamtaussagen kommen – dafür muss man aber die Summe aller Konsumenten bilden. Man muss deren Nutzenkalkül »aggregieren«.

Dies ist jedoch unmöglich, wie bereits ein einfaches Beispiel zeigt: Konsument A isst lieber Bananen als Kekse – eigentlich. Aber wenn Konsument B auch Bananen kauft, dann steigt der Preis für die Tropenfrüchte. Daher könnte es für Konsument A doch besser sein, Kekse statt Bananen zu kaufen, um den eigenen Gesamtnutzen zu optimieren.[16] Man stelle sich dieses Prozedere mit Milliarden von Menschen vor, die Billionen von Kaufentscheidungen treffen. Es geht nicht.

Daher entwickelte die Neoklassik ein Modell, das diese Theorieprobleme umging, indem es die Makroökonomie auf eine einzige exemplarische Person reduzierte. Das Modell ähnelte also dem Roman Robinson Crusoe: Die gesamte Weltwirtschaft soll aus nur einem einzigen Konsumenten bestehen, der zugleich der einzige Produzent ist. Selbst Freitag darf dieses Eiland nicht betreten, da die Theorie mit zwei Menschen schon überfordert wäre. Dieser Robinson Crusoe ist zudem kein normaler Mensch – sondern lebt ewig. Die Neoklassik kann nämlich nicht modellieren, wie das Altern den Konsum verändert. Außerdem stellt Robinson lebenslang nur eine einzige Ware her, weil schon zwei Güter die Theorie ebenfalls ins Chaos treiben würden.

Das Leben in dieser neoklassischen Theoriewelt nimmt also sehr merkwürdige Konturen an: Der einsame Konsument, der ewig lebt, verbraucht alle Waren, die aber nur aus einem einzigen Produkt bestehen, das in einer einzigen Firma hergestellt wird, die der einzige Konsument selbst besitzt und in der er auch der einzige Angestellte ist.[17] Banken, Kredite oder gar Geld sind in diesem Modell überflüssig.

Mit Kapitalismus hat diese Fiktion nichts zu tun. Der Nobelpreisträger Ronald Coase merkte 1992 bissig an, die Neoklassik sei nur in der Lage, »Einzelgänger« zu analysieren, »die am Rande eines Waldes mit Beeren und Nüssen handeln«.[18]

Die Neoklassik nennt ihren »Einzelgänger« etwas pompöser einen »repräsentativen Agenten«, was einmal einen intelligenten

Studenten zu der Frage animierte: »Wen oder was repräsentiert denn dieser repräsentative Agent?«[19] Darauf gibt es keine Antwort. Die Neoklassik behauptet zwar, dass sich die unterschiedlichen Bedürfnisse der Haushalte gegenseitig aufheben würden, weswegen es legitim sei, nur von einem einzigen »repräsentativen Konsumenten« auszugehen. Doch das ist reine Tautologie. Das makroökonomische Gleichgewicht wird bereits vorausgesetzt, das die »Mikrofundierung« erst beweisen soll.

Obwohl die DSGE-Modelle so bizarr sind, wurden sie trotzdem von den Zentralbanken benutzt. Die Finanzaufsicht war entsprechend lasch, denn die fiktive Robinsonade schien ja zu beweisen, dass Banken und Kredite für das Gesamtsystem irrelevant sind.

Makroökonomisch hatte man also ausgesorgt, und auch in der Mikroökonomie gab es keine Zweifel, dass die Finanzmärkte stets effizient seien. Dies wurde durch eine Theorie »bewiesen«, die ebenfalls höchst seltsam anmutete: die »Efficient Market Hypothesis« (Markteffizienzhypothese).

Drei Annahmen sollten belegen, dass die Finanzmärkte immer recht haben und jederzeit den »wahren« Wert von Aktien und Anleihen abbilden. Erstens: Die Anleger sind rational. Zweitens: Sollten die Anleger nicht rational sein, macht das auch nichts. Denn ihre irrationalen Entscheidungen würden sich gegenseitig aufheben, so dass der Markt als Ganzes wieder rational sein würde. Drittens: Sollte der Markt tatsächlich einmal irrational sein, dann gäbe es garantiert Spekulanten, die sofort erkennen, dass die Aktien und Anleihen von ihrem »echten« Wert abweichen – und entsprechende Wetten abschließen. Prompt würde sich der Markt wieder einpendeln.[20]

In dieser schönen Plastikwelt war die Zukunft so bekannt wie die Gegenwart. Spekulanten folgten nie der Herde, und es war auch nicht denkbar, dass sich eine Spekulationsblase aufpumpte, weil ständig Kredite ins System flossen. Die Ökonomen konnten die Finanzkrise gar nicht vorhersehen – denn sie hatten Crashs theoretisch ausgeschlossen.

Blind vertraute man der Effizienz des Markts, was so absurd

war, dass selbst Ökonomen schon Witze machten. Einer ging so: »Ein Ökonom und ein Freund laufen die Straße entlang. Plötzlich sehen sie einen 100-Dollar-Schein auf dem Gehweg. Als sich der Freund bückt, um den Schein aufzuheben, sagt der Ökonom: ›Lass es – wenn es ein echter 100-Dollar-Schein wäre, hätte ihn schon jemand aufgehoben.‹«[21]

Es wäre lustig, wenn es nicht so tragisch wäre. Denn die Finanzkrise war extrem teuer. Weltweit summierten sich die Schäden auf viele Billionen. Verantwortlich waren auch jene Ökonomen, die liberalisierte Finanzmärkte forcierten, weil sie an die »Theorie der rationalen Erwartungen« glaubten. Ihre Hybris hat Robert Lucas perfekt zum Ausdruck gebracht. Vor der Krise sagte er: »Ich glaube, Keynes' gegenwärtiger Einfluss als Ökonom ist ziemlich nah bei null, und war bei null in den vergangenen 50 Jahren. Keynes war kein besonders guter Ökonom. Er hat nicht viel zur Entwicklung des Fachs beigetragen.«[22] So kann man sich irren.

Nach der Krise ist vor der Krise

Die Mainstream-Ökonomen hatten den Crash zwar produziert, aber deuten konnten sie ihn nicht – und Lösungen hatten sie auch keine zu bieten. 80 Jahre Forschung erwiesen sich als weitgehend überflüssig.

Da die Neoklassiker ratlos waren, orientierten sich die Regierungen wieder an Keynes: Banken wurden gerettet, Konjunkturprogramme angeschoben und gigantisches »deficit spending« betrieben. Diese Rettungsmaßnahmen waren enorm erfolgreich; eine Dauerdepression wie 1929 konnte vermieden werden.

Doch es hatte seinen intellektuellen Preis, dass es nicht zu einer furchtbaren Krise kam: Die Neoklassik wurde nicht gezwungen, sich mit dem eigenen Scheitern auseinanderzusetzen. Nach einer kurzen Schockstarre erholte sich der Mainstream wieder und postulierte unbeirrt die alten Gewissheiten. Ben Bernanke etwa sagte selbstbewusst: »Ich denke, dass die Forderung übertrieben ist, dass das ganze Fach neu überdacht werden muss. Ich würde argumentieren, dass die Finanzkrise im Wesentlichen ein Versagen der ökonomischen Steuerung und des ökonomischen Managements war – aber nicht der ökonomischen Wissenschaft.«[23]

Bernanke scheint also zu glauben, dass die »ökonomische Steuerung« in einem luftleeren Raum stattfindet und die Theorie keinerlei Einfluss darauf hat, wie die Banken beaufsichtigt werden. Wäre dies wahr, wären die Wirtschaftswissenschaften überflüssig.

Tatsächlich ist es umgekehrt: Da die Neoklassik bei ihren alten Theorien verharrte, hat sich auch auf den Finanzmärkten nicht viel geändert. Nach der Krise wurden zwar neue Vorschriften erlassen, die inzwischen viele tausend Seiten umfassen – aber an den zentralen Stellschrauben des Systems wurde nicht gedreht.[24] Der Derivatehandel läuft fast unverändert weiter und kommt immer noch, wie schon dargestellt, auf ein Volumen von 493 Billionen Dollar. Nach der Krise ist also vor der Krise.

Der Kapitalismus entwickelt sich völlig ungesteuert, weil der Mainstream eine Theorie vertritt, in der dieser Kapitalismus nicht vorkommt. Es ist eine Theorie ohne Großkonzerne, ohne Produktion, ohne Kredite – ja ohne Geld. Zur Neoklassik zählen sich etwa 85 Prozent aller Ökonomen.[25] Sie werden wieder scheitern und Kosten produzieren, die in die Billionen gehen.

Auszug aus Herrmann, Ulrike (2016): *Kein Kapitalismus ist auch keine Lösung. Die Krise der heutigen Ökonomie oder Was wir von Smith; Marx und Keynes lernen können*, S. 222–232.

Ein »griechisches Problem«

von Giorgios Chondros

Ich teile die Erfahrung eines Volkes, das nun schon seit Jahren dem unmenschlichen Neoliberalismus ausgesetzt ist, gegen den es ankämpft, um seine Würde zu bewahren und um an der Hoffnung festzuhalten, dass das thatcheristische TINA (there is no alternative) sich bei den europäischen Völkern nicht einnisten kann. Es ist ein verzweifelter und manchmal einsamer Kampf darum, dass Europa zu seinen Gründungswerten zurückfindet, sie erweitert, dass die Diskussion wieder aufgenommen wird über die Entwicklung, die soziale Gerechtigkeit und den gesellschaftlichen Zusammenhalt, den Sozialstaat, die Bekämpfung der Arbeitslosigkeit, den Schutz der Umwelt und die offenen Grenzen. Vor allem ist es ein Kampf für Wohlstand und Demokratie.

Diesem Kampf des griechischen Volkes für die Wiederaneignung der verlorenen und für Europa offenbar unmaßgeblichen Werte stellen die Gläubiger eine Reihe nicht nachvollziehbarer Argumente gegenüber: Die griechische Wirtschaft sei nicht wettbewerbsfähig, der griechische Staat und die öffentliche Verwaltung seien ineffektiv und korrupt, die Griechen seien Faulpelze und Steuerhinterzieher. Das sind irrige Behauptungen, die nur darauf abzielen, jede Gegenwehr und jeden Widerstand zu brechen.

Beim Versuch der Beweisführung und der Widerlegung des Kalküls der Gegner nehme ich zu Beginn die wirtschaftlichen Faktoren in den Fokus. Damit meine Antwort auf die herrschende Erzählung über einen verspäteten Kapitalismus und mangelnde Wettbewerbsfähigkeit Griechenlands besser nachvollzogen werden kann, erlauben Sie mir eine Tour de Force durch die internationale und europäische ökonomische und politische Umgebung.

Das wird uns dabei helfen, nicht nur das Geschehen selbst, sondern auch die immer neuen Spannungen zu rekapitulieren, zumal die Entwicklung weiter andauert, noch während diese Zeilen niedergeschrieben werden.

Mir geht es darum zu zeigen, dass wir es nicht ausschließlich mit einem »griechischen Fall«, mit der »Krise Griechenlands« zu tun haben, sondern mit einer Systemkrise par excellence, die unauflöslich mit dem Kapitalismus und seinen Auswirkungen verknüpft ist. Griechenland, so meine feste Überzeugung, muss im Rahmen dieser Krise vor allem dafür herhalten, die Umsetzung einer unmenschlichen Politik zu Lasten seiner Einwohner exemplarisch zu erproben und die Rolle eines Versuchskaninchens für die innere Abwertung zu spielen.

Gestatten Sie mir hier eine kleine begriffliche Vorbemerkung. In der öffentlichen Debatte hat sich eine ideologisch gefärbte und sehr heikle Terminologie durchgesetzt, die eigentlich ein eigenes Glossar verdient. Die an Griechenland ausgegebenen Kredite laufen gemeinhin unter der Überschrift »Rettungsprogramme« oder »Hilfspakete«. In Brüssel werden demzufolge aus schierer Gutherzigkeit Pakete geschnürt, um dem armen Griechenland beizuspringen. Dass diese Pakete ihre hohen Preise – Preise, die ihrerseits beschönigend »Reformen« genannt werden, obwohl sie die früher erkämpften Arbeitnehmer- und Menschenrechte deformieren – haben, gerät dann leicht ins Hintertreffen. Ich bevorzuge stattdessen den neutralen Begriff »Memorandum«. Ein solches »Memorandum of Understanding« oder auch »Schuldenmemorandum« ist ein zwischen der Eurogruppe und der griechischen Regierung in einem Machtungleichgewicht ausgehandeltes Dokument, in dem Summen, Fristen, Auflagen und Konditionen festgelegt sind.

Ein weiterer beliebter Euphemismus ist die Verwendung des Begriffs »Sparpolitik«, wenn eigentlich Kürzungs- beziehungsweise Austeritätspolitik gemeint ist. Und in ähnlicher Weise wie die »Pakete« hat auch der Begriff »Troika« etwas Verniedlichendes. Eigentlich sollte ich das Wort immer in Anführungszeichen setzen, aber das liest sich auf Dauer so ermüdend, dass ich dann doch darauf verzichtet habe.

Die Systemkrise und die Konstruktionsfehler der EU

[...] In der globalen Finanzkrise von 2008/2009 (und bei deren Bewältigung) zeigte sich vor allem auch die problematische Konstruktion der Europäischen Wirtschafts- und Währungsunion (WWU). Anfangs provozierten die internationale Finanzkrise und die Rezession die europäische Finanzkrise, welche sich hauptsächlich als Liquiditätskrise der Länder des Südens äußerte. In der Folge entwickelte sich diese Krise in denselben Ländern zu einer Schulden- und Bonitätskrise weiter. Heute hat sie bereits das Format einer Kohäsions- und Legitimationskrise der Eurozone.

Was aber ist der Grund dafür, dass die Strukturen der EU und der Eurozone nicht in der Lage waren, die Krise zu bekämpfen und sie abzuwenden? Warum waren die zu ihrer Bekämpfung durchgeführten Maßnahmen nicht effektiv? Kann das Funktionssystem der EU künftig und überhaupt Kohäsion und Nachhaltigkeit sichern?

Im gesamten Verlauf der Krise erweist sich die Unzulänglichkeit der gemeinsamen währungspolitischen Interventionen als Hauptproblem. Außer dem ausschließlichen Ziel der Währungsstabilität mit der willkürlich festgelegten Inflationsrate von zwei Prozent, die die meisten Länder nicht einhalten, gibt es keinerlei weiteres Interventionsmoment. Auf diese Weise wird die Möglichkeit der Länder zur Intervention in Beschäftigung und Wachstum, die den Wirtschaftszyklus beeinflussen, beschnitten. In der Sache wird das streng monetäre Modell der Bundesbank, das Deutschland zur Voraussetzung für die Teilnahme an der WWU gemacht hat, auf alle Länder der Eurozone übertragen und somit das deutsche System in ein europäisches System überführt.

Während wir also die Supranationalisierung der Währungspolitik mit der Folge ihrer Entpolitisierung haben, bleiben alle anderen wesentlichen Bereiche zur Ausübung von Wirtschaftspolitik – inklusive der Haushalts-, Sozial- und Einnahmepolitik – Angelegenheit und Zuständigkeit der Nationalstaaten, trotz der sie betreffenden einschränkenden Regelungen. Das ist eine Tatsache, welche die Konkurrenz unter den Nationen erhöht, insbesondere deshalb, weil die Währungsunion nicht von der ihr entsprechenden wirtschaftlichen Union flankiert wurde.

Die gemeinsame Währung, die supranationale Währungspolitik also, nimmt den Mitgliedstaaten der Eurozone mittels sachlicher und institutioneller Beschränkungen die Möglichkeit zur Ausübung einer eigenen, nationalstaatlichen Haushaltspolitik. So bleibt den nationalen Regierungen in Krisenphasen mit einer Rezession oder der Erhöhung der Außenhandelsdefizite nichts anderes übrig als die Möglichkeit einer inneren Abwertung auf der Grundlage von Einnahmen und Strukturveränderungen. Das beweist auch die Klassenorientierung dieser Entscheidung bereits zu Beginn der Konstruktion des Gefüges der Eurozone, denn jede Art einer ökonomischen Krise wird abgewälzt auf die arbeitende Bevölkerung und mittels der Abwertung der Arbeit und des Sozialsystems letztlich auf die Gesellschaft. Und diese durch die Memoranden auferlegte Abwertung soll Griechenland umsetzen – und damit sowohl die Rezession und die Wirtschaftskrise als auch die soziale Katastrophe und die Unruhen verschärfen.

Obwohl das alles schon bei der Einführung des Euros bekannt war, haben die Institutionen in Brüssel auch in der Krisenphase der EU zu keinem Zeitpunkt Mechanismen zur Vorbeugung oder auch nur zur Bewältigung dieser Szenarien eingebaut. Ich kann mir nicht vorstellen, dass die führenden Politiker so naiv waren zu glauben, die Währungsstabilität und die Haushaltsdisziplin seien ausreichend, um einerseits das Auftreten von Krisen in der Eurozone zu verhindern und um andererseits diese Krisen *intra muros* auf die Staaten beschränken zu können, in denen sie zuerst aufgetreten sind. Vielmehr glaube ich, dass es eine bewusste politische Entscheidung war, das gesamte Feld den Finanzmärkten unter dem Vorwand ihrer Sicherheit und Stabilität zu überlassen, also den Banken und dem »flüchtigen« Kapital.

Der gravierendste Fehler in der »Konstruktion« des Gefüges der Eurozone besteht in der organisierten Abhängigkeit der Länder von den Privatbanken und den Finanzmärkten in Phasen von Liquiditäts- und Bonitätskrisen. Während alle anderen Staaten der Welt in einer solchen Situation auf eine Kreditaufnahme bei ihren Zentralbanken ausweichen können, können sich die 19 Eurostaaten nur bei Privatbanken Geld leihen, womit sie ihnen gewiss enorme Superrenditen sichern, da der Unterschied zwischen der Kreditaufnahme der Banken bei der Europäischen Zentralbank (EZB) und der Kreditaufnahme der Staaten wegen der von den Banken verlangten Zinsen sehr groß ist. Dem Wesen nach ist es so, als ob sie sich mit Devisen versorgten. Sobald die Finanzmärkte also die Kredite aussetzen, besteht die einzig verbleibende Lösung im Bankrott oder in der Kreditaufnahme im Ausland. Genau das geschah im Falle der griechischen Krise. Weil darüber hinaus ein Staatsbankrott des Landes 2010 den Bankrott vieler Privatbanken in Europa bedeutet hätte, wurde eilig das »Hilfsprogramm« ins Leben gerufen, das im Wesentlichen eine Aktion zur Bankenrettung ist, wie ich noch ausführlich darstellen werde. Und als das »Hilfsprogramm« gerade erfolgreich die Sozialisierung der Bankenverluste umsetzte, ohne aber zugleich die sich weiter sowohl auf ökonomischer als auch auf sozialer Ebene zuspitzende Krise zu bekämpfen, begann erneut die Diskussion über den Staatsbankrott und den Grexit. Die Rechnung dafür ging nicht an die Märkte – nicht sie wurden damit belastet, sondern die griechische Bevölkerung. […]

Deutschland an erster Stelle und Frankreich als sein wichtigster Verbündeter sind die Hauptverantwortlichen für den Misserfolg der Europäischen Kommission, trotz der sehr bewegten deutsch-französischen Geschichte. Nachdem sie mit der Konstitution der EU und der Eurozone ihre Vormachtstellung gesichert haben, beuten sie jede ihrer Krisen aus, sowohl um ihre Interessen ihrer nationalen Eliten zu stützen als auch um ihre politischen und wirtschaftlichen Einflüsse auszudehnen. Es sind die Länder, die ihre Haushaltsstabilität praktisch aufgehoben haben, als sie es 2003/2004 ablehnten, ihre Defizitquoten zu senken. Frankreich, aber auch Spanien (aufgrund offenkundiger politischer Freundschaft) hielten noch vor kurzem, unter Stillschweigen und versteckt hinter dem breiten Rücken Deutschlands, ihre Defizitquoten aufrecht und weiten sie noch über die Limits der Verträge aus. Nie wurden diesen Ländern die dafür vorgesehenen Sanktionen auferlegt, während sie auch heute noch weiterhin Gebrauch von Ausnahmen machen, die mit der Evaluation des Stabilitätspakts 2005 und auch besonders 2008 eingeräumt wurden.

Heute wäre die Mehrzahl der EU-Länder auf Grundlage der festgelegten Kriterien nicht in der Lage, in die Eurozone einzutreten. Doch diese »lockere« Umsetzung der Regeln hat ebenfalls den Transfer des Reichtums aus den Ländern des Südens in die Länder des Nordens, besonders nach Deutschland, zur Folge. Das erhöhte Außenhandelsdefizit in Griechenlands Handelsbilanz steigerte dessen Kreditaufnahme beim reichen Norden und verstärkte folglich parallel dessen Überschüsse. Das deutsche »Wirtschaftswunder« ist also primär dem Aderlass des Südens und der langjährigen Austerität im Inneren Deutschlands geschuldet und an zweiter Stelle den großen Divergenzen der tatsächlichen Währungskurse, den Unterschieden in den öffentlichen Ausgaben und besonders den großen Abweichungen bei Preisen und Arbeitslöhnen.

Das heiße Thema »Staatsschulden«

Alle Wirtschaftswissenschaftler, egal welcher Schule, stimmen darin überein, dass der Kapitalismus und seine Entwicklung untrennbar mit seinen periodischen Krisen verbunden ist. Allerdings weist jede Krise ihre eigenen Merkmale auf und muss von Fachleuten verschiedener Disziplinen differenziert und unabhängig voneinander untersucht werden. In unserem Fall steht bei der Frage, wie diese Krise Europa und besonders Griechenland beeinflusst hat, der Gesichtspunkt der Staatsverschuldung im Mittelpunkt.

Wie schon erwähnt, durchlief das globale Finanzsystem 2008/2009 die größte Krise seit dem Börsenkrach von 1929. Obwohl die Anzeichen der Krise bereits seit 2006 sichtbar waren, wurden keine Maßnahmen zu ihrer Bewältigung getroffen – mit dem Ergebnis der Lehman-Brothers-Pleite und des nur knapp vermiedenen Zusammenbruchs der Großbanken Wachovia Corporation, Merrill Lynch und Bear Sterns.

Alles begann 2006 mit dem Platzen der Immobilienblase, mit dem Platzen eines Marktes also, dessen Volumen allein in den USA in jener Zeit die 12-Billionen-Dollar-Marke überschritten hatte und der zu einem Prozentsatz von 75 Prozent verbrieft war. Die Entwicklung dieses Marktes übertraf jedes Albtraumszenario, während inmitten der Krise bei der französischen Geschäftsbank BNP Paribas allein im Zeitraum von August bis November 2007 ein beachtlicher Zahlungsverzug bei den Krediten zu beobachten war, so dass sie bereits zu nicht bedienten Krediten wurden. Diese Tatsache führte zur Zwangsvollstreckung von über einer Million Wohnungen und rief so ein großes soziales und wirtschaftliches Problem hervor. […]

Griechenland bildet das schwächste Glied in der europäischen Wirtschaft, dennoch weist es in den Basisgrößen keine auffälligen Abweichungen von den übrigen Ländern auf. Der einzige Unterschied, der auch die dauerhafte Hauptschwäche der griechischen Ökonomie ausmacht, ist das disproportional große Defizit in der Handelsbilanz. […]

Die durchschnittliche Pro-Kopf-Verschuldung aller 28 EU-Staaten liegt bei 23 863,51 Euro und jene der 19 Länder der Eurozone bei 27 542,11 Euro. Deutschland liegt mit 26 867,26 Euro eine Position unterhalb des Durchschnitts der Eurozone und zwei Positionen oberhalb des Durchschnitts der EU der 28. Griechenland liegt mit 29 081,31 Euro genau einen Rangplatz über Deutschland (!), und auch der Durchschnitt der 19 liegt drei Positionen oberhalb des Durchschnitts der 28. […]

Dem Maastricht-Vertrag zufolge sind keinem Land Schulden von mehr als 60 Prozent des BIP erlaubt. Griechenland weist zwar unbestreitbar die höchste Staatsverschuldung auf, aber immerhin weitere 13 Staaten der Eurozone reißen diese Maastricht-Hürde.

Darunter sind alle starken Ökonomien Europas vertreten wie Deutschland mit einem Schuldenanteil von 74,73 Prozent am BIP, Frankreich mit 95,2 Prozent, Italien mit 132,11 Prozent (!), aber natürlich auch die Memoranden-Staaten wie Portugal mit 130,18 Prozent, Spanien mit 97,67 Prozent und Zypern mit 107,50 Prozent. Im Durchschnitt liegen die 28 Länder der EU bei 86,81 Prozent und die 19 Mitglieder der Eurozone gar bei 91,86 Prozent.[1]

Nominell, also in absoluten Zahlen, ist es ausgerechnet Deutschland, das mit 2 155,23 Milliarden Euro die höchsten Staatsschulden verzeichnet. Es folgen Italien mit 2 134,01 Milliarden und Frankreich mit 2 031,49 Milliarden Euro. Griechenland mit 315,51 Milliarden Euro steht in der Rangliste einen Platz über dem wirtschaftlich starken Österreich, das eine Staatsschuld in Höhe von 264,53 Milliarden Euro aufweist.[2]

Daraus lässt sich erstens schlussfolgern, dass die hohe Staatsverschuldung nicht nur Griechenland oder die Memoranden Länder des Südens betrifft, sondern alle EU-Länder – und besonders jene, die noch als starke Ökonomien gelten wie Frankreich, Italien und besonders Deutschland. Und zweitens wird deutlich, dass die meisten Länder der EU und insbesondere der Eurozone über viele Jahre hinweg sehr viel höhere Staatsschulden ausweisen, als es der strenge Maastricht-Vertrag vorsieht.

Somit erweist sich, dass wir es nicht mit einem rein »griechischen Fall«, sondern mit einer streuenden und sich selbst reproduzierenden Schuldenkrise in ganz Europa und der Eurozone zu tun haben, gleichermaßen ein Ergebnis der sich hinziehenden Rezession und der Finanzkrise, aber auch des problematischen Aufbaus der WWU und des Euro selbst.

Griechenland – ein »schwarzes Schaf«

Seit der Eingliederung Griechenlands in die gemeinsame Währung im Jahre 2001 übten sich knapp zehn Jahre lang die einander abwechselnden Regierungen von Pasok und Nea Dimokratia (ND), die Parteifreunde von SPD und CDU/CSU also, in einer höchst kreativen Buchhaltung. Die Buchhaltung basierte auf gefälschten Daten, was von den EU- in Allianz mit den NATO-Partnern im Sinne eines geopolitischen Kalküls akzeptiert wurde, und auf diese Weise wurde Griechenland schließlich auch der Beitritt zur Eurozone gestattet.

En detail verzeichnen wir in den Jahren 1980 bis 1993 die erste Explosion der griechischen Staatsschulden von 28,6 Prozent auf 111,6 Prozent des BIP. In den Folgejahren wurde ein großes Wirtschaftswachstum verzeichnet – zum Teil ein Ergebnis der kreativen Buchhaltung mit gefälschten Zahlen, gestützt aber auch auf den Tausch von Verbindlichkeiten beziehungsweise Forderungen, sogenannten Swaps. Dieser Tausch wurde mit Erfolg und Gewinn von der Investitionsbank Goldman Sachs betrieben. So »schaffte« das Land im Schlüsseljahr 1999 das Ziel des Maastricht-Vertrags, der eine Defizitquote im Staatshaushalt von maximal drei Prozent vorschreibt, und wurde offiziell Mitglied der Wirtschafts- und Währungsunion. [...]

Die Eingliederung Griechenlands in die Eurozone wurde nicht nur von unseren führenden Politikern und unserer wirtschaftlichen Elite begrüßt. Sie wurde von der Gesamtheit aller Regierungen und Politiker in Europa, besonders derjenigen Frankreichs und Deutschlands, begrüßt und willkommen geheißen. Heute suche ich vergeblich nach Äußerungen von Politikern oder Analysen von Fachleuten aus dieser Zeit, die auch nur den leisesten Unterton oder Zweifel darüber lassen, dass Griechenland eventuell mit »gezinkten« Daten in die WWU eingetreten sein könnte. Damals erschien alles perfekt und gut gemacht.

In der Folge begann sich die Lage zu destabilisieren, die feierlichen Begrüßungen verebbten, und die anfängliche Euphorie über die griechische Eroberung der Eurozone wich sukzessive immer neuen Nöten und Sorgen. In dieser Zeit brachte der Konflikt zwischen den beiden herrschenden Parteien in Griechenland den Wirtschaftsminister Georgios Alogoskoufis der ND-Regierung dazu, auch unter dem luftabschnürenden Druck des Statistischen

Amts der Europäischen Union (Eurostat), eine Bestandsaufnahme der ökonomischen Gegebenheiten, das zentrale Thema für Griechenland im Jahr 2004, in Angriff zu nehmen. Die Feststellung von großen Abweichungen und die Vorenthaltung von Daten durch die Vorgängerregierung der Pasok revidierten und korrigierten nicht nur die Defizite nach oben, sondern untermauerten auch das Verdikt der Unglaubwürdigkeit des ganzen Landes. Dieser Mangel an Glaubwürdigkeit führte zu einer drei Jahre dauernden Brüsseler Kontrolle, und gleichzeitig wurde die Diskussion über die Existenz der bis dato in ganz Europa »unbekannten« manipulierten Daten in Gang gesetzt.

Von diesem Zeitpunkt an gerieten Griechenland, seine Bevölkerung und seine Ökonomie ins Fadenkreuz interessierter »Marktteilnehmer«, wie es so schön heißt. Diese Spekulanten und Investoren nutzten die Gelegenheit der vermeintlichen mangelnden Vertrauenswürdigkeit, um die Zinsen auf die Kreditaufnahmen der öffentlichen Hand zu erhöhen. Dieser Umstand führte, bezogen auf das BIP, zur Erhöhung des Volumens der öffentlichen Verschuldung, was für die Märkte mittlerweile hemmend wirkt, so dass sie noch höhere Zinsen auf die Kreditvergabe an das Land forderten. So entwickelte sich Jahr um Jahr eine tödliche Kreditspirale, die 2010 in die Sackgasse führte.

Ich bin der Letzte, der behaupten würde, dass Griechenland selbst bar jeder Verantwortung für seine Situation und deren Entwicklung in der Vergangenheit und in der Zukunft ist. Ganz im Gegenteil. Als Mitglied von Synaspismos tis Aristeas, tis Oikologias kai ton Kinimaton (»Bündnis der Linken, der Ökologie und der Bewegungen«) und später von Syriza haben meine Partei und ich die Regierungen von Pasok und ND von Beginn an angeprangert. Wir haben wirklich hart dafür gekämpft – damals noch als kleine Partei –, dass dem permanenten Machtwechsel der beiden Parteien ein Ende gesetzt wird. Ein bewusster Kampf gegen das berüchtigte Zweiparteiensystem, das verantwortlich ist für die Abgründe des Landes und in Verbindung gebracht wird mit einer laufend sich verschärfenden ökonomischen Situation, der *diaploki* (was etwa so viel bedeutet wie »geheime Absprachen« und das personell, finanziell und verwandtschaftlich eng verflochtene System aus Medien, Unternehmen und Altparteien kennzeichnet), dem Klientelsystem im Staat, der Vergeudung öffentlicher Gelder und auch mit der Unglaubwürdigkeit des Landes. [...]

Als in den Jahren 2004 bis 2007 verhältnismäßig hohe Wachstumsraten verzeichnet wurden, erhöhten sich auch die Schulden hinsichtlich des Prozentsatzes am BIP. In Verbindung mit dem relativ hohen Defizit in der Handelsbilanz im Jahr 2008 und vor dem Hintergrund der Krise bot dies den Opportunisten die Gelegenheit, die griechischen Staatsanleihen ein weiteres Mal anzugreifen und die Zinsen auf Anleihen der öffentlichen Hand nach oben zu katapultieren. [...]

Austeritätspolitik und Widerstand

Noch vor der Unterzeichnung des ersten Memorandums und als ein Versuch, die Märkte zu besänftigen und die Zinserhöhungspolitik zu stoppen, kündigte die damalige griechische Regierung unter Giorgos A. Papandreou am 9. Februar 2010 eine Reihe von strengen Maßnahmen und Einschnitten bei den öffentlichen Ausgaben, also hauptsächlich die Kürzung von Löhnen und Renten, sowie die Erhöhung der indirekten Steuern an. Das waren klassische Instrumente aus dem austeritätspolitischen Werkzeugkasten, die sich auf die Beschäftigten in den Niedriglohnsegmenten, die Lohnempfänger und mit den kleinen Selbstständigen auf einen Teil der Mittelschicht bezogen. Sofort folgten die Reaktionen in der Gesellschaft, und es kam zum ersten gesamtgriechischen Streik der gewerkschaftlich organisierten Beamten und Angestellten im öffentlichen Dienst. Wie nicht anders zu erwarten, führten die verhängten Maßnahmen nicht zu einer Verbesserung des Klimas und zur Bewältigung des Problems der Refinanzierung der griechischen Schulden. Der Appetit der Finanzmärkte auf immer mehr Gewinne erhöhte die Zinsen noch weiter, die Gefahr des

Bankrotts nahm täglich zu, und die griechische und die europäischen Regierungen sahen es als »einzigen« Ausweg an, die Einkommen noch stärker zu beschneiden und die Kürzungspolitik noch weiter auszuweiten, obwohl sich die wirtschaftliche Depression genau aufgrund dieser Maßnahmen verschärfte.

Am 3. März 2010 erfolgte dann die offizielle Bekanntgabe der Kürzungsmaßnahmen. Sie umfassten: Kürzung des Weihnachts-, Oster- und Urlaubsgeldes um 30 Prozent, Kürzung aller Zuschläge im öffentlichen Dienst um zwölf Prozent, Kürzung der Bezüge der Beschäftigten der Öffentlichen Betriebe (DEKO), der Organisation der Kommunalverwaltungen (OTA) und der Körperschaften des Privaten Rechts (NPID) um sieben Prozent, Erhöhung der verschiedenen Mehrwertsteuersätze von 4,5 auf fünf, von neun auf zehn und von 19 auf 21 Prozent, Erhöhung der Mineralölsteuer um 15 Prozent, Aufschlag von zusätzlichen zehn bis 30 Prozent auf die (bereits bestehenden) Einfuhrsteuern auf den Wert der meisten eingeführten Personenkraftwagen, Wiedereinführung des Nachweises der Betriebskosten, inklusive der Personenkraftwagen (war im September 2003 aufgehoben worden), sogar noch der Fahrzeuge mit minimalsten Hubräumen.[3]

Die griechische Gesellschaft, schockiert von der Heftigkeit des Angriffs, dem sie ausgesetzt war, ahnte bereits von diesem Augenblick an, dass sie als Versuchskaninchen zur Umsetzung der Politik der inneren Abwertung herhalten musste. […]

Schnell erwiesen sich auch diese Maßnahmen als ungenügend für die Märkte. Die dem Kranken verabreichte Therapie führte – statt zur Verbesserung seines Zustands – zu dessen Verschlechterung. Die Wirtschaft versank in eine immer tiefere Rezession, und die Anzeichen der humanitären Krise wurden deutlicher. […]

Die Akteure auf den berüchtigten Finanzmärkten, die dem Land seit Jahrzehnten Kredite verschafft und dabei schwindelerregende Summen aus den hohen Zinsen erzielt haben, kamen plötzlich zu der Auffassung, dass Griechenland als Land und als Marktwirtschaft mit einem hohen Risiko behaftet sei, und drohten mit einer Unterbrechung der Refinanzierung seiner Staatsschulden, den strengen, bereits unter der Regierung von Giorgos A. Papandreou getroffenen Maßnahmen zum Trotz. Griechenland kam an die Schwelle des Staatsbankrotts, und war – um ehrlich zu sein – in der Sache eigentlich bereits pleite.

In der gesamten Eurozone begann eine Phase der Instabilität. Immer neue Konferenzen und Gipfeltreffen in kurzer Folge wurden mit dem Ziel veranstaltet, den Euro zu stabilisieren, der mittlerweile ernsthaft vom Staatsbankrott Griechenlands bedroht wurde. Zusammen mit dem Euro waren auch einige europäische Banken in Gefahr, in erster Linie französische und deutsche, welche mit den griechischen Banken auch den Löwenanteil an griechischen Staatsanleihen hielten.

Am 1. Mai 2010 wehrten sich die Arbeiter und Rentner, die Schüler und die Arbeitslosen. Die Versammlungen und die traditionellen Maidemonstrationen in ganz Griechenland waren gewaltig. Die Gesellschaft hatte eindeutig erkannt, dass sich ein bedeutender Klassenkampf entfaltete. Sie reagierte, sammelte und widersetzte sich.

Nach den beispiellosen Mobilisierungen »beantwortete« der damalige Finanzminister Giorgos Papakonstantinou die Empörung in der Bevölkerung mit einem weiteren besonders strengen Programm zur Haushaltsanpassung, das einem Programm der inneren Abwertung mit einem klaren und zwingenden Klassencharakter gleichkam und das die Verluste und die Lasten des Kapitals zunächst den Beamten und danach allen Beschäftigten und Rentnern aufbürdete. […]

Am 3. Mai 2010 stellte Griechenland einen Antrag auf einen 80-Milliarden-Euro-Kredit bei den damals noch 15 anderen Mitgliedstaaten der Eurozone und beim Internationalen Währungsfond auf weitere 30 Milliarden Euro. Dieser Antrag wurde von drei Memoranden (»Memorandum of Understanding«) flankiert: (1) Memorandum der Wirtschafts- und Finanzpolitik, (2) technisches Memorandum der Verständigung und (3) Memorandum der Verständigung und spezifische Vorabbedingungen zur Wirtschaftspolitik. Am 8. Mai 2010 wurde das Loan Facility Agreement mit den Ländern der Eurozone und dem Stand-by-Agreement mit dem IWF akzeptiert. Der Kürze halber wird die Gesamtheit dieser Vereinbarungen als erstes Memorandum angesehen.

Mit den damit verbundenen Auflagen begann auch offiziell der Prozess der Sozialisierung der griechischen Staatsschulden. Die Mittel aus den Krediten von EZB und IWF orientieren sich nicht an der Entwicklung der griechischen Ökonomie oder den Bedürfnissen des griechischen Staates, sondern an der Rückzahlung der Altschulden an die Privatbanken Frankreichs, Deutschlands und Griechenlands. [...]

Und während das Land im wahrsten Sinne des Wortes in Flammen stand, bildete sich nach der Unterzeichnung der Memoranden das undemokratischste, unbeliebteste und abstoßendste Gebilde in der gesamten europäischen Geschichte: die »Troika«.

Die Rolle der Troika und der europäischen Institutionen

Es würde ein ganzes Buch in Anspruch nehmen, um die Rolle, aber auch das Verhalten der Troika in Griechenland zu beschreiben, der Instanz also, zu der sich die EZB, der IWF und die Europäische Kommission zur Kontrolle der geflissentlichen Ausführung der Memoranden zusammengeschlossen haben. Zum Auftakt will ich bloß aus einem Artikel zitieren, den der amerikanische Denker Noam Chomsky in der Belgrader Zeitung *Politika* veröffentlichte:

> »Die Austeritätspolitik, die Griechenland auferlegt wurde, entbehrt aus ökonomischer Sicht jeder Vernunft und ist katastrophal für das Land. Das Verhalten der ›Troika‹ stellt eine Schande dar. Es gibt keinen Zweifel daran, dass es ihr Ziel ist, in alle Richtungen die Botschaft zu verbreiten, dass der Widerstand gegen die Banken des Nordens und die Bürokratie Brüssels nicht toleriert wird und dass die Kämpfe für Demokratie und den Respekt des Willens der Bevölkerungen aufgegeben werden müssen.«[4]

[…] Ich will nicht verschweigen, dass der Troika die Umsetzung der in den Memoranden beschriebenen Maßnahmen allein nicht ausreichte. Oft handelte sie als Vertretung des einheimischen ökonomischen Establishments. Sie verlangte also auf Bestellung die Ausführung der Wünsche der griechischen Oligarchen, welche die Krise und die Kontrolle der Troika als eine Gelegenheit erster Güte betrachteten, um ihre Gewinne zu erhöhen und gleichzeitig ihre Differenzen mit der Gesellschaft zu lösen. Ein himmelschreiendes Beispiel war dabei der Abbau der Arbeitnehmerrechte und die Öffnung der geschlossenen Berufe. Betroffen waren beispielsweise die Lizenzen für Taxis und Lastkraftwagen, als ob die Zukunft einer Ökonomie und eines Landes von den institutionellen Rahmenbedingungen für Taxis abhinge! […]

Bleiben wir aber beim politischen Teil. Die Einsetzung der Troika und ihre Mission, die Memoranden in Ländern wie Griechenland, Zypern und Portugal durchzusetzen, bildet vielleicht die größte institutionelle Abirrung der EU bis heute. Sie ist ein weiterer Beweis dafür, wie sehr die Politik die Macht letztlich an die Banken und die Finanzmärkte abgegeben hat. So ausgeleuchtet erscheint die Troika als nicht viel mehr denn ein moderner Wachmann im Dienste des strengen Neoliberalismus, der in absolutem Gehorsam gegenüber seinen im Verborgenen bleibenden Bossen und auf strenge und quälende Art deren Plan zur wirtschaftlichen Versklavung der Bevölkerungen durchsetzt. Das gilt besonders denjenigen, die Widerstand leisten, er setzt den Plan nicht mit der Peitsche, nicht mit dem Gewehr durch, sondern mit einer wirtschaftlichen Erpressung, die allen Geboten der Menschlichkeit Hohn spricht.

In ihrem Handeln und Verhalten überschritt die Troika in Griechenland ihre Zuständigkeiten in einem solchen Maße, dass sogar konservative Europaparlamentarier Kritik an ihr äußerten und es auch bis heute tun. In ihrem vom Europaparlament beauftragten Bericht merken die Referenten, der Österreicher Othmar Karas von der Europäischen Volkspartei (EVP) und der Franzose Liêm Hoang Ngoc von der Allianz der Sozialdemokraten, unter anderem an:

»Die drei unabhängigen institutionellen Organe innerhalb der Troika hatten eine ungleichgewichtige Verteilung der Verantwortungsbereiche, unterschiedliche Mandate, sowie unterschiedliche Verhandlungs- und Entscheidungsstrukturen auf verschiedenen Verantwortungsniveaus. All diese Faktoren trugen zur Abwesenheit der geeigneten Kontrolle und der notwendigen demokratischen Rechenschaftslegung in ihrer Gesamtheit bei.«[5]

Im selben Bericht ist zu lesen, dass die demokratische Rechtsgültigkeit der Verhandlungen mit der Troika und der Beschlüsse der Eurogruppe nicht ausreichend ist und unter Berücksichtigung der Tatsache, dass die Troika nur ein technisches Gremium ist, verstärkt werden muss.[6]

Mit der Annahme dieses Berichts durch das Europaparlament haben wir das offizielle Eingeständnis, dass die Bedeutung, das Verhandlungsmandat und überhaupt die Existenz der Troika in keinerlei Weise demokratisch legitimiert sind. Spitzenpolitiker wie der Vorsitzende des Europaparlaments, der deutsche Sozialdemokrat Martin Schulz, bewundern die Rolle dieses Konstrukts weiterhin und halten es auch zukünftig für unverzichtbar, womit sie zur Vertiefung des Grabens zwischen den Bürgern und den Institutionen der EU beitragen. Politiker wie er haben ebenfalls ihren Anteil an der immer größeren Abwertung der demokratisch gewählten und damit der demokratischen Rechenschaftspflicht unterliegenden Organe der EU. Es wird damit überdeutlich, dass auf diese Art einem unerklärten, aber allzu sichtbaren Ziel gedient wird: der Verlagerung der Macht von den demokratisch gewählten Organen auf die intransparenten Finanzmärkte.

Obwohl die Regierung von Giorgos A. Papandreou gehorchte und sich an die Anforderungen des ersten, im Mai 2010 vereinbarten Memorandums hielt, zeigte die Situation des Landes keinerlei Verbesserung. Im Gegenteil, sämtliche Zahlen der griechischen Wirtschaft verschlechterten sich dramatisch, und die Gefahr des Staatsbankrotts tauchte ein weiteres Mal am Horizont auf. Die Lösung des Problems der beobachteten Verschlechterung wurde wieder einmal von der Troika gegeben und war mit der vorangegangenen identisch, allerdings schärfer: Austerität, mehr Austerität und noch viel mehr Austerität. Ein Insistieren, das nicht nachvollziehbar war, so wenig nachvollziehbar, dass es sich verdächtig machte. Und ganz allmählich wurde das eigentliche Ziel deutlich, das gar nicht in der Lösung der finanz- und wirtschaftspolitischen Probleme besteht. Die Troika selbst wusste und weiß es besser als jeder andere, dass die griechischen Staatsschulden nicht tragfähig sind und nicht in Gänze zurückgezahlt werden können. Damit erweist sich, dass das eigentliche Ziel die Bestrafung eines Volkes ist, das unentwegt Widerstand leistet, und natürlich die Vorenthaltung eines alternativen Auswegs, nicht nur für Griechenland, sondern auch für ganz Europa.

Im Verlauf des Jahres 2011 stürzte die gewissenhafte Umsetzung der Kürzungsprogramme die griechische Ökonomie in eine nur noch tiefere Rezession. Die Krise verschärfte sich, und die Gesellschaft reagierte. Große Kundgebungen wurden auf allen Plätzen des Landes von der »Bewegung der Empörten« organisiert. In Athen und anderen Städten fanden Demonstrationen mit massenhafter Beteiligung statt. Die Wirtschaftsdaten blieben jedoch unverändert. Die Arbeitslosigkeit beispielsweise wuchs ununterbrochen, und ihre Zunahme stieg tendenziell dramatisch an.[7] Unmittelbar nach der Feststellung eines großen Rückstandes bei den Einkünften des Staatshaushalts begann die Diskussion über die Notwendigkeit neuer Kürzungsmaßnahmen. […]

Der Juni 2011 erwies sich als kritischer Monat. Der Versuch der Regierung, den Vorgaben der Troika mit neuen Maßnahmen gerecht zu werden, provozierte öffentliche Erregung, der Druck der Gesellschaft, die auf die Straßen und Plätze ging und auf jede erdenkliche Weise Widerstand leistete, beschleunigte die Prozesse. Abgeordnete traten zurück, Minister wurden abgelöst. In dieser Phase trat der harte Neoliberalismus im Mantel eines Sozialisten auf. Der Pasok-Veteran Evangelos Venizelos wurde auf den Posten des Finanzministers und des stellvertretenden Regierungschefs berufen und zur Durchführung neuer Maßnahmen aufgefordert, die folgende Änderungen enthielten:

> »Auflage einer Sonderabgabe auf alle Einkommen von ein bis vier Prozent. Das Geld wird in sechs gleichen Monatsraten, die jeweils nicht weniger als 300 Euro betragen, gezahlt. Abschaffung der Steuerermäßigung durch Vorlage von Belegen. Erhöhung der für die Steuerfreistellung erforderlichen Summe aus Belegen auf 25 Prozent des Einkommens. Verringerung der Steuerermäßigung auf zehn Prozent von 20 Prozent für Darlehenszinsen für ein jährliches Pro-Kopf-Einkommen von über 40 000 Euro. Erhöhung des Nachweises der Lebenshaltungskosten um durchschnittlich 70 Prozent. Auflage einer gestuften Vergleichsskala auf Ausgaben für den Wohnsitz: Bis zu 80 Quadratmeter belaufen sich die Kosten auf 40 Euro pro Quadratmeter, von 81 bis 120 Quadratmeter auf 65 Euro pro Quadratmeter, von 121 bis 200 Quadratmeter auf 110 Euro, von 201 bis 300 Quadratmeter auf 200 Euro, bei 300 Quadratmeter und mehr auf 400 Euro. Einführung einer Jahresgebühr für Freiberufler und Gewerbetreibende von 400 bis 500 Euro pro Jahr. Einsetzung einer Arbeitskräftereserve für Beamte aus Behörden und Betrieben, die abgeschafft oder zusammengelegt werden. Mitarbeiter werden beurteilt und müssen einen neuen Antrag über die ASEP (Behörde zur Personalauswahl für Beamte) stellen, während sie für zwölf Monate weiter 60 Prozent ihres Grundgehalts erhalten. Auflage einer speziellen Solidaritätsabgabe von zwei Prozent auf alle Gehälter und Diäten der Beamten zur Bekämpfung der Arbeitslosigkeit. Auflage einer speziellen Abgabe für die Rentner, die Zusatzversicherungen beziehen, von denen drei bis zehn Prozent in Abzug gebracht werden. Erhöhungen der Kraftfahrzeugsteuer von zwei bis 120 Euro.«[8]

Im August desselben Jahres wurden noch weitere Maßnahmen getroffen, wie die Ausweitung einer Arbeitskräftereserve oder die neue Sondersteuer auf Wohnungen, die zusammen mit der Stromrechnung des öffentlichen Stromversorgers DEI gezahlt wird, des Weiteren die Kürzung der Renten und große Einschnitte beim Efapax (Einmalzahlung beim Renteneintritt, eine Berufsendeprämie), neue Kürzungen der Pensionen und Umsetzung eines einheitlichen Gehaltssystems. Weiter wurden die Steuerfreiheitsgrenzen von 8 000 Euro auf 5 000 Euro gesenkt und alle geschlossenen Berufe geöffnet.

Inmitten größter Unruhen der griechischen Gesellschaft wurde am 26. und 27. Oktober 2011 in Brüssel ein EU-Sondergipfel abgehalten, in dessen Rahmen weitere Maßnahmen zur Stabilisierung und Rettung des Euro beschlossen und Griechenland weitere kürzungspolitische Auflagen gemacht wurden.

Aus dem Dokument des Beschlusses geht klar und deutlich hervor, dass das gesamte Paket nicht der Rettung Griechenlands galt, sondern der Verlagerung der Banken- und Eurorettung auf den Rücken sowohl der griechischen Bürger als auch der europäischen Steuerzahler.[9]

Nahezu ausnahmslos hielten alle griechischen Oppositionsparteien diesen Beschluss für katastrophal und für ein Vorzeichen eines Grexits, aber auch für eine weitere Verkleinerung der EU selbst. Das Land wird auf lange Sicht – bis 2021 – unter Kontrolle gestellt. Der Synaspismos, die Vorläuferpartei von Syriza, kam in einer seiner Verlautbarungen unter anderem zu dem Schluss: »Es stellt keine insgesamt tragfähige Lösung für das Problem der griechischen Staatsschulden dar, und es ist abzusehen, dass es zur Ausweitung der Krise in allen europäischen Ökonomien führen wird.«[10]

Ein paar wenige Tage nach einem neuerlichen EU-Sondergipfel, am 31. Oktober 2011, kündigte Ministerpräsident Papandreou seine Absicht zur Durchführung eines Referendums über den neuen Kreditvertrag im Volumen von 172 Milliarden Euro an. Die Finanzmärkte reagierten sofort: Die Kosten für Anleihen Griechenlands und der anderen Länder des Südens stiegen ein weiteres Mal sprunghaft an (besonders die der Obligationen Italiens).

Unter dem Eindruck der von den Märkten ausgesandten Botschaft forderten die Regierungen der EU-Länder neue Maßnahmen, um die Ausschöpfung weiterer Gewinne aus dem Kapital zu garantieren, welches in den Staatsanleihen der EU platziert war.

Frankreichs Präsident Nicolas Sarkozy beschloss im Einvernehmen mit der deutschen Bundeskanzlerin Merkel, den Ministerpräsidenten Griechenlands zum am 2. November bevorstehenden G20-Gipfel in Cannes einzuladen, um ihn zur Räson zu bringen. Die beiden Politiker vereinbarten am Rande dieses Treffens zusammen mit Jean-Claude Juncker (damals Vorsitzender der Eurogruppe), Christine Lagarde (Direktorin des IWF), Herman Van Rompuy (damals Präsident des Europäischen Rates) und José Manuel Barroso (damals Präsident der Europäischen Kommission) einen gemeinsamen Standpunkt gegenüber Griechenland und forderten, dass das Referendum sich auf den Verbleib Griechenlands in der Eurozone beziehen solle. Außerdem untersagten sie die Auszahlung der sechsten Tranche des Kredits aus dem ersten »Rettungspaket« bis zum Referendum.

Im Laufe des Treffens griff Sarkozy Papandreou scharf an und rief ihn dazu auf, die Schritte noch zum Zeitpunkt seiner Rückkehr nach Athen zu beschließen, während Merkel ihn mit den Worten mahnte: »Heute verzeichnete Deutschland zum ersten Mal einen Anstieg der Arbeitslosigkeit und einen Rückgang in der Nachfrage nach Industriegütern. Siehst du nun ein, dass du ein Problem im Kern von Europa schaffst?« Und tatsächlich, nach der Ankündigung eines Referendums streifte die Rezession das einzige Land, das den Euro »hart bezahlt«.[11]

Das schockierendste Ereignis bei diesem G20-Gipfel war aber das von Peter Spiegel in der *Financial Times* vom 11. Mai 2014 unter dem Titel »How the Euro was saved«[12] beschriebene Geschehen. Demzufolge bat Barroso – im Beisein des stellvertretenden griechischen Regierungschefs und Finanzministers Venizelos – den oppositionellen ND-Vorsitzenden Andonis Samaras darum, das Referendum wegen der Ansteckungsgefahr der Krise in der gesamten Eurozone abzuwenden. Samaras signalisierte dem Kommissionspräsidenten seinerseits die Bereitschaft zur Unterstützung einer Regierung der Zusammenarbeit aus ND und Pasok mit dem Ziel, das Volk als politischen Faktor tunlichst aus allen Entwicklungen herauszuhalten.

Als im Morgengrauen des 3. November die griechische Gesandtschaft nach Athen zurückkehrte, wurde prompt eine Erklärung des Pasok-Mannes Venizelos gegen die Durchführung des Referendums veröffentlicht, in der er postulierte: »Der Platz Griechenlands im Euro ist eine historische Errungenschaft des Landes, die nicht in Zweifel gezogen werden darf. Diese Errungenschaft des griechischen Volkes darf nicht von der Entscheidung eines Referendums abhängig gemacht werden.«[13] Zu diesem Zeitpunkt waren die Regierung Papandreou und der Ministerpräsident selbst de facto bereits Vergangenheit.

Es folgten dramatische Entwicklungen mit diversen Treffen zwischen Papandreou und Samaras, in deren Verlauf die Bildung einer neuen Regierung mit einem Technokraten als Ministerpräsident und der Beteiligung mehrerer Parteien beschlossen wurde. Am 11. November wurde schließlich die neue Koalitionsregierung aus Pasok, ND und der rechtspopulistischen Partei LAOS unter dem Ministerpräsidenten Loukas Papadimos vereidigt. [...]

Der Vorfall in Cannes und das weitere Vorgehen zum Sturz einer gewählten Regierung demonstrieren das tatsächliche Ausmaß der Krise der EU und ihrer Institutionen selbst. Als Papandreou seine Absicht verkündete, ein Referendum abhalten zu wollen, reagierten die europäischen Institutionen schleunigst und effizient, aus lauter Angst, dass das Volk die Initiative übernehmen könnte. Sie fanden willfährige Politiker in Griechenland und schreckten nicht davor zurück, eine demokratisch gewählte Regierung zu stürzen, indem sie einen eigenen Mann als Ministerpräsident platzierten! Einen Mann der Banken und der Ratingagenturen, also der wesentlichen Verantwortlichen für die Krise. Wer wäre besser dazu geeignet als ein solcher Technokrat, um die Lasten der Krise auf die Gesellschaft umzuschichten und damit zu garantieren, dass die Banken und das Finanzkapital gerettet werden und die Kosten von den griechischen Bürgern bezahlt werden – und wahrscheinlich, sollte das nicht ausreichen, auch von den europäischen Steuerzahlern?

Die Regierung der Technokraten

Die Regierung der Technokraten nahm schnell ihre Arbeit auf. Sie erfreute sich breiter parlamentarischer Unterstützung, um ihr Werk, die Rettung der Banken also und die Stabilisierung des Euro, in die Tat umzusetzen. Gleichzeitig jedoch sah sie sich dem stärkeren Unmut und Widerstand des griechischen Volkes, der Gewerkschaften und der Parteien der Linken gegenüber.

Unter dem Vorwand, dass das »Programm nicht aufgeht«, und unter dem luftabschnürenden Druck der Troika wurde schnell schon die nächste, noch stärkere Dosis der ungeeigneten Therapie verabreicht, die aus einem Folgepaket von Kürzungsmaßnahmen bestand und sich in der Folge zum zweiten Memorandum entwickelte. Diese Maßnahmen wurden mit der Troika beschlossen und von der griechischen Regierung am 10. Februar 2012 ratifiziert. Sie umfassten Folgendes:

- Senkung des Mindestlohns auf allen Stufen um 22 Prozent des Grundgehalts (von 751 Euro auf 586 Euro) und 32 Prozent bei den Berufsanfängern bis 25 Jahre,
- Abschaffung von 150 000 Arbeitsplätzen im öffentlichen Bereich bis 2015, 15 000 davon noch 2012,
- individuelle oder Haustarifverträge anstelle von Branchentarifverträgen,
- Aufhebung der Einstellung auf Lebenszeit bei den Betrieben und Gesellschaften der öffentlichen Hand (DEKO) und den unter staatlicher Aufsicht stehenden Banken,
- Einschnitte bei den Renten, Zulagen, Gesundheitsausgaben, bei der Verteidigung, bei den staatlichen Verwaltungskosten und den Ausgaben für Wahlen,

- Abschaffung der Agentur für Arbeiterwohnungen und Heimstätten,
- Erhöhung der Werte in den Vergleichsskalen und Vereinheitlichung der Steuern auf Immobilien,
- umfassende Öffnung von 20 geschlossenen Berufen,
- Erhöhung der Fahrpreise der städtischen Verkehrsmittel und der griechischen Eisenbahn um 25 Prozent,
- Schließung von 200 Steuerämtern,
- Aufhebung von Steuerermäßigungen und des verminderten Mehrwertsteuersatzes auf den Inseln.[14]

An dieser Stelle muss ich einen kleinen Einschub machen. Ich bin in öffentlichen Diskussionen und Talkshows mit Repräsentanten der politischen und medialen Eliten Deutschlands oft und provokant gefragt worden: »Warum besteuert ihr nicht die reichen Griechen?« Aber diese Provokation geht ins Leere. Denn wie sollen wir denn die Reichen besteuern, wenn uns mittels der Troika auferlegt wird, Finanz- und Steuerämter zu schließen und die dort Beschäftigten zu entlassen? Die Auflösung des Apparats zur Eintreibung der Steuern in unserem Land ist ein weiterer Fall des *business à la carte*, den die Troika auf Bestellung der Eliten in Griechenland durchführte. So werden nur die bekannten Lasttiere, die Beschäftigten und die Rentner, die dem nicht entgehen können, besteuert, während das angehäufte Kapital, ob versteckt oder offen, unbehelligt bleibt. […]

Im Parlament entschied sich eine heterogene und beflissene Mehrheit von Abgeordneten zusammen mit den harten Maßnahmen auch für die Beschneidung der Demokratie. Mit anderen Worten: Sie akzeptierten die Einschränkung der wirtschaftlichen Souveränität des Volkes, dessen gewählte Vertreter sie waren, und übergaben übergeordnete Kompetenzen an eine willkürliche und autoritäre übernationale Institution. Das Parlament beschränkte sich in seiner Mehrheit auf seine Rolle als williger Vollstrecker der Troika. Es ist seitdem lediglich dazu aufgefordert, die Auflagen der Gläubiger in Gesetze des griechischen Staates umzuwandeln, in dessen Folge die Regierung deren Umsetzung schuldet, und zwar ungeachtet der Kosten für die Gesellschaft und die Wirtschaft.

Die Durchsetzung dieses »Demokratie«-Modells durch unsere Partner in der von Merkel und Schäuble geführten EU zielt auf die Verbreitung der Botschaft auch in die anderen Länder und Bevölkerungen ab, darunter in die deutsche selbst, dass Demokratie ein »überflüssiger Luxus« ist und dass die Entscheidungen von den Banken und den Finanzmärkten getroffen werden, während die gewählten Regierungen nur dazu da sind, ihre Realisierung zu sichern. Bankokratie anstelle von Demokratie.

Damit auch nicht der leiseste Zweifel an der Entschlossenheit der transnationalen Unternehmer aufkommen kann, mussten wir die brutale Repression der Sondereinheiten der griechischen Polizei erleben, was der zweite Grund dafür ist, dass dieser besondere Tag in die Geschichte eingehen wird. Auf jede erdenkliche Art und Weise musste deutlich gemacht werden, dass es keinerlei Raum für die Anzweiflung des Projekts der völligen Unterwerfung einer Gesellschaft gibt, die dazu auserkoren wurde, als Versuchskaninchen für die Austeritätspolitik zu dienen. Auch der letzte europäische Bürger soll begreifen, dass es für das Europa der Finanzmärkte, der Banken und des Profits keine Alternative gibt. Dass sie vor dem Einsatz aller Mittel nicht zurückschrecken, nicht vor einem Staatsstreich vom Typ Cannes, nicht vor dem Sturz der Regierung und nicht vor der Anwendung nackter Gewalt gegen jene, die sich zum Widerstand gegen all das entschlossen haben.

Der sich voll entfaltende Wirtschaftskrieg erreichte auch die realen Schlachtfelder auf der Straße und den Plätzen der Athener: auf der einen Seite die Widerstand leistende Gesellschaft, die Jugend, die Beschäftigten und die Arbeitslosen, die die Beendigung der Austerität fordern, und auf der anderen Seite die Polizeigewalt, die Repression, die herrschenden Medien und die damit in Gleichklang gebrachten Regierungen. Das sind die Fronten, die den neuen Konflikt zwischen den Klassen und den gegenwärtigen Widerspruch in ganz Europa ausmachen.

Die politischen Machtverhältnisse gerieten weiter ins Rutschen, und aus den vorgezogenen Wahlen im Juni 2012 ging eine Dreiparteienregierung aus ND, Pasok und der Demokratischen Linken unter Ministerpräsident Andonis Samaras hervor. Die neoliberalen Eliten beeilten sich, das Anpassungsprogramm in Griechenland abzuschließen, um auch den anderen PIIGS-Ländern (Portugal, Italien, Irland, Griechenland, Spanien) zu zeigen, dass die Austeritätspolitik alternativlos ist und Widerstand keine Aussicht auf Erfolg hat.

Die neue Regierung verpflichtete sich zur sofortigen Aufnahme von Verhandlungen mit der Troika über das nächste Kürzungsprogramm, das in einer Vereinbarung über die »Mittelfristige Haushaltsstrategie 2013–2016« am 7. November von der Regierungsmehrheit im Parlament beschlossen wurde, natürlich ohne Gegenstimmen aus den eigenen Reihen. Die Maßnahmen, die einem Volumen von 18,9 Milliarden Euro entsprochen hätten – 9,4 Milliarden allein im Jahr 2013 –, sind die folgenden:

- Erhöhung des Renteneintrittsalters um zwei Jahre, vom 1. Januar 2013 an,
- Kürzung der Renten von fünf bis 15 Prozent bei 1 000 Euro und darüber,
- Kürzungen im Efapax (der bereits erwähnten Berufsendeprämie zum Renteneintritt) um bis zu 83 Prozent,
- Aufhebung der Allgemeingültigkeit der nationalen allgemeinen Arbeitsverträge,
- Abschaffung des Weihnachts-, des Oster- und des Urlaubsgeldes für die Beamten und Pensionäre, Verkürzung der Kündigungsfrist von sechs auf vier Monate,
- Kürzungen für besondere Lohngruppen,
- Eingliederung der Beschäftigten der öffentlich-rechtlichen Betriebe in einen einheitlichen Lohntarif,
- Einführung des Bereitschaftsdienstes für Lebenszeitbeamte, deren Stellen wegfallen, auf ein Jahr bei gemindertem Lohn,
- Aufhebung der Zulagen für kinderreiche Familien und ihr Ersatz durch ein einheitliches Kindergeld,

- Erhöhung der Steuer auf Flüssiggas für Fahrzeuge um 23 Cent pro Liter,
- Einführung einer Sonderabgabe auf Photovoltaikanlagen,
- Erhebung einer Gebühr von 25 Euro für die Aufnahme in ein Krankenhaus.[15]

Einige Jahre sind seitdem vergangen. Die Ergebnisse dieser Kürzungspolitik lassen sich nunmehr mit bloßen Händen greifen. Die Ökonomie befindet sich in der Dauerrezession, das BIP schrumpft, die Staatsschuld wächst trotz des anteiligen Schuldenschnittes der privaten Gläubiger im März 2012, die Gesellschaft versinkt in der humanitären Krise.

Das Einzige, was gedeiht, ist die beispiellose Diskussion in den griechischen und internationalen Massenmedien über die Gründe und Ursachen der Krise. Hier haben wir eine echte Inflation der Mythen über die korrupten und faulen Griechen, über den verschwenderischen und verfilzten griechischen Staat, über die niedrige Wettbewerbsfähigkeit der Binnenwirtschaft, weil die Griechen angeblich über ihre Verhältnisse lebten und leben, zu Lasten der anderen Europäer. Es werden unglaublich viel Sendezeit und Zeitungsspalten für ein einziges Ziel verschwendet: dass sich die Diskussion von den wirklichen Ursachen der Krise und den vorhandenen Alternativvorschlägen zu ihrer Bewältigung wegbewegt. Es darf auf keinen Fall offensichtlich werden, dass die Krise systemisch, kapitalistisch und gesamteuropäisch ist.

Auszug aus Chondros, Giorgios (2015): *Die Wahrheit über Griechenland, die Eurokrise und die Zukunft Europas. Der Propagandakrieg gegen Syriza*, S. 18–60.

Gier in den Topetagen

von Wolfgang Hetzer

Insbesondere die Habgier zielt auf eine Exklusivität, die sich früher oder später in eine zerstörende Asozialität verwandelt: »Der Nimmersatt will nicht nur möglichst viel zusammenraffen, er will mehr haben als die anderen, und er will haben, was andere nicht haben. Mit dem defensiven Recht auf Eigentum gibt er sich nicht zufrieden. Eine Gesellschaft der Gier ist geprägt von Furcht, Rivalität und Aggression. Wer den Zugriff der anderen fürchtet, verbirgt seine Wertsachen im Tresor. Wer andere übertreffen will, misst seinen Besitz an fremden Schätzen, jagt seltenen Stücken nach, will als Einziger das Original besitzen. Mehr noch: Er will nicht nur etwas haben, damit andere es nicht haben. Er will auch haben, was die anderen haben. Nicht im Traum denkt er daran, fremdes Eigentum zu respektieren«. Und schließlich: »Die Konkurrenz weicht dem Streit, der Rivale wird zum Feind. Was als Besitzlust begann, endet im Kampf ums Dasein.«[1]

Der Wirtschaftswissenschaftler John Kenneth Galbraith war der Auffassung, dass die »Topmanager« die einzigen seien, die die »Ellenbogengesellschaft« wirklich verstünden, denn sie hätten diese schließlich erfunden. Das war seine Antwort auf die Frage, warum Manager so viel Macht, so viele Privilegien, so viel Geld akkumulieren können. In der Tat gibt es keine andere Gruppe in der Gesellschaft, die so viele Vorrechte, eine so umfassende Herrschaft unter so geringer Kontrolle mit so wenig Legitimation ausübt wie die Manager. Sie müssen sich nicht wählen lassen wie ihre Gegenspieler in den Unternehmen, Betriebsräte und Gewerkschaftsbosse, sie müssen nicht wie die Regierenden und die Parlamentarier bei Wahlen um ihre Posten bangen. Manager müssen nur Manager kennen, mit denen sie in Vorständen und Aufsichtsräten zusammensitzen, und sich dann gegenseitig zu Topmanagern befördern.[2]

Der in Wolkenkuckucksheimen und Topetagen übliche Wohnkomfort fördert nicht die Bereitschaft, sich mit der »Systemfrage« zu beschäftigen. Schon ihre Existenz wird nicht anerkannt. Die Welt schien tatsächlich nur um einen Millimeter dem Abgrund einer wirtschaftlichen Kernexplosion entgangen zu sein. Dennoch ist sie direkt in die verheerendste aller Systemkrisen gestürzt. Es gibt weitere bedrohliche Ankündigungen: Die »Apokalypse« sei noch lange nicht vorbei. Die Krise habe sich in eine globale Rezession verwandelt. Es drohe Deflation. Der Kapitalismus sei vielleicht noch nicht am Ende. Die Krise markiere aber das Ende der deregulierten Wirtschaft und damit das Ende einer ganzen Ära, das heißt des Ultraliberalismus, des mafiosen Kapitalismus und der Globalisierung der Finanzmärkte, deren Opfer in den Industrieländern mehrheitlich der Mittelstand und die Arbeitnehmer seien. Viele Menschen hätten das Gefühl, dass der Staat sie im Stich lässt, während er gleichzeitig schuldige Banker rettet und diese zudem mit skandalösen vergoldeten Rettungsschirmen geradezu belohnt.

Deshalb stellt sich die Frage, ob es ein Zufall war, dass die Jugend in Griechenland unter dem Schlachtruf »Kugeln für die Jungen, Geld für die Banken« auf die Straßen ging, um gegen den Tod eines jungen Mannes zu protestieren, der am 6. Dezember 2008 von Polizisten erschossen wurde. Die zornigen jungen Griechen hätten gezeigt, dass sie vom herrschenden Wirtschafts- und Sozialmodell die Nase gestrichen voll haben. Sie wollten nicht mehr zusehen, wie ihr Leben ausgeplündert wird. Wie aber kann man verhindern, dass sich vergleichbare Unruhen auch in anderen Ländern ereignen, da dieses Gesellschaftsmodell auch überall sonst in der EU vorherrscht? Es kursieren beunruhigende Antworten: Man solle die »Diebe der Wall Street« lynchen, die Asylbewerber zurückschicken, die uns unsere Jobs wegnehmen, die multinationalen Konzerne stoppen, die unsere Arbeitsplätze nach Indien verlagern, und die Reichen zur Verantwortung ziehen, die nicht genug Steuern zahlen. Die Krise werde lange anhalten und ungeheures soziales Leid hervorrufen. Man möge von dem Schock profitieren, um endlich das internationale Wirtschaftssystem sowie das ungerechte und überholte Entwicklungsmodell zu ändern.[3]

Solche Gedanken passen natürlich nicht zur Behaglichkeit eines christdemokratischen Welterklärungsmodells deutscher Provenienz. Es geht nicht darum, mit Hilfe einer Art Checkliste gleich ein ganz neues Wirtschaftssystem zu gründen, obschon erste Schritte leicht zu benennen wären:

- verbesserte Kontrolle der Banken
- enge Grenzen für den Derivatehandel
- Bekämpfung der »Steuerparadiese«
- Überwachung der Vergütungen der »trader«
- Abschaffung übertriebener Boni
- Reform der großen Ratingagenturen
- Regulierung spekulativer Fonds
- Veränderung der Buchungsnormen
- Begrenzung der Bündelung von Krediten zu Derivaten
- Verbot von Hedge-Fonds
- Steigerung öffentlicher Ausgaben

Es wäre vielleicht schon ausreichend, in den Köpfen mancher Amtsträger intellektuelle Sperren zu beseitigen. Sie könnten dann erkennen, dass die gegenwärtige Krise allein durch ihr Ausmaß und ihre Intensität die Gelegenheit bietet, die geoökonomische und die geopolitische Architektur der Welt endlich zu verändern.[4] […]

Doch zurück zu realitätsnäheren Ansätzen: Die »Erpressungsfalle« funktionierte bis jetzt perfekt. Langfristig wirksame Regeln, etwa zur Kreditvergabe und zur Eigenkapitalausstattung involvierter Banken zeichnen sich nicht in der wünschenswerten Klarheit ab. Eines ist aber deutlich geworden: Die Lobbyisten der Finanzwirtschaft haben verstanden, dass sich nicht nur existentielle

Bedrohungen stellen, sondern trotz und wegen der Krise weitere und neue lukrative Gewinnmöglichkeiten eröffnen. In dieses paradox anmutende Dilemma ist die Weltwirtschaft hineingeschlittert, weil sich auf dem Humus politischer Nachlässigkeit, fachlichen Unverstands und Gier eine Systemkriminalität entwickelt hat, der man mit ordnungspolitischen Mitteln und mit den gegenwärtigen Sanktionsmöglichkeiten des konventionellen Strafrechts nicht mehr Herr werden kann. Manche empfinden die Zukunftsaussichten als entsprechend bedrohlich: Die Weltwirtschaft tickt längst nicht wieder synchron. Am Ende steht sogar das Szenario einer neuen Megablase, geschaffen durch entfesselte Banken, die mit Billiggeld der Zentralbanken weltweit Kurse und Preise explodieren lassen. Damit steigt die Inflationsgefahr, die ohnehin aus den USA droht, noch weiter an. Nicht nur die deutsche Bundesregierung wird deshalb über Jahre wahre Jonglierkunststücke zwischen Wachstums- und Gefahrenabwehrpolitik erbringen müssen.[5]

Business und Betrug

Die reale Zerstörungskraft der in der Finanzindustrie entstandenen Strukturen ist mittlerweile evident. Unklar bleibt, wer konkret für die eingetretenen Folgen verantwortlich ist und ob Einzelpersonen oder Unternehmen zivilrechtlich haftbar gemacht oder gar strafrechtlich belangt werden könnten. Die bisherigen Anstrengungen sind nicht ermutigend. Maßgebende Akteure in der Weltwirtschaft scheinen durch ethische und rechtliche Differenzierungen nicht mehr ansprechbar zu sein. Bislang deutet sich nur in wenigen Einzelfällen eine Art von Gegenwehr an.

Am 29. Juni 2009 verurteilte ein Gericht in New York City den seinerzeit 72 Jahre alten Bernard Madoff zu einer Freiheitsstrafe von 150 (!) Jahren. Er gilt (bis jetzt) als der »größte Betrüger in der Weltwirtschaftsgeschichte«, der nach eigenen Angaben Anleger um circa 50 Milliarden US-Dollar betrogen hat. Die Anklageschrift war sogar von 65 Milliarden US-Dollar ausgegangen. Im Vergleich zu den seit Beginn des Jahres 2008 im Zuge der Finanzkrise entstandenen Schäden handelt es sich dennoch nur um »Peanuts«, um einen etablierten banktechnischen Begriff zu benutzen. Die tatsächlichen Verluste sollen nach den Behauptungen des Anwalts von Madoff »nur« bei circa 13 Milliarden US-Dollar liegen. Diese Summe ist ziemlich genau so hoch wie der Betrag, den der Steuerzahler in den USA im Jahre 2008 an die Deutsche Bank für deren Krisenverluste zahlen musste. Der Betrag, mit dem die amerikanische Gesellschaft für die Verluste ihrer Banken geradezustehen hat, ist sogar 200-mal größer.[6]

Gegen derartige Vergleiche ließe sich einwenden, dass es nicht um Verlustausgleich, sondern um Betrug geht. Es ist jedoch sehr fraglich, ob dieser Einwand auch nach einem kurzen Blick in die Karibik überzeugt. Auf den Cayman Islands sind mindestens 2000 Milliarden Euro steuerfrei »gebunkert«. Dieses Vermögen stammt überwiegend aus den USA. Selbstverständlich sind auch deutsche Banken und staatliche Finanzinstitute in das System aus Steuerhinterziehung und betrügerischen Anlagen seit vielen Jahren integriert. Sie sind Elemente eines gemeinwohlschädlichen international organisierten kriminellen Zusammenhangs. Zahllose Bürger in allen Teilen der Welt werden durch die steuerfreie Anlage von Vermögenswerten durch höhere Steuern und Sozialabbau unmittelbar belastet. Die Gewinne aus dieser Art von Organisierter Kriminalität übersteigen die Beute von Tätern des Kalibers von Madoff um ein Vielfaches. Seit Jahrzehnten hat sich eine ganze Landschaft von »Steueroasen« entwickelt, gegen die Piratennester vergangener Jahrhunderte (oder auch der Neuzeit) idyllische Orte sind, in denen fast eine Art sozialer Gerechtigkeit herrschte. Das dort angehäufte Vermögen kam im Vergleich mit den modernen Banktechniken fast durch »ehrliche Arbeit« zustande. Und das (natürlich geraubte) Geld kam immerhin teilweise dem Wirtschaftskreislauf im jeweiligen Stützpunkt zugute.

Einladung zum Betrug: Steuerfreie Enklaven

Insbesondere Großbritannien scheint noch heutzutage von seiner ruhmreichen Vergangenheit zu profitieren. Die Cayman Islands, die Virgin Islands, die Bermudas, die Kanalinseln Guernsey und Jersey unterliegen als Teil britischer Kronkolonien überwiegend der Jurisdiktion des »Mutterlandes«. Und die hocheffiziente Steueroase Delaware ist ein Bundesstaat der USA, ein Tatbestand, der anscheinend Vertrauen schafft und die IKB-Bank, die von der (staatlichen!) KfW kontrolliert werden sollte, veranlasste, dort ihren Fonds Rhineland Funding steuersparend und kontrollfrei zu platzieren.

In der aktuellen Berichterstattung über die globale Finanzkrise und einzelne kriminelle Anleger geht es leider nicht um die Analyse von Betrug als System und Verantwortungslosigkeit als Grundprinzip kapitalistischer Funktionsweisen. Die partielle (und ungeeignete) Individualisierung von Schuld und die Ausnutzung einer billigen Sündenbockfunktion täuschen darüber hinweg, dass das Kerngeschäft der gesamten weltweiten Finanzwirtschaft unsolide war und ist. Es besteht zu einem sehr großen Teil aus betrügerischen Komplotten und kriminell-verschwörerischer Kooperation und wird zum Teil von Regierungen initiiert beziehungsweise nach den Maßstäben volkswirtschaftlicher Renditeerwartungen toleriert.

Unsolidität ist sogar der Kern der Geldgeschäfte, auf die der weltweite Betrieb des Kapitalismus reduziert ist. Die Auswirkungen sind in mindestens drei Sektoren überdeutlich: Immobilien, Kredite und traditioneller Finanzsektor.[7] Für eine Entwarnung gibt es keinen Grund. Zu Beginn des Jahres 2010 kehrte der irrationale Überschwang schon wieder zurück. Mit spekulativer Manie war zuvor ein Schuldenberg angehäuft worden, dessen Höhe mittlerweile in babylonische Dimensionen angewachsen ist. Die Akkumulation von Kapital steht in keinem Zusammenhang mehr mit Güterproduktion. »Leistung« und »Verdienst« sind funktionslos geworden. Der Urgrund, die Quelle des Reichtums, ist fast ausschließlich Spekulation.

Der Anstieg der Vermögenspreise ist auf die Diskrepanz zwischen Schulden und Einkommen zurückzuführen. Diese Entwicklung endet regelmäßig durch einen Zusammenbruch der Systeme. Er ist unter anderem moderierbar durch eine Verminderung der Verschuldung im privaten Sektor, allerdings mit der Folge einer Nachfrageschwächung. Für die neoklassische Ökonomie sind gleichwohl (vorübergehend) auftretende Wachstumssignale eine Bestätigung ihrer Thesen über rationale Erwartungen, zu denen auch die Behauptung gehört, dass Regierungen die konjunkturelle Entwicklung nicht beeinflussen könnten und mit einer Krise im Privatsektor nicht zu rechnen sei.

Anlass zum Umdenken gäbe es eigentlich genug. Immerhin konnte nur mit öffentlichen Ausgabenprogrammen in Höhe von vier bis sechs Prozent des Weltsozialprodukts eine (immer noch fragile) Stabilisierung bewirkt werden. Es ist keine Frage, dass der erforderliche weitere Entschuldungsprozess nach dem Ende der staatlichen Stimulierungsmaßnahmen die Konjunktur weiter belasten muss, insbesondere in Staaten mit hohen Verbindlichkeiten. Der Schwerpunkt einer Gegenstrategie müssen die Schulden sein, die der Finanzierung von Vermögenspreisspiralen dienten. Hier sind vor allem die Gläubiger gefordert. Wie die Entwicklung des Verhältnisses von Hypotheken zum Bruttoinlandsprodukt zeigt, haben die Banken zunächst gute Geschäfte mit professionellen Spekulanten gemacht. Nachdem sie in diesem Bereich in den 1990er Jahren Rückschläge verzeichneten, rückten die Privatpersonen in das Visier und wurden Gegenstand des Beuteschemas. Die Banken waren auf einmal bereit, auch »Normalbürger« zu finanzieren, und ließen sie auf steigende Hauspreise wetten.

Dazu ist kein Finanzsektor nötig. Dort sollten vor allem industrielle Unternehmen und Neugründungen unterstützt werden. Stattdessen hat man unsinnige und betrügerische Schneeballkonstruktionen (»Ponzisysteme«[8]) gefördert und sich mit Hochstaplern und Anlagebetrügern im mafiotischen Stil verbündet.

Gleichwohl halten die Bemühungen an, mit einer unglaublichen und unerträglichen Mischung aus Arroganz und Inkompetenz das (immer noch) bestehende Finanzsystem zu retten. Dieses System hat aber unter anderem wegen schlechter, unverantwortlicher und krimineller Kreditvergabe keine Existenzberechtigung mehr. Es hat versagt. Radikale Remedur ist nicht in Sicht. Das Dilemma ist übergroß. Die Beseitigung der Schuldenlast durch Abschreibung würde zum Konkurs der meisten Banken führen, die verstaatlicht und später reprivatisiert werden könnten. Eine Alternative wäre natürlich die Herbeiführung einer Inflation. Offenkundig werden bis jetzt beide Alternativen aus politisch begreiflichen Gründen nicht nur ignoriert. Im Gegenteil: In bestimmten Weltgegenden werden die Konsumenten zur Fortsetzung des Verschuldungskurses geradezu animiert. Das passt in das Szenario einer verdorbenen Bankenwelt. Die staatlichen Stützungsmaßnahmen haben nicht nur den (verdienten) Untergang der meisten großen amerikanischen Banken verhindert. Sie haben sogar zu deren Ermutigung beigetragen, so dass sie unbelehrbar ihre vorherige Politik wieder betreiben. Die angebotenen Finanzmittel wurden überwiegend nicht für die Belebung der Wirtschaft verwendet, sondern flossen direkt in Spekulationen an den Börsen. Das Motto ist schlicht: »business as usual.«

Die Bankenwelt kann möglicherweise nicht verstehen, dass das Scheinwachstum vor der Krise im Kern allein auf das zunehmende Missverhältnis zwischen Schulden und Sozialprodukt zurückging. Sollten die Verantwortlichen dies aber doch verstanden haben und sollten sie wissen, dass sich dieses Verhältnis nicht grenzenlos ausdehnen lässt, dann stellt sich die Frage, ob sie auf Kosten der Allgemeinheit eine suizidal-hedonistische Kultur inszenieren oder eine kriminelle Energie entwickelt haben, die niemand mehr in den Griff kriegen kann. Wie auch immer: Die Welt steht vor der größten Finanzblase aller Zeiten. Sie wurde von einem Bankensektor geschaffen, der völlig außer Kontrolle geraten ist. Dazu haben maßgebliche Vertreter der neoklassischen Wirtschaftstheorie als ideologische Steigbügelhalter die entscheidenden Beiträge geleistet.

Die globalen Finanzmärkte scheinen sich teilweise in Tatorte verwandelt zu haben, wo sich hochintelligente Individuen tummeln, die mit überlegenem Fachwissen und krimineller Energie eine unübersehbare Vielzahl von Menschen schädigen und die Vernichtung von Unternehmen und ganzen Wirtschaftsordnungen organisieren. Es ist nicht zu bestreiten, dass eine hoch technologisierte und weltweit tätige Finanzindustrie strukturelle Risiken bislang ungekannten Ausmaßes mit sich gebracht hat. Wie bereits erwähnt, können sie zwar jederzeit auch ohne kriminelle Trittbrettfahrer in enorme Schäden für eine unübersehbare Vielzahl von Unbeteiligten umschlagen, also eine Vielzahl von Opfern produzieren.

Aber auch wenn sich deshalb das Problem einer strafrechtlich definierbaren Schuld zunächst nicht stellen sollte, bleibt doch zu prüfen, wer verantwortlich ist. Minimal müssten folgende Fragen beantwortet werden:

- Handelt es sich um den nicht steuerbaren Selbstvollzug von Systemzwängen, um die Wahllosigkeit von Naturkatastrophen oder eben doch um menschliches Versagen, welches mindestens aus individuell-professionellem Ungenügen, aus charakterlichen Mängeln oder aus kollektiver Verblendung heraus entsteht?
- Was wäre, wenn sich Personen und Kollektive als Akteure auf den Finanzmärkten dieser Welt verabredet hätten, um in krimineller Weise ihrem Bereicherungsstreben zu frönen und dabei ganze Währungssysteme destabilisieren?
- Ist eine international abgestimmte strafrechtlich orientierte Strategie der Risikominimierung erforderlich, oder handelt es sich vor allem um eine ordnungspolitische Aufgabe?
- Ist das Strafrecht auf derartige Herausforderungen überhaupt vorbereitet?
- Verfügt man international über ein Sanktionssystem, das Täter beeindrucken kann, die sich in einer Kultur hedonistischer Asozialität mafiös verbunden haben?
- Leben wir in einer Epoche, in der sich Organisierte Kriminalität als Wirtschaftsform etabliert hat und in der die Politik auf Hand- und Spanndienste für hochqualifizierte Verschwörer reduziert ist? […]

Die Geburtsstunde des Goldesels

Die Fachgremien, die unter anderem für Bilanzierungsvorschriften zuständig sind, wissen heute zwar recht genau, welche Mängel in der Bankenregulierung, der Rechnungslegung und der Aufsicht – unabhängig von Größe und Gier – die krisenhafte Entwicklung begünstigt haben. Die Anpassung der einschlägigen Vorschriften ist indes so schwierig, dass diejenigen, die das Desaster ausgestaltet und organisiert haben, also die Banken selbst, zur Mitwirkung aufgerufen sind. Das erhöht die Delikatesse der Lage, die ohnehin widersprüchlich genug ist. Einerseits will die Politik die Banken und ihre Geschäfte so regulieren, dass ein erneutes »Durchbrennen« der Finanzmärkte verhindert wird. Andererseits drängen die Finanzministerien die Banken zu stärkerer Kreditvergabe, um die Rezession möglichst schnell zu überwinden. Man weiß zwar, dass die früher offensichtlich leichtfertige Gewährung von Krediten und die Abwälzung der damit verbundenen Risiken auf den breiten Markt zu den Grundübeln gehörten, die Teil der Geschäftsstrategie der Banken waren. Es wurden aber nicht die richtigen Lehren aus diesen Kardinalfehlern gezogen.

Allem Anschein nach sollte der Rückkehr zu einem starken Wirtschaftswachstum Priorität gegenüber der (absoluten) Sicherheit des Systems eingeräumt werden. Allen Marktteilnehmern dürfte jedoch klar sein, dass das Wachstum, an das sich die Gesellschaft mittlerweile gewöhnt hat, nur möglich ist, wenn man diese Fehlerkultur fortsetzt. In dieser Atmosphäre vermeintlich objektiver Zwangsläufigkeit ist die Unterscheidung zwischen Tradition und Rechtsverstoß nicht einfach. Jedenfalls haben die Fed und die Bank von England sich schon Anfang 2009 wieder darum bemüht, die unverantwortliche und letztlich gemeinwohlschädliche bisherige Technik der Kreditvergabe erneut anzuregen. Angesichts der damit verbundenen extremen Lockerung der Geldmenge konnten die City of London und die Wall Street in New York mit einem gewissen Recht annehmen, dass sie die »bewährten« ausgetretenen Pfade weiter benutzen können und sollen.

Ungeachtet strengerer Einzelvorschriften geht es offensichtlich darum, mit den alten Techniken möglichst schnell die Finanzierung eines neuen Wirtschaftswachstums zu organisieren. Die übriggebliebenen Banken haben daher schon im Laufe des Jahres 2009 begonnen, ihre Investmenttätigkeit kräftig auszubauen. Die Rekordgewinne, die noch im gleichen Jahr anfielen, schienen ihnen recht gegeben zu haben. Es ist zu befürchten, dass die nach dem Zusammenbruch der Lehman Bank begonnene Diskussion über die Angemessenheit der Bankengewinne, die Bonuszahlungen für Manager und Händler und die Rolle der City of London und anderer Finanzplätze beendet wird, sollte die Wirtschaft wieder für längere Zeit in den erhofften Höhenflug übergehen. Eine Debatte über objektive Ursachen, Unrechtsbewusstsein und individuelle Schuld wird dann wohl nicht mehr stattfinden.

Immerhin scheint die amerikanische Notenbank Ende des Jahres 2009 damit begonnen zu haben, einen späteren Kurswechsel in der Geldpolitik vorzubereiten. Sie gab die geplante Einrichtung eines neuen Finanzinstruments bekannt, mit dem sie einen Teil der wegen der Finanzkrise in den Markt gepumpten Liquidität wieder aus dem Bankensystem abziehen könnte. Dabei handelt es sich um zeitlich befristete Anlagen, die Banken dort deponieren können. Die vorgesehenen Zinsen könnten diese »Parktechnik« für die Banken attraktiv machen. Man vergleicht diese Einlagen mit Festgeldzertifikaten, die Privatkunden bei normalen Banken erwerben können. Eine kurzfristige Auswirkung auf die geldpolitischen Entscheidungen wird mit diesen Termineinlagen jedoch nicht verbunden sein, behauptet die Notenbank, die bis dahin auf die Finanzkrise unter anderem mit der Senkung des Leitzinses und dem Kauf von Anleihen reagiert hat und dadurch das Finanzsystem mit Geld fast geflutet hat. Ihre aus Krediten und Wertpapieren bestehende Bilanz hat sich innerhalb von zwei Jahren nach Beginn der Krise auf 2,2 Billionen US-Dollar verdoppelt!

Die Europäische Zentralbank (EZB) hatte mit der Rückführung der Geldschwemme etwas früher begonnen. Im November 2009 verschärfte sie die Mindestanforderungen an Kreditverbriefungen, die von Banken als Sicherheit bei den Finanzierungsgeschäften der Zentralbank eingereicht werden können. Künftig müssen die Verbriefungen eine erstklassige Note zweier Ratingagenturen tragen. Zudem wurde das Geld beim letzten der drei einjährigen Finanzierungsgeschäfte nicht mehr zum Leitzins zugeteilt. Die Banken zahlen den Durchschnitt der Leitzinsen während der Laufzeit. Die EZB hatte die Finanzierungsgeschäfte von zwölf Monaten Dauer und die Erfüllung aller Gebote zum Leitzins eingeführt, um die Banken zu stabilisieren. Sie hatten sich einer wechselseitigen Geldleihe verweigert und wären ohne die Hilfe der EZB zahlungsunfähig gewesen. Der Geldmarkt war dessen ungeachtet bis zum Ende des Jahres 2009 immer noch nicht zu einem reibungslosen Funktionieren zurückgekehrt. Gleichwohl war die »Stunde der Ingenieure« angebrochen, die nach der Kernschmelze des Finanzsystems das Kraftwerk sanieren:

»Da wird eine undichte Röhre ersetzt, dort eine Leitung umgelegt, hier baut man ein Ventil ein, links soll eine neue Kontrollstation hin, rechts werden Sicherungen ausgetauscht, hüben ist eine Brandmauer, drüben ist noch Platz für einen Überlaufbehälter. Der eine Techniker will diesen Hebel betätigen, der andere jenen Hahn abdrehen – ein hektisches Werkeln ohne Ordnungsprinzip.«[9]

Dem wird entgegengehalten, dass sich der Kapitalismus von Grund auf erneuern müsse, um das verspielte Vertrauen wiederzugewinnen. Mit klügeren Vorschriften über die erforderlichen Eigenmittel der Banken, mit einer Aufsicht über Hedge-Fonds und sonstige Berufsspekulanten und mit technokratischen Vorkehrungen sei es nicht getan. Angesichts der Ursachen der Finanzkrise wendet man sich gegen die Rückkehr des Kapitalismus zur Tagesordnung mit einer leicht revidierten Marktordnung. Das Debakel hat zahlreiche unterschiedliche Wurzeln:[10]

- unbedingter Wille zur Überschusserzielung in bestimmten Ländern (China, Japan, Deutschland, Niederlande, Schweiz)
- unmäßige Verschuldung der gesamten Volkswirtschaft der USA

- Vertrauensschwund bei ausländischen Geldgebern
- Vertrauensschwund in ausländische Geldgeber
- blinde Finanzierung des US-Häusermarktes
- Aufblähung der Staatsverschuldung
- Mutation von Regierungschefs zu Croupiers (anstelle der Bankchefs)
- Legitimierung schierer Gier durch eine Ideologie des übersteigerten Eigennutzes
- Virtualisierung dieser Gier nach Ablösung der Substanz durch Phantasie an der Börse und auf zügellosen Finanzmärkten
- Entfernung der Finanzwelt von Realwirtschaft und Realität
- Abschaffung global wirksamer Kapitalverkehrskontrollen
- Umleitung von Kapital in die Spekulation
- Vernachlässigung des Auf- und Ausbaus von Unternehmen und Volkswirtschaften
- mangelnde Besteuerung spekulativer Gewinne
- Begünstigung der Steuerflucht durch Steueroasen
- Unverhältnismäßige steuerliche Belastung der Löhne und Gehälter
- massive Entlastung von Kapitaleinkünften
- Schwächung des Produktionsfaktors Arbeit
- übersteigerte Renditeerwartungen
- substanzgefährdende Sparprogramme zur Erhöhung der Profitabilität übernommener Unternehmen
- Umverteilung von unten nach oben durch Wettlauf von Staaten um niedrigere Kapital- und Unternehmenssteuern
- Belohnungen (»Boni«) und steuerliche Privilegierungen für eine »globale Oberschicht«
- Verbreitung ultraliberaler staatsfeindlicher Ideologien

Offensichtlich gibt es nicht nur die eine Ursache für eine komplexe Kette von Ereignissen, die sich schließlich in einer katastrophalen Krise verdichteten. Solche (beliebig erweiterbaren) Aufzählungen können dennoch nie vollständig sein. Bei der Komplexität der Abläufe und der Unübersichtlichkeit der Auswirkungen ist es nicht verwunderlich, dass eine Vielzahl von Experten auf eine mindestens ebenso große Vielzahl von Faktoren verweist. Dabei wird fast liebevoll ein Streit darüber geführt, welche davon die wichtigsten sind. Es wäre jedenfalls eine unzulässige Vereinfachung, wenn man die Weltfinanzkrise allein auf eine Korrektur des nordamerikanischen Immobilienmarktes zurückführen wollte. Zu berücksichtigen sind auch die Verbindungen zwischen diesem Markt und dem globalen Finanzsystem, zu dem auch die primären und sekundären Hypothekenmärkte gehören. Darüber hinaus sind die Zusammenhänge zwischen Hypotheken und jenen strukturierten Finanzprodukten zu diskutieren, welche die Investmentbanker in den letzten Jahrzehnten entwickelt haben.

Das ändert nichts an der Richtigkeit der Feststellung, dass am Anfang in der Tat eine Korrektur auf dem US-Immobilienmarkt stand. »Korrektur« bedeutet hier, dass die Preise vorher deutlich zu hoch waren. Ihr Abstieg musste deshalb umso steiler ausfallen. Die Preisentwicklung war auch deshalb eingeleitet und befördert worden, weil neue Formen von Hypotheken angeboten wurden, die von neuen auf den Markt drängenden Käufern genutzt wurden. Hypothekenvermittler boten auf einmal eine ganze Palette neuer Produkte mit flexiblen Rückzahlungsbedingungen oder variablen Zinssätzen an. Die Hypotheken wurden kurzfristig so erschwinglich, dass sehr viel mehr Menschen als zuvor glaubten, sich deren Aufnahme leisten zu können. Die Folge war absehbar. Die Preise stiegen, und der Immobilienboom schien nachhaltig geworden zu sein. Die Überprüfung der Kreditnehmer wurde zunehmend nachlässiger. Es lockten die Provisionen für die Geldverleiher. Zudem wähnten sie sich wegen des Wachstums des Immobilienmarktes auf der sicheren Seite, weil eine wirtschaftlich lukrative Verwertung des Grundeigentums im Falle von Zahlungsschwierigkeiten problemlos möglich erschien.

Weitere Verlockungen entstanden dadurch, dass die Firmen, die sich auf den primären und sekundären Hypothekenmärkten tummelten (zum Beispiel Freddie Mac, Fannie Mae, Investmentbanken der Wall Street), den Hypothekenanbietern die entsprechenden Schuldverschreibungen abkauften. Damit erweiterten sich die Möglichkeiten der Kreditgeber, die auf der Basis der mittlerweile etablierten laxen Standards auch intensiv und extensiv genutzt wurden. Die aufgekauften Darlehen wurden in Pools zusammengefasst und als Wertpapiere verkauft. Die primären Hypothekenanbieter wurden so nicht nur von Risiken befreit, sondern erhielten auch zusätzliche Liquidität.

Dahinter stand ein politischer Wille. Die von der US-Regierung gegründeten Firmen Freddie Mac und Fannie Mae sollten und wollten Darlehen mit niedriger Qualität kaufen. Die dahinterstehende Rationalität war einfach. Der Immobilienmarkt florierte (»Bullenmarkt«). Deshalb konnten die Sicherungsgüter im Bedarfsfall auch leicht weiterverkauft werden. Zudem wirkte das wachsende Interesse der Investmentbanken stimulierend. Dahinter stand schließlich der ausdrückliche Wunsch des US-Kongresses und der amerikanischen Regierung, Menschen mit niedrigem Einkommen als Marktteilnehmer zu gewinnen. Alle politischen Parteien waren aus unterschiedlichen Gründen von dem Gedanken überzeugt, dass der Erwerb von Wohneigentum zur Realisierung des »amerikanischen Traums« beitragen könnte und sollte.

Tatsächlich ist die Förderung des Eigenheimbesitzes seit Jahrzehnten ein Hauptziel amerikanischer Politik. Miete gilt als Zeichen von geringem sozialen Status und fehlender Solidität. Der US-Kongress hatte schon 1977 den »Community Reinvestment Act« verabschiedet, durch den Banken angehalten wurden, verstärkt Bauprojekte in ärmeren Wohngegenden zu finanzieren. Dennoch blieb Hausbesitz bis in die 1990er Jahre weitgehend der oberen Mittelschicht des Landes vorbehalten. Menschen mit niedrigem Einkommen qualifizierten sich nicht für Hypothekendarlehen und konnten auch die Steuervorteile nicht nutzen, weil sie keine Einkommensteuererklärungen abgaben. Die Regierung unter Präsident Bill Clinton verstärkte die Bemühungen, auch Bürgern mit geringerem Einkommen sowie Minderheiten den Weg zum eigenen Haus zu ebnen. Die Regierung unter George W. Bush setzte diese Anstrengungen fort.

Sind Menschen bereit, für ein Haus jeden Preis zu bezahlen, spielt aber nicht nur ihre psychische Verfassung eine Rolle, sondern eben auch die Verfügbarkeit von Krediten. Ein Immobilienboom kann nur entstehen, wenn die Geldmenge steigt und mehr Kredite vergeben werden. Bliebe die Geldmenge konstant, könnten Immobilienpreise nur in dem Maße steigen, wie die Preise anderer Güter fallen. Getrieben von einem wachsenden Volumen der Hypothekenkredite stiegen auch die Preise für Immobilien. Das beeinflusste natürlich die Kreditvergabe. Ein weiterer »Circulus vitiosus« entstand. Die Spirale drehte sich immer schneller, weil Banken prozyklisch handeln. Je besser die wirtschaftliche Lage ist, desto mehr Kredite vergeben sie. Beginnt der konjunkturelle Abschwung, beschränken sie die Kreditvergabe.

Die Banken haben an dem Zyklus von Aufschwung und Rezession einen entscheidenden Anteil.[11] Sie kamen den potentiellen »Häuslebauern« mit Sonderkonditionen und Verträgen entgegen, die nur einen minimalen formalen Aufwand erforderten. Ihr Entgegenkommen bestand zu einem Teil aus den erwähnten »Subprime«-Konditionen. Danach wurde die Kreditwürdigkeit des Kreditnehmers nicht oder nur oberflächlich überprüft. Selbst Menschen, bei denen einiges dafürsprach, dass sie Zins und Zinseszins nicht würden zahlen können, kamen in den Genuss von Hypothekendarlehen. Die Verträge waren übrigens auf Grund des höheren Ausfallrisikos mit höheren Zinssätzen verbunden.

Ihre Verantwortung ist aber noch viel größer: Manche innovative Finanzinstrumente verbreiterten die Basis des Krisenszenarios. Bislang wurden nur die Einkünfte aus Hypothekenzahlungen in »Wertpapiere« verpackt und gehandelt. Später kam man auf die bemerkenswerte Idee, die mit diesen Wertpapieren nach wie vor verbundenen Risiken in Gestalt von Kreditderivaten (Credit Default Swaps (CDSs), das heißt Kreditausfallversicherungen, oder Collateralized Debt Obligations (CDOs), also in Fonds gebündelte und verbriefte Kredite unterschiedlicher Qualität, zu verkaufen. Für Investmentbanken waren dies die Schlüssel für die Tore zum Paradies. Diese Papiere schienen zunächst äußerst lukrativ zu sein. Der Anreiz zum Kauf von Hypothekenschulden stieg ständig.

Den Lobbyisten der Finanzindustrie gelang es zudem, Politik und Gesetzgebung für weitere laxe Prüfungsverfahren zu gewinnen. Der Hypothekenmarkt schwoll so immer weiter an, und immer mehr neue »Produkte« konnten verbrieft werden. Der Euphemismus der »Subprime-Hypotheken« führte zur Abdankung wirtschaftlicher Vernunft und geriet zum Paravent, hinter dem sich Wirtschaft, Regierung und Kriminelle in unterschiedlicher Weise selbst bedienten. Nach einiger Zeit kam es, wie es kommen musste. Das Wirtschaftswachstum verlangsamte sich, und die Zinssätze stiegen. Die Preise der Häuser und damit der Wert der auf ihnen liegenden Hypotheken verfielen. Die von politischen und finanziellen Interessen gespeiste Blase platzte. Soweit könnte man fast noch von einem »business as usual« sprechen. Sehr bald wurde aber deutlich, dass diesmal alles anders war. Zunächst löste die Unterstützung, die das US-Finanzministerium den vorgenannten Firmen gewährte, keine Ruhe, sondern eine Marktpanik aus.

Andere Faktoren traten hinzu. Die Verbriefungen spielten eine besondere Rolle. Damit sollten zukünftige Einnahmen zusammengefasst und zu Wertpapieren geschnürt werden, die an Investoren verkauft werden sollten. Die Attraktivität dieser Papiere hing natürlich von den potentiellen beziehungsweise erwarteten Renditen ab. Deren Einschätzung stützte sich wiederum auf Bewertungen, die von den Ratingagenturen angeboten beziehungsweise gekauft wurden. Auf diese Weise entstand ein selbstreferentieller Kreis der Begünstigung, in dem Interessenkonflikte anscheinend gar nicht mehr vorkommen konnten. Es war die Geburtsstunde des Goldesels oder die Konstruktion des ersten wirklich funktionsfähigen »Perpetuum mobile«. In einem fast schon mafiotisch-korrupten Zirkel konnte eine Orgie sozialschädlicher Selbstbegünstigungen unter amtlicher Aufsicht und mit Billigung von Regierungen stattfinden. Mit der in vielen Fällen äußerst zweifelhaften Bewertung der einschlägigen Agenturen war scheinbar die Vergleichbarkeit mit anderen Anlageformen eröffnet. Beim Vergleich der Profitabilität verschiedener Wertpapiere ignorierte man systematisch und in kriminell-verschwörerischer Absicht nicht nur die Tatsache, dass sich verschiedene Anlageformen eben nicht ohne weiteres vergleichen lassen, sondern auch die Möglichkeit eines objektiv fehlerhaften Ratings.

Die ursprüngliche offizielle Strategie zielte darauf ab, das Kreditrisiko unter den Hausbesitzern durch Wertpapiere und Derivate unter den Teilnehmern des globalen Finanzmarktes zu verteilen. Das Verlustrisiko sollte unter zahlreichen Investoren in kleine Portionen aufgeteilt werden. Die neuentwickelten Derivate hätten auch für eine genaue Festsetzung der Preise sorgen sollen, so dass der Handel mit solchen Risiken überhaupt erst möglich wurde. Durch den »Einbau« von Derivaten in die Wertpapiere waren die Investmentbanken in der Lage, Produkte anzubieten, welche die Ratingagenturen dann besser bewerteten. Dadurch wurden diese Wertpapiere im Vergleich zu anderen Anlagen mit demselben Rating billiger. In diesem Zusammenhang haben neue finanzmathematische Modelle zu einem weiteren Komplexitätsschub geführt.

Im Zuge dieses Derivatehandels ist unterdessen ungeheuer viel Geld auf den Finanzmärkten investiert worden. Es diente fast ausschließlich der spekulativen Bereicherung einer Reihe von Finanzcliquen, die unter der Duldung der Verantwortlichen in Politik und Exekutive der Realwirtschaft die dringend benötigten Mittel vorenthielten und unter Missbrauch der Steuerzahler als unfreiwillige Ausfallbürgen eine Kasinowirtschaft etabliert haben.

Gleichwohl wird immer wieder behauptet, dass Derivate ein verfeinertes Risikomanagement ermöglichten und Kapital verbilligten. Zwar können Derivate in manchen Bereichen bewirken, dass mehr Kapital in eine bestimmte Anlageform fließt, etwa Hypothekendarlehen. Aber sobald das Ausfallrisiko der Hypotheken steigt, reagieren die Märkte für Derivate und strukturierte Wertpapiere sofort und dramatisch, weil das Kapital dort zunächst abfließt. Sodann fallen die Preise der Basiswerte. Auf die Besitzer der Derivate kommen massive Verluste zu. Die gleichwohl bestehende Beliebtheit der Derivate ist einfach zu erklären. Das einfließende Fremdkapital eröffnet eine enorme Hebelwirkung. Diese Instrumente bieten deshalb verhältnismäßig hohe Gewinne (oder Verluste) bei niedrigen Anfangsinvestitionen. Gleichzeitig erhöht der Hebeleffekt das Risiko. Auch eine niedrige Anfangsinvestition kann zur Pleite führen.

Auszug aus Hetzer, Wolfgang (2011): *Die Finanzmafia. Wieso Banker und Banditen ohne Strafen davonkommen*, S. 49–53, 128–146.

Die Schattenseiten des Wohlstands II: Über Monopole, Hungersnöte & Umweltschäden

Digitale Monopole: Die Fallstudie »Amazon«

von Johannes Bröckers

»Digitalisierung« ist ja das Zauberwort der Stunde, das sich in ungewohnter Einigkeit von links bis äußerst rechts alle Parteien auf die Fahnen schreiben. Die Kanzlerin, für die das Internet ja bis vor kurzem noch »Neuland« war, verspricht das schnelle Netz für alle jetzt immerhin bis 2025. Dorothee Bär, unsere Staatssekretärin, die den digitalen Aufbruch in Deutschland organisieren soll, träumt von Flugtaxis und ist stolz auf ihren Instagram-Account, weil jetzt auch Jugendliche ihren Eltern erzählen können: »Hey, ich kenne jemanden im Kanzleramt.« Und Horst Seehofer lernt gerade twittern. Sehr schön. Warum wird man bei derart geballter Digitalkompetenz unseres politischen Spitzenpersonals das Gefühl nicht los, dass die allerwenigsten von uns auch nur den Hauch einer Ahnung haben, was diese digitale wie smarte Zukunft eigentlich wirklich ist, auf die wir uns da einlassen. José Ángel Gurría, Generalsekretär der OECD, sieht die Internetkonzerne der Politik um 20 Jahre voraus, hier in Deutschland sind es wohl noch ein paar Jahre Vorsprung mehr. Jedenfalls liegen wir, was den schnellen LTE-Netzausbau angeht, derzeit auf Platz 32 in Europa, knapp hinter Albanien.

Was da auf uns zurollt, kann man am Beispiel von Amazon sehr gut beobachten: Für die meisten Kunden ist Amazon ein großes Onlinekaufhaus, der »Allesverkäufer«, wie Jeff Bezos, der Gründer des Unternehmens, gerne prahlt. Doch Amazon ist sehr viel mehr. […] Als Inspiration für die Namensgebung seines Unternehmens diente Jeff Bezos der Amazonas, der mächtigste und wasserreichste Fluss der Welt. Dem Amazonas gleich hat mittlerweile Jeff Bezos den mächtigsten Warenfluss der Welt in Gang gesetzt, der inzwischen auch ein gigantischer Geldstrom ist, der immer nur in eine Richtung fließt. Trotzdem ist für Jeff Bezos noch immer jeder neue Tag »day one«. Der erste Tag. Das kann man aus seinem Mund getrost als ernst zu nehmende Drohung verstehen, denn er meint damit: Wir stehen gerade erst am Anfang. Bevor Jeff Bezos Amazon startete, war er schon als erfolgreicher Hedgefonds-Manager in New York unterwegs, das heißt, er wusste, wie das Börsenbusiness funktioniert. Über viele Jahre reinvestierte der Amazon-Chef jeden Dollar, den er verdient hat, in die Weiterentwicklung seines Unternehmens. Gleichzeitig gelang es ihm als guter Geschichtenerzähler – trotz hoher Verluste, Dotcom-Blase und kleineren Rückschlägen –, immer wieder das Vertrauen der Börse zu gewinnen und damit frisches Kapital zu akquirieren. Mit dem doppelten Effekt, sein Unternehmen in rasantem Tempo ständig weiter auszubauen und wegen der hohen Verluste, die seine Bilanz auswies, niemals Steuern und auch keine Rendite an die Aktionäre zu bezahlen. Igitt. Schon seinen Stammsitz Seattle wählte er damals wegen der günstigen Unternehmenssteuersätze aus. Inzwischen hat Seattle ein ähnliches Problem wie San Francisco, wo Google, Apple und Co. zu Hause sind. Die großen Konzerne bringen zwar auch Wohlstand in die Stadt, aber die ärmeren Menschen bleiben auf der Strecke und landen auf der Straße, weil sie die rasant steigenden Mieten nicht mehr bezahlen können. Um dieses Problem zu bekämpfen und den sozialen Wohnungsbau zu fördern, beschloss der Stadtrat von Seattle kürzlich, eine Head-Tax einzuführen. Große Unternehmen wie Starbucks oder Amazon sollten pro Mitarbeiter und Arbeitsstunde eine lokale Steuer von 26 Cent bezahlen. Für Amazon, das wertvollste Unternehmen der Welt, hätte dies eine zusätzliche Steuerlast von lächerlichen 20 bis 30 Millionen Dollar im Jahr bedeutet. Undenkbar. Amazon drohte mit dem Stopp von Bauprojekten und übte so lange Druck aus, bis der Stadtrat die Steuer wieder fallen ließ. Das Beispiel zeigt, wes Geistes Kind der superreiche Jeff ist. Echt arm.

Doch nicht nur in Seattle kuscht die Politik, wenn Amazon die Muskeln spielen lässt. Unser Finanzminister Olaf Scholz lässt sich ja gerade dafür feiern, dass er ab Januar 2019 nun endlich dem lange bekannten Umsatzsteuerbetrug tausender vor allem chinesischer Händler auf dem Amazon Market-place einen Riegel vorschiebt. Für die Waren dieser Händler haben wir deutschen Kunden beim Einkauf zwar immer fleißig unsere Mehrwertsteuer abgedrückt, aber weil kaum einer dieser Händler in Deutschland registriert war und folglich auch keine Steuernummer hatte, kam die fällige Umsatzsteuer natürlich nie beim Finanzamt an. Amazon spielte lange die Unschuld vom Lande. Man sei schließlich nur ein Plattformbetreiber und nicht dafür verantwortlich, wenn Händler ihre Steuern nicht bezahlen. Das immerhin ändert sich in Zukunft, wenn Plattformbetreiber wie Amazon oder eBay in die Pflicht genommen werden, für eine ordentliche Registrierung zu sorgen und diese auch an die jeweiligen Finanzämter weiterzuleiten. Aber wie immer in diesen Fällen heißt das Spiel: »Wir schnappen uns die Kleinen und lassen die Großen in Ruhe.« Wo hat Amazon Europa, das auch die Geschäfte in Deutschland organisiert, sein Quartier bezogen? Natürlich in Luxemburg, dem idealen Partner, um aus dem zwischen 2007 und 2016 erwirtschafteten Umsatz von mehr als 110 Milliarden Euro einen Gewinn von gerade einmal 475 Millionen Euro zu machen (= 0,4 Prozent). Für diesen Gewinn hat Amazon mit einigen großherzogtümlichen Bilanzierungstricks nicht nur keinen lumpigen Cent Steuern gezahlt, sondern im Gegenteil noch an die 15 Millionen Euro Steuerrückerstattung von Luxemburg erhalten. Bei so viel Steuergerechtigkeit konnte dann auch die EU nicht mehr wegschauen und verdonnerte Luxemburg, nicht etwa Amazon, zu einer Nachzahlung von 250 Millionen. Ja, Jeff Bezos macht das alles, wie gesagt, sehr clever. Für die schnelle Expansion reinvestiert er die Einnahmen in sein Unternehmen, weist hohe Verluste oder nur marginale Gewinne aus, die er dann, Steuern vermeidend, dahin verschiebt, wo es am wenigsten kostet. Vom großen Geldstrom soll eben möglichst wenig für andere abgezweigt werden. Aus der Sicht von Jeff Bezos und den Amazon-Aktionären ist das ja zu verstehen, aber als stinknormaler Steuerzahler fragt man sich schon, was eigentlich daran so schwer sein soll,

Internetgiganten wie Amazon und Co. angemessen zu besteuern. Und zwar nicht erst dann, wenn die Gewinne kleingerechnet und in Steueroasen verschoben wurden, sondern genau da, wo die Umsätze von den Amazon-Kunden generiert werden. Hier wäre nun allerdings die Politik gefordert. Einheitliche Steuern und Steuertransparenz werden in der EU zwar seit ewigen Zeiten immer mal wieder diskutiert, doch alle Vorstöße in diese Richtung verlaufen in schöner Regelmäßigkeit im Sande. Und hier haben sich deutsche Finanzminister inklusive Sozi Olaf Scholz bisher auch nicht als Vorreiter aufgespielt, um vielleicht wenigstens mal die Steueroasen innerhalb der EU für mehr Steuergerechtigkeit trockenzulegen. Man kann ja Amazon nicht vorwerfen, dass es die eingeräumten Spielräume ausnutzt.

Seit Jeff Bezos Amazon gestartet hat, operiert er nach dem immer gleichen Prinzip. In jeder neuen Branche, die er sich vorknöpft, versucht er zunächst eine Marktdominanz zu erreichen, indem er die Wettbewerber mit Billigangeboten in einen ruinösen Preiskampf zwingt, um diesen Markt dann im Idealfall komplett zu ersetzen. In seinem Heimatmarkt Amerika hat er so in erheblichem Maß dazu beigetragen, dass in den letzten zehn Jahren rund 85 000 lokale Einzelhändler und an die 35 000 Hersteller vom Markt verdrängt wurden, was deutlich macht, dass Amazon weit mehr Arbeitsplätze zerstört, als dieses Unternehmen neue Stellen schafft. Mal abgesehen von den sicher gut bezahlten Managern, IT-Experten und Datenanalysten, sind das vor allem Jobs in den Amazon Fulfillment Zentren. In Deutschland führt Amazon zwölf solcher riesigen Logistikzentralen, in denen rund 14 500 Mitarbeiter beschäftigt sind. In Spitzenzeiten wie dem Weihnachtsgeschäft kommt dann gut und gerne noch mal die gleiche Zahl an Saisonarbeitern dazu. Päckchen packen im Akkord heißt es bei Amazon aber nicht nur zur Weihnachtszeit. In Deutschland, wo es noch einigermaßen funktionierende Gewerkschaften gibt, hat es Amazon zwar etwas schwerer, die rüden amerikanischen Arbeitsmethoden durchzusetzen, aber auch hierzulande wird in den Logistikzentren unter extremem Zeitdruck, bei schlechter Bezahlung und unter permanenter Videoüberwachung schwer geschuftet. Weil Verdi Amazon seit geraumer Zeit nervt und es über die Grenze nach Polen und Tschechien viel billiger ist, eröffnet Amazon dort ein neues Lager nach dem anderen – deutsche Produzenten schaffen jetzt also ihre Ware nach Polen, von dort geht sie dann nach Berlin oder München. Für Amazon sind die Packer in den Logistikzentren eher ein lästiges Übel. Aber man arbeitet mit Hochdruck daran, die Fulfillment-Zentren möglichst schnell komplett zu automatisieren, dann hat sich auch der Stress mit den Gewerkschaften erledigt. Bis es so weit ist, werden sie weiter ausgepresst. Der sogenannte Prime Day am 12. Juli 2016, also ein Tag mit speziellen Sonderangeboten für die Amazon-Prime-Kunden, war für Amazon.de mit sieben Millionen verkauften Produkten der bis dahin erfolgreichste Verkaufstag aller Zeiten. Das macht rund 81 Bestellungen pro Sekunde, und man kann sich vorstellen, was in den Logistikzentren los war. Oder auch nicht. Und da sind wir wieder bei unserem Wahrnehmungsdefizit, dieser merkwürdigen Kluft zwischen Denken und Handeln. Wir kennen die miserablen Arbeitsbedingungen bei Amazon, und es ist uns auch nicht verborgen geblieben, dass auch die Paketboten, die uns die vielen Päckchen nach Hause bringen, in vielen Fällen auf Mindestlohnniveau unterwegs sind, und zwar in einem Takt von nicht mal zweieinhalb Minuten pro Auslieferung. Ein Blick in die gehetzten Augen des Paketboten, der als Nächstes an Ihrer Tür klingelt, erzählt alles. Hindert uns das, am Prime Day millionenfach den Amazon-Kaufbutton zu klicken? Insofern ist auch die berechtigte Empörung, die aufschäumte, als herauskam, dass Amazon Retouren, also von Kunden zurückgeschickte Waren, massenhaft vernichtet wurden, heuchlerisch. Natürlich ist es ein Skandal, wenn neuwertige Waren im Wert von mehreren 10 000 Euro pro Tag in der Müllpresse landen – aber wer sind die Weltmeister im Rücksenden von online bestellten Waren? Yes, die deutschen Onlinekunden. Das rechtfertigt nun in keiner Weise die wenig nachhaltig angelegte Amazon-Methode bei der Bearbeitung von Retouren, hängt aber unmittelbar mit unserem Bestellverhalten zusammen.

Die Rücksendung kostet uns zwar vordergründig nichts, ist aber eine riesige Ressourcenverschwendung und belastet das gebeutelte Klima zusätzlich mit ungezählten sinnlosen Frachtkilometern mehr. Nicht in der Zukunft, sondern im Hier und Jetzt. Die meisten unserer Rücksendungen lässt sich Amazon übrigens nach Tschechien schicken – warum wohl. [...]

Aber bringt uns ja jetzt auch nicht unbedingt weiter, Jeff »Bözos« hier als den Darth Vader des eCommerce hinzustellen, die dunkle Seite der Marktmacht. Was wollen wir ihm denn eigentlich vorwerfen? Dass er Anfang der 1990er Jahre zur richtigen Zeit am richtigen Ort war und die Chancen des Internets früh erkannt hat? Dass er die neoliberalen Marktspielregeln radikal und konsequent ausgenutzt hat, um sein Imperium aufzubauen? Regeln und Gesetze, die es in der digitalen Prärie sowieso kaum gab und immer noch nicht gibt – und dass er deshalb genauso handelt wie einst die Pioniere im Wilden Westen? Der Stärkere macht den Schwächeren platt. The winner takes it all. So läuft das eben, wenn sich Märkte völlig unreguliert entfalten. Einfach nur jammern hilft da jetzt auch nicht weiter. Aber wenn wir mit Amazon nicht einverstanden sind, müssen wir ja nicht länger mitspielen. Jeff Bezos ist ja schließlich kein Schicksalsschlag, der über die Menschheit hereingebrochen ist und dem wir jetzt fortwährend und besonders am Prime Day, wo plattformweit Rabatte für Prime-User geboten werden, unsere Konsum- und Freiheitsopfer bringen müssen. Das ist ja letztlich unsere Entscheidung. Im Internet, da muss man Jeff Bezos durchaus mal recht geben, ist ja wirklich erst Day One. Gott hat zwar nur sieben Tage für die Erschaffung der Welt gebraucht, aber die smarte Welt ist schließlich wirklich verdammt komplex, und da sind mal eben vier Jahrzehnte auch keine Zeit. Wir stehen hier erst ganz am Anfang, und wenn wir nun sehen, dass sich in dieser Kindergartenphase der Netzwelt drei, vier große Jungs den größten Teil dieser Welt untereinander aufgeteilt haben – Google die Suchmaschinen und Werbung, Facebook die sozialen Medien und Amazon den Konsum – dann müssen wir das eben jetzt mal neu denken und besser machen.

In der analogen Welt hat jede Stadt, jede Gemeinde und jedes Dorf ein Gewerbe- oder Industriegebiet. Dort versucht man, mit günstigen Hebesätzen für die Gewerbesteuer, einer guten Verkehrsanbindung oder einem schönen Lebensumfeld Unternehmen anzulocken, die für Arbeitsplätze sorgen und mit ihren Steuern dazu beitragen, dass die Kommune ihre öffentlichen Aufgaben erledigen kann. Genau so funktioniert auch ein klassischer Marktplatz, wo ein Händler seine Standgebühren und die Umsatzsteuern in die Stadtkasse bezahlt. In dem Land mit dem Namen Internet, das nebenbei im Vergleich mit allen anderen Ländern der Welt schon heute auf dem sechsten Platz in Sachen Energieverbrauch steht (alleine der digitale Datenverkehr in Deutschland benötigt den Strom von fünf Großkraftwerken), gehören die meisten Marktplätze und Industriegebiete Jeff Bezos. Wenn Daten das Öl der Zukunft sind, verfügen Amazon und Co. über die größten Tanks und über die meisten Pipelines. In unserer analogen Welt wäre bei einer so dominanten Marktmacht längst das Kartellamt eingeschritten, das ja für Wettbewerb sorgen soll. In der smarten Welt gibt es aber bis heute kein Kartellamt und auch keine öffentlich-rechtliche Infrastruktur. Warum eigentlich nicht? Wo sollen denn für Städte und Kommunen in Zukunft die Einnahmen herkommen, wenn die komplett in der Kasse bei Amazon verschwinden, bei einem Unternehmen, das zudem noch von staatlicher Seite dabei unterstützt wird, möglichst wenige Steuern zu zahlen? Für Flugtaxis und autonomes Fahren zum Beispiel müssen enorme Datenströme verarbeitet werden, die diese ferngesteuerte Mobilität möglichst unfallfrei in Gang setzen und am Laufen halten. Dafür werden riesige Rechenzentren gebraucht. Werden die dann von Amazon gebaut und betrieben oder von Google oder Daimler und VW? Wenn es so kommt, wären mit einem Schlag alle Autobahnen privatisiert, und so kann man das nun Branche für Branche weiterdenken. In Zukunft wird dann nicht mehr die PKW-Maut für hitzige politische Diskussionen sorgen, sondern wir zahlen irgendeinen smarten XXL-Mobiltarif inklusive Bord-Entertainment, der natürlich nicht die Staatskasse füllt, sondern die Milliardenbeträge deutscher Autofahrer auf die Konten von Google oder Amazon spült. Wenn wir aber die komplette digitale Infrastruktur privatisieren und damit auch die ertragreichsten Marktplätze und Industriegebiete den Internet-Konzernen überlassen, wie und auf was will der Staat denn dann noch Einfluss ausüben? Eben! Der smarte Staat ist dann ein Unternehmen geworden – oder umgekehrt – und die Idee der freien Marktwirtschaft zu einer neofeudalen Ökonomie mutiert – in der wir absolut prime und bei hoher Kundenzufriedenheit ganz bequem leben dürfen. Jedenfalls solange wir bezahlen. Eine schöne neue Zukunft, auf die wir uns da gerade einlassen.

Das Problem mit der Digitalisierung ist am wenigsten eine Frage der Technologie. Viel wichtiger wäre doch zu klären, was Digitalisierung eigentlich mit uns selbst macht, mit unserer Gesellschaft und der Demokratie. Warum gibt es keine öffentlich getragenen Rechenzentren, also die Industriegebiete der smarten Welt, wo sich Unternehmen und Start-ups ansiedeln können, deren Gewinne dann auch wieder in die öffentlichen Kassen fließen? Wenn uns Gemeinschaft und Online-Community wichtig sind, warum organisieren wir dann keine sozialen Netzwerke, die nicht mit Werbung durchsetzt sind und wo der Datenschutz einer demokratischen Kontrolle unterliegt? Sicher kann man da einwenden, dass so viel Nähe zum Staat selbst in unserer tollen Demokratie heikel ist. Aber unsere Persönlichkeitsprofile einfach weiterhin bei Google, Facebook oder Amazon abzugeben kann auf Dauer auch nicht die Lösung sein. Wer weiß denn schon, ob und wann sich in der Secret Cloud der CIA auf den Amazon-Servern eine Tür öffnet, um schnell mal einen Blick auf über 300 Millionen Kundendaten zu werfen? Worauf das dann hinausläuft, kann man sehen, wenn man mal kurz in Richtung China blickt. 2020 möchte die chinesische Regierung dort flächendeckend mit ihrer »Citizen Score« starten, dem alles überwachenden Sozialkredit-System, das sich gerade in der Testphase befindet. Jeder Bürger erhält ein Punktekonto, auf das bei Wohlverhalten Bonuspunkte auflaufen, für die man sich dann Vorteile sichern kann, wie verbilligte Flugreisen, günstige Kredite oder auch Aufstiegschancen im Beruf. Man kann aber auch mit Punktabzügen bestraft werden, wenn man beim Überqueren einer roten Ampel erwischt wird, zu viele alkoholische Getränke auf die Ladentheke stellt oder regierungskritisches Verhalten an den Tag legt. Da ist dann schnell Schluss mit den Vergünstigungen und den Karrierechancen. Um diese vielen Daten zu analysieren, arbeitet die Regierung natürlich mit den großen Tech-Unternehmen zusammen, also zum Beispiel mit Alibaba, dem chinesischen Amazon. Alibaba ist – allerdings mit weitem Abstand – der einzige ernstzunehmende Amazon-Konkurrent und wurde von Jack Ma gegründet, der sich gerade von der Firmenspitze verabschiedet hat, um sich fortan philanthropischen Aufgaben zu widmen. Und Alibaba bietet im Grunde alles, was auch Amazon im Angebot hat: ein riesiges Onlinekaufhaus und inzwischen auch Shopping-Malls, in denen die Kunden mit Alipay bezahlen, dem mit mehr als 500 Millionen Nutzern weltweit größten Onlinebezahlsystem. Natürlich von Jack Ma und seiner Firma Ant Finance entwickelt. Früher nannte man ja die chinesischen Arbeiter, die Mao nach der Kulturrevolution in einheitliche blaue Arbeitsanzüge gesteckt hat, damit sie schön uniform für Staat und Partei schuften können, blaue Ameisen. Heute zahlen die Chinesen via Ant Finance eben bei Ma ein. Und können sich dann auch Bonuspunkte bei Sesam Credit sichern, dem von Alibaba entwickelten Profiling-System, das Kundenwohlverhalten beim Konsum und die Nutzung möglichst vieler Alibaba-Dienstleistungen honoriert. Kombiniert mit dem staatlichen Punktesystem kann man dann jedem einzelnen Bürger noch besser dabei helfen, die richtigen Entscheidungen zu treffen. Und wer sich partout nicht helfen lassen will, der wird eben mit einem Klick aus dem System gekickt. Konto dicht und aus die Maus. So kann es kommen in der Zukunft, auf die wir uns gerade einlassen.

Jetzt ist aber mal gut mit den Horrorgeschichten. Wir leben ja schließlich in einer Demokratie, in der die Bürger- und Freiheitsrechte durch die Politik geschützt werden. Wobei man, wenn man sich unser aktuelles politisches Personal so anschaut, schon seine

Zweifel kriegen kann. Das Rückgrat, mit dem sich die Politiker im aktuellen Dieselskandal den Autobossen entgegenstellen, die Millionen Autokäufer beschissen und belogen haben, spricht Bände. Statt, wie man das erwartet hätte, mal auf den Tisch zu hauen und zu sagen, »So, Freunde, geht es aber nicht, ab morgen werden alle Dieselkarren umgerüstet, und zwar dalli«, passiert drei Jahre erst mal gar nichts. Und wenn wir jetzt Glück haben, springt für die geprellten Kunden eine Umtausch-Prämie heraus. Also ein Rabatt dafür, dass man sein voll funktionsfähiges Auto austauscht und sich dann bei dem Dealer, der dich gerade schon einmal böse übers Ohr gehauen hat, für viel Geld ein neues Auto kauft. Also ein Konjunkturprogramm für eine echte Gangsterbande. Klimaschutz und nachhaltiges Wirtschaften sieht irgendwie anders aus, denn eines dürfte ja klar sein: Die Dreckdiesel, die hier dann aus dem Verkehr gezogen werden, stinken dann in Osteuropa oder Afrika noch munter ein paar Jahre weiter. Ganz ehrlich, mit dieser Einstellung können wir Jeff Bezos und Kollegen nun wirklich nicht erklären, wie faires Business in der digitalen Welt funktioniert. Also müssen wir uns für den Anfang eben selbst drum kümmern.

Wenn morgen schon mal die 17 Millionen Amazon-Prime-Kunden in Deutschland ihr Abo kündigen, dann sind das monatlich 136 Millionen Euro weniger in den Kassen bei Amazon. Oder wenn nur die rund 44 Millionen deutscher Kunden einfach sagen: »Schnauze, Alexa, und Tschüss, Amazon!« Ein derart überzeugendes Statement würde ganz sicher auch Jeff Bezos nicht unbeeindruckt lassen. Na gut, das wird nicht passieren. Aber warum eigentlich nicht? Denn wenn wir weiter heiter und bedenkenlos bei Amazon einkaufen, dann legitimieren wir all diese fragwürdigen Entwicklungen. Wir akzeptieren, dass von den 174 Milliarden Dollar Jahresumsatz, die Amazon 2017 gemacht hat, mal eben schlappe drei Milliarden als Gewinn übrigbleiben, für die es nach Luxemburger Steuermodell dann ziemlich sicher auch noch eine fette Steuerrückzahlung gibt. Wir akzeptieren, dass für unsere Billigbestellungen die weltweit 560 000 Amazon-Mitarbeiter zum größten Teil schlecht bezahlt und menschenunwürdig behandelt werden. Wir akzeptieren, dass wir nicht wissen, welche Daten Amazon von uns sammelt, analysiert und speichert. Wir akzeptieren, dass Amazon seine Rechenzentren fast ausschließlich mit dreckigem Kohlestrom befeuert. Und was eigentlich das Schlimmste wäre, wenn wir weiter bei Amazon auf Kaufen klicken – Jeff Bezos könnte denken: »Ist doch alles super, wie es ist. Die Leute finden das doch alles toll, was ich mache und Amazon bietet. Die lieben doch alle ihr bequemes und smartes Leben.«

Okay, wenn das so ist, dann haben wir ja gar kein Problem. Aber nicht vergessen: Die Zukunft, auf die wir uns einlassen, ist die Gegenwart, in der wir leben werden.

Auszug aus Bröckers, Johannes (2018): *Schnauze, Alexa! Ich kaufe nicht bei Amazon*, S. 31–54, 63–74.

Hunger in Zeiten der Krise

von Jean Feyder

Alle sechs Sekunden. Alle sechs Sekunden verhungert ein Kind. Tag für Tag sterben 25 000 Menschen an den Folgen von Hunger und Unterernährung – neun Millionen im Jahr. Die Zahl der weltweit Hungernden hatte schon im Jahr 2009 erstmals die Milliardengrenze überschritten. Jeder sechste Mensch auf der Welt ist nicht in der Lage, sich angemessen zu ernähren. Das grundsätzlichste ihrer Menschenrechte wird Tag für Tag mit Füßen getreten. Für die reiche Welt, für Europäer, Amerikaner und andere ist die Botschaft eindeutig: Wir werden unserer Aufgabe in der Welt und für die Welt nicht gerecht.

Es ist nicht so, dass wir uns in der Vergangenheit der sich anbahnenden Hungertragödie nicht bewusst gewesen wären. Es ist nicht so, dass wir tatenlos der Verbreitung von Armut und Hunger zusehen würden. Und es ist auch nicht so, dass wir im Kampf gegen den Hunger auf der ganzen Linie versagt hätten. Immerhin ist die Zahl der Hungernden zwischen 1970 und 1995 um fast 100 Millionen gesenkt worden. Immerhin ist die Kindersterblichkeit seit 1990 um 28 Prozent zurückgegangen. Außerdem wurden zwischen 1996 und 2006 die Voraussetzungen dafür geschaffen, um 34 Millionen afrikanischen Kindern den erstmaligen Schulbesuch – ein Menschenrecht – zu ermöglichen.

Die Industrieländer leisten pro Jahr Entwicklungshilfe von 100 Milliarden Euro. Die Europäische Union hat im Jahr 2005 – unter Luxemburger Ratsvorsitz – beschlossen, ihr entwicklungspolitisches Engagement in zwei Etappen zunächst auf 0,56 und dann auf 0,7 Prozent ihres nationalen Reichtums anzuheben. Aber es trifft eben auch zu, dass wir Jahr für Jahr mehr als eine Billion

Euro – eine Billion! – für Militärausgaben bereitstellen. Und es ist ebenfalls so, dass die globale Finanz- und Wirtschaftskrise seit 2007 ungezählte Menschen in Afrika und Asien in die Greifarme des Hungertodes getrieben hat.

Dieser trotz jahrelanger Anstrengungen erschütternde Rückfall führt uns vor Augen, dass Hunger, dass das Grundbedürfnis Nahrung auch in Zeiten der Globalisierung, welche immer mehr Länder in die internationale Wirtschaftsentwicklung eingebunden hat, nicht nur immer noch eine Sorge, sondern ein brennend wichtiges Thema ist. Fragen wie jene, warum gerade einige der ärmsten Länder der Welt, warum gerade Afrika im Abseits der Vorzüge der Globalisierung bleibt, von den Nachteilen aber hart getroffen wird, sind, auch angesichts sichtbarer Erfolge, in den letzten Jahren stärker in der Vordergrund gerückt. Nicht nur in der öffentlichen Debatte, auch in der Zielsetzung der westlichen Entwicklungshilfe – ein Ausdruck, den ich nicht mag, ich spreche lieber von einem Angebot zur Zusammenarbeit an die Entwicklungsländer – ist die Frage der Ernährung, also der Landwirtschaft, vernachlässigt worden. Dieser trotz jahrelanger Anstrengungen erschütternde Rückfall führt uns vor Augen, dass Hunger, dass das Grundbedürfnis Nahrung auch in Zeiten der Globalisierung, welche immer mehr Länder in die internationale Wirtschaftsentwicklung eingebunden hat, nicht nur immer noch eine Sorge, sondern ein brennend wichtiges Thema ist. Fragen wie jene, warum gerade einige der ärmsten Länder der Welt, warum gerade Afrika im Abseits der Vorzüge der Globalisierung bleibt, von den Nachteilen aber hart getroffen wird, sind, auch angesichts sichtbarer Erfolge, in den letzten Jahren stärker in der Vordergrund gerückt. Nicht nur in der öffentlichen Debatte, auch in der Zielsetzung der westlichen Entwicklungshilfe – ein Ausdruck, den ich nicht mag, ich spreche lieber von einem Angebot zur Zusammenarbeit an die Entwicklungsländer – ist die Frage der Ernährung, also der Landwirtschaft, vernachlässigt worden. […]

Im reichen Westen wurde die Landwirtschaft auf ihren nur noch geringen Anteil am Bruttonationaleinkommen reduziert. Dies war und bleibt ein grundlegender Irrtum. Die Landwirtschaft ist nicht die Spielwiese der Bauern, sie ist die Grundlage unserer Ernährung. Dies wurde von zu vielen vergessen. Wir haben zugelassen, ja es zum Teil gefördert, dass Lebensmittel wie jedes andere banale Konsumprodukt den kalten Regeln des absoluten Marktes unterworfen wurden. Wir haben zugelassen, dass die Finanzmarktjongleure mit ihren perversen Spekulationsgeschäften aus reiner Gier die Preise von Nahrung heute in die Höhe schießen lassen können und morgen jene von Agrarprodukten aus Entwicklungsländern in den Keller fallen lassen können, ohne auch nur mit der Wimper zu zucken. Mit einigen kurzen Mausklicks an einem Computerschirm in einem klimatisierten Großraumbüro stehlen einige wenige in Sekunden mehreren Millionen die Lebensgrundlage. Dies als Kollateralschaden einfach in Kauf zu nehmen ist das Gegenteil einer ethisch fundierten Marktwirtschaft. Es ist nicht nur verwerflich, es ist ganz einfach kriminell. […]

Die Nahrungskrise des Jahres 2008

»Die Haitianer müssen Schlammkekse essen«, titelte die Schweizer Zeitung *Le Temps* am 17. Februar 2008. Es handelte sich dabei um Kekse, die aus Wasser, Öl, Salz und Lehmerde hergestellt wurden. Dies war auf dem Höhepunkt der weltweiten Ernährungskrise, die Anfang des Jahres 2008 begann. Vom März 2007 bis zum März des Jahres 2008 stiegen die Weltmarktpreise der wichtigsten Getreidesorten stark an. Weizen wurde um 130 Prozent, Soja um 87 Prozent, Reis um 75 Prozent und Mais um 31 Prozent teurer. Dieser Höhenflug der Nahrungsmittelpreise traf besonders die schwächeren Schichten in den Städten der Entwicklungsländer hart, die einen Großteil ihrer Einkünfte für ihre Ernährung ausgeben müssen.

Von Abidjan bis Port-au-Prince, von Kairo bis Dakar brachen überall auf der Welt Aufstände aus. Es gab Demonstrationen, die manchmal gewaltsam aufgelöst und unterdrückt wurden. Vor den

Präsidentenpalästen strömten die Menschen zusammen, etwa in Haiti, wo der Präsident sogar zum Rücktritt gezwungen wurde. Die Ernährungskrise löste politische Krisen aus, die die gesamte internationale Gemeinschaft erschütterten. In Bangladesch gingen etwa 20000 Textilarbeiter auf die Straße, um gegen den schwindelerregenden Anstieg der Lebensmittelpreise zu protestieren und höhere Löhne zu fordern. Darüber hinaus fanden in Bolivien, Peru, Mexiko, Indonesien, Äthiopien, Pakistan, Usbekistan, Thailand, dem Jemen und auf den Philippinen Demonstrationen und Streiks statt, die die jeweilige politische Führung dieser Länder immer mehr beunruhigten. Die weltweite öffentliche Meinung war überrascht und alarmiert.

Wie ließ sich auch verstehen, dass am Anfang des 21. Jahrhunderts der Hunger zurückgekehrt war? Experten, Journalisten und Wirtschaftswissenschaftler machten sich in aller Eile auf die Suche nach den Erklärungen und Gründen für dieses erstaunliche Phänomen.

In der zweiten Hälfte des Jahres 2008 fielen die Lebensmittelpreise wieder, um sich danach zu stabilisieren. Auch die gesellschaftlichen und politischen Spannungen schwächten sich daraufhin ab. Allerdings blieben in zahlreichen Ländern die Preise auf einem höheren Stand als vor der Krise, die deshalb dort auch noch lange nicht beendet ist.

Ende des Jahres 2008 schätzte die FAO, dass noch 33 Länder in der Krise steckten. In einigen habe sie sich in den Monaten davor sogar noch verschärft.[1]

Nach Schätzungen der UNO könnten seit 2006 auf Grund des Anstiegs der Nahrungsmittelpreise mehr als 120 Millionen Menschen unter die Armutsschwelle von einem Dollar pro Tag gerutscht sein. Am meisten gefährdet waren dabei die Einwohner Südasiens und Schwarzafrikas. Tatsächlich wurden die Fortschritte, die man seit Anfang der 1990er Jahre auf dem Gebiet der Hungerbekämpfung gemacht hatte, als der Prozentsatz der Unterernährten an der Gesamtbevölkerung von 20 Prozent in den Jahren 1990–1992 auf 16 Prozent in den Jahren 2004–2006 gefallen war, hauptsächlich durch die höheren Nahrungsmittelpreise wieder zunichte gemacht. Gegenwärtig gibt es in der Welt mehr als eine Milliarde Unterernährte.[2]

Die Wirtschafts- und Finanzkrise verschlimmert das Hungerproblem

Die im Jahr 2008 ausgebrochene Wirtschafts- und Finanzkrise, die sich auch im Jahr 2009 fortsetzte, traf nicht nur die Industrie-, sondern auch die Entwicklungsländer. Letztere mussten mit einem Rückgang des Wachstums, der Ausfuhren, Investitionen, der staatlichen Entwicklungshilfe und der Geldzuflüsse fertig werden. Gerade das Einkommen und die Kaufkraft der Ärmsten wurden auf diese Weise stark gesenkt. Die FAO stellt fest, dass in den städtischen und ländlichen Gebieten die verschiedenen Einkommensquellen trotz des erst kürzlich erfolgten Rückgangs der Lebensmittelpreise stark abgenommen haben. Dies habe weltweit die Kaufkraft der Armen reduziert, was wiederum zu einem Anstieg der Zahl derjenigen geführt habe, die unter Ernährungsunsicherheit litten.

Ende 2008 lagen die Preise der Grundnahrungsmittel inflationsbereinigt durchschnittlich immer noch 17 Prozent höher als zwei Jahre zuvor. Dies führte zu einer starken Abnahme der realen Kaufkraft der ärmsten Verbraucher, die einen beträchtlichen Teil ihres Einkommens für Grundnahrungsmittel ausgeben müssen.[3] [...]

Alle Analysten dieses Problems sind übereinstimmend der Meinung, dass die Spekulation bei der plötzlichen Erhöhung der Lebensmittelpreise im Jahr 2008 eine äußerst wichtige Rolle spielte. Auch hier begegnen wir dem immer wiederkehrenden Phänomen der Spekulationsblase an den Börsen- und Immobilienmärkten, das sich kaum ein Jahr später wiederholen und die gegenwärtige allgemeine Finanz- und Wirtschaftskrise auslösen sollte.

Laut der *New York Times* vom 22. April 2008 führte der Anstieg der Grundnahrungsmittelpreise unmittelbar zu einem Boom, der eine »Flut neuer Wall-Street-Investitionen in Gang setzte, die auf mindestens 300 Milliarden Dollar geschätzt werden«.

Für den kanadischen Professor für Wirtschaftswissenschaften an der Universität Ottawa, Michel Chossudovsky, Direktor des »Centre for Research on Globalization«, ist die Eskalation der Nahrungsmittelpreise zum großen Teil das Ergebnis von Marktmanipulationen und Börsenspekulationen auf den Rohstoffmärkten. Spekulative Weizen-, Reis- oder Maisgeschäfte werden ohne jeden realen Hintergrund abgewickelt, was wiederum zu einer starken Preisvolatilität führt.[4]

Für die FAO und die UNCTAD (United Nations Conference on Trade and Development / Konferenz der Vereinten Nationen für Handel und Entwicklung) verursachen die Finanzinvestitionen in diese Grundnahrungsmittel auf den Märkten starke Preisschwankungen.

In seiner Rede zur Lage der Nation hat der damalige luxemburgische Premierminister Jean-Claude Juncker im April 2008 diese Spekulationsgeschäfte recht eindeutig verurteilt. Olivier De Schutter, der UN-Sonderbeauftragte für das Recht auf Nahrung, sprach von »gesellschaftlicher Verantwortungslosigkeit«.

Was tun?

Die Finanz- und Wirtschaftskrise seit 2008 geht mit einer tiefgreifenden sozialen Krise einher und wirkt sich anhaltend auf die meisten Volkswirtschaften und Gesellschaften aus. Sie verschärft die Krise eines Systems, das bereits in die Ernährungskrise, die Energiekrise und die Klimakrise geführt hat. Eine Suche nach alternativen Entwicklungsstrategien erhält so neue Dringlichkeit.

Einige der Paradigmen, die das neoliberale Wirtschaftsmodell der letzten Jahrzehnte geprägt und die die Entwicklungspolitik weitgehend bestimmt haben, stehen vollends in Frage. Jetzt bietet sich die Chance, dieses Modell durch einen pragmatischen Ansatz zu ersetzen. Hier sollte eine neue, breite Debatte geführt werden, wie eine neue Entwicklungspolitik organisiert und von welchen Akteuren sie getragen wird.

Die Entwicklung eines jeden Staates muss vor dem Hintergrund der Grundwerte und der Kultur der jeweiligen Gesellschaft konzipiert werden und sollte auf ihnen aufbauen. Dabei stehen insbesondere die Achtung der Menschenrechte, soziale Werte sowie Gerechtigkeit und Solidarität im Mittelpunkt. »Wer sind wir?«, fragte sich der burkinische Historiker Joseph Ki-Zerbo und warnte die Afrikaner vor den Gefahren blinder Nachahmung anderer Länder inklusive deren Konsumschemas.

Dabei kommt der Bildung mit Blick auf die Entwicklung im Allgemeinen und die Wirtschaftsentwicklung im Besonderen eine sehr große Rolle zu. So sind Fortschritte in der Wirtschaftsentwicklung häufig eher eine Folge als eine Ursache der Alphabetisierung.[5] Chinas Wirtschaftsboom erklärt sich dem indischen Wirtschaftswissenschaftler Amartya Sen zufolge aus den bereits erzielten gesellschaftlichen Erfolgen, auf die sich das Riesenreich bei der Einführung der Marktwirtschaft stützen konnte. Bei der wirtschaftlichen Neuausrichtung 1979 war die Alphabetisierungsrate insbesondere unter den Jüngeren bereits sehr hoch und das Schulsystem auf dem Staatsgebiet flächendeckend verbreitet.[6] Auch Vietnam verdankt seine augenblickliche bemerkenswerte Wirtschaftsentwicklung einem längst etablierten Schulsystem.

Ökonomie muss nicht neu erfunden wurden. Ihre Geschichte gibt nützliche Antworten vor. Jede neue Entwicklungsstrategie muss auf einer Reihe von Prinzipien gründen, die sich bewährt haben und die Lehren aus den vielfältigen Krisen widerspiegeln.

Lehre 1: Eine aktive Rolle des Staates bei der Entwicklung

Die Finanz- und Wirtschaftskrise stellt die Grundprinzipien des vorherrschenden neoliberalen Wirtschaftsmodells in Frage. Sie zeigt, dass sich der Markt nicht selbst regulieren kann und der Marktfundamentalismus in die Sackgasse führt und dass deshalb staatliche Eingriffe und Regulierungen notwendig sind. Mit massiven Eingriffen mussten die Regierungen der entwickelten Länder das Banken und Finanzsystem vor dem Kollaps bewahren und ihre Wirtschaften mit gewaltigen Konjunkturprogrammen wieder ankurbeln. Damit steht auch die keynesianische Politik erneut auf der Tagesordnung.

Drei Jahrzehnte lang wurden die Entwicklungsländer zum Rückzug des Staates aus der Wirtschaft, zur Privatisierung, Deregulierung und zur Liberalisierung der Wirtschaft mit dem Argument ermuntert, dass der Markt die entstehende Lücke viel effizienter ausfüllen würde. Diesen Weg gingen zahlreiche Staaten insbesondere in Afrika und Lateinamerika, während die Länder Asiens eher Vorsicht walten ließen.

Mehrere Jahrzehnte lang mussten die Regierungen der Entwicklungsländer vielerlei Krisen und Herausforderungen bewältigen, etwa hinsichtlich der Armut, Schuldenfrage, Ernährungskrise, Krankheiten, Klimaveränderungen und so weiter. Welche Rolle kommt dem Staat unter solchen Rahmenbedingungen zu?

In seinem Bericht 2009 zu den am wenigsten entwickelnden Ländern plädiert die Konferenz der Vereinten Nationen für Handel und Entwicklung (UNCTAD) dafür, dass der Staat bei der Entwicklung eine aktive Rolle spielt. Er hat dabei vier Aufgaben zu erfüllen: eine Vision für die Entwicklung präsentieren, den Ausbau von Institutionen und Organisationen im Wirtschaftssystem fördern, für die Koordinierung der Wirtschaftstätigkeit sorgen und die Bewältigung von Konflikten sicherstellen.[7]

Der Staat muss volle Verantwortung für die Entwicklung übernehmen und je nach den nationalen Prioritäten Anreize für Investitionen setzten und diese in die richtigen Kanäle leiten. Staat und Markt brauchen ein neues Gleichgewicht, das den alten Gegensatz zwischen »staatlichem Dirigismus« und »reiner Marktwirtschaft« überwindet.[8]

Als eine Priorität muss der Staat in seiner Entwicklungspolitik die Produktivitätssteigerung in der Landwirtschaft und den Aufbau industrieller Aktivitäten mit geeigneten politischen Maßnahmen fördern. Er muss sich für den Ausbau der Produktionskapazitäten in den verschiedenen Wirtschaftsbereichen einsetzen – all dies unter Beachtung der Grundregeln der Guten Regierungsführung (Good Governance): Mitbestimmung, Gerechtigkeit, Verantwortung, Transparenz und Effizienz.[9]

Dabei muss jeder Staat sein Modell an die jeweiligen eigenen Rahmenbedingungen und speziellen Verhältnisse anpassen. Ein universell gültiges Modell kann es nicht geben.

Lange Zeit hat die Weltbank ihre Hilfe für arme Länder an die Bedingung geknüpft, dass diese zustimmen, einen Teil ihrer Verwaltung – auch im Agrarsektor – aufzugeben. Heute vertritt sie den Standpunkt, dass »sich die unsichtbare Hand des Staates manifestieren und für wichtige öffentliche Güter sorgen muss«. Die Grüne Revolution, die sie in den 1960er und 1970er Jahren in allen Entwicklungsländern gefördert hat, verdankte der unsichtbaren Hand der Märkte eher wenig. Im Gegenteil wurde diese von der gut sichtbaren Hand der Staaten, insbesondere von der amerikanischen Regierung, vorangebracht. Aber auch der eigene Staat der betreffenden Länder spielte beim Erfolg dieser Revolution eine bedeutende Rolle. So subventionierte beispielsweise Indien ohne Scheu Düngemittel und Saatgut, hielt die Agrarpreise stabil und erleichterte den Bauern den Zugang zu Krediten. Zahlreiche Länder Asiens, darunter China, orientierten sich an diesem Beispiel, so dass der am dichtesten besiedelte Kontinent der Erde seine wachsende Bevölkerung weitgehend ernähren kann.[10]

Lehre 2: Die Produktionskapazitäten ausweiten – eine zentrale Frage

Jede Gesellschaft benötigt für ihren Bestand und ihr Fortkommen ein wirtschaftliches und politisches System, mit dem sich Güter erzeugen und Dienstleistungen bereitstellen lassen, welche die Grundbedürfnisse der Bevölkerung befriedigen. Als vordringliches Ziel ist es daher notwendig, dass die armen Länder schrittweise Grundstrukturen für die verschiedenen Wirtschaftsbereiche entwickeln: in der Landwirtschaft, der Industrie und in den Dienstleistungen. Hier müssen Kapazitäten auf- und ausgebaut werden, wobei dieser Prozess während der gesamten Aufbauphase durchaus von zentraler Bedeutung ist. Produktionskapazitäten sind in diesem Kontext nicht deckungsgleich mit Exportkapazitäten zu verstehen. Es geht gleichzeitig auch um die Entwicklung von Humanressourcen: Ohne mehr Beschäftigung führt die Ausweitung von Produktionskapazitäten nicht zur Verringerung von Armut.

Bei der Finanzierung dieser Produktionskapazitäten fällt dem Staat eine wichtige Rolle zu. Es ist nötig, dass ausländische Hilfen und benötigte Schuldenerlasse so erteilt werden, dass die armen Staaten uneingeschränkt die Möglichkeiten behalten, ihre Entwicklung selbst aktiv zu fördern. So können sie durch staatliche Maßnahmen Kredite für Investitionen billiger und leichter zugänglich machen, indem sie etwa entsprechende Anreize für private Geldhäuser setzten oder über öffentliche Banken selbst günstige Kredite vergeben. Darüber hinaus bildet der Ausbau der Produktionskapazitäten auf absehbare Zeit die Grundvoraussetzung dafür, dass die nationalen Ressourcen beschleunigt mobilisiert, die Abhängigkeit von Hilfen verringert, die Spielräume der Staatshaushalte vergrößert und so die Jahrtausendentwicklungsziele erreicht werden können.

Lehre 3: Der Landwirtschaft wieder den Vorrang geben

Im Kampf gegen Hunger und Mangelernährung muss jede Strategie der Entwicklungsländer, insbesondere der ärmsten, der Landwirtschaft Priorität einräumen.

Lehre 4: Eine Industriepolitik aufbauen

Der UNCTAD-Bericht von 2009 über die am wenigsten entwickelten Länder zieht eine negative Bilanz im Hinblick auf die Industriepolitik, die dort bislang betrieben wurde. Er sieht eine Ursache dafür, dass die meisten dieser Länder noch immer eine schwache Industrieproduktion ausweisen, in der strikten Liberalisierungspolitik des IWF und der Weltbank. Selbst in den Zeiten, in denen große Investitionen getätigt wurden und es zu einem starken Wirtschaftswachstum kam, erlebte das produzierende Gewerbe insbesondere in den Ländern Subsahara-Afrikas keinen nennenswerten Aufschwung. Die entstehenden Industrien dort konnten sich nicht stabilisieren und neue sich nicht entwickeln. Die ab den 1980er Jahren durchgeführten marktliberalen Wirtschaftsreformen verfehlten weitgehend ihr Ziel, die strukturellen Schwächen zu überwinden. Nach wie vor fehlt in den ärmsten Entwicklungsländern eine nationale Industrie in großem Maßstab.[11]

Der UNCTAD-Bericht empfiehlt zur Abhilfe folgende Industriepolitik: Zu unterstützen ist »jeder strategische Eingriff, der eine Strukturveränderung fördert und Anreize zu einem wirtschaftlichen Umbau hin zu dynamischeren Aktivitäten mit höherer Wertschöpfung schafft«. Dazu brauchen die ärmsten Entwicklungsländer ausreichend Zeit und Spielräume, um eigene Prioritäten zu setzen und festzustellen, mit welchem Paket an Maßnahmen sie diese am besten erreichen.

Zwischen der Landwirtschaft, der Industrie und dem Dienstleistungssektor gibt es vielfältige enge Verflechtungen. In der Wertschöpfungskette liegen vor und hinter der Landwirtschaft nichtagrarische Gewerbe, von denen zahlreiche Menschen leben. Afrikas Haushalte auf dem Land ziehen zwischen 40 und 45 Prozent ihrer Einkommen aus nichtagrarischen Erwerbsquellen. So gibt es beispielsweise Händler, die die Bauern mit Rohstoffen (Saatgut, Düngemittel, Ausrüstungsgüter und so weiter) beliefern, und es gibt Unternehmer, die die landwirtschaftlichen Erzeugnisse weiterverarbeiten für eine ländliche und städtische Nahrungsmittelindustrie. Darüber hinaus sind verschiedene Dienstleistungsgewerbe (Transport, öffentliche Küchen, Verkaufsbuden, Mikrokreditgeschäfte und Ähnliches) eng mit dem Agrarsektor verflochten. Die Aktivitäten und das Gedeihen dieser ländlichen Gewerbe hängen stark von der Landwirtschaft und dem Einkommen der Bauern ab – vor allem mit Blick auf deren Löhne.[12]

Lehre 5: Die armen Länder müssen ihre Märkte schützen dürfen

In seinem Buch *How rich countries got rich … and why poor countries stay poor* (dt. *Wie die reichen Länder reich wurden … und warum die armen Länder arm bleiben*)[13] zeigt der norwegische Ökonom Erik Reinert, dass in den reichen Ländern der Staat und die Führungseliten über Jahrzehnte und sogar Jahrhunderte hinweg ihre Industrien und wachstumsstarken Dienstleistungen aufgebaut, subventioniert und protegiert haben. Erst nach dieser erfolgreichen Phase, die alle durchliefen, wurde eine freie Marktwirtschaft wünschenswert. In Zeiten der Globalisierung ist ein solcher Prozess nicht mehr möglich, der für die heutigen entwickelten Länder in ihrer Geschichte unverzichtbar war, wobei die ärmeren Länder stets dazu geführt wurden, die wirtschaftlichen Strukturen der reichen nachzuahmen.

In seinem Buch *The Myth of Development* (dt. *Der Entwicklungsmythos*) von 2001 geht der peruanische Diplomat Oswaldo De Rivero für das ausgehende 20. Jahrhundert von über 140 »nicht entwickelten« Ländern aus, zu denen er auch sein eigenes zählt. Auch er stellt fest, dass die reichen Länder in ihrer Entwicklungsphase ihre jungen Industrien förderten und schützten und technische Neuerungen anderer Länder nachahmten, die heute unter den Schutz des geistigen Eigentums fallen würden. Entwickeln konnten sich nur diejenigen Länder, in denen der Staat als Unternehmer auftrat und effizient wirtschaftenden Unternehmern im Außenhandel Wettbewerbsvorteile verschaffte. Südkorea, Taiwan und Singapur sind Beispiele für die Förderung und den Schutz einer nationalen kapitalistischen Wirtschaft.[14]

Den Standpunkt, dass entstehende Industrien so lange geschützt werden müssen, bis sie im Wettbewerb mit den etablierten internationalen Wirtschaftsgiganten bestehen können, vertritt auch Joseph Stiglitz.[15] Nach seiner Einschätzung war das Abkommen der WTO zum geistigen Eigentum ein Fehler, der mit der Einrichtung einer neuen Weltorganisation außerhalb der WTO korrigiert werden müsse.[16]

Und Eric Reinert fragt sich, wie es möglich war, dass man 500 Jahre Erfahrung, die man bezüglich des Zusammenhangs von Wohlstand, Zivilisation und den »Aktivitäten der Stadt« – so die treffende Formulierung George Marshalls bei der Ankündigung des Marshallplans – gemacht hatte, so einfach beiseite wischen konnte, noch dazu so einhellig und weltweit.[17] Der Marshallplan wurde mit hohen schützenden Zollschranken zugunsten der nationalen Industrien und mit strengen Regeln zu Geldtransaktionen umgesetzt. Dass Arbeitsplätze langfristig geschützt werden müssen und Devisen eine knappe Ressource sind, galt damals noch als ausgemacht.[18]

In einem Text von 2010, der sich dem Wiederaufbau Haitis widmet, plädieren Richard Kozul-Wright und Piergiuseppe Fortunato für ein Programm, das sich an den Prinzipien des Marshallplans orientiert. »Die schrittweise Liberalisierung des Handels«, so die Autoren, »schützte die europäischen Produzenten vor der US-amerikanischen Konkurrenz und gab ihnen so die Zeit und die Anreize zum Wiederaufbau von Unternehmen, die Güter als Ersatz für die amerikanischen Importe herstellen konnten. Gleichzeitig akzeptierten die USA einen erleichterten Zugang zu ihren Märkten für europäische Exporte. Diese asymmetrische Politik der Liberalisierung steht im Gegensatz zu dem gegenwärtigen Ansatz der EU und der USA, die betont auf eine rasche Öffnung der Märkte in den Entwicklungsländern setzen. Die Palette der politischen Optionen für ihre Entwicklung wird dabei eingeschränkt.«[19]

Dieser Ansatz des Marshallplans zahlte sich in den Jahrzehnten nach seiner Umsetzung nachhaltig aus: Er führte zu einer langfristigen Zusammenarbeit in Politik, Wirtschaft und Handel von Amerikanern und Europäern. Sollte man sich an dem Modell, das folglich beiden Seiten nützte, nicht auch noch heute orientieren? Die Frage stellt sich auch mit Blick auf das Entwicklungsmodell in Asien, insbesondere in Südkorea und Taiwan, die in den 1950er und 1960er Jahren von massiver Unterstützung und ähnlichen Privilegien im Handel profitierten.

Lehre 6: Die Strategie der Jahrtausendentwicklungsziele verbessern

Die acht UN-Jahrtausendentwicklungsziele sind hauptsächlich darauf ausgerichtet, bis zum Jahr 2015 soziale Errungenschaften zu verwirklichen: die Anzahl derjenigen, die von extremer Armut und Hunger betroffen sind, halbieren, allen Kindern eine Primärschulbildung sichern, die Gleichstellung der Geschlechter und die Unabhängigkeit der Frauen fördern, die Kindersterblichkeit senken, die Gesundheitsvorsorge für Mütter verbessern, HIV/Aids, Malaria und andere schwere Erkrankungen bekämpfen, die Umwelt nachhaltig schützen und schließlich eine globale Partnerschaft für Entwicklung aufbauen. Während die Entwicklungsländer aufgerufen waren, die Ziele eins bis sieben zu erreichen, sollten die Industrieländer dafür die notwendigen Finanzmittel aufbringen – mit einer öffentlichen Entwicklungshilfe im Umfang von 0,7 Prozent des jeweiligen Bruttonationaleinkommens.

Auch wenn man das Projekt der Jahrtausendentwicklungsziele eigentlich nur begrüßen kann, erkennt man unschwer, dass es die Politik der Strukturanpassungsprogramme nicht in Frage stellt. Auch hier wird die Schaffung eines weltweiten offenen Wirtschaftsraums propagiert, während die Fragen, wie die Ungleichheiten der Länder beseitigt und Arbeitsplätze geschaffen werden sollen, ausgeklammert bleiben. Was fehlt, sind strategische Zielsetzungen, mit denen die Entwicklungsländer Produktionskapazitäten aufbauen, wirtschaftliche Unabhängigkeit erlangen,

Beschäftigung fördern und irgendwann von Hilfen unabhängig werden können. Mit anderen Worten: Dem Projekt der Jahrtausendentwicklungsziele wird vorgeworfen, dass es nur die Symptome, nicht aber die Ursachen der Armut ins Visier nimmt.[20]

Erik Reinert schreibt, dieser Ansatz ziele hinsichtlich der Armut eher auf Schmerzlinderung als auf die strukturellen Veränderungen ab, die zu einer wirklichen Wirtschaftsentwicklung führen würden. Statt Demokratie und Entwicklung zu fördern, erzeuge er – ungeachtet der edlen Absichten – einen lähmenden Wohlfahrtskolonialismus (»crippling welfare colonialism«), der es den reichen Ländern ermögliche, ihre politische Macht über die armen Länder aufrechtzuerhalten. Mit Blick auf die Bedürftigen der Welt möchte Reinert als Priorität lieber wirtschaftliche Entwicklung als Hilfe für die Armen gefördert wissen und dabei solche Maßnahmen unterstützen, die dem Vorankommen der Armen dienen, und nicht Transferleistungen, die letztlich eine Art verkappten Kolonialismus ausüben.[21]

Im Projekt der Jahrtausendentwicklungsziele ist folglich zu berücksichtigen, dass in den Entwicklungsländern vor allem die Produktionskapazitäten ausgeweitet und dabei möglichst viele Arbeitsplätze geschaffen werden müssen. Erst ein produktiver Apparat und Beschäftigung versorgen eine Bevölkerung wie ihren Staat mit Einkommen. Ohne eine solche Entwicklung sind soziale Errungenschaften wie Bildung, Gesundheit und eine Senkung der Armutsindizes auf Dauer nicht erreichbar. Wer sie nicht fördert, kuriert eher an Symptomen herum, anstatt die tiefer liegenden Ursachen der Armut zu beseitigen.

Lehre 7: Den Finanzsektor regulieren

Um Risiken für das System zu vermeiden, müssen die Finanzmärkte verstärkt reguliert und bei ihrer Überwachung die mikro- und makroökonomischen Aspekte im Auge behalten werden. Das internationale Finanz- und Währungssystem braucht eine tiefgreifende Reform – auch mit einer Neuregelung bei den Stimmrechten und der Vertretung im Internationalen Währungsfonds und in der Weltbank. Auch müssen die Ziele dieser Organisationen verändert und ihre Effizienz gesteigert werden. Reformiert werden muss auch die Führung des IWF, der bei der Vergabe von Finanzmitteln die Interessen insbesondere der ärmsten Entwicklungsländer stärker berücksichtigen muss.[22]

Die Wirtschafts- und Finanzkrise hat einmal mehr die Instabilität des Finanzsektors in zahlreichen Entwicklungsländern gezeigt : Da sie ihre Finanzmärkte weitgehend liberalisiert hatten, verzeichneten sie einen massiven Abfluss von privatem Kapital – insbesondere von Spekulationsgeldern, die dabei eine besonders unberechenbare und gefährliche Rolle spielten. Die Währungen dieser Entwicklungsländer waren häufig plötzlichen Kursstürzen ausgesetzt.

Die Entwicklungsländer haben Interesse daran, sich vor finanzieller Verwundbarkeit zu schützen, von der sie in der Vergangenheit betroffen war. Dies könnte insbesondere durch verstärkte regionale Kooperationen erreicht werden. Chile oder Malaysia betrieben eine beispielgebende Politik, indem sie Geldtransfers ins Ausland strengeren Regeln unterstellten. Entwicklungsländer müssten auch auf diese Gefahren bei der Aushandlung von bilateralen Handelsabkommen achten, die zu weiteren Liberalisierungen im Finanzsektor führen und die Kapitalflüsse begünstigen könnten, die für die Finanzkrise verantwortlich waren.

Lehre 8: Entwicklung nachhaltig gestalten

Unser Planet ist in Gefahr. Dabei bedroht der Klimawandel vor allem die am schwächsten entwickelten Länder, die für ihn am wenigsten verantwortlich sind. Besonders kleine Inseln und Küstenregionen sind dem Anstieg der Meeresspiegel und immer gewaltigeren Orkanen ausgeliefert. Andere Regionen haben unter den Folgen immer verheerenderer Dürren und Überschwemmungen zu leiden. Nach dem relativen Scheitern des Klimagipfels von Kopenhagen müssen neuerliche Anstrengungen unternommen werden, um den Ausstoß von CO_2 mit bindenden Abkommen substanziell zu verringern. Auch müssen sich die reichen Länder verpflichten, den Entwicklungsländern Finanzmittel für die Anpassung an das sich verändernde Klima zur Verfügung zu stellen.

Lehre 9: Die regionale Zusammenarbeit und Integration fördern

Eine regionale Integration und Zusammenarbeit sind notwendig geworden. Die Nationalstaaten, vor allem die kleineren, können sich in einer Welt der rapiden Globalisierung immer schwerer behaupten. Die Wirtschaftlichkeit der großen Mengen ist auf Märkten mit Minimalgrößen nicht zu erreichen. Eine Integration von Regionen fördert Investitionen und den Ausbau lokaler Produktionskapazitäten wie auch die Entwicklung von regionalen Produktionsnetzwerken, die den Binnenhandel innerhalb des Südens stärken können. Deshalb ist innerhalb der Regionen für einen ungehinderten Verkehr von Waren, Dienstleistungen und Menschen zu sorgen. Für ihr effizientes Funktionieren müssen die regionalen Organisationen eng mit ihren Mitgliedsstaaten zusammenarbeiten und über qualifizierte Humanressourcen verfügen. Regionale Organisationen können auch den Aufbau einer gemeinsamen Agrarpolitik fördern, wie sie in den Chartas der Westafrikanischen Wirtschafts- und Währungsunion (UEMOA/Union Économique et Monétaire Ouest Africaine) und der Westafrikanischen Wirtschaftsgemeinschaft (ECOWAS/Economic Community of West African States) vorgesehen sind.

Auszug aus Feyder, Jean (2010): *Mordshunger. Wer profitiert vom Elend der armen Länder?* S. 7–9, 37–40, 103–114.

Aus dem Französischen von Michael Bayer und Enrico Heinemann

Der Globus entgleitet uns

von Peter H. Grassmann

Wir waren mit einer alten Militärmaschine heraufgeflogen. Der Flughafen hier oben war noch im Bau. Demnächst würden es normale Maschinen sein, wenn der große Touristenstrom einsetzte, auf den die bolivianische Regierung hoffte. Denn hier, auf der Hochebene von Uyuni, in 3 700 Meter Höhe, liegt eines der größten Naturwunder der Erde, der größte Salzsee der Welt, der Salar de Uyuni. Ein Grund für die neu ausbrechende Hektik war, dass dessen Salz reich an Lithium ist, sogar eines der größten Vorkommen weltweit. Lithium gilt bekanntlich als das Öl der Elektromobilität, und das löste nun einen wirtschaftlichen Hype aus. Und ein weiterer Grund war der zunehmende Touristenstrom auf der Hochebene.

In einem klapprigen Geländewagen fuhren wir in das nahe gelegene Uyuni, die Hauptstadt der kleinen Provinz, die durch den Boom ihre Einwohnerzahl innerhalb weniger Jahre verdoppelt hatte. Inzwischen leben über 15 000 registrierte Bewohner hier, dazu die nicht registrierten in unbekannter Zahl. Der verfallene Bahnhof, mit zahlreichen dahinrostenden Zügen im »Friedhof der Züge«, erinnert an die Zeit, als hier vor über 100 Jahren eine Garnison gebaut und wenige Jahre lang auf Goldfunde gehofft wurde. Heute präsentiert man die Rosthalde als Museum und vermeidet damit, die verrottenden Waggons entsorgen zu müssen. Immerhin zählt das Bahnmuseum als Sehenswürdigkeit, neben den vielen bunten Märkten der Indios, die alle auf ein bisschen Geschäft hoffen.

Ich kaufte ein kleines in Alabaster geschnitztes Lama, das in ein dünnes braunes Plastiktütchen gesteckt wurde. Diese Tütchen sollten mir gleich noch unangenehm auffallen: Denn als wir aus dem Ort heraus in Richtung Salzsee fuhren, sah ich diese dünnen Tütchen massenweise an dürren Grasresten und Distelhalmen hängen. Es war ein zartes, flattriges Material, so dünn, wie ich es bei uns noch nie gesehen hatte: zwar dünn, aber scheinbar sehr reißfest – wohl das Billigste, was es als Verpackung gab, vielleicht aus irgendeinem Recyclingmaterial hergestellt. Und das hing nun an jedem zweiten oder dritten Halm, die diese windige Hochebene in der Trockenzeit zieren. Kilometerweit war der Zivilisationsmüll übers Land verstreut.

Im Land Rover ging es weiter Richtung See, vorbei an einigen »Hotels«, die aus Salzquadern gebaut waren und als Abenteuerübernachtung besonders beliebt sind. Denn Abenteuerreisen sind hier das große Geschäft, die Erfüllung der Sehnsucht nach unberührter Natur. Und so begegneten uns immer wieder kräftig beladene Geländewagen von Reiseveranstaltern, die von der chilenischen Grenze und der dort liegenden Laguna Colorada kamen, einem anderen Naturwunder, wirklich noch unberührt, das durch seine farbenfrohen Algen und Tausende darin watender Flamingos ebenfalls weltberühmt ist. Tourismus und nun die Lithiumgewinnung aus der 20 bis 30 Meter dicken Salzschicht – das waren und sind die großen Hoffnungen der Bolivianer. Nach einigen Kilometern konnte man rechts am Ufer der riesigen weißen Fläche die Forschungslabors von Mitsubishi und die ersten Fabrikhallen sehen, die bald einen größeren Teil des Sees zerstören würden. Sie wollten wir am nächsten Tag besuchen, aber zunächst ging es noch um Sightseeing.

Vorsichtig fuhr unser Fahrer an den Rand des Salzsees, ein einmaliges Naturwunder. Auf etwa 10 000 Quadratkilometer Fläche, schneeweiß, mit dicker Salzschicht bedeckt und deshalb in der Trockenzeit mit dem Auto befahrbar. Im ersten Moment zögert man, diesem unbekannten Untergrund zu trauen, aber dann ging es los, flott und erwartungsvoll, denn wir wollten »die Insel« erreichen. Immer kleiner wurde der Horizont, bis er schließlich ganz verschwand und nur noch eine weiße wie schneebedeckt wirkende Fläche um uns war.

Nach einiger Zeit tauchte am Horizont erst ein dunkler Punkt auf, der allmählich Konturen einer kleinen Insel annahm. Mitten in dieser Salzfläche ein Stück Land, mit großen Kakteen überwuchert – eine Touristenattraktion, und selbst dort fanden sich diese Verpackungstütchen. Der Unrat war also vom über 50 Kilometer entfernten Festland herübergeweht worden und »zierte« auch hier dieses Naturwunder. Das kleine Restaurant auf der Insel bemühte sich wohl, die Pflanzen sauber und damit die Sehenswürdigkeit attraktiv zu halten, denn etwas abseits standen mehrere Container, die mit eingesammelten Tütchen prall gefüllt waren.

Für mich war es ein Schock, wie so etwas Harmloses wie ein kleines Verpackungstütchen der Indios so einmalige Naturwunder verschandeln kann und wie schwer es sein wird, diese Landschaft jemals wieder davon zu reinigen. Dieses nicht abbaubare Verpackungsmaterial ist eine weitere Sünde, die wir diesem geplagten Land antun. Bereits die Spanier hatten den Westteil Südamerikas wegen seiner Gold- und Silberschätze brutal ausgebeutet, mit harter Fronarbeit der Indios und mit dem gesundheitsgefährdenden Quecksilber als Lösungsmittel.

Die Kultur der Urbevölkerung war allerdings das genaue Gegenteil dieser Brutalo-Umweltzerstörung, die durch Bergwerke und Abraumvergiftung entstand. In der Tradition, die Natur zu schützen, »entschuldigte« sich der indigene Bauer, wenn er mit seinem Pflug Erdreich umgrub und »Mutter Erde« verletzte. Naturschutz war eine der großen Traditionen, ebenso eine saubere, hygienische Lebensweise. Das merkt man heute noch bei Besuchen in abgelegenen Dörfern – im großen Gegensatz zu der Stimmung auf den Märkten in Uyumi, wo die Gier der beginnenden Touristenströme jede Disziplin beseitigt hat und so den achtlos herumliegenden Verpackungstütchen Tür und Tor zur Vermüllung der Landschaft öffnen. Die braunen Fähnchen an den Silberdisteln verkünden heute weithin sichtbar, dass die moderne, zügellose Zivilisation angekommen ist.

Die Vermüllung der Meere

Diesen negativen Eindruck im Kopf, fiel mir einige Monate später ein Vortrag an der Technischen Universität München über die Verschmutzung im Pazifik auf, den Studenten organisiert hatten. Eingeladen war eine Gruppe von Tierfotografen, die in den Pazifik bei Indonesien gereist waren, um Haie abzulichten – die aber vor allem riesige Teppiche von Müll vorfanden. Sie kamen mit erschreckenden Bildern von Schildkröten, Haien und Quallen zurück, die in diesem Plastikzeug ihr Leben gelassen hatten. Und da wir an einer Technischen Hochschule waren, hatte eine Studentengruppe bereits eine Schiffskonstruktion entworfen, um diese riesigen Mengen von Müll aufzusammeln und zu verwerten. Aber in den riesigen Weiten unserer Ozeane erzeugt das kaum mehr als ein Lächeln, zu klein wäre die Konstruktion und wirkungslos.

Das ist nun knapp zehn Jahre her. Weder Politik noch Wirtschaft haben bislang dagegen etwas unternommen, und so ist zwischenzeitlich das Problem der Vermüllung der Meere enorm gewachsen und heute allgemein bekannt. Erstaunlich groß ist die Ratlosigkeit, wie man damit umgehen soll. Die Antwort der EU-Kommission, einen Teil der üblichen Plastikartikel, insbesondere die aus dem Fastfood-Bereich, zu verbieten, scheint eher ein Tropfen auf den heißen Stein. Nicht nur, dass die politischen Maßnahmen zu spät kommen, sie sind zudem völlig unzureichend für die Größe des Problems. Wobei inzwischen klar ist, dass der an der Oberfläche schwimmende Müll nur der »sichtbare« Teil der Katastrophe ist: Der größte Teil wird im Meer zermahlen und schwimmt kleinteilig, teils sogar nur noch als Millionen von Nanoteilchen herum. Er wird von Pflanzen und Fischen aufgenommen und gelangt in unsere Nahrungskette. Leider zeigen neue Forschungen, dass dies nicht nur ein Problem der Meere, sondern auch der Flüsse ist: Gerade Gebirgsflüsse zermahlen mit ihren Kieselsteinen Plastik beliebig klein und führen heute bei Süßwasserfischen zu teils erheblichen Belastungen.

Die fortschreitende Verschmutzung der Meere ist eine ungeheure Generationenschuld, an deren Abwendung wir jetzt erst beginnen zu arbeiten. Sie wird nicht innerhalb einer Generation aus der Welt, sprich aus dem Wasser, zu schaffen sein – wenn wir es überhaupt schaffen. Denn noch fehlt es weltweit an politischem Willen und an entsprechenden Vorgaben. Es scheint das zweite fast unlösbare Problem zu werden, so wie das nun allgemein bekannte Problem des Klimawandels durch die Erwärmung der Atmosphäre.

Lösungen werden auf sich warten lassen, denn die Rolle von Plastik allgemein und insbesondere als Verpackung ist in die heutige Wirtschaft enorm tief eingedrungen. Das Wichtigste ist nun: zu erreichen, dass die europäische Wirtschaft nicht nur auf die Politik wartet, sondern auch von sich aus energische Initiativen ergreift, um Ersatzlösungen und neue Technologien zur Verfügung zu stellen.

Wir dürfen nicht erneut die gleiche Trägheit praktizieren wie beim Klimawandel. Die ersten Hinweise auf die erwärmende Wirkung der CO_2-Anreicherung in der Atmosphäre sind über 100 Jahre alt. Die ersten besorgniserregenden Hinweise auf die Gefahren der Plastikanreicherung in den Meeren gehen erst ein gutes Jahrzehnt zurück, beginnend mit den Gefahren von herumschwimmenden Fischernetzen, dann mit Berichten von todbringenden Plastikfolien und nun mit den Nano- und Mikroteilchen, gegen die die Natur kaum körperlichen Schutz aufgebaut hat. Übrigens: Alles wird berichtet von Umweltorganisationen und Wissenschaftlern, nicht etwa als warnender Hinweis unserer Regierungen. Hoffen wir, dass sich die Gegenmaßnahmen nicht wieder beim Versuch einer weltweiten Übereinkunft festfahren wie beim gescheiterten Versuch, den Klimawandel zu bekämpfen.

Die Verschmutzung der Atmosphäre

Da auf dem Treffen 1992 in Rio alle 146 teilnehmenden Staaten – auch die USA – die Deklaration der Tagung als zunächst unverbindliche Leitlinie unterschrieben hatten, entstand der Optimismus, dass eine weltweit alle Staaten verpflichtende Übereinkunft zum Schutz des Ökosystems möglich wäre. Nicht explizit genannt, aber unmissverständlich angedeutet war das Risiko des Klimawandels. Mit dem Ziel von Vereinbarungen zur Emissionsbegrenzung wurde dazu eine Folgekonferenz in Kyoto geplant, der eine Kette von bisher 23 jährlichen Konferenzen folgte, eine der letzten vor zwei Jahren in Paris.

Dieses Verhandeln zog sich also über 25 Jahre hin und war – wie jeder am fortschreitenden Klimawandel ablesen kann – letztlich erfolglos. Und gerade, weil so viel verhandelt wurde, aber keine wirkliche Emissionsreduzierung in Sicht ist, müssen wir über den Klimawandel reden, müssen wir die Schwächen aufdecken, warum es unserem politischen und marktwirtschaftlichen System nicht gelingt, eine so offensichtliche, todbringende Gefahr zu beherrschen.

1960 lag die weltweite CO_2-Emission noch bei circa zehn Milliarden Tonnen, bei der Konferenz von Rio 1992 lag sie bei circa 20 Milliarden Tonnen und ist nun auf fast 40 Milliarden gestiegen, Tendenz immer noch zunehmend. Eine unheimliche Zahl: 40 000 000 000. Eigentlich unvorstellbar, unheimlich, wenn man versucht, sich die enormen Gasmengen vorzustellen, die hinter diesen Zahlen stecken. Die ungebrochene Zunahme ist schockierend und wirft natürlich die Frage auf, wie es dazu kommen konnte. Tatsächlich ist es ein nicht leicht zu durchschauendes Geflecht von eifrigen, aber behinderten Bemühungen der Vereinten Nationen, mutloser, lobbyabhängiger Politik und einer hinhaltenden Lustlosigkeit der Wirtschaft, die teils ins Kriminelle abgeglitten ist.

Eine unsinnige Zahl verharmlost den Klimawandel

Das 2-Grad-Ziel! Es gilt als die mittlere Erwärmung, die gerade noch vertreten werden kann, ohne weite Teile der Welt ins Chaos zu stürzen. Die mittlere Temperatur auf dem Globus stieg bisher bereits um circa ein Grad, zu 80 Prozent durch die menschengemachte atmosphärische Belastung. Maximal 20 Prozent davon könnten natürliche Ursachen haben, denn natürlich hat das Klima in den letzten 100 000 Jahren mehrere Eis- und auch Warmzeiten durchlaufen. Aber der Großteil der aktuellen Veränderung kommt von der erhöhten Reflexion von Kohlendioxid und weiteren Gasen. Diese reflektieren die Infrarotstrahlung stärker, ähnlich wie die Erwärmung durch das Glas eines Gewächshauses, weshalb man ja auch vom Gewächshaus- oder englisch vom »Greenhouse«-Effekt spricht.

Diese ein, anderthalb oder zwei Grad Erwärmung klingen eigentlich nicht viel – aber es ist eine nur für Wissenschaftler sinnvolle Mittelung, ungeeignet, um die Dimension der eigentlichen Bedrohung zu erfassen. Denn es sind großräumige lokale Veränderungen mit zerstörenden Extremen, regional verteilte »Nadelstiche«, die eintreten werden, kein gleichmäßiger Temperaturanstieg rings um den Globus. Immerhin, als wissenschaftliche Orientierung ist die Zahl nicht sinnlos. Und so wird mit viel Tamtam die Einhaltung dieses 2-Grad-Ziels seit Jahrzehnten beworben, auf zahllosen Konferenzen, auf den Nachfolgetagungen zu Rio und in Büchern, Zeitschriften und Leitartikeln. Der Haken ist nur, dass die Messzahl für die Kommunikation völlig ungeeignet ist und nicht das tatsächliche Geschehen widergibt.

Es ist so, als wollte man bei einer Epidemie die Verschlechterung des Gesundheitszustandes der Bevölkerung mit dem Anstieg der mittleren Körpertemperatur beschreiben. Eine klassische Grippewelle und eine verheerende Ebola-Epidemie, die wenige infiziert, aber für die Betroffenen meist tödlich endet, könnte durchaus zum gleichen mittleren Anstieg der Bevölkerungstemperatur führen.

Allerdings ist das 2-Grad-Ziel eine Bezeichnung, die interessierte Kreise begeistert genutzt haben, um Maßnahmenpläne abzubremsen, gerade weil es so harmlos klingt. Man mag das als ein wissenschaftliches Maß für globale Veränderungen akzeptieren, aber für die Öffentlichkeit ist diese Zahl bedeutungslos, ja irreführend. Sie sagt überhaupt nichts darüber aus, was wirklich passieren wird.

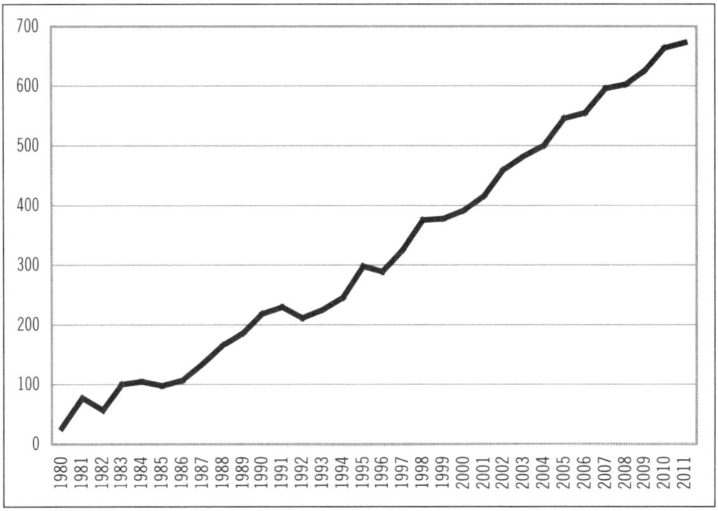

Klimawandelindex (Quelle: IGBP, 2013)

Viel entscheidender und vor allem spürbarer ist die Zunahme der Extreme. Noch viel zu selten finden Zahlen über deren ansteigende Häufigkeit Eingang in die öffentliche Kommunikation: Die der Wirbelstürme und Tornados, der Waldbrände, von Starkregen und Überschwemmungen, von Trockengebieten und der Unbewohnbarkeit weiterer Teile des Sonnengürtels unseres Globus oder auch Gletscherschmelze, Wasserknappheit und Artengefährdung. Man hat versucht, all diese Ereignisse in einem »Klimawandelindex« sichtbar zu machen, und tatsächlich ist die Kurve des International Geosphere-Biosphere Programme (IGBP) erschreckend. Geht man von da 25 Jahre zurück, hat sich der Index versechsfacht! Die extreme Wärmeperiode und die riesigen Waldbrände 2018 und die starke Hurrikansaison 2017 sind deutliche Ausrufezeichen. Die Kurve endet 2011, weil die Addition umstritten war. Stattdessen werden nun von der übernehmenden Nachfolgegruppierung FutureEarth Weltkarten schwerer Extreme in ihren Jahresberichten abgebildet.

Ob ich mich über meine heute so saubere, früher aber nach jeder Autobahnfahrt von Insekten übersäte Windschutzscheibe wundere oder ob ich auf der Zugspitze über den einzigen, aber nun dahinschmelzenden deutschen Gletscher oder in den Skigebieten die Pläne für »die Zeit nach dem Winterschnee« lese – überall sind es scheinbar kleine, aber im Grunde dramatische Anzeichen der laufenden Veränderung. Erwartet wird das alles schon seit Langem – und die Politik war auch anfänglich bereit, darauf einzugehen:

Die Wochenzeitung *Die Zeit* berichtete am 17. Juni 2015 in einem sehr interessanten Rückblick unter der Überschrift »Morgen vielleicht« über die Anfänge der Klimadebatte in der Politik und schrieb:

> »1988 verabschiedete die Generalversammlung der Vereinten Nationen die Resolution 43/53, sie hieß ›Der Schutz des globalen Klimas für die heutige und die künftige Menschheit‹. Die britische Premierministerin Margaret Thatcher warnte damals, die Welt sei dabei, sich in einer ›Hitze-Falle‹ zu verfangen. Der spätere US-Präsident George H. W. Bush versprach im Wahlkampf, er werde dem Treibhauseffekt einen ›White House Effect‹ entgegensetzen. Der deutsche Bundeskanzler Helmut Kohl kündigte einen ›wirksameren globalen Schutz der Umwelt‹ an.«

Kohl dürfte es ernst gemeint haben, denn das Wahlprogramm 1998 liest sich so:

> »Wir wollen die natürlichen Lebensgrundlagen für nachfolgende Generationen bewahren. Das ist Kernanliegen unserer Politik in christlicher Verantwortung. (…) ›Global denken,

vor Ort handeln‹ – das bedeutet, dass Erfolge im Kampf um das ökologische Gleichgewicht auf dieser Erde nur erzielt werden können, wenn jedes Land den ihm zustehenden Beitrag mit den Mitteln nationaler Umweltpolitik erbringt. Wir halten an unserem Ziel fest, die CO_2-Emissionen bis zum Jahr 2005 um 25% zu reduzieren. Wir wollen den Anteil der erneuerbaren Energien an der Stromversorgung – Solarenergie, Wasser- und Windkraft – bis zum Jahr 2010 verdoppeln. Und wir wollen die rasche Einführung des 5- und des 3-Liter-Autos. (…) Wir setzen uns ein für eine europaweit abgestimmte, harmonisierte, aufkommens- und wettbewerbsneutrale Energiebesteuerung.«

Die weltführenden Politiker waren sich also des riesigen Problems des Klimawandels durchaus bewusst und entschlossen, es energisch anzugehen. Das macht noch offensichtlicher, dass der jahrelange Widerstand der Industrie und deren partisanenhaftes Untergraben der politischen Ansätze die Hauptgründe sind, mit denen die heutige Zivilisation zu kämpfen hat.

Die größten Veränderungen sind nicht reversibel

Trotz verheerender Zahlen sind auch die Klimaextreme nur ein Vorgeschmack, wie sehr sich die Lebensbedingungen auf diesem Globus verschlechtern können. Die alarmierendste Aussage steckt in den Kipppunkten klimatischer Gleichgewichte, die weltweit den heutigen Wohlstand und dessen Lebensqualität zerstören können. Kipppunkt, das bezeichnet eine nicht mehr umkehrbare Veränderung – wie wenn man ein volles Glas Wasser neigt, bis es kippt und ausläuft.

Die durch Klimaveränderungen auslösbaren dutzende von »Kippelementen im Erdsystem« sind in der Fachliteratur nachzulesen – und jedes von ihnen hat seine eigenen Schrecken wie etwa das Abschmelzen des Festlandeises auf Grönland und dem Südpol. Alles weit weg? Nun, der wahrscheinlich schon beginnende Zusammenbruch des Golfstroms wird dann auch bei uns für raues Klima sorgen.

Das Abschmelzen der großen Eisschilde der Erde, die den Südpol, den Himalaja und Grönland bedecken, ist besonders erschreckend. Es ist nicht zu vergleichen mit dem Abschmelzen unserer Alpengletscher, denn allein die schmelzende Masse des Grönlandeises könnte den Meeresspiegel um mehrere Meter steigen lassen. Das addiert sich dann noch mit der Ausdehnung des wärmer werdenden Wassers. Weltweit würden viele der Küstenstädte nicht mehr zu halten sein!

Genauso katastrophal wäre das Abschmelzen des Himalaja-Eises. Es nährt den Ganges, den über 6000 Kilometer langen Jangtsekiang und den Gelben Fluss. Im Einzugsgebiet dieser drei riesigen Flüsse leben nahezu zwei Milliarden Menschen. Und an das Abschmelzen des Südpoleises, mit noch größeren Mengen gefrorenem Wasser, mag man gar nicht denken.

Ein Kippprozess ist im Übrigen per Definition ein sich selbst verstärkender Prozess. Einmal gekippt, kann man nicht mehr gegensteuern, sondern die Veränderung wird immer schneller. Man spricht auch vom »Runaway Climate Change«.

2018: Rekordjahr der Extreme

Das Jahr 2018 setzte ein weiteres Ausrufezeichen durch seine Hitzerekorde, Dürren und Waldbrände auch bei uns. Dies nach 2017, das durch seine verheerenden Wirbelstürme in der Karibik und den USA unglaubliche Schäden angerichtet hat. Die stärksten Wirbelstürme seit Jahrzehnten mit bisher nie erreichten Windgeschwindigkeiten und Zerstörungskräften vernichteten von Versicherungen gedeckte Werte von 140 Milliarden Euro. Die Gesamtschäden erreichten in etwa das Doppelte, wenn man all die Läden, Werkstätten und ein bisschen Landwirtschaft der ärmeren Teile der Bevölkerung einbezieht, die sich keine Versicherungen leisten können. Und Ende 2018 als fast höhnischer Abschluss: die Vernichtung des Edelwohnorts Paradise nördlich von Los Angeles, bei dem mehr als 100 Menschen ihr Leben verloren und über 11 000 Villen von der durch ungewöhnlich starke Winde angefachten Feuerwalze zerstört wurden.

Anfang 2019 berichteten die Wissenschaftler des IPCC, dass die Erwärmung der Ozeane noch schneller vorangehe als bisher geschätzt. Das bedeutet also ein noch schnelleres Abbleichen von Korallenriffen auf der »harmlosen« Seite und noch mehr und ausgeprägtere Extremwetterlagen auf der harten Seite. Noch nie dagewesene Schneefallmengen im Alpenraum unterstreichen die lokalen Auswirkungen, übrigens von den besorgt warnenden Meteorologen der Schweiz mehrjährig schon vorhergesagt.

Es kann kein Zweifel bestehen: Die durch die Reflexion der Infrarotstrahlung eingefangene zusätzliche Energie wird die Natur den Gesetzen der Physik entsprechend einsetzen. Das bedeutet nun einmal extremere Extreme, lokal nicht exakt vorhersehbar in einem von Natur aus chaotisch, also noch zufälligen Abläufen organisierten System. Und weil das alles den komplizierten Formeln der höheren Wahrscheinlichkeitsrechnung unterliegt, der Chaostheorie der Physik entsprechend, bleibt das alles für den Normalbürger nicht so ganz fassbar, anzweifelbar, schicksalsgegeben. Diese Haltung ist ein großes Problem.

Das Ganze betrifft übrigens nicht nur die extremen, sondern auch die ganz normalen Wetterabläufe. So waren im Sommer 2018 die Zeitungen wieder voll mit Berichten über die Situation hierzulande. »Großer Waldbrand vor Berlin«, war beispielsweise ein Artikel, in dem ein Förster lauthals klagte: »Der Klimawandel trifft uns alle!« Was dachte der Mann denn bisher? Meinte er, wir wären in Deutschland von den Klimaextremen ausgenommen? Ja, der Klimawandel trifft auch uns, die letzten Jahre waren Weckrufe, begleitet von weiteren Schreckensnachrichten einer zerstörerischen Marktwirtschaft. Bisher ist die mittlere Erwärmung allerdings erst bei einem Grad. Anderthalb oder zwei Grad sollen es werden mit vermutlich exponentiellem Anstieg der Wetterveränderungen, Extreme und Katastrophen. Vielleicht auch drei oder vier Grad, wenn wir kontinuierlich so weitermachen.

Vermögensverwalter werden nervös

Diese Veränderungen alarmieren natürlich auch die Finanzindustrie, insbesondere den Teil, der sich um langfristige Investitionen beispielsweise in Straßen und Gebäude kümmert, denn da wird häufig von einer Nutzungszeit von 50 Jahren und mehr ausgegangen. So forderte ein »Global Investor Statement to Governments on Climate Change« von über 400 großen Investmentfirmen, die 30 Milliarden Euro verwalten, aus Anlass der Klimakonferenz in Katowice die sofortige Besteuerung von CO_2 und einen Zeitplan für den zügigen Ausstieg aus Kohle und Öl. Deren Wissenschaftler gehen davon aus, dass eine Erwärmung um vier Grad quasi das Ende einer bewohnbaren Welt bedeutet.

In einem Beitrag in Fundresearch.de wurden von der Investmentberaterin Ophélie Mortier »10 harte Fakten zum Klimawandel für Investoren« beschrieben – knallhart, lesenswert, erschreckend! Demnach wäre der Globus bald kaum mehr bewohnbar. Wahrscheinlich wurde beides kaum gelesen, abgehakt und weggelegt. Die Ergebnisse der Katowicer Konferenz jedenfalls lassen nur diesen Schluss zu: Es ist schon erstaunlich, dass es Bienen und Ameisen gelingt, riesige Völker zu koordinieren, der Menschheit aber nicht.

Der Globus ist uns entglitten

Klimawandel und die Verschmutzung unserer Meere sind zwar besonders große, aber eben nur zwei der Problemfelder, die zeigen, wie lebenswichtige Gleichgewichte unseres Globus gestört und wie Maßnahmen dagegen behindert werden. Es addieren sich die Probleme des Bodenverbrauchs, der Biodiversität, der Überdüngung und Wasserqualität, des Flächenverbrauchs, der Monokulturen, um nur an einige weitere zu erinnern. Unser Lebensraum verändert sich, und das fast überall zu unseren Ungunsten. All das verläuft ohne wesentliche Gegenmaßnahmen der Politik und zeigt, dass wir in einer tiefen Systemkrise stecken, dass uns die Zukunft unseres Globus entgleitet.

Dabei sei nicht übersehen, dass diese Beispiele nur diejenigen mit langfristigen Schädigungen sind. Es gibt genauso viele Themen, die uns hier und heute betreffen: beispielsweise die Ernährung mit ihren Geschmacksoptimierungen kombiniert mit dickmachenden Zutaten, die globale Landwirtschaftsrationalisierung mit Monokulturen und Pestiziden oder die Werbung mit ihrem Überangebot an Information. Sie bestimmen das Marktgeschehen, eine Verführung ohne ordnende Hand und Leitlinie.

Der Klimawandel ist für mich nur ein Beispiel, denn er zeigt besonders deutlich, wie öffentlicher und politischer Wille von der Wirtschaft unterlaufen wird und wie sie den Bürger zum oft hilflosen Zuschauer und Konsumenten degradiert. Im Umkehrschluss können die Maßnahmen bei Emissions- und Müllbegrenzung Anregung geben, wie wir auch aus manch anderem Schlamassel rauskommen. Es ist weniger der Bürger, es ist vielmehr das System, das nicht funktioniert.

Mit dem Ende des Zweiten Weltkriegs, der großen Zeitenwende, wurden uns ein Globus im Gleichgewicht, gute naturwissenschaftliche und medizinische Kenntnisse und viel Freiheit und alle Möglichkeiten gegeben, die Welt zu gestalten. Drei Milliarden Erdenbürger, eine von der Atmosphäre verkraftbare CO_2-Emission von fünf Gigatonnen und eine einigermaßen ausgewogene Ressourcenbilanz – das war es, was die Bevölkerung der Industrieländer zum Neustart übernahm. Statt eines verantwortungsvollen Umgangs mit der neuen Freiheit begannen ein drogenhafter Verbrauch der aus der Erde geholten fossilen Brennstoffe sowie ein unachtsamer Umgang mit Wasser, Abfall und Chemie. Die Übernutzung aller Ressourcen führte zu vielen anderen Problemen. All das begann in den Industrienationen – primär Mitteleuropa und

USA – und wurde dann rasch verstärkt durch reichlich Auslagerung der emissionsbelastenden Produktionen in die Schwellenländer ohne jede Anleitung zu Sorgfalt und Umweltschutz.

Und die Fortschritte der Medizin trieben mangels Aufklärung eine global unkontrollierte Bevölkerungsexplosion an, unterstützt von den Religionen, alten Traditionen und unausgewogener Humanität. Gerade zu den Gefahren der Bevölkerungsexplosion hat es nicht an Warnungen gefehlt. Der Club of Rome machte vor 50 Jahren Schlagzeilen, aber schon lange davor las ich als Schüler verwundert ungläubig das 1954 erschienene Buch von Reinhard Demoll *Ketten für Prometheus*. Das Werk über eine Zukunft des Planeten bei enormer Zunahme der Weltbevölkerung zeigte aus damaligem Blickwinkel viele Probleme und mahnte ein Abbremsen an. Denn Prometheus, das war der griechische Gott, der der Sage nach der Menschheit das Feuer brachte und deshalb als der Begründer unserer Zivilisation galt. Deren Bevölkerungsexplosion Ketten anzulegen, ist bis heute nicht gelungen.

Es kann keinen Zweifel mehr geben: Die Kontrolle über den Globus ist unserer Generation entglitten. Sich rasch beschleunigende Destabilisierungen haben die alten Gleichgewichte abgelöst. Und nun stellt sich die Grundsatzfrage, welche Veränderungen der Lebensbedingungen auf die nächsten Generationen zukommen und welche Bremswirkungen noch möglich sind.

Die Politik ist gefordert – oder ist sie überfordert?

Wie konnte es nur so weit kommen? Warum ist über Jahrzehnte beispielsweise bei der Emissionsbegrenzung keine Trendwende gelungen, trotz all der Reden, Pläne und Gesetze? In der Deklaration der Konferenz über Umwelt und Entwicklung der Vereinten Nationen 1992 in Rio de Janeiro hatten doch alle UN-Mitgliedsstaaten eine völkerrechtlich verbindliche »Klimarahmenkonvention« unterzeichnet, um die Gefährdung des Klimas durch menschlichen Eingriff zu verhindern, inklusive der USA übrigens.

Zwar waren die Zusammenhänge damals teils noch umstritten, aber enorme Forschung setzte ein, international koordiniert. Von Jahr zu Jahr wurden die Daten eindeutiger. Aber das große Umdenken blieb aus. Zu global schien das Problem, um als einzelne Nation Entscheidendes tun zu können. Das Gleiche wiederholt sich nun beim Müll, bei den sonstigen Belastungen der Ozeane, bei der Artenvielfalt oder bei den die Gesundheit schädigenden globalen Ernährungsgewohnheiten – und diese Liste ist nicht vollständig.

Die politischen Maßnahmen sind bislang bei den meisten dieser großen Problemkreise gescheitert. Die aktuelle Botschaft muss lauten: Wir brauchen eine mutigere, auch langfristige Verantwortung akzeptierende politische Klasse, die nicht nur ihre Mandate erhalten will und dazu Reden schwingt mit vielen Versprechungen. Und wir brauchen Konzerne, die sich den Problemen stellen.

Denn die Situation zeigt auch: Wir dürfen die Lösung nicht allein der Politik überlassen. Wir müssen die Wirtschaft viel konsequenter zu selbst initiierten Maßnahmen, zu mehr problemorientierter Innovation zwingen und müssen zugleich als »Volk« beiden, Wirtschaft und Politik, mehr Druck machen. Versagt die Politik, dann ist in der Demokratie der »Souverän«, das Volk, gefordert. Es geht darum, die Widerspenstigkeit der Wirtschaft zu überwinden und sie zu eigenem, verantwortungsvollem Handeln zu zwingen. Denn heute führt die Kraft des Lobbyismus zu sehr die Hand der Politik – und der Einfallsreichtum der Wirtschaft, dem Veränderungswillen auszuweichen, ist enorm. So bleiben die politischen Maßnahmen zu schwach, nur der Ehrgeiz der Wirtschaft bleibt stark. […]

Zweifel säen durch Lobbyarbeit

Gerade mit Blick auf die sich abzeichnenden Gefahren der Klimaveränderungen waren (und sind) die Lobby- und Behinderungsbemühungen der Wirtschaft skandalös. Deren Vertreter trommeln noch immer für fossile Energien. Sicher, diese haben große wirtschaftliche Vorteile, der größte Teil unseres Wirtschaftslebens ist darauf abgestellt. Die Veränderungen hin zu erneuerbaren Energien bedingen dramatische Investitionen und zerstören viele der vorhandenen Anlagen. Viel Know-how wird verloren gehen, das in bestehenden Fabriken und Produktlösungen liegt. So wundert es nicht, dass die Wirtschaft erheblich Geld in die beim Klimawandel mögliche Verunsicherung der Öffentlichkeit investiert hat.

Getrieben wurden diese Widerstände von der Industrie, also dem produzierenden Teil der Wirtschaft. Denn sie besitzt die großen Produktionsanlagen, muss eingefahrene Geschäftsmodelle verteidigen, damit Anpassungsprozesse keine Werte vernichten, und sie muss enormes Kapital für den Aufbau von neuem Know-how und neuer Anlagen aufbringen.

Dagegen sind die finanzorientierten Teile der Wirtschaft ihr Gegenspieler. Die Münchner Rückversicherungsgesellschaft, eine der größten Versicherungen der Welt, hat nun seit fast 30 Jahren ein Vorstandsressort zur Erforschung langfristiger Risiken – allen voran der Erforschung des Klimawandels. Heute ist das Ressort bei Fachwelt und Politik bestens bekannt wegen seiner Warnungen – und der alarmierenden Veröffentlichungen der Verluste durch große Wetterkatastrophen. Die Münchner Allianz ist diesem Beispiel gefolgt. Gerade die Versicherungswirtschaft muss natürlich an einer Reduzierung der Wetterextreme interessiert sein und argumentiert deshalb kontinuierlich, das Weiter-so endlich durch energisches Handeln abzulösen.

Lobbyarbeit gegen das Klima ist nicht allzu schwer, denn wir erleben zwar das Wetter, aber das Klima und dessen Veränderung ist im eigentlichen Sinne nicht erlebbar. Denn das Klima ist definiert durch den langfristigen Trend des Wetters, typisch als dreißigjähriges Mittel. Das Wetter jedoch mit seiner täglichen Wechselhaftigkeit dominiert in unserer Erfahrung. Veränderungen sind hier, anders als die unübersehbare Plastikbelastung der Meere, nicht offensichtlich.

Den Klimawandel zu verstehen, setzt naturwissenschaftliche Grundkenntnisse voraus oder wenigstens die Akzeptanz der erdrückend einheitlichen wissenschaftlichen Aussagen. Insbesondere die Erdöl- und Energiekonzerne haben Millionen investiert, um aus diesem Widerspruch eine erhöhte Skepsis gegenüber den wissenschaftlichen Erkenntnissen zu schaffen. Der Münchner Umweltakademie, deren Mitglied ich bin, wurden sogar Klagen und gerichtliche Maßnahmen angedroht, wenn sie in ihren Informationsveranstaltungen weiter vor den Gefahren des Klimawandels warnen würde! Abschrecken lassen wir uns dadurch nicht, aber bei vielen Journalisten ist das der Fall. In den USA jedenfalls sank die Akzeptanz des Klimawandels als ein Problem unserer Zivilisation nach solchen Kampagnen erheblich auf zeitweise circa 60 Prozent.

Es ist dabei für die Firmen überhaupt nicht notwendig, sich heimlich zu koordinieren. Sie können sich auf das »Schwarmverhalten« der von ihnen in die Hauptstädte der Politik delegierten Mitglieder verlassen. Denn wie beschrieben haben alle ähnliche Berufserfahrungen und deshalb sofort ähnliche Bedenken, wenn neue Regulierungen angedacht werden. Auf den Lobbylisten der Parteien registriert, stehen ihnen die Türen zu den Abgeordneten und den Ministerien erstaunlich offen.

In den Wirtschaftsverbänden können angstmachende Argumente noch deutlicher koordiniert und der Widerstand unterstrichen werden, teils als Fachverband einer Branche, teils auch durch den mächtigen Dachverband BDI. Die Angstmache, dass Arbeitsplätze verloren gehen könnten, und das Mantra, dass nur eine »freie« Wirtschaft Wohlstand schaffe, wird zudem medienwirksam verbreitet. Das ist ja auch richtig. Die sogenannte »ordnende Hand« kümmert sich nicht um Werte. Wohlstand und Werte sind eben zwei völlig unterschiedliche Ziele einer Marktwirtschaft. Am leichtesten wird Geld ohne ordnenden Staat mit Drogenhandel und Raubbau verdient. Wie an anderer Stelle betont, war diese Begrenzung der Ordnungsmacht des freien Spiels der Kräfte auch Adam Smith immer klar und seine Forderung nach einem starken Staat durchgehend und deutlich.

Mit solchen Lobbymethoden wird unsere Politik »beraten«. Und die Protagonisten stoßen wegen der geringen Fachkenntnis der politischen Klasse auf offene Ohren. Diese Mischung aus Aufklären, Angst machen und Überredungskunst ist der Brei, der unseren Politikern warnend angeboten wird. Und daraus entstehen dann die arg abgeschwächten Maßnahmen und Versprechen der Politik gegen die großen Probleme.

Der Wolf im Schafspelz

Aber die Abwehrkraft der Wirtschaft geht tiefer. Vor allem die Industrie wird, wie erwähnt, von grundsätzlichen Umbrüchen tief getroffen, wenn die Technologien aufgegeben werden sollen, die den Automobilsektor, die Energiewirtschaft oder die Landwirtschaft beherrschen. Es geht dann um dramatische Verluste von Werten, von Know-how und durchaus auch von Arbeitsplätzen – oder deren Abbaukosten. Und es geht um dramatische Abschreibungen, die Verluste in den Jahresabschlüssen erzeugen und damit auch um die Verluste hoher Boni und oft auch der eigenen Zukunft der Vorstände.

So wundert es nicht, dass die Wirtschaft erheblich Geld in die beim Klimawandel mögliche Verunsicherung der Öffentlichkeit investiert hat. Denn Deutschland ist ein änderungsschwaches Land geworden wegen der enormen Kosten von Personalanpassungen. Die heute üblichen Abfindungen für langjährige Mitarbeiter von 100 000 Euro und mehr führen zu Schreckensszenarien, wenn Firmen wie Volkswagen oder Daimler von ihren mehreren hunderttausend Mitarbeitern zehn oder 20 Prozent abbauen müssen – es geht sofort um Milliarden.

Die Industrie nutzt deshalb über Lobbyarbeit hinaus auch jede andere Möglichkeit, bremsend Einfluss zu nehmen. Und die Möglichkeiten sind zahlreich. Sie beginnen bei der teils käuflichen Presse – man muss ja nur die Werbeaufträge verweigern –, setzen sich fort beim Streuen von Zweifeln und Angstmache mit den Standarddrohungen Arbeitsplatzsicherheit und Energiestabilität. Sie gipfeln schließlich im Aufkauf ungeliebter Start-ups und der schlichten Verweigerung, das Notwendige zu tun. Die Konzerne haben das Geld, während die Start-ups der neuen Technologien darum noch betteln – ein ungleicher Kampf zwischen David und Goliath.

Und kein Szenario, bei dem die »ordnenden Hände« des Markts unsere langfristige Zukunft absichern. Denn in den Märkten spaziert der Wolf im Schafspelz, der die Ahnungslosen umgarnt und die gefährlichsten Jungen auffrisst. Der Bürger und die Verbraucher, das sind Hänsel und Gretel – nur nicht so schlau wie im Märchen.

Der Klimawandel ist eine besondere Herausforderung

Gerade beim Klimawandel ist die Privatwirtschaft zu Vorbildlichkeit und Freiwilligkeit aufgefordert, denn die nationalen politischen Vorgaben greifen nur unzureichend. Analysen des Forschungsinstituts für angewandte Wissenschaften FAWn in Ulm zeigten im Vorfeld der Klimakonferenz in Bonn 2017 die Wirkung der politischen Maßnahmen weltweit. Das erschreckende Ergebnis ist, dass diese bei Weitem nicht ausreichen, das berühmte 2-Grad-Ziel zu erreichen, vom eigentlich geforderten 1,5-Grad-Ziel ganz zu schweigen. Ein erheblicher Beitrag der Privatwirtschaft wird zusätzlich notwendig sein und der ist – zumindest teilweise – bereits zu beobachten. Die meisten Firmen konzentrieren sich dabei auf die Reduzierung von Emissionsgasen, aber auch die Ergänzung durch CO_2-Kompensationsprogramme für ein Nullemissionsziel kommt mehr und mehr zum Einsatz. Sie ist bereits Routine bei Flugbuchungen, Autokäufen und vielen klimaneutralen Gütesiegeln. Es ist die unvorstellbare Menge von 500 Milliarden Tonnen Kohlendioxid, die durch Maßnahmen der Privatwirtschaft bei Vermeidung und Kompensation bis 2050 eingespart werden muss!

Nur wenn in den nächsten Jahren alle Unternehmen beginnen, ihr Geschäftsmodell auf Klimaneutralität umzustellen, hat der Kampf gegen den Klimawandel noch eine kleine Chance. Klimaneutralität bedeutet natürlich zu allererst, emissionsarm und energieeffizient zu wirtschaften. Und es bedeutet zusätzlich, dass der Emissionsteil, der unvermeidlich ist, wie erwähnt, kompensiert wird durch Emissionssenken. Im Falle von Kohlendioxid sind das insbesondere Anpflanzungen, also Waldanbauprogramme, aber auch Programme mit dem Ziel großflächiger Humusbildung oder chemischer Bindung beispielsweise in synthetischen Kraftstoffen.

Dass dieses Vorgehen nur innerhalb gefestigter gesetzgeberischer Grenzen und nicht global funktionieren wird, ist meines Erachtens offensichtlich. Es ist deshalb eine Aufforderung an die Europäische Union und zugleich eine Absage an alle Handelsabkommen, die die Möglichkeit, sich als Nation in dieser schwierigen Phase zu helfen, beschneiden. Die Verhandlungen in Kattowitz/Polen Ende 2018 zur Detaillierung des Pariser Abkommens zeigten das in ernüchternder Deutlichkeit. Es hat keinen Zweck, weiter an globalen Abkommen herumzudoktern, die dann von der wichtigsten Wirtschaftsmacht USA, aber auch von Kanada und Brasilien, beides Länder mit riesigen Waldgebieten, nicht anerkannt und sogar theatralisch gekündigt werden.

Die Vereinten Nationen sollten sich darauf konzentrieren, klare Vorgaben zu geben für Instrumente gegen den Klimawandel, beispielsweise Emissionssteuern, weltweit gültige Qualitätszeichen oder Messverfahren für Quervergleiche. Die fossilen Brennstoffe sind wie eine Droge. Den weltweiten Drogenanbau kann man nicht durch eine weltweite Übereinkunft beenden, sondern nur dadurch, dass ein Farmer nach dem anderen und ein Land nach dem anderen sich von diesem tödlichen, aber wohlstandschaffenden Gift abwendet.

Branchenethik: Teil einer fairen Marktwirtschaft

Gerade das branchenweit ethisch verlässliche Verhalten ist ein dringendes Gebot der Stunde. Wir leben in einer Zeit, in der sich alle fragen müssen, ob wir nicht der Politik zu viel abverlangen, wenn wir bei allem und jedem nach Gesetzesregeln rufen. Die Frage ist, ob nicht wir selbst – als Kunde, aber auch als Unternehmen oder als Branchenverband – viel stärker gefordert sind, unsere Gesellschaft zu gestalten.

Die Bereitschaft, Werte in die Unternehmensvision einzubeziehen, ist bereits enorm gestiegen und trifft auf eine Kundschaft mit offenem Ohr. Mehr und mehr machen Labels und Zertifikate diese Vorsätze auch nach außen sichtbar. Es ist ein unübersehbarer Kulturwandel, aber dessen Wirkung als nachhaltig zu bezeichnen, wäre verfrüht. »Grün« zu sein, ist in Mode, aber zu vieles von all diesen Versprechungen ist noch oberflächlich, nur einem Trend, einer Erwartung der Öffentlichkeit folgend. Das mit einem gesetzlichen Ordnungsrahmen zu begleiten und auch bestimmte Pflichten festzulegen, das zumindest müssen wir dem Gesetzgeber abverlangen.

In der Praxis finden wir branchenspezifische Antworten auf die großen Probleme unserer Zeit wie Klimawandel oder auf die sozialen Problemen der globalen Produktions- und Handelsketten noch kaum, sondern nur die Regeln für einzelne Unternehmen. Sie werden von Eigentümern und Geschäftsführungen vor allem deshalb geschätzt, weil das Unternehmen sich ethischer und wertvoller darstellt, dies auch durch Labels und Zertifikate deutlich machen kann und natürlich damit eine bessere Preisstellung durchsetzen will. Unser Ziel aber muss sein, dass gesamte Branchen sich auf ein ethisch hochstehendes Niveau festlegen.

Leider hat die Politik bisher nicht verstanden, dass sie dieses Instrument des Wertekodex gut nutzen kann, um auf ganze Branchen Druck auszuüben und die Erarbeitung eines für alle Firmen einer Branche gültiges Regelwerk vorzuschreiben. Dieses Verständnis endlich bei der Politik zu erzeugen, wird entscheidend sein, wenn wir die Wirtschaft »zähmen« wollen. Wir brauchen sektorspezifische Selbstorganisation, die für alle Mitgliedsunternehmen verpflichtend ist, wenn Kulturen sich ändern sollen.

Ethik und Fairness brauchen Regeln, gerade in der Marktwirtschaft. Im Alltag von Konkurrenz und Kostendruck herrscht ein

Hauen und Stechen, das ethischen Gedanken und sozialer Fairness nicht allzu viel Raum lässt. Mehrere meiner Vorstandskollegen fanden solche Einstellungen sowieso unnötig. Siemens und sein Korruptionsgebaren sind ein praktisches Beispiel, wie ethische Regeln zu kurz kommen – wobei zugestanden sei, dass in vielen Ländern der Welt jahrzehntelang ohne Korruption keine Geschäfte mit der öffentlichen Hand oder bei Großanlagen möglich waren – und teils immer noch nicht möglich sind.

Unter dem Blickpunkt der Nachhaltigkeit ist der branchenweit bindende Wertekodex besonders in Wirtschaftssektoren mit hoher Ressourcenbelastung oder weltweiten Handels- und Zulieferketten von enormer Bedeutung. Gerade im internationalen Raum greifen nationale Gesetze naturgemäß nicht, es kommt also nicht nur auf Gesetzestreue zu Hause an, sondern auf die Bereitschaft, auch im internationalen Geschäft sozial vorbildliche Verantwortung für Nachhaltigkeitsziele zu übernehmen.

Streng bindend und einklagbar sind solche Wertekodizes allerdings nicht. Es ist eine »robuste Freiwilligkeit«, wie dies Entwicklungsminister Gerd Müller in einem Schreiben an mich nannte, aber eine, auf deren Einhaltung NGOs und Medien mit ihren Mitteln achten und Alarm schlagen können, wenn sich deutliche Abweichungen zeigen.

Auszug aus Grassmann, Peter H. (2019): *Zähmt die Wirtschaft. Ohne bürgerliche Einmischung werden wir die Gier nicht stoppen*, S. 20–45, 150–156.

Anmerkungen

Ökonomie oder Wirtschaften?

1 Vgl. Thielemann, Ulrich (2009): *System Error. Warum der freie Markt zur Unfreiheit führt*, Westend, Frankfurt am Main, S. 141 ff.
2 Vgl. Dörre, Klaus; Lessenich, Stephan; Rosa, Hartmut (2009): *Soziologie, Kapitalismus, Kritik. Eine Debatte*, Suhrkamp, Frankfurt am Main, ab S. 22.
3 So z.B. Vogl (2010): *Das Gespenst des Kapitals,* Diaphanes, Zürich.
4 Rost, Norbert (2007): »Warum wirtschaften wir?«; www.regionalentwicklung.de/regionales-wirtschaften/wirtschaft-gesellschaft/regionaleswirtschaften-als-ergaenzung-zur-globalisierung
5 Braudel, Fernand (2011): *Die Dynamik des Kapitalismus*, Stuttgart (Erstausgabe 1985), S. 60.
6 Smith, Adam (2008): *An Inquiry into the Nature and Causes of the Wealth of Nations*, Oxford, UK (Erstausgabe 1776), S. 270.
7 Wehler, Hans-Ulrich (1987): *Deutsche Gesellschaftsgeschichte. Zweiter Band, 1815–1845/49*, München, S. 611.
8 Hondrich, Karl Otto (2001): *Der neue Mensch*, Berlin, S. 68 ff.
9 Ziegler, Dieter (2009): *Die industrielle Revolution*. 2. Auflage, Darmstadt, S. 112; Bundesministerium für Finanzen: »Entwicklung der Staatsquote«, 23.08.2012.
10 Eurostat: »Real GDP Growth, 2001–2010«; epp.eurostat.ec.europa.eu
11 Nicole Rütti: »Das kleine Wirtschaftswunder Schweiz wird überschätzt. Einwanderung treibt das Wachstum«, *Neue Zürcher Zeitung*, 31.10.2012.
12 Economiesuisse: »Fiskalquote der Schweiz: Der Schein trügt«, 21.02.2011.
13 Admati, Anat; Hellwig, Martin (2013): *The Bankers' New Clothes. What's Wrong with Banking and What to Do about It*, Princeton, S. 201.
14 Braudel, Fernand (1982): *Civilization & Capitalism, 15th–18th Century Volume II: The Wheels of Commerce*, New York, USA (Erstausgabe 1979), S. 100 f.
15 Ebd., S. 106.
16 Deutsche Finanzagentur: Sekundärmarkt; www.deutsche-finanzagentur.de
17 Margaret Thatcher: *Speech at Lord Mayor's Banquet*, 10.11.1986.
18 Ebd.

Keynes und die Neoklassiker

1 Skousen, Mark (2007): *The Big Three in Economics: Adam Smith, Karl Marx and John Maynard Keynes,* Routledge, S. 15 f.
2 Heine, Michael; Herr, Hansjörg (2013): *Volkswirtschaftslehre. Paradigmenorientierte Einführung in die Mikro- und Makroökonomie*, 4. Auflage, Oldenbourg, S. 18.
3 Ebd., S. 17.
4 Ebd., S. 63.
5 Schumpeter, Joseph A. (1942): *Capitalism, Socialism and Democracy*, Harper (Neuauflage 2008), S. 78.
6 Zitiert nach Kurz, Heinz D.; Sturn, Richard (2012): *Schumpeter für jedermann. Von der Rastlosigkeit des Kapitalismus*, Frankfurter Allgemeine Buch, S. 96.
7 Schumpeter (1942), S. 84.
8 Zitiert nach Kurz; Sturn (2012), S. 223 f.
9 Zitiert nach Heilbroner, Robert L. (1999): *The Worldly Philosophers. The Lives, Times, and Ideas of the Great Economic Thinkers*, Touchstone, S. 291.
10 Alle Zitate aus der *Allgemeinen Theorie* wurden von der Autorin übersetzt. Keynes, John Maynard (1936): *The General Theory of Employment, Interest and Money*, BN Publishing (Neuauflage 2008).
11 Skidelsky, Robert (2010): *Keynes. A Very Short Introduction*, Oxford University Press, S. 469.
12 Keynes, John Maynard (1937): The »General Theory of Employment«, In: *The Quarterly Journal of Economics*, S. 209–223. Das Geheimnis des Geldes: Über Schulden, Zinsen und Inflation

Wie alles begann

1 Graeber, David (2012): *Schulden. Die ersten 5.000 Jahre*, Klett-Cotta, S. 27 ff.
2 Ebd., S. 40.
3 Ebd., S. 35.
4 Ebd., S. 413, Fußnote 15.
5 Ebd., S. 45 f.
6 Martin, Felix (2014): *Geld, die wahre Geschichte. Über den blinden Fleck des Kapitalismus*, DVA, S. 60 ff.
7 Ebd., unter Verweis auf Schmandt-Besserat, Denise (1992): *Before Writing*, Band 1, Austin.
8 Schmandt-Besserat, Denise (1999): *Accounting with Tokens in the Ancient Near East*, University of Texas.
9 Graeber, David (2012): *Schulden. Die ersten 5.000 Jahre*, Klett-Cotta, Stuttgart.

10 Siehe dazu Weeber, Karl-Wilhelm (2012): *Hellas sei Dank!,* Siedler, München.
11 Vgl. dazu Suhr, Dieter (1986): »Auf Arbeitslosigkeit programmierte Wirtschaft«. Nachdruck in: *Wachstum bis zur Krise*, Basis, Berlin.
12 Vgl. Dörre, Klaus; Lessenich, Stephan; Rosa, Hartmut (2009): *Soziologie, Kapitalismus, Kritik. Eine Debatte*, Suhrkamp, Frankfurt am Main, S. 22 ff.
13 Rosa, Hartmut (2005): *Beschleunigung. Die Veränderung der Zeitstrukturen in der Moderne*, Suhrkamp, Frankfurt am Main; Reheis, Fritz (1996): *Die Kreativität der Langsamkeit*, Wissenschaftliche Buchgesellschaft, Darmstadt.
14 BUND und Misereor (Hg.): *Zukunftsfähiges Deutschland. Ein Beitrag zu einer global nachhaltigen Entwicklung*, Birkhäuser, Basel, Boston, Berlin 1996.
15 Deutscher Bundestag, 17. Wahlperiode: Drucksache 17/3990 vom 30.11.2010; dip21.bundestag.de/dip21/btd/17/039/1703990.pdf
16 Paech, Niko (2005): *Nachhaltiges Wirtschaften jenseits von Innovationsorientierung und Wachstum*, Metropolis, Marburg; Paech, Niko: »Postwachstumsökonomie – ein Vademecum«, In: *ZfSÖ Zeitschrift für Sozialökonomie*, Heft 160/161, Juni 2009.
17 Etwas Finanzmathematik: 100 Euro zu 12 Prozent p.a. verzinst ergeben nach sechs Jahren (100 x 1,12) x 1,12 x … x 1,12 = 100 x 1,97 ~ 200.
18 Entsprechend der Aufzinsung eines heutigen Betrags um den Faktor 2 wird nun der zukünftige Wert um diesen Faktor abgezinst.

Ein Lob auf die Inflation

1 R+V Versicherung: »Die Ängste der Deutschen 2012«, Pressemitteilung, 06.09.2012.
2 Blanchard, Oliver (2009): *Macroeconomics*, 5. Auflage, London., S. 49.
3 Wehler, Hans-Ulrich (1995): *Deutsche Gesellschaftsgeschichte, Dritter Band, 1849–1914*, München, S. 554, S. 559 f.
4 Ebd., S. 544.
5 Statistik Schweiz: »Landesindex der Konsumentenpreise. LiK-Teurungsrechner«; www.portal-stat.admin.ch/lik_rechner/d/lik_rechner.html
6 Wirtschaftskammer Österreich: Inflationsentwicklung (Aktualisierung 2013); wko.at/statistik/Extranet/Langzeit/lang-inflation.pdf. Und zum Selberrechnen: www.statistik.at/Indexrechner
7 inflationdata.com/Inflation/Inflation_Calculators/Cumulative_Infla tion_Calculator.aspx
8 Wehler (1995): S. 554.
9 Chang, Ha-Joon (2011): *23 Things They Don't Tell You About Capitalism*, London, S. 237.
10 Deutsche Bundesbank: Zeitreihe BBK01.BU1131, Verschuldung des Bundes – Verschuldung insgesamt; www.bundesbank.de/Navigation/

DE/Statistiken/Zeitreihen_Datenbanken/Makrooekonomische_Zeitreihen/its_details_value_node.html?listId=www_v27_web004_01b&tsId=BBK01.BU1131
11 Interview mit Finanzminister Wolfgang Schäuble im *Focus* vom 28.10.2013; www.wolfgang-schaeuble.de/taugt-amerika-noch-als-vorbild/
12 Meike Schreiber: »Arme Millionäre«, *Süddeutsche Zeitung*, 17.06.2015; www.sueddeutsche.de/geld/vermoegen-in-deutschland-arme-millionaere-1.2525370
13 Rügemer, Werner (2012): *Rating-Agenturen: Einblicke in die Kapitalmacht der Gegenwart*, Transcript, S. 10.
14 E-Mail an den Autor von einem Sprecher der Commerzbank, 24. September 2015.
15 E-Mail an den Autor von einem Sprecher der Deutschen Bank, 6. Oktober 2015.
16 Telefonat mit einem Sprecher der Bundesbank, 21. Oktober 2015.
17 Deutsche Bundesbank: Artikel »Haupttender«; www.bundesbank.de/Redaktion/DE/Standardartikel/Aufgaben/Geldpolitik/tender_haupt.html
18 Deutsche Bundesbank: »Liquiditätsbereitstellung über Offenmarktkredite«, Hauptrefinanzierungsoperation, Tender-ID: 20160001
19 Deutsche Finanzagentur: »Emissionsplanung des Bundes im Jahr 2016«, Pressemitteilung Nr. 8/15, 16.12.2015; www. deutschefinanzagentur.de/fileadmin/user_upload/pressemeldungen/2015/pm_8_EK2016_161215_dt.pdf
20 Albers, Willi (1980): *Handwörterbuch der Wirtschaftswissenschaft*, Band 5, Gustav Fischer, S. 476.
21 E-Mail an den Autor von einer Sprecherin des Bundesfinanzministeriums, 16.10.2015.
22 Allianz-Webseite: »Investor Relations/Aktionärsstruktur«; www.allianz.com/de/investor_relations/aktie/aktionaersstruktur.html/ (22.10.2015).
23 Florian Hassel: »Diese Firmen bestimmen Schicksal der Weltwirtschaft«, *Welt Online*, 25.10.2011; www.welt.de/wirtschaft/article13680359/Diese-Firmen-bestimmen-Schicksal-der-Weltwirtschaft.html; Stefania Vitali, James B. Glattfelder, Stefano Battiston: »The Network of Global Corporate Control«, ETH Zürich, 26.10.2011; journals.plos.org/plosone/article?id=10.1371/journal.pone.0025995, Auszug: »As a result, about 3/4 of the ownership of firms in the core remains in the hands of firms of the core itself. In other words, this is a tightly-knit group of corporations that cumulatively hold the majority share of each other.«
24 Website Bank of Canada: »Government Securities Auctions/Data/Bank of Canada Holdings«, »Government Securities Auctions/Data/Sum-

mary of Government of Canada Direct Securities and Loans«; www.bankofcanada.ca/markets/government-securities-auctions/ (25.10.2015).

25 Dohnanyi, Klaus von (1986): *Notenbankkredit an den Staat? Beiträge und Stellungnahmen zu dem Vorschlag, öffentliche Investitionen mit zins- und tilgungsfreien Notenbankkrediten zu finanzieren*, Nomos.

26 Ebd., S. 113

27 Filc, Wolfgang (1999): *Mitgegangen, mitgehangen. Mit Lafontaine im Finanzministerium*, Eichborn.

28 Vertrag über die Arbeitsweise der Europäischen Union (AEUV), Art. 123, Abs. 1; www.eur-lex.europa.eu/legal-content/de/TXT/?uri=CELEX:12012E/TXT; Im Wortlaut: »Überziehungs- oder andere Kreditfazilitäten bei der Europäischen Zentralbank oder den Zentralbanken der Mitgliedstaaten (im Folgenden als ›nationale Zentralbanken‹ bezeichnet) für Organe, Einrichtungen oder sonstige Stellen der Union,

Zentralregierungen, regionale oder lokale Gebietskörperschaften oder andere öffentlich-rechtliche Körperschaften, sonstige Einrichtungen des öffentlichen Rechts oder öffentliche Unternehmen der Mitgliedstaaten sind ebenso verboten wie der unmittelbare Erwerb von Schuldtiteln von diesen durch die Europäische Zentralbank oder die nationalen Zentralbanken.«

29 Katharina Slodczyk: »Zum Teufel mit alten Tabus«, *Handelsblatt*, 15.02.2013; www.handelsblatt.com/politik/konjunktur/oekonomie/nachrichten/geldpolitik-zum-teufel-mit-alten-tabus/7764402.html

»Der Motor der Wertschöpfung: Über Arbeit und Arbeitslosigkeit«

30 Zitiert nach Abelshauser, Werner (2004): *Deutsche Wirtschaftsgeschichte seit 1945*, Beck, S. 333.

31 Ebd., S. 332 ff.

32 Geißler, Reiner (2008): *Die Sozialstruktur Deutschlands. Zur gesellschaftlichen Entwicklung mit einer Bilanz zur Vereinigung*, VS Verlag für Sozialwissenschaften, S. 69 f.

33 Abelshauser (2004), S. 337.

34 Schildt, Axel; Siegfried, Detlef (2009): *Deutsche Kulturgeschichte. Die Bundesrepublik – 1945 bis zur Gegenwart*, Hanser, S. 185.

35 Wehler, Hans-Ulrich (2008): *Deutsche Gesellschaftsgeschichte, Fünfter Band, Bundesrepublik Deutschland und DDR 1949–1990*, Beck, S. 161.

36 Ebd., S. 146 f.

37 Nolte, Paul; Hilpert, Dagmar (2007): »Wandel und Selbstbehauptung. Die gesellschaftliche Mitte in historischer Perspektive«, In: Herbert-Quandt-Stiftung (Hg.): *Zwischen Erosion und Erneuerung*, Societäts-Verlag, S. 12–103; hier S. 23.

38 Sinus Sociovision GmbH: »Informationen zu den Sinus-Milieus«, Stand: 01/2007.

39 Dorion Weickmann: »Ein Maserati, wie langweilig. Ein Berliner Symposium untersucht das Glück, beschränkt die Analyse aber nur auf Männer«, *Süddeutsche Zeitung*, 14.11.2007. Siehe auch: Frey, Bruno S.; Stut-

zer, Alois (2002): *Happiness and Economics. How the Economy and Institutions Affect Well-Being*, Princeton University Press, S. 73 ff.

40 Geißler (2008), S. 71.

41 Frey; Stutzer (2002), S. 96 ff. Darüber hinaus: Deutsches Institut für Wirtschaftsforschung: »Langzeitarbeitslose sind mit ihrem Leben so unzufrieden wie Pflegebedürftige«, Pressemitteilung, 28.02.2006.

42 Bude, Heinz (2008): *Die Ausgeschlossenen. Das Ende vom Traum einer gerechten Gesellschaft*, Hanser, S. 15.

43 Bude (2008), S. 13.

44 Berthold Vogel (2006): »Soziale Verwundbarkeit und prekärer Wohlstand. Für ein verändertes Vokabular sozialer Ungleichheit«, In: Bude, Heinz; Willisch, Andreas (Hg.): *Das Problem der Exklusion. Ausgegrenzte, Entbehrliche, Überflüssige*, Hamburger Edition, S. 342 – 355; hier S. 343.

45 Vogel, Berthold (2009): *Wohlstandskonflikte. Soziale Fragen, die aus der Mitte kommen*, Hamburger Edition, S. 176 ff.

46 Bude (2008), S. 10 f.

47 Biersack, Wolfgang; Kettner, Anja; Reinberg, Alexander; Schreyer, Franziska: »Akademiker/innen auf dem Arbeitsmarkt: Gut positioniert, gefragt und bald sehr knapp«, In: Institut für Arbeitsmarkt- und Berufsforschung, *IAB-Kurzbericht* 18/2008.

48 Briedis, Kolja; Minks, Karl-Heinz: »Generation Praktikum – Mythos oder Massenphänomen?«, In: *HIS: Projektbericht*, April 2007.

49 OECD (2009): *Education at a Glance*, Paris September, S. 39 f.

50 Bei Frauen beträgt das Plus allerdings nur 110.150 Euro, weil ihre Löhne meist niedriger liegen und sie häufiger Teilzeitstellen annehmen.

51 OECD (2009). S. 166.

52 Möller, Joachim; Schmillen, Achim: »Verteilung von Arbeitslosigkeit im Erwerbsleben: Hohe Konzentration auf wenige – steigendes Risiko für alle«, In: Institut für Arbeitsmarkt- und Berufsforschung: *IAB-Kurzbericht* 24/2008.

53 Grabka, Markus; Frick, Joachim R.: »Schrumpfende Mittelschicht – Anzeichen einer dauerhaften Polarisierung der verfügbaren Einkommen?«, In: Deutsches Institut für Wirtschaftsforschung: *Wochenbericht* 10/2008, S. 107.

54 Wehler (2008), S. 135.

55 Grabka; Fricke: »Schrumpfende Mittelschicht«, S. 103.

56 Bundesagentur für Arbeit: »Der Arbeits- und Ausbildungsmarkt in Deutschland«, *Monatsbericht*, November 2009. S. 23.

57 Bundesagentur: *Monatsbericht November 2009*, S. 23.

58 Deutscher Gewerkschaftsbund, Bundesvorstand (2009): *Leiharbeit in Deutschland. Fünf Jahre nach der Deregulierung*, Berlin, S. 4.

59 Kalina, Thorsten; Weinkopf, Claudia: »Niedriglohnbeschäftigung 2007 weiter gestiegen – zunehmende Bedeutung von Niedrigstlöhnen«, In:

Universität Duisburg-Essen, Institut Arbeit und Qualifikation: *IAQ-Report* 2009–05. Die Zahlen beziehen sich auf das Jahr 2007.

60 Brenke, Karl: »Reallöhne in Deutschland über mehrere Jahre rückläufig«, In: Deutsches Institut für Wirtschaftsforschung, *Wochenbericht* 33/2009.

61 DGB (2009), S. 2.

62 Flassbeck, Heiner (2009): *Gescheitert. Warum die Politik vor der Wirtschaft kapituliert*, Westend, Frankfurt am Main, S. 68 f.

Ein Panorama sozialer Ungleichheit

1 Kirchenamt der Evangelischen Kirche in Deutschland; Sekretariat der Deutschen Bischofskonferenz (Hg): *Für eine Zukunft in Solidarität und Gerechtigkeit. Wort des Rates der EKD und der DBK zur wirtschaftlichen und sozialen Lage in Deutschland*, Bonn 1997, S. 87.

2 Vgl. Deirdre Donahue: »Able, entertaining ›The Manny‹ does triple duty«, *USA Today*, 18.07.2007; http://usatoday30.usatoday.com/life/books/reviews/2007–06-18-the-manny_N.htm

3 Verschiedene Interviews der Autorin mit Holly Peterson, 2009–2010.

4 Vgl. Reich, Robert (2008): *Superkapitalismus. Wie die Wirtschaft unsere Demokratie untergräbt*, Frankfurt am Main, S. 151.

5 »Divided We Stand. Why Inequality Keeps Rising«, In: *OECD-Bericht*, Dezember 2011; http://www.oecd.org/els/soc/dividedwestandwhyinequalitykeepsrising.htm

6 Interview der Autorin mit Naguib Sawiris, 18. November 2011.

7 Vgl. Fitzgerald, F. Scott (1980): *Ein Diamant so groß wie das Ritz. Erzählungen 1922–1926*, Zürich, S. 243–302, 244.

8 Kapur, Ajay; Macleod, Niall; Singh, Narendra: »Plutonomy. Buying Luxury, Explaining Global Imbalances«, In: *Citigroup Global Markets Equity Strategy Report*, 16.10.2005; http://our99angrypercent.wordpress.com/2011/11/27/ download-citigroup-plutonomy-memos/

9 James Freeman: »The Bullish Case for the U. S. Economy«, *The Wall Street Journal*, 04.06.2011; http://online.wsj.com/article/SB10001424052748703937104576303524259671978.html

10 Interview mit Alan Greenspan auf NBC, Meet the Press, 01.08.2010; http://www.nbcnews.com/id/38487969/ns/meet_the_press-transcripts/t/meet-press-transcript-august/#.UXvftcp1GuI

11 Vgl. Ellen Byron: »As Middle Class Shrinks, P & G Aims High and Low«, *The Wall Street Journal*, 12.09.2011; http://online.wsj.com/article/SB10001424053111904836104576558861943984924.hml.

12 Beckert, Sven (2001): *The Monied Metropolis. New York City and the Consolidation of the American Bourgeoisie, 1850–1896*, Cambridge u. a., S. 1f liefert in seinem klugen und äußerst lesbaren Buch über die Konsolidierung der amerikanischen Bourgeoisie eine hervorragende Beschreibung des Martin-Balls.

13 Zitiert nach Walter L. Arnstein: »Queen Victoria's Diamond Jubilee«, *American Scholar*, 22.09.1997.
14 Vgl. hierzu und zum Folgenden Maddison, Angus (2007*): Contours of the World Economy 1–2030 AD. Essays in MacroEconomic History*, Oxford.
15 Carnegie, Andrew (1905): *Das Evangelium des Reichtums und andere Zeit- und Streitfragen*, Leipzig, S. 4.
16 Ebd., S. 2, 4.
17 Ebd., S. 1.
18 Ebd., S. 2.
19 Ebd., S. 3.
20 Monticello (italienisch für kleiner Berg), bei Charlottesville im US-Bundesstaat Virginia gelegen, war das Landgut von Thomas Jefferson.
21 Thomas Jefferson: *Brief an Dr. Thomas Cooper*, 10.09.1814; http://www.yamaguchy.com/library/jefferson/cooper.html.
22 Tocqueville, Alexis de (2011): *Über die Demokratie in Amerika*, Stuttgart, S. 17.
23 Vgl. Lindert, Peter; Williamson, Jeffrey (2011): »American Incomes Before and After the Revolution«, In: *NBER Working Paper* Nr. 17211; http://gpih.ucdavis.edu/files/w17211.pdf
24 Peter Lindert: Interview mit der Autorin, »America, Land of the Equals«, *The New York Times*, 03.03.2012 (http://www.nytimes.com/2012/05/04/us/04ihtletter04.html?pagewanted=all).
25 Ebd.
26 Twain, Mark; Warner, Charles Dudley (1897): *The Gilded Age. A Tale of Today,* London (dt. *Das vergoldete Zeitalter. Eine Geschichte von heute*, Norderstedt 2010), Vorwort.
27 Vgl. Goldin, Claudia; Katz, Lawrence F. (2007): *The Race between Education and Technology. The Evolution of U.S. Educational Wage Differentials, 1890 to 2005*, Cambridge (MA).
28 Vgl. »CEO Pay and the 99 %«, AFL-CIO Executive PayWatch 2012; http://www.aflcio.org/Corporate-Watch/CEO-Pay-and-the-99
29 Milanović, Branko: »Global Inequality. From Class to Location, from Proletarians to Migrants«, World Bank Development Research Group Policy Research Working Paper 5820, September 2011; http://www-wds.worldbank.org/external/default/WDSContentServer/IW3P/IB/2011/09/29/000158349_20110929082257/Rendered/PDF/WPS5820.pdf
30 Chrystia Freeland: »The Rise of the New Global Elite«, *The Atlantic*, Januar/Februar 2011; http://www.theatlantic.com/magazine/archive/2011/01/the-rise-of-the-newglobal-elite/308343/2/
31 Interview der Autorin mit Joel Mokyr, 19. August 2010.
32 Vgl. Frank Levy, Peter Temin: »Inequality and Institutions in 20th-Century America«, In: Industrial Performance Center, Massachusetts Institute of Technology: *Working Paper Series* MIT-IPC-07–002; http://web.mit.edu/ipc/publications/pdf/07–002.pdf

33 Vgl. Hacker, Jacob S.; Pierson, Paul (2011): *Winner-take-all Politics. How Washington Made the Rich Richer – and Turned Its Back on the Middle Class*, New York. Vgl. auch Paul Pierson (2007): »Die politische Transformation des amerikanischen Gesellschaftsvertrags«, In: *Transit*, Nr. 32, S. 114–136.

34 Gespräch der Autorin mit Peter Orszag auf einer Konferenz des Scholars Strategy Network, »A Fairer Future? Inequality and the Federal Budget – A Dialogue among Scholars and Policymakers«, 30.04.2012, Maurice R. Greenburg Conference Center, Yale University.

Steuern – Der große Gleichmacher?

1 Forrester, Viviane (1997): *Der Terror der Ökonomie*, Paul Zsolnay.

2 Saez, Emmanuel; Slemrod, Joel; Giertz, Seth H.: »The Elasticity of Taxable Income with Respect to Marginal Tax Rates: A Critical Review«, In: *Journal of Economic Literature* 1/2012, S. 3–50.

3 Bach, Stefan: »›Reichensteuer‹-Diskussion: Hintergrund und Perspektiven«, In: *DIW Roundup* 16/2014.

4 Mankiw, N. Gregory; Weinzierl, Matthew; Yagan, Danny: »Optimal Taxation in Theory and Practice«, In: *Journal of Economic Perspectives* 4/2009, S. 147–174.

Der Selbstbetrug der Mittelschicht

1 Schäfer, Armin: »Alles halb so schlimm? Warum eine sinkende Wahlbeteiligung der Demokratie schadet«, In: *MPIfG Jahrbuch* 2009–2010, Max-Planck-Institut für Gesellschaftsforschung, Köln, S. 33–38. Zu einem ähnlichen Ergebnis kam auch der paritätische Wohlfahrtsverband. Siehe Mertens, Rudolf: »Die Bundestagswahl 2009: Nichtwähler entscheiden(d)! Phänomenologie und Folgerungen«, 10.10.2009, S. 11 f.

2 Siehe etwa Müller, Albrecht (2009): *Meinungsmache. Wie Wirtschaft, Politik und Medien uns das Denken abgewöhnen wollen*, Droemer. Für die Industriestaaten: Crouch, Colin (2009): *Postdemokratie*, edition suhrkamp.

3 Bundesministerium für Arbeit und Soziales (Hg.): *Einstellungen zum Reichtum. Wahrnehmung und Beurteilung sozio-ökonomischer Ungleichheit und ihrer gesellschaftlichen Konsequenzen in Deutschland,* Berlin 2008.

4 Institut für interdisziplinäre Konflikt- und Gewaltforschung (IKG) an der Universität Bielefeld: »Deutsche Zustände in Zeiten der Krise, Presseinformation zur Präsentation der Langzeituntersuchung ›Gruppenbezogene Menschenfeindlichkeit‹«, 04.12.2009, S. 7.

5 Ebd., S. 11.

6 So auch der Titel eines entsprechenden Kommentars von Ralf Schuler in der *Financial Times Deutschland* vom 03.07.2009.

7 Einkommensteuerstatistik 2005.

8 Beise, Marc (2009): *Die Ausplünderung der Mittelschicht. Alternativen zur aktuellen Politik*, DVA, S. 14.

9 Berechnet auf der Basis der Haushaltszahlen von 2008, weil dies noch ein »normales« Jahr war, als der Bundeshaushalt noch nicht durch Konjunkturprogramme aufgebläht war.

10 Piketty, Thomas (2007): »Top Incomes Over the Twentieth Century: A Summary of Main Findings«, In: Atkinson; Piketty (Hg.): *Top Incomes Over the Twentieth Century, A Contrast Between Continental Europe and English-Speaking Countries.* Oxford University Press, S. 1–9; hier S. 11 ff.

11 Bundesministerium für Gesundheit und soziale Sicherung: »Repräsentative Analyse der Lebenslagen einkommensstarker Haushalte«, März 2005.

12 *Bild*-Zeitung vom 15.12.2009.

13 Bei einem Enkel würden übrigens 33.000 Euro fällig. Rechenhilfen finden sich unter anderem bei www.erbrecht-ratgeber.de

14 Siehe auch Jens Tartler: »Bund riskiert Niederlage in Karlsruhe. Regierung übergeht bei Reform der Erbschaftsteuer verfassungsrechtliche Bedenken aus Finanzministerium«, *Financial Times Deutschland*, 27.11.2009.

15 Für die Einnahmen aus der Erbschaftsteuer siehe Steuerschätzung vom November 2009.

16 Genaue Daten gibt es nicht, wie viel in Deutschland pro Jahr vererbt wird, weil durch die hohen Freibeträge die meisten Erbschaften nicht der Steuer unterliegen. Also bleiben nur Schätzungen, die enorm variieren. Die meisten Experten gehen davon aus, dass momentan ungefähr 200 Milliarden Euro jährlich vererbt werden (siehe etwa Philipp Faigle: »Rettet die Erbschaftsteuer!«, *Die Zeit*, 04.12.2009) Das DIW kommt in einem laufenden Forschungsprojekt zur »Relevanz von Erbschaften für die Alterssicherung« allerdings nur auf 50 Milliarden Euro pro Jahr. Diese Zahl beruht auf den Befragungen des SOEP-Panels, dürfte jedoch deutlich unterschätzt sein. Nur zum Vergleich: Die Bundesbank geht davon aus, dass das Gesamtvermögen in Deutschland momentan bei rund acht Billionen Euro liegt. Erneut zeigt sich also das Problem, dass man über das Vermögen der Reichen nur sehr wenig weiß.

17 Rainer Brüderle, zitiert nach *Financial Times Deutschland*, 25.11.2009.

18 Forsa-Umfrage für den *Stern*, 19.08.2009.

19 Wie sehr das deutsche Erbrecht durch ein »familienorientiertes Eigentumsverständnis« geprägt ist, hat vor allem der Soziologe Jens Beckert herausgearbeitet: Beckert, Jens (2004): *Unverdientes Vermögen. Soziologie des Erbrechts*, Campus. Damit unterscheiden sich die Deutschen zum Beispiel von den US-Amerikanern, die sehr viel mehr auf Chancengleichheit des Individuums setzen. Siehe dazu Beckert, Jens (2008): »Inherited Wealth. Why is the Estate Tax so Controversial?«, In: *Society* 45, S. 521–528.

20 Lauterbach, Karl (2009): *Gesund im kranken System*, Rowohlt, Berlin, S. 20.

21 Ebd., S. 18

22 Verband der privaten Krankenversicherungen: *Zahlenbericht 2008/2009*, S. 68. Insgesamt fließen bei den privaten Krankenkassen knapp 11 Prozent der Prämien in die »Verwaltungs- und Abschlussaufwendungen«. Die gesetzlichen Krankenkassen hingegen benötigen für ihre Verwaltung nur etwa 5,4 Prozent der Beitragseinnahmen.

23 Sauga, Michael (2007): *Wer arbeitet, ist der Dumme. Die Ausbeutung der Mittelschicht*, Piper, S. 56 f.

24 Lauterbach, Karl (2008): *Der Zweiklassenstaat: Wie die Privilegierten Deutschland ruinieren*, Rowohlt, Berlin, S. 128 ff. Lauterbach nutzt die SOEP-Daten, die jedoch das Problem aufweisen, dass bei einer Stichprobe von 12.000 Haushalten nicht allzu viele Todesfälle darunter sind. Rembrandt Scholz vom Max-Planck-Institut für Demografische Forschung in Rostock hat hingegen das Zahlenmaterial des Forschungsdatenzentrums der Deutschen Rentenversicherung ausgewertet. Bei ihm betrug der Abstand zwischen Männern mit niedriger und mit hoher Rente nur fünf Jahre. Ein 65-Jähriger, der wenig verdient hat, lebt durchschnittlich noch 14 Jahre. Ein gleichaltriger Spitzenverdiener hat noch knapp 19 Jahre. Zitiert nach: Felix Berth: »Der kleine Unterschied. Wer viel verdient, wird älter«, *Süddeutsche Zeitung*, 12.05.2006.

25 Lauterbach (2008), S. 131 f.

Sozialdemokratie und Ungleichheit

1 Smith, Adam. (1776): *An Inquiry into the Nature and Causes of the Wealth of Nations*, Band 1, zitiert nach Glasgow Edition (1981) of the Works and Correspondence, Buch I, Kapitel X, Teil II.

2 Ghemawat, P. (1990): »The Snowball Effect«, In: *International Journal of Industrial Organization* 8, S. 335–351.

3 Nordén, C. J. (2005): »Riskgruppsutjämning – viktigare än progressivitet« (Ausgleich von Risikogruppen – Wichtiger als Progessivität), In: *Hintergrundbericht der Sozialversicherungskommission, Ministerium für Soziales*, Stockholm.

4 Okun, A. (1975): *Equality and Efficiency. The Big Tradeoff*. The Brookings Institution, Washington, D. C.

5 Über den Zusammenhang zwischen Verteilung und wirtschaftlicher Entwicklung vgl. Voitchovsky, S. (2009): »Inequality and Economic Growth«, In: Salverda, W., Nolan, B., Smeeding, T. M. (Hg.): *The Oxford Handbook of Economic Inequality,* Oxford University Press, Oxford.

6 Zur wirklichen Größe des amerikanischen Wohlfahrtsstaates vgl. Howard, C. (1997): *The Hidden Welfare State: Tax Expenditures and Social Policy in the United States*. Princeton University Press, Princeton, N. J.

7 Mikrostudien zur Arbeitslosenversicherung: Carling, K., Holmlund, B., Vejsiu, A. (2001): »Do Benefit Cuts Boost Job-findings? Swedish Evidence from the 1990s«, In: *Economic Journal* 111, S. 766–790, Zur Krankenversicherung: Johansson, P., Palme, M. (2002): »Assessing the Effect of Public Policy on Worker Absenteeism«, In: *Journal of Human Resources*, 37 (2), S. 381–409. Zu Renten: Gruber, J., Wise, D. A. (1999): *Social Security and Retirement around the World*, University of Chicago Press, Chicago.

8 Parkinson, R. B. (1991): *Voices from Ancient Egypt*, British Museum Press, London., S. 63.

9 de Waal, F. (1996): *Good natured. The origins of Right and Wrong in Humans and other Animals*, Harvard University Press, Cambridge, MA. (*Der gute Affe. Der Ursprung von Recht und Unrecht bei Menschen und anderen Tieren*, München 1997).

10 Jordahl, H. (2009): »Economic Inequality«, In: Svendsen, G.T.; Svendsen, G.L.H. (Hg.): *Handbook of Social Capital*, Edward Elgar, Cheltenham.

11 Die moderne Erforschung von Vertrauen und sozialem Kapital begann mit Putnams Buch *Making Democracy Work* (1992), das seinerseits auf Edward Banfields Studie *The Moral Basis of a Backward Society* (1958) aufbaute. Eine relativ frühe Referenz ist auch Coleman, J. S. (1990): *Foundations of Social Theory*. Harvard University Press, Cambridge, MA, Kapitel 12. Einer von Putnams meistzitierten Beiträge ist »Bowling Alone: America's Declining Social Capital« von 1995. Eine erweiterte Version in Buchform ist Putnam (2000): *Bowling Alone. The Collapse and Revival of American community*, Simon & Schuster, New York. Die Zusammenfassung stammt von Putnam (2001): »Social Capital: Measurement and Consequences«, In: *Canadian Journal of Policy Research* 2, S. 41–51.

12 Wilkinson, R. G. (2005): *The impact of inequality*, The New Press, New York; Wilkinson, R. G.; Pickett, K. (2009): *The spirit level*, Penguin Books, Harmondsworth.

13 Über die Zusammenhänge zwischen Vertrauen und wirtschaftlicher Wachstumsgeschwindigkeit siehe Bjørnskov, C. (2009): »Economic Growth« In Svendsen, G.T.; Svendsen, G.L.H. (Hg.): *Handbook of Social Capital*, Edward Elgar, Cheltenham.

14 World Bank (2005): *Equity and development. World Development Report 2006*, World Bank, Washington, D. C.

15 Corak, M. (2013): »Income Inequality, Equality of Opportunity, and Intergenerational Mobility«, In: *Journal of Economic Perspectives*, 27(3), S. 79–102.

Der Neoliberalismus und die Krisen

1 Galbraith, John Kenneth (1987): *A History of Economics. The Past as the Present*, Hamish Hamilton 1987, S. 271.
2 Lewis, Michael (1989*): Liar's Poker. Two Cities, True Greed: Playing the Money Markets*, Coronet, S. 191.
3 So extrem die Summen der außerbörslich gehandelten Derivate sind: Früher lagen die Werte sogar noch höher. Das Maximum wurde 2013 erreicht, als der Nominalwert bei 632,6 Billionen Dollar lag. Durch die Bankenregulierung ist es gelungen, den Derivatehandel zumindest ein bisschen einzuschränken – aber er ist immer noch exorbitant. Siehe Bank für Internationalen Zahlungsausgleich: *Quarterly Review*, Juni 2016, S. 1 und S. 10.
4 Comptroller of the Currency: »OCC's Quarterly Report on Bank Trading and Derivatives Activities, Fourth Quarter 2015«, S. 3, 5.
5 Chang, Ha-Joon (2014): *Economics: The User's Guide*, Penguin, S. 299.
6 Turner, Adair (2016): *Between Debt and the Devil. Money, Credit and Fixing Global Finance*, Princeton University Press, S. 1.
7 Ebd., S. 24 f.
8 Lucas, Robert E. (2003): »Macroeconomic Priorities«, In: *American Economic Review*, S. 1–14, hier S. 1.
9 Zitiert nach Chang (2014): S. 301.
10 United States of America: *The Financial Crisis Inquiry Report*, S. 11.
11 Zitiert nach Turner (2016), S. XI.
12 Siehe Rodrik, Dani (2015): *Economic Rules. Why Economics Works, When It Fails, and How To Tell The Difference*, Oxford University Press, S. 50 f.
13 Wolf, Martin (2014): *The Shifts and the Shocks. What We've Learned – and Have Still to Learn – from the Financial Crisis*, Allen Lane, S. 197; Turner (2016), S. 28 ff.
14 Heine, Michael; Herr, Hansjörg (2013): *Volkswirtschaftslehre. Paradigmenorientierte Einführung in die Mikro- und Makroökonomie,* 4. Auflage, Oldenbourg, S. 354.
15 Smith, Adam (2008): *An Inquiry into the Nature and Causes of the Wealth of Nations*, Oxford University Press, S. 104 f.
16 Keen, Steve (2011): *Debunking Economics: The Naked Emperor Dethroned?*, Revised and Expanded Edition, Zed Books, S. 43 f.
17 Ebd., S. 256 f.
18 Zitiert nach Chang (2014), S. 127.
19 Zitiert nach Mirowski, Philip (2014): *Never Let a Serious Crisis Go to Waste. How Neoliberalism Survived the Financial Meltdown*, Verso, S. 279.
20 Turner (2016), S. 37 f.
21 Zitiert nach Mirowski (2014). S. 264.
22 Ebd., S. 178.
23 Ebd., S. 188.
24 Siehe auch Wolf (2014). S. 191 f.

25 Keen (2011). S. 8.

Ein »griechisches Problem«

1 www.haushaltssteuerung.de/staatsverschuldung-europa-ranking.html#staatsschulden-bip (06.08.2015).
2 Eurostat. Eigene Ausarbeitung.
3 www.enet.gr/?i=issue.el.home&date=04/03/2010&id=137789 (06.08.2015).
4 Noam Chomsky: »Das Verhalten der Troika gegenüber Griechenland ist eine Schande«; http://tvxs.gr/news/ellada/tsomski-aisxos-i-symperi fora-tis-troikas-apenanti-stin-ellada; zuletzt abgerufen am 06.08.2015.
5 http://news.in.gr/economy/article/?aid=1231298541 (07.08.2015).
6 http://www.europarl.europa.eu/sides/getDoc.do?pubRef=-//EP//TEXT+REPORT+A7-2014-0149+0+DOC+XML+V0//EL#title2 (07.08.2015).
7 www.statistics.gr/portal/page/portal/ESYE/PAGE-consumer works?inputA=6 (07.08.2015).
8 http://www.real.gr/DefaultArthro.aspx?page=arthro&id=76372&catID=11 (07.08.2015).
9 www.auswaertiges-amt.de/cae/servlet/contentblob/599324/publicationFile/160795/111026-Ergebnisse-Euro-Gipfel.pdf (07.08.2015).
10 www.enet.gr/?i=news.el.article&id=322114 (07.08.2015).
11 www.real.gr/DefaultArthro.aspx?page=arthro&id=102831&catID=11 (07.08.2015).
12 www.ft.com/intl/indepth/how-euro-was-saved (07.08.2015).
13 www.evenizelos.gr/el/statementsgr/2790-statement (08.08.2015).
14 www.tovima.gr/politics/article/?aid=443093 (08.08.2015).
15 www.protothema.gr/economy/article/233469/sta-18_9-dis-eyro-ologariasmos-ths-epimhkynshs/ (08.08.2015).

Gier in den Topetagen

1 Sofsky, Wolfgang (2009): *Das Buch der Laster*, München, S. 124 ff.
2 Insgesamt: Bruhn, Jürgen (2005): *Raubzug der Manager oder die Zerstörung des Sozialstaats*, Hamburg, S. 57.
3 Vgl. Ramonet, Ignacio (2010): *Der perfekte Crash*, Berlin, S. 10–13.
4 Ebd., S. 108.
5 Marc Brost; Uwe Jean Heuser; Mark Schieritz, *Die Zeit*, 10.12.2009, S. 24.
6 Wolf, Winfried (2009): *Sieben Krisen – ein Crash*, Wien, S. 80.
7 Insgesamt zutreffend: Ebd., S. 80 f.
8 Benannt nach Charles Ponzi, einem der größten Betrüger der amerikanischen Geschichte; im englischen Sprachraum ist »Ponzi scheme« bis heute eine gebräuchliche Bezeichnung für Schneeballsysteme.

9 de Weck, Roger (2009): *Nach der Krise: Gibt es einen anderen Kapitalismus?,* München, S. 8 f.
10 Ebd., S. 10–13.
11 Frank, Stefan (2009): *Die Weltvernichtungsmaschine: Vom Kreditboom zur Wirtschaftskrise*, 2. Auflage, Saarbrücken, S. 16.

»Die Schattenseiten des Wohlstands II: Über Monopole, Hungersnöte und Umweltschäden«

Hunger in Zeiten der Krise

1 FAO: Conférence de Haut Niveau sur la sécurité alimentaire mondiale Les défis du changement climatique et des bioénergies: »La Flambée des Prix des denrées alimentaires: faits, perspectives, effets et actions requises«
2 CNUCED/UNCTAD (2009): »Rôle de la coopération Sud-Sud et de la coopération triangulaire pour un développement agricole durable et la sécurité alimentaire dans les pays en développement«, Note du Secrétariat, (TD/B/CII/MEM.2/5).
3 FAO (2009)*: L'Etat de l'insécurité alimentaire dans le monde*. S. 10.
4 Michel Chossudovsky: *La famine mondiale, Michel Collon Investigation*, 26.05.2008.
5 Courbage, Youssef; Todd, Emmanuel (2008): *Die unaufhaltsame Revolution. Wie die Werte der Moderne die islamische Welt verändern*, München, S. 18.
6 Sen, Amartya (1999): *Ökonomie für den Menschen. Wege zur Gerechtigkeit und Solidarität in der Marktwirtschaft*, München, S. 52.
7 CNUCED/UNCTAD (2009): »The Least Developed Countries Report«, S. 15–50.
8 Ebd.
9 Ebd.
10 Lemaître, Frédéric (2009): *Demain la faim!*, Paris, S. 109 f.
11 CNUCED/UNCTAD (2009): »The Least Developed Countries Report«, S. 141–174.
12 Ebd., S. 110–127.
13 Reinert, Erik (2007*): How rich countries got rich … and why poor countries stay poor*, London, S. 28.
14 De Rivero, Oswaldo (2001): *The Myth of Development*, London, S. 59.
15 Stiglitz, Joseph E. (2006): *Die Chancen der Globalisierung*, München, S. 100 ff.
16 Ebd., S. 155 f.
17 Reinert (2007), S. 207.
18 Ebd., S. 180.
19 Kozul-Wright, Richard; Fortunato, Pierguiseppe (2010): »Rebuilding Haiti from post-conflict experience«, UNCTAD.

20 Desgroseillers, Jean-François (2006): »Objectifs du Millénaire pour le développement. Points de vues critiques du Sud«, In: *Alternatives Sud*, Band 13–2006/1, CETRI, Louvain-la-Neuve, Paris.

21 Reinert (2007), S. 27.

22 UNCTAD (2009): »Trade and Development Report«.

978-3-86489-184-7

978-3-86489-118-2

978-3-86489-187-8

978-3-86489-209-7

Weitere Informationen und Leseproben finden Sie unter

www.westendverlag.de